PELA BANDEIRA DO PARAÍSO

JON KRAKAUER

Pela bandeira do Paraíso
Uma história de fé e violência

Tradução
S. Duarte

Copyright © 2003 by Jon Krakauer
Publicado mediante acordo com Doubleday,
uma divisão de The Doubleday Broadway Publishing Group,
pertencente à Random House, Inc.

Título original
Under the Banner of Heaven — A Story of Violent Faith

Capa
John Fontanal

Foto de capa
© Will Funk/Alpine Aperture

Índice remissivo
Maria Claudia Carvalho Mattos

Preparação
Eliane de Abreu Santoro

Revisão
Renato Potenza Rodrigues
Beatriz de Freitas Moreira

Dados Internacionais de Catalogação na Publicação (CIP)
(Câmara Brasileira do Livro, SP, Brasil)

Krakauer, Jon
　　Pela bandeira do Paraíso : uma história de fé e violência /
Jon Krakauer ; tradução S. Duarte. — São Paulo : Companhia
das Letras, 2003.

　　Título original: Under the Banner of Heaven.
　　Bibliografia.
　　ISBN 85-359-0426-3

　　1. Fé 2. Fundamentalismo mórmon 3. Mórmons —
História 4. Repórteres e reportagens 5. Violência I. Título. II.
Título: Uma história de fé e violência.

03-5439　　　　　　　　　　　　　　　　CDD-289.332

Índices para catálogo sistemático:
1. Igreja de Jesus Cristo dos Santos dos Últimos Dias : Mór-
　　mons : Religião 289.332
2. Mórmons : Igreja de Jesus Cristo dos Santos dos Últimos
　　Dias : Religião 289.332

[2003]

Todos os direitos desta edição reservados à
EDITORA SCHWARCZ LTDA.
Rua Bandeira Paulista, 702, cj. 72
04532-002 — São Paulo — SP
Telefone: (11) 3707-3500
Fax: (11) 3707-3501
www.companhiadasletras.com.br

Para Linda

Acreditamos na honestidade, na moralidade e na pureza; mas se criarem leis tirânicas, que proíbam o livre exercício da nossa religião, não podemos nos submeter. Deus é maior do que os Estados Unidos, e, quando o governo entrar em conflito com os Céus, estaremos unidos pela bandeira do Paraíso e contra o governo... A poligamia é uma instituição divina. Foi-nos dada diretamente por Deus. Os Estados Unidos não a podem abolir. Nenhuma nação da Terra pode impedi-la, nem todas as nações da Terra juntas. Desafio os Estados Unidos; quero obedecer a Deus.

> John Taylor (em 4 de janeiro de 1880),
> Presidente, Profeta, Vidente e Revelador,
> Igreja de Jesus Cristo dos Santos dos Últimos Dias, 1880

Nenhum país ocidental está tão imerso em religião como o nosso, no qual nove em cada dez dentre nós amamos a Deus e em troca somos amados por ele. Essa paixão mútua está no centro de nossa sociedade e exige algum entendimento, se é que queremos entender nossa sociedade ansiosa pela catástrofe.

> Harold Bloom, *The American Religion*

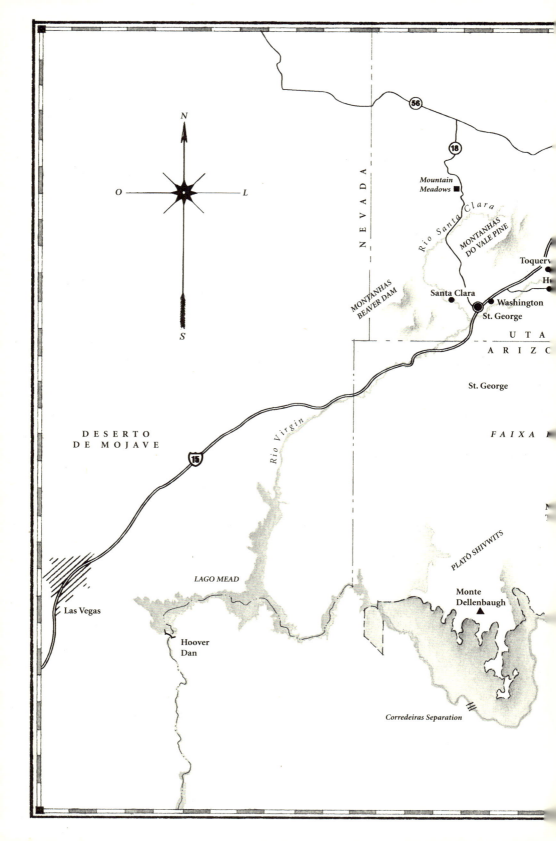

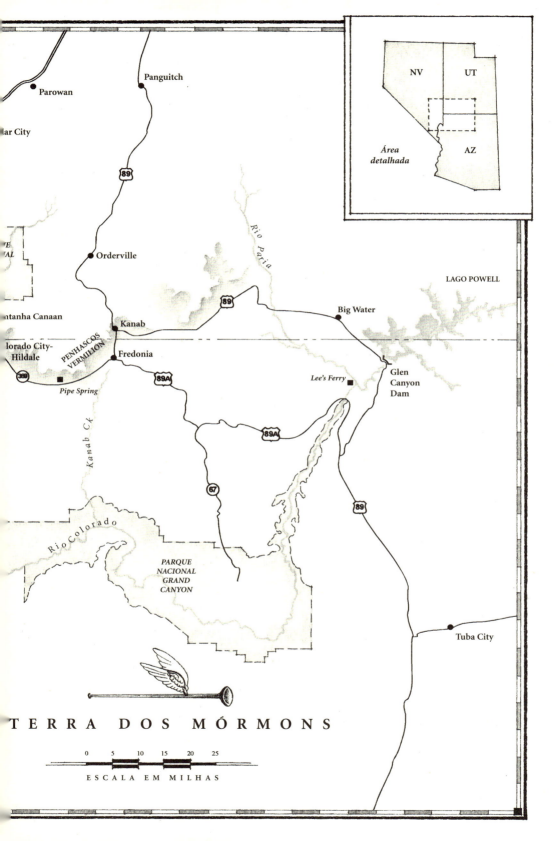

Prólogo

No condado de Utah, quase todos já ouviram falar dos irmãos Lafferty. É claro que isso se deve principalmente aos macabros assassinatos, mas o sobrenome Lafferty já desfrutava de certa preeminência no condado mesmo antes que Brenda e Erica Lafferty fossem mortas. Watson Lafferty, patriarca do clã, era quiroprático e mantinha uma bem-sucedida clínica em sua casa no bairro histórico de Provo. Ele e a mulher, Claudine, tiveram seis filhos e duas filhas, nos quais infundiram uma ética de trabalho especialmente forte e uma intensa devoção à Igreja Mórmon. A família inteira era admirada por sua diligência e probidade.

Allen, o mais jovem de todos, que agora já passa um pouco dos quarenta anos, trabalha como assentador de ladrilhos, ofício que pratica desde a primeira juventude. No verão de 1984, ele morava com a esposa, de vinte e quatro anos, e uma filhinha, ainda bebê, em American Fork, um subúrbio sonolento, habitado por brancos, adjacente à via expressa que vai de Provo a Salt Lake City. A mulher, Brenda, tinha vencido um concurso de beleza e era conhecida em toda a cidade por haver trabalhado como locutora principal de um programa de notícias no canal 11, a filial local do sistema público de televisão. Embora tivesse abandonado a incipiente carreira de jornalista de TV para se casar com Allen e constituir família, Brenda nada perdera da exuberância que a fizera querida dos telespectadores. Afetuosa e extrovertida, sempre causava impressão duradoura.

Na manhã de 24 de julho de 1984, Allen saiu do pequeno apartamento dúplex antes do raiar do dia e dirigiu 130 quilômetros pela estrada interestadual para ir trabalhar numa obra a leste de Ogden. Na hora do almoço telefonou para Brenda, que conversou com ele durante um minuto e depois fez a filhinha, de quinze meses, falar as palavrinhas que sabia; finalmente, disse ao marido que estava tudo bem e despediu-se.

Allen voltou para casa perto das oito horas naquela noite, cansado pelo longo dia de trabalho. Chegou à porta da frente e achou estranho que estivesse trancada, pois quase nunca trancavam a casa. Abriu-a com a chave e novamente se surpreendeu ao ver a televisão ligada, num jogo de beisebol. Nem ele nem Brenda gostavam do esporte e nunca viam os jogos na TV. Depois de desligar o aparelho, o apartamento lhe pareceu estranhamente silencioso, como se não houvesse ninguém em casa. Allen imaginou que a esposa tivesse saído com a criança. "Me dirigi de volta à porta para sair e ver se ela tinha ido à casa do vizinho", explicou ele mais tarde, "e notei uma mancha de sangue perto da porta, num interruptor." Então ele viu Brenda na cozinha, caída no chão em uma poça de sangue.

Chamando-a pelo nome sem obter resposta, ajoelhou-se junto a ela e pôs a mão em seu ombro. "Toquei-a", disse ele, "e o corpo estava frio... Havia sangue no rosto dela e por toda parte." Allen pegou o telefone da cozinha, que estava no chão perto da mulher, e discou o número da emergência; só então percebeu que o aparelho estava mudo. O fio tinha sido arrancado da parede. Ao dirigir-se ao quarto de dormir para ver se a extensão funcionava, olhou para dentro do quarto da menina e viu Erica deitada no berço em uma posição estranha, imóvel. Estava somente com uma fralda, ensopada de sangue, assim como suas cobertas.

Allen correu ao quarto do casal, mas também lá o telefone não funcionava; foi ao apartamento de um vizinho, de onde finalmente conseguiu chamar por socorro. Descreveu a carnificina ao atendente da emergência policial e depois ligou para a mãe.

Enquanto esperava a chegada da polícia, Allen voltou a seu apartamento. "Fui para junto de Brenda e rezei", disse ele. "Depois, quando me levantei, observei a cena um pouco mais detidamente e vi que tinha havido luta." Pela primeira vez notou que o sangue não estava somente na cozinha: espalhava-se pelas paredes da sala, no chão, nas portas e nas cortinas. Ele não tinha dúvidas quanto ao responsável. Soube desde o momento em que vira Brenda no chão.

Os guardas levaram Allen para a delegacia de American Fork e o interrogaram durante a noite. Presumiram que fosse ele o assassino — freqüentemente o culpado é o marido. Aos poucos, porém, Allen os convenceu de que o principal suspeito era na verdade o mais velho de seus cinco irmãos, Ron Lafferty. Ron tinha acabado de regressar ao condado de Utah após haver passado quase três meses viajando pela região oeste com outro irmão, Dan. Pelo rádio, a polícia lançou um alerta em busca do carro de Ron, uma caminhonete Impala 1974 verde-clara, com chapa do estado de Utah.

Os crimes pareciam ter obedecido a um ritual, o que despertou atenção especial da imprensa e deixou o público nervoso. Na noite seguinte, a morte das Lafferty foi a principal notícia dos jornais de TV em todo o estado. Na quinta-feira, 26 de julho, a manchete de primeira página do *Salt Lake Tribune* informava:

PROCURADO SUSPEITO DO HOMICÍDIO DE AMERICAN FORK
Por Mike Gorrell, repórter do *Tribune*,
e Anne Shields, correspondente do *Tribune*

AMERICAN FORK — As polícias de Utah e dos estados vizinhos procuravam na quarta-feira um ex-vereador e fundamentalista religioso de Highland, no condado de Utah, acusado de haver assassinado na terça-feira a cunhada e a filhinha dela, de quinze meses.

Ronald Watson Lafferty, 42, sem endereço conhecido, é acusado de dois homicídios com agravante nas pessoas de Brenda Wright Lafferty, 24, e sua filha, Erica Lane. [...]

A polícia de American Fork não determinou o motivo dos assassinatos e recusou-se a comentar boatos de que o suspeito, membro excluído da Igreja de Jesus Cristo dos Santos dos Últimos Dias, estivesse envolvido com seitas poligâmicas ou fundamentalistas e que essas ligações poderiam haver contribuído para os crimes. [...]

Alguns vizinhos se mostraram incrédulos de que "coisas desse tipo" pudessem acontecer em seu bairro.

"A cidade inteira está em estado de choque com uma coisa dessas numa comunidade tranqüila como American Fork. Gente que diz nunca haver trancado as portas de suas casas afirmou que agora vai passar a fazer isso", disse um vizinho, que pediu para não ser identificado.

Ken Beck, bispo da Igreja Mórmon local freqüentada por Allen e Brenda Lafferty, disse que ambos formavam "um casal simpático, como todos os outros", dedicado aos assuntos da igreja.

Logo abaixo dessa reportagem vinha outro texto correlato, também na primeira página:

VIZINHOS RECORDAM QUE O SUSPEITO DOS CRIMES, 42, PARECIA MUDADO
Especial para o *Tribune*

AMERICAN FORK — Os vizinhos descrevem Ronald Watson Lafferty como pessoa perseverante, que passou de mórmon ativo e republicano conservador a constitucionalista intransigente e fundamentalista excluído. [...]

O sr. Lafferty foi vereador na primeira legislatura de Highland, quando essa pequena cidade do norte do condado de Utah foi emancipada, em 1977. Na época, liderou com êxito uma campanha para proibir a venda de cerveja na única mercearia da cidade, e até hoje os viajantes que se dirigem ao cânion de American Fork não conseguem comprar cerveja por lá.

"Há dois anos, a aparência dele era a de um bom americano, bem-arrumado até mesmo de manhã cedo, depois de ordenhar a vaca da família", disse um vizinho que mora em um bairro de lotes de meio hectare, cheios de crianças, cavalos, cabras, galinhas e grandes jardins, no qual anteriormente vivia o sr. Lafferty.

No ano passado, ele e a mulher, com quem era casado fazia vários anos, se divorciaram. Havia um ano que o sr. Lafferty não era visto na vizinhança.

Pouco depois do Natal, a sra. Dianna Lafferty, considerada "uma das colunas mestras da igreja mórmon local", foi morar em outro estado com os seis filhos do casal.

Os vizinhos disseram que o divórcio foi causado por divergências de opinião sobre religião e política.

"Ele dizia que era preciso defender o que era correto — fossem quais fossem as conseqüências", disse um vizinho.

Amigos afirmaram que as convicções políticas do sr. Lafferty também haviam mudado, ou talvez evoluído, passando de um conservadorismo republicano a um rigoroso fundamentalismo. Durante os doze anos em que morou em Highland, ele passou a defender a volta ao padrão ouro, ao constitucionalismo estrito e à obediência apenas a "leis corretas", comentou um vizinho.

"Tinha um fervoroso desejo de salvar a Constituição e o país", disse um velho amigo. "Isso se transformou em obsessão religiosa."

Os investigadores interrogaram todos os irmãos de Allen que puderam encontrar, assim como a mãe deles e vários amigos. Como informou a primeira página do *Tribune*, os policiais estavam começando a chegar a um motivo para os atos brutais:

DOIS ASSASSINATOS POR REVELAÇÃO DIVINA?
TRÊS PESSOAS ACUSADAS PELA MORTE DE MÃE E FILHA A FACADAS
Por Anne Shields
Correspondente do *Tribune*

AMERICAN FORK — Na última sexta-feira, mais dois homens foram acusados de homicídio com agravantes no caso do assassinato, em 24 de julho, de uma mulher e sua filha de quinze meses em American Fork. A polícia revelou que os crimes podem ter sido cometidos devido a uma "revelação" religiosa.

Na sexta-feira, foram acusados do homicídio Dan Lafferty, de idade desconhecida, habitante de Salem, ex-candidato a xerife do condado de Utah e cunhado da vítima, e Richard M. Knapp, 24, anteriormente morador de Wichita, Kansas.

O irmão de Dan Lafferty, Ronald Lafferty, 42, de Highland, condado de Utah, fora acusado quarta-feira por dois crimes de homicídio de primeiro grau.

O chefe de polícia Randy Johnson [...] revelou sexta-feira que a investigação dos assassinatos fez a polícia presumir "que Ron recebeu uma revelação manuscrita que o mandava cometer esse crime. Se esse documento existir, trata-se de uma peça fundamental de prova, e gostaríamos de vê-la". Johnson pediu que qualquer pessoa que tenha informações sobre esse documento entre em contato com o Departamento de Polícia de American Fork ou com o FBI. [...]

Johnson disse ainda que os homens podem estar armados e devem ser considerados perigosos, especialmente para os agentes da lei. [...]

Vizinhos e amigos dos suspeitos observaram que Ron Lafferty aparentemente era membro de uma seita religiosa fundamentalista, da qual poderia ser fundador, levantando especulações de que os crimes podem ser resultado de uma discussão religiosa na família.

Em 30 de julho, o Impala de Ron, em mau estado, foi visto estacionado diante de uma casa em Cheyenne, Wyoming. Ao invadirem a casa, os policiais não encontraram os irmãos Lafferty, mas prenderam Richard "Ricky" Knapp e Chip Carnes, dois andarilhos que desde o início do verão estiveram viajando pelo oeste com os Lafferty. As informações dadas por Knapp e Carnes levaram as autoridades a Reno, em Nevada, onde em 7 de agosto a polícia deteve Ron e Dan em uma fila na cafeteria do cassino Circus Circus.

Antes do julgamento, ainda na cadeia, os dois irmãos lançaram nos meios de comunicação uma campanha pouco convincente, afirmando inocência. Ron dizia que as acusações contra eles eram falsas e que a Igreja Mórmon, "que controla tudo no estado de Utah", impediria que ele e seu irmão tivessem um julgamento justo. Embora confessasse acreditar que o "casamento plural" fosse correto, Ron disse jamais haver praticado a poligamia nem pertencido a seitas extremistas. Declarou em seguida que amava a Igreja Mórmon e ao mesmo tempo advertiu que os líderes da igreja na época haviam se afastado das doutrinas sagradas do profeta fundador da religião, Joseph Smith.

Quatro dias depois, Dan Lafferty deu uma declaração por escrito à imprensa afirmando que ele e Ron eram "inocentes dos crimes de que nos acusam", e acrescentando que "está próximo o momento em que os verdadeiros criminosos serão conhecidos".

Em 29 de dezembro, cinco dias antes da data marcada para o início do julgamento, em Provo, o tenente Jerry Scott, comandante da cadeia do condado de Utah, tirou Dan da cela para fazer-lhe algumas perguntas. Quando voltou, Dan viu o irmão mais velho pendurado pelo pescoço em um cabide para toalhas na cela ao lado, inconsciente e já sem respirar; Ron havia se enforcado com uma camisa. "Apertei o botão do intercomunicador e chamei os policiais", disse Dan. O tenente Scott desceu imediatamente, mas Ron já não tinha pulsação. Embora Scott e dois auxiliares tenham feito respiração boca a boca e massagem cardiopulmonar, não conseguiram reanimá-lo. Quando a equipe de emergência chegou, disse Scott, o preso "parecia morto".

Embora Ron tivesse ficado sem respirar durante cerca de quinze minutos, os assistentes conseguiram finalmente fazer com que seu coração voltasse a bater. Ron foi colocado em um pulmão artificial na unidade de cuidados intensivos do Centro Médico Regional do Vale do Utah. Depois de dois dias em coma, recobrou a consciência, numa recuperação espantosa que Dan atribui à intervenção divina. Embora os dois irmãos devessem ser julgados três dias depois que Ron despertou do coma, o juiz J. Robert Bullock determinou que Dan fosse julgado sozinho, conforme previsto, dando tempo a Ron para que convalescesse e fosse submetido a avaliação psiquiátrica para verificar se havia sofrido danos cerebrais.

O tribunal designou dois advogados para representar Dan, mas ele fez questão de se defender pessoalmente, relegando-os a uma função de aconselhamento. Cinco dias depois do início do julgamento, o júri se retirou para deliberar e nove horas mais tarde considerou Dan culpado de dois homicídios em primeiro grau. Durante a sessão seguinte, para decidir se ele deveria ser executado, o criminoso afirmou aos jurados: "Se eu estivesse no lugar de vocês, aplicaria a pena de morte", e prometeu não apelar caso fosse essa a sentença.

"O juiz ficou assustado quando eu disse aquilo", explicou Dan posteriormente. "Ele achou que eu estava exprimindo um desejo de morte e advertiu o júri de que não podia mandar me executar só por causa disso. Mas eu só queria que eles se sentissem livres para seguir suas próprias consciências. Não queria que se preocupassem ou se sentissem culpados por proferir uma sentença de morte, se era isso que julgavam que eu merecia. Eu tinha tirado a vida de alguém por causa de Deus e achava que podia também dar minha própria vida por Deus. Se Deus desejasse minha execução, eu nada tinha a reclamar."

Dez jurados votaram em favor da sentença de morte, mas dois outros se recusaram a acompanhar a maioria. Como a unanimidade era necessária para confirmar a pena capital, a vida de Dan foi poupada. Segundo o chefe do júri, um dos jurados que hesitou em mandar executá-lo foi uma mulher a quem ele havia manipulado por meio de "contato visual, sorrisos e outros sinais carismáticos não-verbais, além de sedução psicossexual", fazendo com que ela desconsiderasse tanto as provas quanto as instruções do juiz. Consternado ao ver Dan escapar da pena de morte, o jurado-chefe ficou furioso.

Dan diz também que, "estranhamente", ficou "um tanto desapontado por não ser executado".

Falando ao condenado com indisfarçável desdém, o juiz Bullock recordou a Dan que "a lei dos homens, que o senhor despreza, foi que salvou sua vida". Em seguida, dando vazão a seu asco, acrescentou: "Em meus doze anos como juiz nunca presidi a um julgamento de um crime tão cruel, tão hediondo e tão sem sentido quanto os assassinatos de Brenda e Erica Lafferty. Nem jamais vi um réu que tivesse tão pouco remorso e sentimento". Essa censura vinha do mesmo juiz experiente que em 1976 presidira o célebre julgamento de Gary Mark Gilmore pelo assassinato gratuito de dois jovens mórmons, num julgamento que fez história.* Na sessão de 1985, após informar o tribunal de que o júri não havia chegado a uma decisão em favor da sentença de morte, o juiz Bullock voltou-se para Dan e disse: "Faço questão de que o senhor passe todos os minutos de [sua] vida atrás das grades da Penitenciária do Estado de Utah e assim determino". Dan recebeu duas sentenças de prisão perpétua.

O julgamento de Ron começou quase quatro meses mais tarde, em abril de 1985, depois que uma junta de psiquiatras e psicólogos concluiu que ele era mentalmente competente para enfrentar o julgamento. Seus advogados, nomeados pelo tribunal, tinham a esperança de atenuar a acusação, argumentando que Ron sofria das faculdades mentais na ocasião em que ele e Dan assassinaram Brenda Lafferty e a filha, mas Ron não permitiu que usassem essa linha de defesa. "Pareceria que estou confessando a culpa", disse ele ao juiz Bullock. "Não quero fazer isso."

Ron foi condenado por homicídio doloso com agravantes, e nessa ocasião o júri não hesitou em impor a pena capital. A sentença foi de execução, ou

---

* Gary Gilmore foi o primeiro preso a ser executado nos Estados Unidos em mais de uma década e passou a simbolizar a renovação da adoção da pena de morte pelo país, nos anos 70. Sua história foi contada de forma memorável por seu irmão, Mikal Gilmore, em *Tiro no coração*, e por Norman Mailer em sua obra ganhadora do prêmio Pulitzer, *A canção do carrasco*. Por acaso, além do juiz J. Robert Bullock, alguns dos protagonistas dos julgamentos de Gilmore e de Lafferty foram os mesmos: um dos advogados de Gary, designado pelo tribunal, foi Mike Esplin, posteriormente nomeado para defender Ron e Dan Lafferty em seus julgamentos por assassinato. O promotor público do condado de Utah, Noall T. Wootton, foi o acusador tanto de Gilmore quanto dos irmãos Lafferty.

mediante uma injeção letal ou com quatro tiros no coração, à queima-roupa. Ron escolheu esse último método.

Em 15 de janeiro, logo depois de o juiz Bullock sentenciar que Dan Lafferty passaria o resto da vida na prisão, ele foi levado para o presídio do Estado em Point of the Mountain, perto de Draper, Utah, onde um agente penitenciário raspou-lhe os cabelos e a barba. Há quase dezesseis anos, Dan não se barbeia nem corta os cabelos. A barba agora lhe chega à barriga, presa com elásticos, formando um cabo grisalho e rígido. Os cabelos ficaram brancos e caem por cima das costas do uniforme alaranjado da prisão. Embora já tenha 54 anos e rugas nos cantos dos olhos, há algo inconfundivelmente infantil em sua fisionomia. A pele é tão pálida que parece ser translúcida.

No cotovelo esquerdo de Dan há uma tatuagem grosseira que se irradia em forma de aranha, envolvendo a dobra do braço em uma renda de cor violácea. Seus pulsos estão presos com algemas e os grilhões de seus tornozelos ficam acorrentados a um anel de metal chumbado no chão da cela. Nos pés calça somente chinelos baratos de borracha. Homem corpulento, refere-se alegremente à unidade de segurança máxima da penitenciária como "o meu mosteiro".

Todas as manhãs, às seis e meia, um alarme ecoa pelos corredores da unidade para despertar os presos, seguido de uma chamada individual. A porta de sua cela fica trancada vinte horas por dia. Mesmo quando não está trancada, Dan diz: "Fico quase o tempo todo na cela. Só saio para tomar banho ou servir as refeições — minha tarefa é servir à mesa. Mas não converso muito com as pessoas. Procuro deixar minha cela só quando é realmente necessário. Há muita gente idiota aqui. Eles nos envolvem em seus pequenos dramas, e a gente acaba tendo que brigar. Aí retiram os privilégios da gente. Tenho muito a perder. Agora estou em situação realmente confortável. Tenho um excelente companheiro de cela e não quero perdê-lo".

O companheiro é Mark Hofmann, ex-mórmon devoto que perdeu a fé ao servir como missionário na Inglaterra e secretamente se tornou ateu, embora continuasse a se apresentar como fiel Santo dos Últimos Dias após seu regresso ao Utah. Pouco depois, descobriu que possuía um talento especial para falsificações. Começou a produzir documentos históricos falsos, confeccionados com grande competência, que rendiam quantias bem elevadas ao serem vendidos a colecionadores. Em outubro de 1985, ao saber que os investigadores estavam prestes a descobrir que diversos documentos mórmons antigos, vendidos por ele, eram falsificados, detonou uma série de bombas caseiras a fim de afastar de sua pista os detetives, matando assim dois outros Santos, que eram inocentes.* Muitas das falsificações de Hofmann foram feitas com a intenção de desacreditar Joseph Smith e a sagrada história do mormonismo; mais de quatrocentas dessas fraudes foram compradas pela Igreja Mórmon (que as julgava autênticas) e posteriormente confinadas a um cofre-forte para ocultá-las dos olhos do público.

Embora hoje em dia Hofmann expresse desprezo pelas religiões em geral, o fato de ser ateu não parece ser problema em sua amizade com Dan Lafferty, apesar de que Dan continua um devotado religioso, segundo sua própria caracterização. "Minhas crenças são irrelevantes para meu companheiro", confirma ele. "Somos irmãos especiais assim mesmo. Estamos unidos pelo coração."

Antes da condenação e durante mais de uma década depois, Dan afirmava categoricamente que era inocente dos assassinatos de Brenda e Erica Lafferty. Ao ser preso em Reno, em agosto de 1984, disse aos policiais: "Vocês pensam que cometi um homicídio, mas não é verdade". Ainda faz questão de dizer que é inocente de qualquer crime, mas paradoxalmente não nega haver matado Brenda e Erica. Quando lhe pedem que explique a aparente contradição entre essas duas afirmações, ele responde: "Estava cumprindo a vontade de Deus, e isso não é crime".

Lafferty não hesita em descrever exatamente o que aconteceu em 24 de julho de 1984. Diz que pouco depois do meio-dia ele, Ron e os dois andarilhos que estavam viajando com ele, Ricky Knapp e Chip Carnes, foram de carro ao apartamento do irmão mais novo, Allen, em American Fork, a vinte minutos, pela auto-estrada, da penitenciária em que está agora preso. Dentro do dúplex viu a sobrinha de quinze meses, Erica, de pé no berço, sorrindo para ele. "Falei com ela durante um instante", recorda Lafferty. "Eu disse: 'Não tenho bem certeza do motivo, mas parece que Deus deseja que você deixe este mundo; talvez mais tarde possamos conversar sobre isso.'" Em seguida, tirou-

---

* As atividades criminosas de Mark Hofmann foram muito bem descritas em *A Gathering of Saints*, de Robert Lindsey, e em *Salamander*, de Linda Sillitoe e Allen Roberts.

lhe a vida com uma faca de desossar, de vinte e cinco centímetros de comprimento.

Após despachar Erica, entrou calmamente na cozinha e usou a mesma faca para matar a mãe da criança. Hoje, dezessete anos depois de haver cometido esses dois assassinatos, continua a insistir, de maneira muito convincente, que nunca sentiu remorso ou vergonha pelo ato.

Assim como Ron, seu irmão mais velho, Dan Lafferty foi educado como um mórmon devoto. "Sempre me interessei por Deus e pelo Reino de Deus", diz ele. "Isso tem sido o centro de minhas atenções desde criança." Está convencido de que era da vontade de Deus que ele matasse Brenda e Erica Lafferty. "Era como se alguém me tivesse tomado a mão naquele dia e me levado confortavelmente através de tudo o que aconteceu. Ron tinha recebido uma revelação de Deus de que essas vidas tinham de ser ceifadas. E eu era quem devia cumprir isso. E, se Deus quer que alguma coisa seja feita, essa coisa será feita. Não devemos ofendê-Lo recusando-nos a realizar Suas obras."

Esses homicídios são chocantes por muitas razões, mas nenhum aspecto dos crimes é mais perturbador do que a completa e convicta ausência de remorso de Lafferty. Como é possível que um homem aparentemente são e confessamente devoto mate tão cruelmente uma mulher inocente e sua filhinha, sem a menor demonstração de emoção? Onde foi buscar a justificação moral? O que lhe deu tanta certeza? Qualquer tentativa de responder a essas perguntas terá de sondar os obscuros recessos do coração e da mente que levam a maioria de nós a crer em Deus — e que previsivelmente impelem algumas poucas pessoas passionais a levar essa crença irracional até seu fim lógico.

Existe um lado negro na devoção religiosa, no mais das vezes ignorado ou negado. Como forma de motivar as pessoas a serem cruéis ou desumanas — como meio de fazer o mal, para usar o vocabulário dos devotos —, não pode haver força mais poderosa do que a religião. Quando o tema do derramamento de sangue por inspiração religiosa é suscitado, a maioria dos norte-americanos pensa imediatamente no fundamentalismo islâmico — algo até esperado em conseqüência do 11 de setembro de 2001. Porém os homens vêm cometendo atos hediondos em nome de Deus desde que a humanidade começou a acreditar em divindades, e existem extremistas em todas as religiões. Maomé não foi o único profeta cujas palavras foram usadas para justificar o barbarismo; não faltam exemplos históricos de carnificinas contra inocentes, motivadas pelas escrituras, entre cristãos, judeus, hinduístas, *sikhs* e até mesmo budistas. Muitos desses extremistas religiosos nasceram e cresceram aqui mesmo, são norte-americanos da gema.

A violência baseada na fé já existia muito antes de Osama bin Laden e continuará a existir muito depois que ele desaparecer. Fanáticos religiosos como Bin Laden, David Koresh, Jim Jones, Shoko Asahara* e Dan Lafferty são comuns em todas as épocas, assim como outros tipos de fanáticos. Em qualquer atividade humana, uma parcela de seus praticantes se sentirá motivada a proceder com tal concentração e com paixão de tal forma exclusiva que essa atividade acabará por consumi-los completamente. Basta olhar, por exemplo, as pessoas que dedicaram suas vidas a se tornar pianistas de concerto ou escalar o monte Everest. Para alguns, o extremo encerra uma atração irresistível. E alguns desses tais fanáticos inevitavelmente se dedicarão aos assuntos do espírito.

Os fanáticos poderão dar a impressão de que sua motivação é a esperança de uma recompensa final maior — riqueza, fama ou a salvação eterna —, mas a verdadeira recompensa é provavelmente a própria obsessão. Isso é tão verdadeiro em relação ao obcecado religioso quanto ao pianista ou alpinista fanático. Como resultado de sua profunda paixão, a existência transborda de significado. A ambigüidade desaparece da visão que o fanático tem do mundo: um sentimento narcisista de auto-segurança afasta todas as dúvidas. Uma saborosa ira lhe acelera o pulso, alimentada pelos pecados e deficiências dos mortais menos dignos, que conspurcam o mundo diante de seus olhos. Sua perspectiva se estreita até que os últimos vestígios de proporção desaparecem de sua vida. A ausência de moderação o faz sentir algo semelhante ao êxtase.

Embora os recantos mais longínquos dos extremos possam exercer influência intoxicante sobre indivíduos suscetíveis, quaisquer que sejam suas inclina-

---

* Asahara é o carismático "Santo Papa" e "Venerado Mestre" da Aum Shinrikyo, a seita japonesa que realizou um ataque mortal no metrô de Tóquio usando sarin, um gás asfixiante. Os ensinamentos teológicos da Aum Shinrikyo (que significa "Verdade Suprema") vêm do budismo, do cristianismo e do hinduísmo. Na época do ataque ao metrô, estimava-se que a seita possuísse 40 mil adeptos em todo o mundo, embora agora esse número haja caído para talvez cerca de mil. Segundo o perito em terrorismo Kyle B. Olson, os seguidores de Asahara ainda podem "ser vistos em casas de propriedade da Aum, usando estranhos aparelhos elétricos na cabeça, que dizem ser feitos para sincronizar suas ondas cerebrais com as do líder do culto", que atualmente cumpre pena no Japão.

ções, o extremismo parece prevalecer especialmente entre os que, por temperamento ou educação, se lançam a empreendimentos religiosos. A fé é a própria antítese da razão, e a falta de judiciosidade é componente crucial da devoção espiritual. Quando o fanatismo religioso suplanta o raciocínio, é impossível saber o que virá. Pode acontecer absolutamente qualquer coisa. O bom senso não prevalece sobre a voz de Deus, como eloqüentemente atestam os atos de Dan Lafferty.

O objetivo deste livro é procurar compreender Lafferty e outros que são como ele. Tentar entender essas pessoas pode ser um exercício intimidante, mas também útil, talvez pelo que nos possa revelar sobre as raízes da brutalidade, porém mais ainda pelo que possamos descobrir a respeito da natureza da fé.

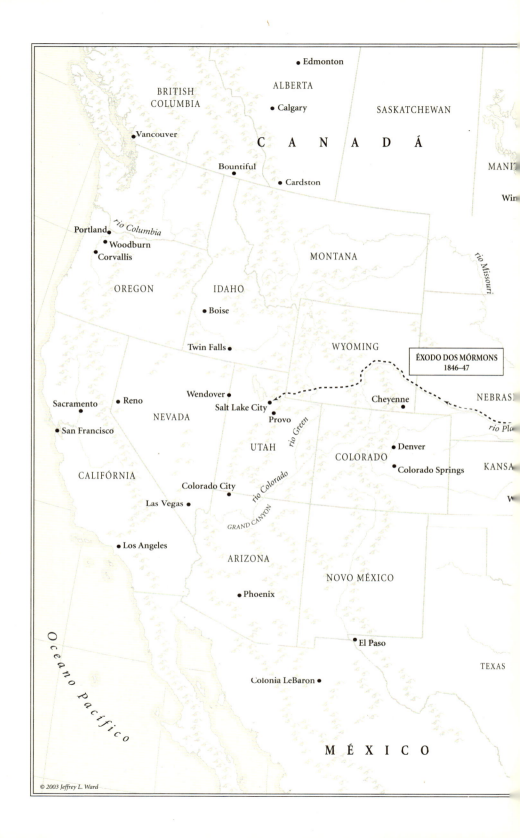

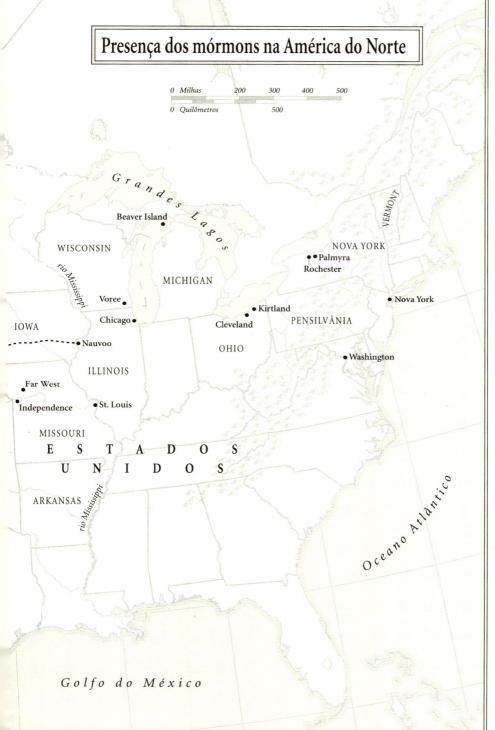

PRIMEIRA PARTE

Os cismas que freqüentemente racharam o mormonismo, mais graves do que as invasões externas, servem para demonstrar sua força. Eram sinais da seriedade que os convertidos e os dissidentes atribuíam a sua salvação, prontos a arriscar suas almas sobre questões doutrinárias que uma geração posterior, menos bíblica, passou a tratar com indiferença.

William Mulder e A. Russell Mortensen, *Among the Mormons*

1. A cidade dos Santos

> *Pois sois um povo consagrado ao Senhor, vosso Deus; foi a vós que o Senhor escolheu para tornar-vos o povo distinto por ele adquirido, acima de todas as nações na face da Terra.*
>
> Deuteronômio, 14:2

> *E virá a suceder que eu, o Senhor Deus, enviarei um homem forte e poderoso, trazendo nas mãos o cetro do poder, vestido de luz, cuja boca pronunciará palavras, palavras eternas; suas entranhas serão uma fonte de verdade, para colocar em ordem a casa de Deus.*
>
> *Doutrina e mandamentos*, artigo 85
> Revelado a Joseph Smith em 27 de novembro de 1832

Equilibrada no topo da mais alta espiral do Templo do Lago Salgado, brilhando ao sol do Utah, uma estátua do anjo Moroni vigia o centro da cidade de Salt Lake, com sua trombeta dourada erguida. Esse imenso edifício de granito é o nexo espiritual e temporal da Igreja de Jesus Cristo dos Santos dos Últimos Dias (LDS*), que se apresenta como a única religião verdadeira no

---

* Sigla em inglês (*Latter-day Saints*) utilizada ao longo do livro para abreviar o nome da religião mórmon tradicional. Para a principal seita fundamentalista, utiliza-se a sigla FLDS. (N. T.)

mundo. A Praça do Templo é para os mórmons o que o Vaticano é para os católicos ou a Caaba, em Meca, é para os muçulmanos. Segundo as mais recentes estimativas, há em todo o globo mais de onze milhões de Santos, e o mormonismo é a religião que mais cresce no hemisfério ocidental. Nos Estados Unidos existem atualmente mais mórmons que presbiterianos ou episcopalistas. No planeta, os mórmons são hoje mais numerosos que os judeus. Em alguns círculos acadêmicos respeitáveis considera-se que o mormonismo está caminhando para se tornar uma das principais religiões do mundo, a primeira fé religiosa surgida desde o Islã.

Ao lado do templo, as 325 vozes do Coro do Tabernáculo Mórmon se erguem para encher o vasto recinto com os acordes robustos e sedutores do "Hino de Batalha da República", a canção característica do grupo: "Meus olhos viram a glória do advento do Senhor...".

Para boa parte do mundo, esse coro e suas harmonias impecavelmente executadas são emblemáticas dos mórmons como povo: castos, otimistas, expansivos, respeitosos. Quando Dan Lafferty cita as escrituras mórmons para justificar o homicídio, a justaposição é tão incongruente que parece surrealista.

Os assuntos da comunidade mórmon são geridos por um grupo de homens brancos idosos vestidos de ternos escuros, que tratam de seus sagrados deveres em um edifício comercial de vinte e seis andares ao lado da Praça do Templo.* Os líderes da LDS afirmam unanimemente, com veemência, que Lafferty não deve de forma alguma ser considerado mórmon. A crença que levou Lafferty a matar a sobrinha e a cunhada é um tipo de religião conhecida como Fundamentalismo Mórmon; as autoridades da Igreja LDS se irritam visivelmente quando os mórmons e os fundamentalistas mórmons são mencionados como uma coisa só. Como assinalou Gordon B. Hinckley, então presiden-

---

* O controle da Igreja LDS repousa nas mãos de quinze homens. No topo da pirâmide hierárquica está o "Presidente, Profeta, Vidente e Revelador", que se acredita ser o porta-voz direto de Deus na Terra. O Presidente da LDS nomeia dois apóstolos de confiança para servirem como seu primeiro e segundo conselheiros; coletivamente, esses três homens constituem a Primeira Presidência. Imediatamente abaixo da Primeira Presidência está o Quorum dos Doze Apóstolos, e, em conjunto, esses quinze homens (sempre são homens; as mulheres estão excluídas das funções de autoridade na Igreja Mórmon) controlam com poder absoluto a instituição e seus membros. Todos os quinze têm funções vitalícias. Por ocasião da morte do presidente, o Quorum dos Doze nomeia como novo presidente o apóstolo que tenha servido nessa qualidade por mais tempo; daí a idade extremamente avançada da maioria dos presidentes mórmons.

te e profeta da LDS, aos oitenta e oito anos, em uma entrevista de televisão no programa *Larry King Live*, "eles não têm qualquer ligação conosco. Não pertencem à igreja. Na verdade, não existem fundamentalistas *mórmons*".

Não obstante, os mórmons e os que se intitulam mórmons fundamentalistas (FLDS) acreditam nos mesmos textos sagrados e na mesma história sacra. Ambos crêem que Joseph Smith, fundador do mormonismo em 1830, desempenhou papel fundamental nos desígnios de Deus para com a humanidade; tanto a LDS como a FLDS o consideram um profeta de estatura comparável às de Moisés e Isaías. Mórmons e fundamentalistas mórmons estão convencidos de que Deus os considera, exclusivamente, seus filhos favoritos: "um tesouro peculiar meu, acima de todos os povos". Mas, se ambos se referem orgulhosamente a si próprios como os eleitos de Deus, divergem em um ponto especialmente incendiário da doutrina religiosa: ao contrário de seus compatriotas mórmons de hoje em dia, os fundamentalistas mórmons acreditam passionalmente que os Santos têm a obrigação divina de tomar diversas esposas. Conforme explicam, os seguidores da fé FLDS se entregam à poligamia como um dever religioso.

Existem mais de trinta mil polígamos da FLDS morando no Canadá, no México e no oeste dos Estados Unidos. Alguns especialistas estimam que haja cerca de cem mil. Mesmo assim, esse número chega a apenas um por cento dos fiéis da LDS em todo o mundo; porém, de qualquer forma, os líderes da igreja principal se sentem profundamente constrangidos com essas legiões de irmãos polígamos. As autoridades mórmons tratam o fundamentalismo como tratariam de um tio louco — procuram escondê-los no sótão, fora das vistas, mas os fundamentalistas sempre dão um jeito de escapar e aparecer em público em momentos inoportunos, criando cenas desagradáveis e incomodando todo o clã da LDS.

Acontece que a Igreja LDS é extremamente sensível quanto a sua história, que é curta porém extraordinariamente rica; e nenhum aspecto dessa história coloca a igreja na defensiva tanto quanto o "casamento plural". A liderança da LDS tem tentado convencer os atuais membros da igreja e o público norte-americano de que a poligamia era uma idiossincrasia pitoresca e há muito abandonada, praticada por um mero punhado de mórmons do século XIX. O que a literatura religiosa espalhada por jovens e dedicados missionários na Praça do Templo não menciona é o fato de que Joseph Smith — que ainda é o personagem central da religião — casou-se com pelo menos trinta e três mulheres, e provavelmente com até quarenta e oito. Tampouco menciona que a mais jovem dessas esposas tinha somente catorze anos quando Joseph lhe explicou que Deus havia ordenado que ela se casasse com ele ou sofresse o castigo eterno.

A poligamia era de fato um dos credos mais sagrados da igreja de Joseph, ensinamento suficientemente importante para constituir um dos cânones eternos do artigo 132 de *Doutrina e mandamentos*, um dos textos principais das escrituras mórmons.* O venerando profeta dizia, a respeito do casamento plural, que era parte "da mais sagrada e importante doutrina já revelada aos homens na terra" e ensinava que um homem necessitava de pelo menos três esposas para atingir "a plenitude da exaltação" na outra vida. Advertia que Deus ordenara explicitamente que "todos aqueles a quem esta lei for revelada devem obedecer a ela [...] e se não respeitardes o mandamento, sereis condenados, pois ninguém pode rejeitá-lo e ter permissão para entrar em minha glória".

Joseph foi assassinado em 1844 no estado de Illinois por uma multidão enfurecida de gente que odiava os mórmons. Brigham Young assumiu a liderança da igreja e levou os Santos à região árida e selvagem da Grande Bacia, onde logo estabeleceram um notável império e abraçaram sem hesitação o mandamento do "casamento espiritual". Isso ao mesmo tempo estremeceu e chocou as sensibilidades dos norte-americanos na era vitoriana, que tendiam a considerar a poligamia uma prática selvagem, semelhante à escravidão.** Em 1856, reconhecendo a força do voto antipoligamia, o candidato republicano John C. Frémont concorreu à Presidência do país com uma plataforma que prometia "proibir nos territórios essas duas relíquias do barbarismo: a poligamia e a escravidão". Frémont perdeu a eleição, mas um ano mais tarde o vencedor, o presidente James Buchanan, mandou o exército invadir o Utah, desmantelar a teocracia de Brigham Young e erradicar a poligamia.

Mas a chamada "guerra do Utah" não conseguiu derrubar Brigham nem acabou com a doutrina do casamento plural, o que irritou e desconcertou toda uma série de presidentes norte-americanos. Seguiu-se uma escalada de ações

---

* Os mórmons colocam três livros de escrituras acima de todos os demais: *O livro de Mórmon*, *Doutrina e mandamentos* (freqüentemente mencionado simplesmente como D&C — *Doctrine and Covenants*) e *A pérola de alto valor*.

** É possível que no século XIX a poligamia fosse mais abominável para muitos norte-americanos do que a escravidão. Esta última, afinal, tinha muitos proponentes em numerosos estados, ao passo que era difícil encontrar advogados da primeira fora do antigo Território de Utah.

judiciais e legislativas, culminando na lei Edmunds-Tucker, de 1887, que revogou a licença da Igreja LDS e passou para as mãos do governo todas as suas propriedades de valor superior a cinqüenta mil dólares. Vendo-se em perigo, os Santos acabaram sem escolha a não ser renunciar à poligamia. No entanto, mesmo havendo proclamado em público, em 1890, a desistência a essa prática, os líderes da LDS despacharam discretamente emissários mórmons ao Canadá e México para estabelecer colônias poligâmicas, e algumas das mais altas autoridades da Igreja continuaram secretamente a tomar diversas esposas e realizar casamentos plurais até bem depois do início do século XX.

Embora os líderes da LDS inicialmente relutassem em abandonar o casamento plural, terminaram por adotar uma atitude mais pragmática para com a política norte-americana, rejeitando enfaticamente a prática e chegando a instar os órgãos do governo a perseguir os polígamos. Mais do que qualquer outra coisa, essa mudança singular de política da LDS foi o que a transformou em um surpreendente sucesso até os dias de hoje. Desistindo da poligamia, os mórmons gradualmente foram perdendo o estigma de seita de lunáticos. A Igreja LDS adquiriu ares de fé convencional com tal êxito que é hoje considerada a religião mais genuinamente norte-americana.

Os fundamentalistas mórmons, entretanto, acreditam que o preço por cair nas graças do país foi alto demais. Argumentam que os líderes mórmons aceitaram um compromisso imperdoável ao capitular diante do governo norte-americano, mais de um século atrás. Insistem em que a igreja os traiu, dizendo que a liderança da LDS abandonou um dos princípios teológicos mais fundamentais da religião em prol da conveniência política. Os poligamistas de hoje se consideram, portanto, os guardiães da chama, os únicos mórmons verdadeiros e íntegros. Advertem que, ao abandonar o artigo 132 — o princípio sagrado do casamento plural —, a Igreja LDS se afastou do caminho correto. Os profetas fundamentalistas apregoam em seus púlpitos que a igreja moderna se tornou "a mais pervertida prostituta de toda a Terra".

É provável que os fundamentalistas mórmons citem o artigo 132 da *Doutrina e mandamentos* mais do que qualquer outra peça das escrituras da LDS. Certamente a segunda citação mais provável é o artigo 85, no qual foi revelado a Joseph que "Eu, o Senhor Deus, mandarei um homem forte e poderoso [...] para colocar em ordem a Casa de Deus". Muitos fundamentalistas acreditam que esse homem forte e poderoso já se encontra na Terra entre eles, "trazendo nas mãos o cetro do poder", e que muito em breve ele levará a Igreja Mórmon de volta ao caminho correto e restaurará "a mais sagrada e importante doutrina" de Joseph.

2. Short Creek

> As idéias religiosas extremadas e bizarras são tão corriqueiras na história dos Estados Unidos que é difícil considerá-las periféricas. Falar em periferia implica haver uma corrente central, mas, em termos de quantidade, talvez o componente mais amplo do espectro religioso nos Estados Unidos de hoje continue a ser o que tem sido desde os tempos coloniais: um evangelismo fundamentalista junto com a forte noção de que após o fim do mundo Jesus Cristo reinará durante mil anos. O tema do dia do juízo final jamais esteve longe do centro do pensamento religioso norte-americano. A nação sempre teve crentes que reagiram a essa ameaça com a decisão de escapar da ira vindoura, de dissociar-se da Cidade da Destruição, ainda que isso significasse problemas com a lei e com suas comunidades ou famílias. [...] Ao longo da história norte-americana podemos encontrar grupos seletos e separatistas que reconheciam um indivíduo profético, recebedor de revelações divinas, num ambiente que repudiava as noções convencionais a respeito da propriedade, da vida familiar e da sexualidade. Eram grupos marginais, gente peculiar, pessoas afastadas do mundo: os Shakers e a comunidade Ephrata, as comunas de Oneida e Amana, os seguidores de Joseph Smith e Brigham Young.
>
> Philip Jenkins, *Mystics and Messiahs*

Serpenteando em diagonal na parte setentrional do estado do Arizona, o Grand Canyon é um estupendo rasgo na casca do planeta, com 440 quilômetros de extensão, que funciona como formidável barreira natural, separando efetivamente a porção noroeste do restante do estado. Essa cunha isolada de terra deserta, quase do tamanho do estado de Nova Jersey, porém atravessada por uma única estrada, é conhecida como Faixa do Arizona e tem uma das mais baixas densidades demográficas entre os quarenta e oito estados americanos contíguos.

Existe ali, no entanto, uma municipalidade relativamente grande. Colorado City, onde vivem cerca de nove mil almas, tem mais do quíntuplo da população de qualquer outra cidade da região. Os motoristas que se dirigem para o oeste pela estrada 389, atravessando os ermos áridos do platô de Uinkaret, poderão se surpreender quando, 32 quilômetros depois de Fredonia, (1036 habitantes, a segunda maior cidade da Faixa), virem Colorado City se materializar do nada: um conjunto de pequenas lojas e casas inusitadamente grandes, espalhadas abaixo de uma elevada escarpa de arenito avermelhado, chamada Montanha Canaã. Quase todos os habitantes da cidade são fundamentalistas mórmons. Vivem nessa faixa de deserto na esperança de não serem perturbados para poderem seguir o sagrado princípio do casamento plural sem interferência das autoridades governamentais ou da Igreja LDS.

Ocupando os dois lados da fronteira entre o Utah e o Arizona, Colorado City abriga pelo menos três seitas fundamentalistas mórmons, inclusive a maior do mundo: a Igreja Fundamentalista de Jesus Cristo dos Santos dos Últimos Dias. Mais conhecida como Plano do Esforço Unido, ou UEP, exige que seus adeptos vivam em estrito respeito aos mandamentos de um franzino perito em cálculo de impostos, de noventa e dois anos de idade, que se transformou em profeta: Rulon T. Jeffs.* "Tio Rulon", como o chamam seus seguidores, afirma que a linhagem de sua liderança de origem divina leva diretamente ao próprio Joseph Smith. Embora sua debilidade física pudesse denotar pouca aptidão para esse papel, os habitantes de Colorado City acreditam que tio Rulon é o "homem poderoso e forte" cuja vinda foi profetizada por Joseph em 1832.

"Muita gente daqui está convencida de que o tio Rulon vai viver eterna-

---

* A parte da cidade que fica do lado do Arizona, além da fronteira, tem o nome oficial de Colorado City, e a que fica do lado de Utah se chama oficialmente Hildale, embora os antigos habitantes não usem nenhum desses nomes e prefiram chamá-la Short Creek, nome da cidade até 1962, quando foi legalmente emancipada e rebatizada. O Plano do Esforço Unido é o nome legal do truste financeiro proprietário de todos os ativos da igreja, inclusive de praticamente todos os terrenos da cidade.

mente", diz DeLoy Bateman, 48, professor de ciências no ginásio de Colorado City. Não apenas DeLoy nasceu e foi educado com essa fé, mas seus ancestrais foram algumas das figuras mais ilustres da religião: seu bisavô e seu trisavô estavam entre os treze fundadores da Igreja Fundamentalista Mórmon, e seu avô adotivo, LeRoy Johnson, era o profeta que antecedeu imediatamente tio Rulon como líder de Colorado City. No momento, DeLoy vai dirigindo seu microônibus Chevrolet de terceira mão numa estrada de terra nos arredores da cidade. No banco de trás estão uma de suas duas esposas e oito de seus dezessete filhos. De repente ele freia bruscamente e o veículo se detém. "Aqui está uma coisa interessante", declara DeLoy, observando detidamente os destroços de um antena parabólica de TV atirados atrás de uma moita de arbustos na margem da estrada. "Parece que alguém teve que ficar sem televisão. Trouxe para além dos limites da cidade e jogou fora."

Os membros da religião, explica ele, são proibidos de ver televisão e ler revistas e jornais. Mesmo assim, as tentações do mundo exterior são grandes, e alguns adeptos da fé acabam sucumbindo. "Basta proibir alguma coisa", observa DeLoy, "para que ela se torne incrivelmente atraente. As pessoas vão às escondidas a St. George ou Cedar City, compram uma parabólica e a colocam onde não possa ser vista com facilidade, passando a assistir em segredo à TV nos momentos de lazer. Aí, em algum domingo, tio Rulon faz um sermão sobre os males da televisão. Diz que sabe *exatamente* quem possui um aparelho e adverte que quem fizer isso estará colocando sua alma eterna em grave perigo."

"Sempre que ele faz essa pregação, várias antenas parabólicas aparecem atiradas no deserto, como esta. Durante dois ou três anos não se vêem aparelhos de TV na cidade, mas depois, pouco a pouco, as antenas começam a ser instaladas na surdina, até a advertência seguinte. As pessoas tentam fazer o que é correto, mas são apenas seres humanos."

Como sugere a proibição contra a TV, a vida em Colorado City sob a liderança de Rulon vai além de uma ligeira semelhança com a vida em Cabul no tempo do Talibã. A palavra de tio Rulon é a lei. O prefeito e todos os demais funcionários da cidade são responsáveis perante ele, como acontece com toda a polícia e o superintendente das escolas públicas. Até mesmo os animais estão sujeitos a seus caprichos. Há dois anos, um rottweiler matou uma criança na cidade. Um édito municipal anunciou que dentro dos limites da cidade os cães não seriam mais permitidos. Um grupo de jovens foi incumbido de reunir todos os cachorros, e em seguida os inocentes animais foram levados a uma lavanderia e mortos a tiros.

Estima-se que tio Rulon tenha se casado com setenta e cinco mulheres, com as quais teve pelo menos sessenta e cinco filhos; diversas de suas esposas lhe foram dadas em casamento quando tinham catorze ou quinze anos e ele já mais de oitenta. Seus sermões freqüentemente dão ênfase à necessidade de submissão total. "Quero dizer-lhes que a maior liberdade está na obediência", diz ele em suas pregações. "A obediência perfeita produz a fé perfeita." Como a maioria dos profetas da FLDS, seus ensinamentos se baseiam em grande parte nas longas arengas escritas no século XIX por Joseph Smith e Brigham Young. Tio Rulon gosta de recordar a seus seguidores a advertência de Brigham de que àqueles que cometerem pecados inconfessáveis, como a homossexualidade, ou tiverem relações sexuais com um membro da raça africana, "o castigo, segundo a lei de Deus, é a morte imediata. Isso será sempre assim".

A poligamia é ilegal tanto no Utah como no Arizona. Para evitar a acusação, os homens de Colorado City em geral se casam oficialmente apenas com a primeira de suas mulheres; as esposas seguintes, embora "espiritualmente casadas" com seus maridos em cerimônia celebrada por tio Rulon, permanecem como mães solteiras aos olhos do Estado. Isso traz o benefício adicional de permitir que as enormes famílias da cidade se candidatem à assistência pública ou a outras formas de auxílio governamental. Apesar de tio Rulon e seus adeptos considerarem os governos do Utah, do Arizona e dos Estados Unidos forças satânicas decididas a destruir a UEP, sua comunidade de polígamos recebe mais de seis milhões de dólares anuais em recursos oficiais.

Mais de 4 milhões de dólares em generosidade governamental são canalizados todo ano para a escola pública de Colorado City — dinheiro que, segundo o *Phoenix New Times*, "é empregado sobretudo em benefício da Igreja FLDS e no enriquecimento pessoal de seus líderes no ensino público da região". O repórter John Dougherty constatou que a administração escolar "saqueou o Tesouro do distrito debitando milhares de dólares de despesas pessoais em cartões de crédito da administração distrital, comprando veículos caros para uso pessoal e fazendo grande quantidade de viagens. Essa orgia de gastos culminou em dezembro [de 2000], quando o distrito comprou um avião Cessna 210, para facilitar as viagens de seu pessoal administrativo para cidades por todo o Arizona".

Colorado City recebeu 1,9 milhão de dólares do Departamento de Habitação e Desenvolvimento Urbano, órgão do governo federal, para pavimentação de ruas, melhoria do corpo de bombeiros e modernização do sistema de água. Nos arredores da cidade, ao sul, o governo federal construiu um aeroporto novo, a um custo de 2,8 milhões, que não atende a praticamente ninguém que não seja da comunidade fundamentalista. Trinta e três por cento dos habitantes da cidade recebem vales-alimentação — a média estadual é de 4,7%. Atualmente, os residentes de Colorado City recebem em serviços governamentais o equivalente a oito dólares por cada dólar pago em impostos; em comparação, os habitantes do resto do condado de Mohave, no Arizona, recebem pouco mais de um dólar em serviços por cada dólar pago.

"Tio Rulon justifica toda essa assistência de parte do governo perverso explicando que na verdade o dinheiro vem do Senhor", diz DeLoy Bateman. "Aprendemos que é assim que o Senhor manipula o sistema para cuidar de seu povo eleito." Os fundamentalistas dizem que fraudar o governo é "sangrar a besta" e consideram isso um ato sagrado.

Tio Rulon e seus seguidores acreditam que a Terra tem 7 mil anos de idade e que os homens jamais caminharam na superfície da Lua; os filmes que mostram os astronautas da Apollo na Lua fazem parte de um plano complexo do governo norte-americano para enganar o mundo, dizem eles. Além do édito que veda ver televisão e ler jornais, os habitantes de Colorado City estão proibidos de ter qualquer contato com pessoas de fora da UEP, inclusive familiares que deixaram a religião. Acontece que DeLoy é um desses apóstatas.

DeLoy mora com sua imensa família em uma casa igualmente imensa; com mais de 1700 metros quadrados, é cinco vezes maior do que uma casa média de três dormitórios e foi construída por ele, com suas próprias mãos, no centro da cidade. David, irmão de DeLoy, também mora em uma casa grande a alguns metros dali, atrás de uma cerca de um metro e oitenta de altura. "Meu irmão mora ali, atrás da cerca", diz DeLoy fazendo um gesto com o queixo; "eu e ele somos muito unidos, como muita gente no planeta. Nosso pai ficou inválido quando éramos crianças, e por isso eu e David nos criamos um ao outro. Mas agora ele está proibido de falar comigo, porque eu já não sou membro da religião. Se a mulher dele o encontrar conversando comigo, vai sair de casa com os filhos e tio Rulon vai obrigá-la a se casar com algum outro homem em poucas horas. David passaria a ser o que eles chamam de 'eunuco': um homem a quem se permite permanecer na religião mas cuja família lhe foi retirada, como o que deveria ter acontecido comigo quando deixei a Obra."

DeLoy tinha sido adepto respeitado da religião. Nunca tocou numa gota de álcool ou de café, jamais fumou um cigarro e nunca pronunciou um palavrão. Era infalível em sua obediência e fazia questão de andar de cabeça baixa. De repente, em 1966, parentes de sua segunda esposa começaram a espalhar boatos indecentes a seu respeito. Alguém levou esses rumores ao profeta, e o resultado, lamenta DeLoy, foi que "o tio Rulon me chamou a seu escritório e fez todo tipo de acusações contra mim".

Segundo DeLoy, o profeta "estava muito zangado, tão raivoso que tremia e dava cusparadas enquanto falava. Quando alguém é acusado assim pelo profeta, o procedimento normal é basicamente responder: 'Lamento ter feito isso e desagradado ao senhor. Que quer que eu faça?'. Mas dessa vez eu não consegui. Simplesmente não conseguia dizer essas palavras. Não havia um pingo de verdade naquelas acusações".

"Então eu me curvei até que meu rosto ficou a poucos centímetros do dele, e disse, muito calmamente, com voz suave: 'Tio Rulon, tudo o que o senhor disse é mentira, uma completa mentira'. Ele ficou sentado na cadeira, totalmente chocado. Era uma coisa que nunca ninguém tinha feito antes."

Ao chegar em casa, DeLoy refletiu sobre o absurdo do que havia acontecido. "Tio Rulon falava constantemente com Deus. Pelo que sabíamos, sua sabedoria e seu conhecimento vinham diretamente do Senhor. Mas em poucos instantes eu havia percebido que aquele homem na verdade não se comunicava com Deus, pois, se fosse assim, ele teria de saber que as acusações contra mim eram falsas. Naquele mesmo instante resolvi deixar a Obra, mesmo ciente de que aquilo significaria o fim da vida que eu levava até então."

DeLoy faltou à reunião semanal dos sacerdotes no domingo seguinte, e em 24 horas tio Rulon mandou alguém à casa dele para buscar suas mulheres e seus filhos. Segundo os dogmas da UEP, as esposas não pertencem aos maridos e nem os filhos pertencem aos pais; são todos propriedade dos sacerdotes e podem ser exigidos a qualquer momento. Tio Rulon resolveu que as mulheres e a prole de DeLoy fossem imediatamente entregues a outro homem mais merecedor.

Porém ambas as esposas de DeLoy se negaram a deixá-lo. Tio Rulon ficou perplexo. "Ser sacerdote é muito mais importante do que a família ou qualquer outra coisa", explicou DeLoy. "Desafiar tio Rulon e ficar comigo, como fizeram minhas esposas, ainda que eu estivesse condenado a ir diretamente para o inferno, era algo de que nunca se tinha ouvido falar." Dessa forma, as esposas de DeLoy e todos os filhos, com exceção dos três mais velhos, se tornaram também apóstatas.

Em Colorado City, ensina-se aos fiéis que os apóstatas são mais perversos do que os não-crentes e até mesmo do que os mórmons não-fundamentalistas.* Num sermão feito em 16 de julho de 2000, o bispo Warren Jeffs (filho de tio Rulon e seu pressuposto herdeiro) assinalou que o apóstata é "a pessoa mais negra da terra". Segundo explicou, os apóstatas "traíram o sacerdócio e sua própria existência, e são guiados por seu chefe, Lúcifer [...] Os apóstatas são literalmente instrumentos do demônio".

Como DeLoy se tornara apóstata, os parentes que permaneceram na religião foram proibidos para sempre de dirigir a palavra a ele, a suas mulheres e a seus filhos apóstatas. Embora DeLoy tivesse construído sua própria casa, que estava inteiramente paga, a UEP é a proprietária de todos os terrenos dentro dos limites da cidade, inclusive o lote onde foi erguida a casa. Tio Rulon e a UEP iniciaram uma ação judicial para reavê-la e no momento procuram expulsá-lo de Colorado City.

Não é por acaso que Colorado City fica tão longe de tudo. Short Creek, como então era conhecida a cidade, foi colonizada na década de 1930 por meia dúzia de famílias fundamentalistas que desejavam viver em um lugar onde estivessem livres para seguir o Mais Sagrado Princípio de Joseph Smith sem interferência externa. No entanto, a UEP não percebeu o quanto a poligamia mexia com as paixões populares.

No início da década de 50, a população de Short Creek aumentara para mais de quatrocentas pessoas. Tão alarmados ficaram os funcionários do governo e a liderança da LDS em Salt Lake City, que o governador do Arizona, Howard Pyle, com estímulo e apoio financeiro da igreja, concebeu um sofis-

---

* No singular dicionário de mórmons e fundamentalistas, todos os que não aceitam os ensinamentos de Joseph Smith são chamados "gentios" (por exemplo, para os mórmons, até mesmo os judeus são considerados gentios). Os que já foram devotos mas abandonaram a fé são apóstatas. Os Santos não-praticantes são "Jack Mormons".

ticado plano para invadir a cidade e erradicar a poligamia.* Em 26 de julho de 1953, oito meses antes do nascimento de DeLoy Bateman, uma centena de policiais, quarenta subxerifes do condado e dezenas de soldados da Guarda Nacional do Arizona entraram com seus veículos pouco antes do alvorecer e prenderam 122 homens e mulheres polígamos, inclusive o pai de DeLoy. Os 263 filhos dessas famílias foram colocados sob a tutela do Estado, levados de ônibus para Kingman, no Arizona, a 660 quilômetros de distância, e abrigados em casas de família.

Uma declaração cuidadosamente redigida do governador Pyle defendia a invasão, denominando-a "importante ação policial contra a insurreição dentro das próprias fronteiras [do Arizona]". Explicou ele que

> os líderes dessa violação coletiva de tantas de nossas leis se vangloriaram diretamente a funcionários do condado de Mohave dizendo que suas atividades haviam se tornado tão importantes que o Estado do Arizona não tinha poder para intervir.
>
> Como se sabe, as circunstâncias geográficas do território ao extremo norte do Arizona os protegiam [...] a região além do Grand Canyon, mais conhecida como "a Faixa".
>
> É uma região de elevados platôs, florestas densas, grandes fendas e gargantas de cores intensas [...] uma terra espremida entre os platôs do Utah, ainda mais elevados, e o Grand Canyon do Arizona.
>
> A comunidade de Short Creek fica a seiscentos quilômetros de Kingman, sede do condado de Mohave, pela via mais curta [...]
>
> Grandes penhascos que se erguem ao norte da pequena rua central de Short Creek servem de barreira natural do lado setentrional. Para o leste e o oeste abrem-se extensos planaltos áridos, quase desertos, antes do início das florestas. Ao sul fica o Grand Canyon.
>
> Foi nessa comunidade, a mais isolada do Arizona, que uma conspiração perversa nasceu e se expandiu em aterradora progressão geométrica. Ali estava uma comunidade inteiramente devotada à tortuosa filosofia de que um punhado de

---

* O governador Pyle afirmou, a respeito da invasão: "Todos os nossos passos foram aprovados pelo Conselho dos Doze", isto é, o Quorum dos Doze Apóstolos, que dirige a igreja LDS. "Eles cooperaram cem por cento, apoiaram cem por cento a ação."

homens cobiçosos e licenciosos tenha o direito e o poder de controlar o destino de todas a almas da comunidade.

Eis uma comunidade — na qual, infelizmente, muitas das mulheres seguem os homens — completamente dedicada à perversa teoria de que as jovens adolescentes devem se sujeitar a casamentos com homens de todas as idades com muitas outras mulheres, com o único propósito de produzir mais filhos para serem transformados em meros objetos nessa empresa totalmente sem lei.

No dia seguinte à invasão, apareceu no *Deseret News*, jornal diário de propriedade da Igreja LDS, um editorial em apoio à ação: "Os estados de Utah e Arizona têm um débito de gratidão para com o governador do Arizona, Howard Pyle [...] esperamos que as infelizes atividades em Short Creek sejam erradicadas de uma vez por todas".

O ataque gerou manchetes nacionais e chegou a ser mencionado na primeira página do *New York Times*, com o mesmo destaque dado à notícia do armistício com que terminou a guerra na Coréia. Mas, para assombro dos líderes da LDS, a maior parte da imprensa apresentava os polígamos de maneira favorável. Fotos de crianças que choravam ao serem arrancadas dos braços maternos provocaram em todo o país simpatia em relação aos fundamentalistas, que argumentavam serem crentes mórmons respeitadores das leis que simplesmente procuravam exercer suas liberdades garantidas pela Constituição norte-americana.

A invasão foi em geral vista por repartições governamentais ultrazelosas como perseguição religiosa e provocou grande protesto em apoio aos polígamos. O *Arizona Republic*, por exemplo, criticou a ação como "mau emprego dos recursos públicos". Em 1954, o governador Pyle perdeu a reeleição, em grande parte devido à invasão e sua má repercussão. As prisões decorrentes dos julgamentos subseqüentes custaram seiscentos mil dólares aos contribuintes, mas já em 1956 todos os polígamos detidos haviam saído da cadeia e estavam de volta a suas famílias em Short Creek. Sem remorsos, os membros da UEP voltaram a viver segundo o Princípio ensinado por Joseph Smith e a população da cidade continuou a crescer, mais do que dobrando a cada década, em conseqüência das famílias gigantescas e da astronômica taxa de natalidade.

Paradoxalmente, a invasão de Short Creek acabou sendo uma enorme bênção para a Igreja FLDS. Graças à reação negativa subseqüente, durante a maior parte dos cinqüenta anos seguintes os fundamentalistas puderam praticar a poligamia em todo o oeste entre as montanhas com muito pouca interferência oficial, até maio de 1998, quando, de uma cabine pública em um parada de caminhoneiros no norte do estado de Utah, uma jovem adolescente, agredida e machucada, ligou para o número da emergência.

A moça informou à polícia que, imediatamente após completar dezesseis anos, o pai, um homem de negócios chamado John Kingston, a tirara da escola secundária e a obrigara a se tornar a décima quinta esposa de seu irmão, David Kingston — tio dela, de trinta e dois anos. Dois irmãos Kingston estão entre os mil e quinhentos membros do chamado clã Kingston, uma seita mórmon fundamentalista baseada no condado de Salt Lake e conhecida oficialmente como Igreja de Cristo dos Últimos Dias, sob a liderança do patriarca Paul Kingston, advogado casado com pelo menos vinte e cinco mulheres e progenitor de cerca de duzentos rebentos.

Por duas vezes a jovem havia tentado escapar de David, mas fora apanhada em ambas as tentativas. Depois da segunda fuga, procurou refúgio com a mãe, que prontamente a devolveu ao pai. John Kingston levou-a então a um remoto sítio próximo à fronteira entre o Utah e o Idaho, usado pelos Kingston como "campo de reeducação" para esposas recalcitrantes e filhos desobedientes. Conduziu a menina a um celeiro, tirou o cinturão e usou-o para chicoteá-la com selvageria nas nádegas, coxas e costas, infligindo horríveis ferimentos. Mais tarde a jovem disse a um juiz que, antes de começar a surra, o pai a advertira de que "ia me dar dez chicotadas para cada pecado que eu tinha cometido".

Depois de castigar a filha, John Kingston partiu, e ela aproveitou para fugir do sítio, arrastando-se ao longo de quase dez quilômetros numa estrada de terra até chegar a um posto de gasolina, de onde chamou a polícia. John e David Kingston foram presos e em seguida condenados em julgamentos que tiveram grande repercussão. John foi declarado culpado de abuso contra menor e preso na cadeia do condado durante 28 semanas, e David foi condenado a dez anos de prisão por incesto e conduta sexual ilegal. Em todo o oeste, os fundamentalistas mórmons se viram novamente diante de uma opinião pública desfavorável.

Se a condenação dos irmãos Kingston preocupou os fundamentalistas de Colorado City, mais nervosos estes ficaram em abril de 2000, quando outro polígamo do Utah, Thomas Arthur Green, foi indiciado por bigamia e estupro infantil em primeiro grau. O julgamento dos Kingston tinha sido manchete no Utah, mas em outros lugares não obtivera grande visibilidade. A acusação do Estado contra Green, no entanto, transformou-se em espetáculo público, em grande parte fomentado pelo próprio Green, e seus casamentos plurais apareceram com destaque em todos os principais meios de comunicação, de Seattle a Miami.

Aos 54 anos, Tom Green é um homem gordo e barbudo, com um início de calvície, 32 filhos e cinco esposas (casou-se no total com dez mulheres diferentes, mas as outras cinco o deixaram). A mais velha de suas mulheres atuais tem 22 anos a menos do que ele; a mais jovem é 29 mais nova. Há muito tempo o lar da gigantesca família Green é um conjunto de reboques decrépitos ancorados em quatro hectares de deserto no desolado vale Snake, no condado de Juab, próximo à fronteira do Nevada, a 160 quilômetros da estrada pavimentada mais próxima. Modestamente, Green batizou seu pequeno reino com o nome de Greenhaven.

Ao contrário da maioria dos polígamos, que deliberadamente evitam a visibilidade externa, Green possui uma sede insaciável de publicidade. Ele e suas mulheres revelaram suas vidas a numerosos jornalistas da imprensa escrita e apareceram de bom grado em programas de televisão como *Judge Judy*, *Jerry Springer*, *Queen Latifah*, *Sally Jessy Rafael* e *Dateline NBC*. Green explicou em uma declaração pública que a decisão de procurar a atenção dos meios de comunicação foi tomada por ele e pelas esposas depois de que certa manhã, ao acordar, "ouvi uma voz que dizia: 'Não escondas tuas luzes, e sim deixa-as brilhar diante dos homens para que vejam teus bons exemplos e glorifiquem teu Pai nos Céus'. Contei a minhas esposas o que ouvira e entendi que Deus queria que fôssemos um exemplo de que os casamentos plurais podem dar certo [...]. Não nos envergonhamos de nossa fé e sem dúvida não nos envergonhamos de nossa família [...] Apenas queremos que as pessoas compreendam que os polígamos não representam uma ameaça; não somos fanáticos, não somos criminosos".

Infelizmente para Tom Green, o promotor público do condado de Juab,

David O. Leavitt, irmão mais moço do governador de Utah, Mike Leavitt, ligou por acaso a televisão certa noite em 1999 e viu Green se vangloriando de suas jovens esposas no programa *Dateline NBC*. Embora Leavitt já soubesse, havia muito tempo, da existência da colônia poligâmica de Green no deserto do oeste, não havia pensado em processá-lo até ouvi-lo fazer sua propaganda em horário nobre. Quando criança, Leavitt tivera amiguinhos que eram filhos de polígamos, e seu próprio bisavô havia se casado com diversas mulheres. Em 1993, pouco depois de terminar o curso de Direito e trabalhando como defensor público, chegara a defender um polígamo, ganhando a causa ao argumentar que a liberdade de religião garantida pela Constituição dos Estados Unidos se sobrepunha às leis estaduais que tornavam crime o casamento plural.

Mas Leavitt ouviu Green se vangloriar num programa nacional de tv de que havia se casado com todas as suas atuais esposas quando elas eram ainda meninas. Uma delas tinha apenas treze anos quando ele, aos 37, a engravidara. Segundo as leis estaduais de Utah, as relações sexuais de um adulto do sexo masculino com uma criança de treze anos constituem contravenção grave. "À primeira vista, Tom Green parecia ser uma pessoa insignificante", explicou Leavitt à repórter Pauline Arrillaga, da Associated Press, em novembro de 2000. "Mas esse homem pegou meninas de treze e catorze anos, privou-as de seus estudos, casou-se com elas, engravidou-as, fez com que o Estado pagasse a conta e estuprou uma menina de treze anos." Cinco meses após o programa *Dateline*, Leavitt abriu o processo contra Green, que sustentava sua grande família com dinheiro que recebia dos serviços de assistência social.

Os investigadores da promotoria do estado de Utah documentaram que, entre 1989 e 1999, Tom Green e seus dependentes haviam recebido mais de 647 mil dólares em assistência do governo federal, inclusive 203 mil em vale-alimentação e quase trezentos mil de despesas médicas e odontológicas. Os mesmos investigadores estimam que, se tivessem tido acesso integral aos arquivos governamentais pertinentes até 1985, quando Green iniciou sua vida de polígamo, poderiam demonstrar que ele havia recebido bem mais de um milhão em seguro social.

Linda Kunz Green, atualmente com 28 anos, tinha treze quando se casou com Tom Green. Ela faz questão de dizer que gosta de ser uma de muitas esposas e acentua que a idéia de se casar com Green foi sua. Levitt retruca que Linda é simplesmente uma vítima de algo que os psicólogos chamam de "síndrome de Estocolmo", pela qual reféns se afeiçoam a seus captores e posteriormente os defendem. "Linda jamais teve a possibilidade de tomar decisões", argumenta Leavitt.

Na época em que Linda Kunz se casou com Green, a mãe dela, Beth Cooke, era também esposa dele, embora depois disso o tenha deixado. (Sete das dez mulheres com quem Green se casou e todas as suas esposas atuais eram filhas de outras de suas mulheres na época dos casamentos; ele tinha o costume de se casar com as enteadas, todas no máximo com dezesseis anos quando ele as levou ao leito conjugal.) Cooke tinha sido criada em Short Creek, filha de família poligâmica. Em 1953, aos nove anos, tinha presenciado a prisão de seu pai e de outros trinta homens pelo subxerife do condado de Mohave, durante a invasão de Short Creek. Três anos depois, já com doze, casou-se com o padrasto, Warren "Elmer" Johnson, irmão do profeta LeRoy Johnson, tornando-se uma das sete esposas de Elmer.

Em 1984, depois que Elmer Johnson já tinha morrido e o marido seguinte a deixara, Cooke e suas duas filhas foram apresentadas a Green, numa reunião religiosa de domingo. "Prestei atenção especial nele", disse Cooke à jornalista Carolyn Campbell, "porque minha amiga tinha me dito que havia conhecido Tom Green e que ele era o homem mais feio que ela já tinha visto." Cooke, quatro anos mais velha do que Green, teve outra impressão. Achou-o bonitão e também muito inteligente. Ficou impressionada com a maneira como ele conduziu a reunião. Ele a convidou para saírem juntos e nessa ocasião anunciou que ia se casar com ela — profecia que logo se realizou. Os recém-casados passaram a lua-de-mel numa colônia de polígamos da UEP em Bountiful, no sudeste da província canadense de British Columbia.

Por volta de 1985, Cooke não pôde deixar de notar que sua filha de treze anos, Linda Kunz, "demonstrava sentimentos" em relação a Green. Linda gostava de se sentar no colo do padrasto e "ficava junto dele muito tempo". Falava constantemente nele e finalmente perguntou a Cooke se podia se casar com ele. Cooke consentiu, e, em janeiro de 1996, Linda e Tom Green se casaram em Los Molinos, no México, um posto avançado da poligamia na península da Baixa Califórnia. "Fiquei contente por minha filha, porque ela estava feliz e fez o que queria fazer", disse Cooke mais tarde. "Fiquei feliz por partilhar com ela um homem que eu amava muito e considerava uma pessoa especial." Linda Kunz ficou grávida de Green antes de completar catorze anos.

Mesmo tendo deixado Green, Beth Cooke defende o casamento da filha com ele. "Quinze anos depois", disse ela em uma entrevista com a jornalista Campbell, "acho que o tempo demonstrou ter sido uma boa decisão [...] Estão processando Tom com base no moralismo do século xix. Hoje em dia, quem se importa em saber quem dorme com quem? São todos adultos que sabem o que fazem. Agora mesmo há lésbicas, homossexuais e pessoas solteiras que vivem juntas. Há gente casada vivendo com outras, com as quais não estão casadas."

David Leavitt não considera os casamentos plurais de Green uma questão de liberdade religiosa nem uma relação sexual inocente entre adultos responsáveis. "Ele atrai meninas que desde o berço somente conheciam a vida de poligamia", disse Leavitt a Holly Mullen, repórter do *Salt Lake Tribune*, em agosto de 2002. "Ele lhes roubou a infância. Quando olhei esta foto vi que eram cinco mulheres, todas dadas em casamento pelas mães e todas criadas pelos pais para se casarem na infância. São vítimas de pedófilos e são vítimas do estado de Utah, que durante sessenta anos voltou as costas à poligamia."

A acusação de Leavitt convenceu o tribunal. Em agosto de 2001 Green foi condenado em quatro processos de poligamia e um de fraude criminosa para sustentar a família. Foi sentenciado a cinco anos de prisão e obrigado a restituir 78 868 dólares aos cofres públicos.

Um ano depois, Leavitt provocou novo julgamento de Green, com a acusação adicional, e muito mais grave, de haver tido relações sexuais com Linda Kunz quando esta tinha treze anos, crime que poderia acarretar prisão perpétua. Dessa vez, porém, Green teve sorte: embora o júri o tenha considerado culpado de estupro infantil com agravantes, o juiz decidiu pela pena mínima de cinco anos, a ser cumprida concomitantemente com a condenação anterior por bigamia.

O castigo relativamente suave desgostou muitos habitantes de Utah. Dois dias depois da sentença, assim opinou um editorial no *Spectrum*, o jornal diário de St. Goerge, no Utah, baluarte da lds a menos de sessenta quilômetros de Colorado City:

> Os contribuintes e, o que é mais importante, as crianças foram os perdedores na decisão judicial sobre a sentença do já tristemente célebre polígamo Tom Green [...]

Em algumas relações poligâmicas, especialmente as que envolvem moças muito jovens, há sempre um pouco de lavagem cerebral antes e depois dos "casamentos" ilegais. As mocinhas são levadas a acreditar que esse relacionamento é o único caminho para a salvação. Assim, em geral são tomadas como esposas por homens do dobro de sua idade.

Fora do contexto de bodas espirituais, não haveria dúvida de que se trata de atos de pedofilia [...]. Um homem cometeu algo que equivale ao estupro, tal como definido em lei, contra uma menina de treze anos e, essencialmente, não irá para a prisão por causa disso.

David Leavitt também ficou decepcionado com a pena dada a Green. "No estado de Utah", proclamou ele, "as pessoas simplesmente não compreendem — e já faz cinqüenta anos que não compreendem — o efeito devastador da prática da poligamia sobre as meninas de nossa sociedade." Leavitt, porém, prosseguiu dizendo que a opinião dos habitantes de Utah sobre a poligamia estava mudando: "As coisas seguem seu curso. O tempo demonstrará que esta sociedade vai compreender que a prática da poligamia é um abuso para a infância, para as mulheres e para a sociedade".

Nos tribunais, a acusação de Leavitt prevaleceu e ele foi elogiado pela Igreja LDS e pelos editorialistas do *establishment*. Mas assim como o governador do Arizona Howard Pyle não foi reeleito por ter sido o autor intelectual da invasão de Short Creek em 1953, Leavitt descobriu que sua cruzada antipoligamia não era popularmente bem-vista. Em novembro de 2002, os eleitores do condado de Juab reagiram à condenação de Tom Green derrotando nas urnas o promotor David Leavitt.

Desde a condenação dos irmãos Kingston, anterior ao primeiro indiciamento de Tom Green por bigamia, os fundamentalistas mórmons têm recebido apoio da União Americana pelas Liberdades Civis e de ativistas dos direitos de homossexuais em seus protestos de perseguição religiosa. Essa coalizão tem sido especialmente curiosa e desconfortável: a doutrina da FLDS proclama que a sodomia e a homossexualidade são crimes graves contra Deus e a natureza, puníveis com a morte, mas, mesmo assim, gays e polígamos se aliaram para manter o governo afastado das questões sexuais de caráter pessoal. A parceria fica ainda mais incongruente devido ao fato de que no outro extremo da questão as feministas radicais se juntaram à Igreja LDS, decididamente antifeminista, para agir em prol da luta ativa contra a poligamia.*

Obrigados a sair das sombras e enfrentar os holofotes da investigação jornalística, os polígamos continuam a afirmar com insistência que simplesmente procuram viver de acordo com suas crenças profundas e protegidas pela Constituição. "O que acontece dentro de nossas casas não é da conta de ninguém", declara Sam Roundy, polígamo, chefe de polícia de Colorado City. "Não estamos prejudicando ninguém. Será que não temos o direito de praticar nossa religião?"

Mas a poligamia é crime em todos os cinqüenta estados, assim como no Canadá, e os policiais prestam juramento de respeitar a lei. Esse assunto se tornou um problema para o chefe Roundy em 6 de fevereiro de 2002, quando Ruth Stubbs, terceira mulher de um dos policiais seus subordinados, fugiu de Colorado City com os dois filhos e apareceu no jornal de TV da noite em Phoenix, queixando-se de que tinha sido espancada pelo marido, Rodney Holm, e dizendo que a poligamia é intrinsecamente abusiva.

Ruth, que ao deixar Holm tinha dezenove anos e estava visivelmente grávida do terceiro filho, tinha sido tirada da escola ao terminar o primário. Imediatamente após completar dezesseis anos foi convocada a uma reunião com tio Rulon e o filho dele, Warren Jeffs, na qual foi informada de que dentro de 24 horas se casaria com o policial Holm, homem bonitão e taciturno que tinha exatamente o dobro da idade dela. Ruth pensara em se casar com outra pessoa, um rapaz de idade muito mais próxima da sua. Ao hesitar em se tor-

---

* Em 1993, o apóstolo Boyd K. Packer (atualmente o número dois entre os pretendentes a presidente e profeta dos mórmons) declarou que a igreja enfrenta três ameaças principais: "o movimento gay-lésbico, o movimento feminista e o desafio sempre presente dos chamados acadêmicos, ou intelectuais". Ao longo do tempo, a liderança mórmon fez diversos pronunciamentos sobre os "perigos" do movimento feminista e excomungou diversas feministas declaradas. Mas talvez a maior divergência entre as Autoridades Gerais dos mórmons e os advogados dos direitos femininos tenha ocorrido quando a Igreja LDS mobilizou ativa e eficazmente os mórmons para que votassem em bloco contra a ratificação da emenda sobre a igualdade de direitos (apesar de uma pesquisa de opinião publicada em 1974 no *Deseret News*, de propriedade da igreja, ter mostrado que 63% dos habitantes de Utah aprovavam essa emenda constitucional). A maioria dos analistas políticos acredita que, se a Igreja LDS não tivesse tomado posição tão agressiva contra a emenda, ela teria sido facilmente ratificada pelos 38 estados necessários e hoje em dia estaria incluída na Constituição dos Estados Unidos.

nar "esposa plural" de Holm, pedindo algum tempo para examinar as alternativas, a irmã mais velha, Suzie Stubbs — uma das duas mulheres já casadas com o policial —, chamou-a de "idiota, por fazer isso com Rod". Suzie insistiu muito com Ruth para que se tornasse a terceira esposa de Holm, até que ela finalmente sucumbiu e casou-se com ele.

"Eles me disseram com quem eu deveria me casar", afirmou Ruth depois de fugir de Colorado City. "Acho que as mulheres deviam ter o direito de dizer 'sim' ou 'não', ter direito de decidir o que acontece em suas vidas." Não somente Holm tinha transgredido a lei ao se casar com três mulheres, mas também havia cometido estupro — crime tanto em Utah quanto no Arizona — ao ter relações sexuais com Ruth quando ela contava dezesseis anos.

Até hoje o departamento de polícia de Colorado City não tomou qualquer ação disciplinar contra o policial Holm, que age como se fosse a parte ofendida nessa disputa. Assistido por advogados da UEP, atualmente Rodney Holm está tentando obter a guarda legal dos filhos de Ruth, para que possam ser "educados segundo os valores da FLDS" em companhia de seus dezoito outros filhos.

Em outubro de 2002, o procurador-geral de Utah acusou Holm de bigamia criminosa e iniciou outras três ações por relações sexuais ilegais devido a seu relacionamento com Ruth. A acusação estadual contra Holm, entretanto, está prejudicada por um impedimento bastante importante: em novembro do mesmo ano, Ruth Stubbs desapareceu após haver entregado ao tribunal uma nota de próprio punho e assinada na qual afirmava não desejar que Holm "fosse para a cadeia!" e se recusava a testemunhar contra ele. Como observou um editorial no diário *Spectrum*, de St. George: "Essa reviravolta num caso já estranho por si mesmo mostra a dificuldade de mover ações contra os membros da Igreja Fundamentalista de Jesus Cristo dos Santos dos Últimos Dias que se entregam a atividades ilegais".

Antes de desaparecer, Ruth Stubbs morava em Phoenix, com sua tia Pennie Peterson, que por sua vez havia fugido de Colorado City aos catorze anos, quando o profeta lhe ordenara tornar-se a quinta esposa de um homem de 48. Dezesseis anos depois, Peterson continua a detestar a cultura poligâmica da UEP. "Os polígamos alegam que são atacados por causa de sua religião", disse ela ao *Salt Lake Tribune*, "mas a Constituição por acaso diz ser correto molestar e engravidar meninas?"

O prefeito de Colorado City, Dan Barlow, considera apóstatas como Pennie Petersen mal informados e motivados por sentimentos de vingança, e acha que as acusações a Rodney são uma perseguição governamental a uma minoria religiosa inortodoxa porém honrada. Para Barlow, o caso de Holm recorda perigosamente a invasão de Short Creek em 1953. "Estão nos perseguindo novamente", queixa-se ele, "e chegam a utilizar a mesma linguagem."

Existe, porém, uma quase tradição documentada de abuso sexual em Colorado City que faz cair por terra a tentativa do prefeito Barlow de caracterizar o assunto como perseguição religiosa. Em abril de 2002, por exemplo, o filho e homônimo do prefeito, Dan Barlow Jr., foi acusado de molestar suas cinco filhas ao longo de vários anos. A cidade se uniu para defendê-lo, e o prefeito, seu pai, compareceu ao tribunal para pedir clemência. Finalmente, quatro das filhas se recusaram a testemunhar contra Barlow. O réu foi beneficiado com um *sursis* ao concordar em assinar uma declaração que dizia: "Cometi um erro. Quero repará-lo. Peço desculpas. Quero ser uma pessoa virtuosa. Construí uma boa família e tenho sido bom pai. Amo-os a todos, com amor paternal".

"Ninguém que conheça essa religião se surpreendeu ao ver que Dan não foi para a cadeia", diz Debbie Palmer, mal contendo seu nojo. "Alguém tem idéia" — pergunta essa antiga adepta do ramo canadense da religião — "da pressão sofrida por essas pobres meninas Barlow para não testemunhar contra o pai, o filho do prefeito? Estou certa de que o profeta as advertiu de que se dissessem uma palavra iriam diretamente para o inferno. Quando eu mesma sofri abusos de membros importantes da religião, foi isso o que me disseram, todas as vezes."

O povo de Colorado City dá pouca importância às blasfêmias de gente como Palmer. Estão convencidos de que os únicos culpados pelos problemas da cidade são Satã e os execráveis gentios e apóstatas que caíram sob sua influência. "Desde o início dos tempos Satã tem inveja de Deus", explica com os olhos brilhando um jovem e muito devoto membro do sacerdócio, depois de olhar nervosamente para os dois lados do leito seco do Short Creek e em seguida repetir o gesto, para se certificar de que ninguém está por perto para vê-lo conversar com um escritor gentio. "Satã deseja comandar. Não quer que Deus governe e ilude os fracos para que se tornem apóstatas e passem para o outro lado." Esse rapaz, junto com a maioria dos demais residentes em Colorado City, acredita que muito em breve o mundo estará totalmente livre dos asseclas de Satã: os apóstatas, os mórmons ortodoxos e os escritores gentios — porque o profeta assim afirmou muitas vezes durante os anos recentes.

No final da década de 1990, à medida que se aproximava o novo milênio, tio Rulon assegurou a seus seguidores que logo eles seriam "alçados" ao Reino Celestial e ao mesmo tempo "a peste, o granizo, a fome e os terremotos" varreriam os perversos (isto é, todos os demais) da face da Terra. Temendo que as mulheres solteiras ficassem para trás para perecer no apocalipse por não terem tido ainda a oportunidade de viver o Princípio, o profeta casou um grande grupo delas com homens mais velhos, já casados. Ruth Stubbs foi uma dessas noivas. Quando o ano 2000 começou e terminou sem que viesse o Armagedon e ninguém fosse alçado a parte alguma, tio Rulon explicou a seus adeptos que a culpa era deles, por não terem sido suficientemente obedientes. Contritos, os habitantes de Colorado City prometeram levar vidas mais virtuosas.

O apóstata DeLoy Bateman observa: "Predizer o fim do mundo é uma situação na qual tio Rulon não pode perder. Se não acontecer, sempre é possível pôr a culpa nas iniquidades cometidas pelo povo e depois usar isso como uma ameaça para controlá-los no futuro".

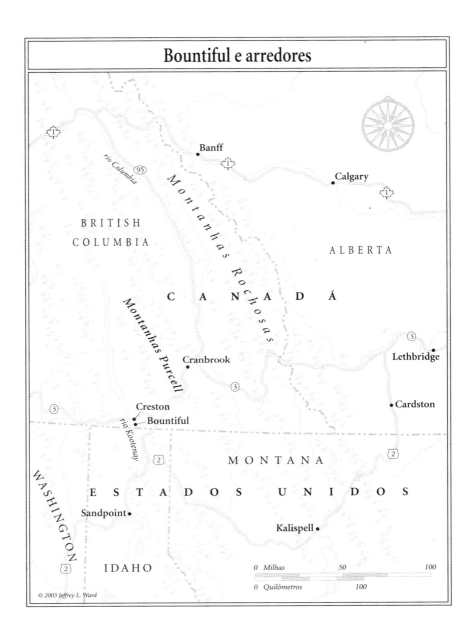

3. Bountiful

> *O princípio essencial do mormonismo não é a poligamia, e sim a ambição de uma hierarquia eclesiástica de exercer soberania: comandar as almas e as vidas de seus súditos com autoridade absoluta, sem ser restringida por nenhum poder civil.*
>
> Salt Lake Tribune, 15 de fevereiro de 1885

Mil e quinhentos quilômetros ao norte de Colorado City, pouco além da fronteira do Canadá, as Montanhas Purcell se erguem abruptamente da ampla planície verdejante do rio Kootenay. Ali, a pouca distância da cidade de Creston, na província de British Columbia, há um grupo de casas e fazendas em meio aos campos de feno, logo abaixo dos sopés íngremes e cobertos de florestas densas do monte Thompson. Esse assentamento de aparência bucólica é conhecido pelo nome de Bountiful. Embora seus arredores regados por chuvas abundantes sejam muito diferentes do panorama árido de Colorado City, ambos estão intimamente ligados. Bountiful é o lar de cerca de setecentos fundamentalistas mórmons que pertencem à UEP e obedecem incondicionalmente ao profeta Rulon Jeffs. Regularmente, moças de Bountiful são mandadas para o sul, atravessando a fronteira internacional, a fim de se casar com homens de Colorado City, e um número ainda maior de jovens de Colorado City são levadas para o norte para se unir a homens de Bountiful.

Debbie Oler Blackmore Ralston Palmer passou a maior parte da vida em Bountiful. Em 1957, quando ela tinha dois anos de idade, o pai, Dalmon Oler, mudou-se para o vale de Creston a fim de juntar-se a um grupo fundamentalista que lá se estabelecera alguns anos antes. O grupo era dirigido por um homem bem-apessoado e carismático chamado Ray Blackmore, que se havia aliado aos polígamos da UEP de Short Creek/Colorado City, liderados pelo profeta Leroy Johnson.

Tal como muitos mórmons canadenses, Ray Blackmore era descendente de polígamos de Utah que haviam sido mandados para além da fronteira norte a fim de manter viva a doutrina do casamento plural quando a Igreja LDS foi obrigada a renunciar à poligamia nos Estados Unidos. Na época da mudança de Debbie para Bountiful, as famílias lideradas por Eldon Palmer e Sam Ralston* já haviam se juntado ao clã dos Blackmore e praticavam abertamente o casamento plural.

Ao chegar a Bountiful, o pai de Debbie não perdeu tempo em adquirir também esposas plurais, terminando por se casar com seis mulheres e gerando 45 filhos, dos quais Debbie era a primogênita. Para organizar tantos descendentes, o pai resolveu dar aos filhos nascidos no mesmo ano nomes que começassem com a mesma letra. "Eram os A, os T, os J ou qualquer outra letra", explicou ele na TV canadense. O ano de 1976, por exemplo, foi o dos J: entre junho e outubro daquele ano, as mulheres de Oler deram à luz Jared, Jeanette, Julia e Jennifer.

Dalmon Oler arranjou sua segunda esposa, Memory Blackmore, um ano depois de chegar a Bountiful. Ela era a filha mais velha de Ray Blackmore e o casamento com o pai de Debbie proporcionou a esta última o primeiro indício de que os casamentos plurais nem sempre são tão maravilhosos como lhe haviam dito. "Mamãe Mem" era insegura e terrivelmente ciumenta e batia em Debbie quando a mãe natural dela não estava presente. Quando Debbie tinha seis anos, sua mãe natural faleceu e Mem passou a tratá-la com violência ainda maior, pois ainda menina Debbie se mostrava inteligente e voluntariosa,

---

* Nome fictício.

pouco disposta a aceitar cegamente a autoridade. Debbie costumava fazer perguntas e pensar por si mesma, qualidades que não são consideradas positivas na Igreja Fundamentalista.

Até 1986, quando Rulon Jeffs assumiu a liderança da UEP, o profeta era LeRoy Johnson, um fazendeiro de maneiras francas conhecido de seus seguidores como "tio Roy". Muitos dos sermões de Johnson eram variações sobre o tema "o caminho do Paraíso é a obediência total". Hoje em dia, o legado de tio Roy é visível em Bountiful, onde o lema da comunidade, "Seja gentil, aconteça o que acontecer", está afixado nas paredes e nas portas das geladeiras em todas as casas.

O mormonismo é uma religião patriarcal, firmemente assentada nas tradições do Velho Testamento. As divergências não são toleradas. Questionar os éditos das autoridades religiosas é considerado ato subversivo que solapa a fé. Segundo uma famosa declaração do eminente primeiro conselheiro da LDS, N. Eldon Tanner, na revista oficial da igreja, *Ensign*, em agosto de 1979, "Quando o profeta fala, termina o debate". Somente os homens podem entrar para o sacerdócio e exercer funções de autoridade eclesiástica, inclusive a de profeta. E somente os profetas recebem as revelações que determinam como os fiéis devem conduzir suas vidas, até mesmo o estilo das sagradas roupas de baixo que os indivíduos devem usar durante todo o tempo. Tudo isso é verdade tanto na Igreja LDS ortodoxa quanto na Igreja Fundamentalista, embora os fundamentalistas levem a extremos muito maiores essas noções inflexíveis de obediência e controle e de funções distintas e rígidas para homens e mulheres. A responsabilidade primordial das mulheres nas comunidades da FLDS (ainda mais do que na cultura mórmon mais geral) é servir aos maridos, conceber tantos filhos quantos forem possíveis e educá-los para serem membros obedientes da religião. Não poucas mulheres nascidas na Igreja FLDS tiveram problemas com isso. Debbie foi uma delas.

Traçando com o dedo indicador uma série labiríntica de linhas, Debbie procura desmitificar um diagrama incrivelmente complexo que à primeira vista parece a intrincada planta de algum grande projeto de engenharia, talvez uma usina nuclear. Um exame mais detido mostra que se trata de sua árvore genealógica.

Aos catorze anos, Debbie sentiu-se "impelida pelo Senhor" a se casar com Ray Blackmore, líder da comunidade. Debbie pediu ao pai que contasse sua divina inspiração ao profeta LeRoy Johnson, que periodicamente viajava de Short Creek a Bountiful para desempenhar diversos deveres religiosos. A menina era esbelta e bonita, e tio Roy aprovou a união. Um ano depois, o profeta voltou ao Canadá e casou-a com Blackmore, que já tinha cinqüenta e sete anos e estava doente. Como sexta esposa, Debbie tornou-se madrasta dos 31 filhos de Blackmore, a maioria deles mais velhos do que ela. E como ele era pai de Mem, madrasta de Debbie, esta sem querer se tornou madrasta de sua própria madrasta e portanto avó adotiva de si mesma.

Após a morte de Ray Blackmore em 1974, o pai de Debbie, Dalmon Oler, tornou-se líder de Bountiful. Manteve o cargo até 1985, quando o astuto filho de Ray, Winston Blackmore, de 29 anos, conseguiu alijá-lo do poder, arruiná-lo financeiramente e manobrar com competência para assumir a liderança de Bountiful. Apoiado em seu charme pessoal, na coerção e numa rede de espiões que fariam inveja à KGB, Winston consolidou seu poder nos anos subseqüentes. Atualmente é o bispo presidente do ramo canadense da igreja, superintendente das escolas de Bountiful (cujos recursos provêm dos contribuintes da província de British Columbia), editor do jornal da comunidade e gerente de todos os negócios importantes de Bountiful.* O controle que exerce sobre as vidas de seus seguidores é assombroso. Winston é também pai de aproximadamente cem crianças, segundo as mais recentes estimativas, com mais de trinta esposas. É responsável somente perante Deus e o profeta de Colorado City.

Depois de afastar de seu caminho o pai de Debbie, ela e Winston se tornaram acerbos inimigos, mas permaneceram rigidamente unidos por uma confusa rede de vínculos familiares. Embora Debbie tenha somente um ano a mais do que Winston, é sua madrasta. A filha mais velha dela é meia-irmã dele. Uma irmã de Debbie foi a primeira das inúmeras esposas de Winston.

Uma das filhas adotivas de Debbie é Alaire Blackmore — sete anos mais velha do que Debbie —, que foi adotada por Ray Blackmore ao nascer. Quando Alaire tinha dezoito anos, casou-se com Ray, seu pai adotivo. Alaire é portanto co-esposa de Debbie e ao mesmo tempo enteada dela. Depois da morte de Ray, Alaire se casou com o pai de Debbie; quando Winston assumiu o poder, ela foi retirada do pai de Debbie e dada em casamento a Winston, que era

---

* Na verdade, foi Winston quem deu o nome de Bountiful à comunidade. Até que ele assumisse o controle, o nome era Lister.

seu irmão adotivo. Embora esses relacionamentos dificilmente possam fazer sentido sem um fluxograma, tais permutações complexas são simplesmente normais em Bountiful e outras sociedades poligâmicas.

Apesar de toda a sua fecundidade, os fundamentalistas mórmons são estranhamente reticentes a respeito de sexo. Os rapazes e as moças são proibidos de namorar, e até mesmo flertar, antes do casamento. A educação sexual consiste em ensinar às crianças que o corpo humano é um vergonhoso receptáculo que deve estar sempre oculto aos olhos alheios. "Ensinam-nos a tratar os outros como cobras", explica um dos filhos de Debbie. Exige-se das mulheres e meninas usar vestidos longos, mesmo quando estejam nadando. Os meninos e homens usam calças compridas e camisas de mangas longas. Ambos os sexos devem usar as roupas íntimas sagradas e compridas por baixo da vestimenta, mesmo nos dias quentes de verão. Segundo a Lei da Castidade, as relações sexuais são oficialmente proibidas, mesmo entre marido e mulher, exceto quando ela esteja em ovulação.

Amassando o cascalho sob os pneus, o carro de Debbie faz uma curva e a casa na qual ela cresceu de repente aparece diante dos olhos, semi-arruinada na beira de uma colina úmida cheia de samambaias e coberta de floresta sempre verde. Fazia muitos anos que ela não voltava lá. "Está vendo o carro estacionado ali ao lado?", diz ela, apontando um velho veículo ferrugento, embaixo de um dossel de cedros vermelhos. "Foi ali que Renny Blackmore* me levou quando eu tinha seis anos. Disse que ia me ensinar a dirigir." Em vez de uma aula de direção, Renny (um dos irmãos adolescentes de Winston) atacou-a sexualmente. Debbie faz uma careta ao recordar. "Quando penso no que ele fez comigo naquele carro ainda tenho arrepios."

Apesar da atmosfera de repressão sexual — ou talvez exatamente por causa dela —, o incesto e outros comportamentos agressivos são muito comuns, embora os abusos sejam claramente desconsiderados. Debbie recorda meninos mais velhos levando meninas de até quatro anos a um grande celeiro branco atrás da escola para brincar de "vacas e touros" entre os fardos de feno. Um menino que se tornaria membro preeminente da direção da igreja estuprou uma

---

* Nome fictício.

das amigas de Debbie quando ele tinha doze anos, e a menina, sete. Quando ela própria tinha quatro, diz Debbie, o irmão de Winston, Andrew Blackmore,* de catorze, enfiou "um graveto em minha vagina e deixou-o lá algum tempo, mandando que eu ficasse quieta e não me movesse".

Antes de morrer, em 1998, o pai de Debbie construiu uma segunda casa muito maior acima da modesta morada onde ela fora criada — uma casa parecida com um celeiro, revestida de tábuas, com catorze banheiros e quinze dormitórios, onde moram cerca de cinqüenta pessoas. Hoje em dia a casa é governada por Memory Blackmore — "Mamãe Mem" — e seu filho de 41 anos, Jimmy Oler, meio-irmão de Debbie. Nenhum dos dois estava em casa naquele momento, mas meia dúzia de meninas adolescentes embalava bebês nos braços, no grande salão de estar do andar térreo; são esposas de Jimmy e de alguns dos demais homens de Bountiful. Entre elas havia uma menina risonha e banguela que parece ainda aluna de colégio primário, mas está grávida, com uma barriga enorme.

No topo da escada há um longo corredor, com as paredes cheias de fotos da imensa família de Debbie. Ela própria aparece em várias. Em uma, tem jeito de adolescente, sorrindo, com um vestido cor-de-rosa vaporoso, que lhe chega até os tornozelos. Foi tirada no dia do casamento com Ray Blackmore, quando ela contava apenas um ano a mais do que a menina grávida de catorze anos que está no salão. O novo marido de Debbie, de pé ao lado dela na foto, é um homem mirrado, de cabelos grisalhos, com quase quatro vezes a idade dela. "Fiquei grávida pouco depois", conta ela, "mas perdi a criança. Disseram-me que foi porque eu tinha violado a Lei da Castidade ao ter relações sexuais durante a gravidez. Ray disse que eu era a culpada, e me senti uma depravada."

Esse duplo constrangimento abalou Debbie. "Ray quase não falava comigo", disse. "Passava dias seguidos sem tomar conhecimento de minha existência. A única ocasião em que me dava atenção era quando fazíamos sexo. Acabei achando que, se não tivesse um pênis dentro de mim, não era amada. E eu era ainda criança quando tive de lidar com isso tudo! Fizeram com que eu me sentisse como uma prostituta, uma pessoa sem qualquer valor além de minha vagina e meu ventre. Em toda a cidade, os homens zombavam de mim."

* Nome fictício.

Ray Blackmore morreu de leucemia em 1974, quando Debbie, aos dezenove, já estava casada com ele havia três anos e tivera uma filha dele. Pouco depois ela recebeu ordem de se casar com Sam Ralston, contra sua vontade. Ele era um dos patriarcas de Bountiful, um sociopata violento de 54 anos que já tinha quatro esposas. Depois de dar à luz dois filhos de Ralston e suportar anos de crueldade com ele, Debbie fugiu desesperada para o único refúgio que podia imaginar: a casa paterna.

Não obstante, na vez seguinte em que o profeta LeRoy Johnson — tio Roy — foi ao Canadá, mandou-a voltar para Sam Ralston. "Supliquei que não me obrigasse a fazer isso", diz ela, "mas ele respondeu que quando me fizeram casar com Sam foi porque esperavam que isso o estimulasse em seu sacerdócio e o reconciliasse com meu pai. Fiquei chocada e percebi pela primeira vez que meu casamento com Sam tinha sido decidido pelos homens e não por Deus." Obedientemente, Debbie voltou para Ralston, que lhe disse, segundo ela, "que eu era uma mulher perversa e que ele me castigaria por minha maldade".

Debbie foi ficando deprimida e com tendências autodestrutivas. O pai ficou tão assustado com a deterioração de seu estado que a retirou clandestinamente da casa de Ralston, junto com as crianças, e instalou-os em sua própria casa, convencendo tio Roy a "libertá-la" do casamento. Mas o fracasso daquele segundo casamento fortaleceu a opinião geral em Bountiful de que ela era um estorvo, mulher tola e desobediente, que trazia mais problemas do que contribuições à comunidade.

"Comecei a tomar remédios", diz ela, "muitos remédios: pílulas para dormir, analgésicos, tranqüilizantes." Quando procurava consolo com o pai, ele simplesmente citava as escrituras, dizendo: "Para conhecer Deus, é preciso ter o coração alquebrado e espírito de contrição". Certa noite, em 1980, não muito depois desses conselhos, ela chorava em semicoma devido aos medicamentos, quando o pai entrou em seu quarto e começou a confortá-la. No entanto, logo ela percebeu vagamente, por entre o nevoeiro dos narcóticos, que os carinhos dele se transformavam em outra coisa: estava tendo relações sexuais com ela. Debbie permaneceu passiva, sem fazer esforço para detê-lo. Mais tarde, sentiu-se culpada, imaginando que talvez tivesse estimulado o incesto.

Durante os meses seguintes, Debbie tentou se afogar no rio Goat, uma torrente que desce rapidamente a montanha e passa por Bountiful, mas também fracassou. Tentou o suicídio novamente, com uma overdose de sedativos, e foi internada na ala psiquiátrica de um hospital próximo. Enquanto convalescia, um amigo chamado Michael Palmer* foi visitá-la no hospital. Palmer, caminhoneiro de 38 anos, casado com duas das irmãs de Winston Blackmore, era membro da religião mas trabalhava fora de Bountiful. Debbie se lembra de que nessa visita Palmer "me tocou e me beijou. Fez-me sentir-me bonita". Quando teve alta do hospital, no entanto, a comunidade ainda a considerava mulher difícil e incontrolável, e ninguém sabia bem o que fazer com ela.

Tio Roy — que na época contava 93 anos e estava muito doente, descambando rapidamente para a senilidade — foi ao Canadá e perguntou a Debbie se havia algum homem de quem ela gostasse. Michael Palmer, respondeu ela. "Então o profeta disse a Michael que se casasse comigo", explica. "Tornei-me a terceira esposa de Michael. No início a vida com ele foi maravilhosa. Ele me apoiou e me ajudou a largar os remédios. Quando nasceu minha primeira filha com Michael, ele ficou feliz e brincava com o neném. Estimulava minhas idéias. Eu o amava."

Mas o casamento tinha suas dificuldades. As duas mulheres já casadas com Michael, Marlene e Michelle Blackmore (que por acaso eram enteadas de Debbie), eram muito ciumentas e, ao verem Debbie instalada na casa delas como "irmã esposa", ficaram ainda mais insatisfeitas. Dividir Michael com Debbie foi especialmente difícil para Michelle, a primeira esposa. Nas noites em que Michael dormia com Debbie, Michelle ficava escutando no quarto imediatamente abaixo, chorando histericamente ou prestando atenção aos ruídos apaixonados, que lhe provariam que Michael preferia Debbie. "Encontrei Michelle assim certa noite, quando tinha acabado de fazer amor com Michael e desci para olhar as crianças", diz Debbie. "Quando a vi, senti que estávamos prisioneiras de um pesadelo. Eu me senti ultrajada, mas a vergonha e o sofrimento que vi no rosto dela me impossibilitaram de falar."

Certa ocasião Michelle descobriu que Michael tinha tido relações sexuais com Debbie durante a gravidez, o que era grave transgressão da Lei da Castidade. Debbie recorda ter sido interpelada por Michelle, "com o rosto transtornado de raiva e dor, cuspindo seu venenoso ciúme: 'Você é uma rameira sem vergonha, tentou Michael a fazer sexo com você grávida e por sua causa ele

---

* Nome fictício.

agora é adúltero e eu perdi a oportunidade de ir para o Paraíso! Vou contar tudo a Winston, e você vai ver!'". Foi o que Michelle fez, e Debbie teve problemas.

Em 1986 morreu tio Roy, e Rulon Jeffs se tornou o novo profeta da UEP. No clima de mudanças que se seguiu, houve tormentas tanto em Bountiful quanto em Colorado City. Como Michael trabalhava fora da comunidade, entre gentios, caiu em desgraça e secretamente tomou-se a decisão de afastá-lo do sacerdócio. Ao saber disso, Michael ficou arrasado e seu desapontamento deflagrou uma instabilidade latente em sua personalidade.

Michael começou a se tornar arredio e irritadiço. Molestou sexualmente um dos filhos de Debbie e também outro menino, não pertencente à família. Em 27 de outubro de 1986, Sharon, filha de Debbie, de treze anos, estava de cama com febre alta. Michael entrou no quarto dela, conta Debbie, e "começou a passar um pano úmido no rosto da menina. Depois, tirou a camisola dela e lavou-lhe primeiro as costas e depois os seios. Debbie pediu-lhe que parasse, mas ele parecia não ouvir e continuou. Lavou-a muitas vezes e depois vestiu-a novamente com a camisola, colocou-a no chão entre suas pernas e continuou a massagear-lhe os seios e a cabeça".

Sharon contou à mãe o que Michael tinha feito e chorou incontrolavelmente durante várias semanas. Disse a Debbie estar "aterrorizada em pensar que poderia ter de se casar com Michael porque algumas de suas amigas de Colorado City tinham sido obrigadas a casar com os padrastos depois de serem molestadas por eles".

Em dezembro de 1987, Winston ordenou a Sharon, sua meia-irmã, que saísse da casa de Debbie e fosse morar com ele. Quando Debbie soube disso, diz ela, "fiquei louca. Eu o tinha visto tirar muitas filhas de outras mulheres e não ia deixá-lo levar Sharon. Fui diretamente à casa de Winston e enfrentei-o. Ele estava deitado. Entrei em seu quarto sem bater e comecei a gritar que ele não ia ficar com Sharon".

Debbie recorda perfeitamente a reação de Winston, que não estava habituado à desobediência feminina. "Ele fez uma ameaça clara, inequívoca", conta ela. "Seus olhos ficaram frios e ele me disse: 'Tenha cuidado... tenho pelo menos seis rapazes que podem transformar seu rosto se eu mandar.'"

Debbie se manteve firme. "Sharon só virá para cá para viver com você", prometeu ela, "por cima do meu cadáver." E, dito isso, foi-se embora para casa.

A essa altura Winston havia mandado retirar Michelle e Marlene da casa de Michael e estava atormentando Debbie para que saísse também, para que ele tomasse posse da casa. "Todos os dias Winston vinha e gritava comigo", recorda Debbie. "Gritava: 'Você tem que sair! Tem que sair AGORA!'. Eu não tinha para onde ir, a não ser a casa de meu pai, mas não podia ir para lá. Não depois do que tinha acontecido com ele." Obstinadamente, cada vez que Winston vinha, Debbie o deixava gritar e esperava em silêncio que ele partisse. Recusava-se a deixar a casa. Sua teimosia o encheu de raiva. Sozinha na grande casa de Michael com seus filhos, Debbie pensou em mulheres que tinham tido a coragem de fugir de Bountiful. Em muitas ocasiões em anos anteriores, Winston, tio Roy e tio Rulon haviam advertido que as tolas que abandonassem a religião seriam "atiradas às trevas exteriores, para decompor em elementos da natureza". Acabariam pelas ruas como prostitutas vendendo os corpos aos porcos gentios, condenadas até o fim dos tempos. Debbie nunca duvidara de que exatamente isso aconteceria às que partissem de Bountiful e abandonassem a fé.

No entanto, cada vez mais o comportamento de alguns de seus irmãos de religião lhe parecia em desacordo com a virtude. Para Debbie, a cada passo ficava mais difícil acreditar que Deus tivesse revelado sua vontade por meio dos mandamentos de profetas autoproclamados, como os líderes da UEP. Tentava entender "onde terminava Deus e começavam os homens". A perspectiva de abandonar tudo o que acreditava ser verdade em relação ao mundo e seu lugar nele era um desafio aterrador, diz ela, "mas compreendi que precisava assumir a responsabilidade por minha vida e meus filhos e deixar de fingir que Deus tinha algo a ver com meu sofrimento".

Debbie passou o dia 7 de fevereiro de 1988 limpando a casa de maneira obsessiva. Era um domingo. Pôs um peru no forno. Uma sensação estranha a assaltou, como se caminhasse num sonho. O dia estava gelado e nevoento, com o chão coberto de neve, mas ela não notou o frio. "Pus as crianças na cama bem cedo", recorda. "Em algum lugar dentro de mim acho que compreendi o que estava prestes a fazer, logo antes de deitar as crianças. De repente, pensei: 'Agora está tudo pronto. A casa está perfeita'. Cortei um maço de gravetos de cedro, pus dentro de um armário com um pouco de papel e encostei um fósforo. Depois fui para o meu quarto do outro lado da casa e fechei a porta. Peguei os álbuns de fotografias que contavam a história de minha vida.

Sentei na cama e fiquei olhando para elas durante muito tempo e depois coloquei de volta na prateleira. Fiquei sentada, esperando."

"Pensei nas crianças. Tentei pensar em sair de Bountiful, mudar para Calgary e tratar de viver sozinha, mas minha cabeça doía muito. Era uma dor que me cegava — eu não conseguia raciocinar. Fiquei no quarto, com a porta fechada, até ouvir o crepitar das chamas. Naquele momento fui até a porta do quarto e abri, sem ter muita consciência do que fazia. No fim do longo corredor, a cozinha estava cheia de labaredas que lambiam e dançavam, aproximando-se de mim. Eu tinha que tirar as crianças de lá. Corri, descendo as escadas para acordá-las, e sentia o coração latejando em meus ouvidos."

Depois que Debbie tirou todas as crianças da casa, Winston chegou e as levou de carro para sua própria casa. Um policial de Creston apareceu e perguntou a Debbie como tinha começado o fogo. "Eu estava assando um peru no forno", mentiu ela, convincentemente, "e devo ter esquecido de apagá-lo." O policial pareceu satisfeito e poucos minutos depois se foi. Debbie viu-se sozinha na cozinha de Winston. Depois de algum tempo, saiu na noite e subiu a colina onde sua casa ainda ardia. "Os bombeiros já estavam lá", diz ela, "correndo por toda parte. De repente saíram todos apressadamente da casa, gritando que ia explodir. Um segundo depois tudo estourou em chamas, e as janelas se despedaçaram."

"Fiquei a certa distância, no campo, perto de uma cerca de arame farpado, tremendo incontrolavelmente, vendo as chamas rugirem contra o pano de fundo das montanhas. Pouco depois percebi que os homens tinham parado de lançar água sobre o fogo e estavam indo embora, e também me voltei para sair dali. Quando soltei meus dedos da cerca, estavam cheios de sangue. Eu havia ficado o tempo todo segurando uma das farpas do arame e tinha um profundo corte na mão, mas não sentira nada."

Botar fogo na casa foi um ato de desespero, mas serviu para a emancipação de Debbie. Não muito depois que as brasas esfriaram, ela pôs os cinco filhos e alguns sacos de lixo com todas as suas posses materiais em um carro enferrujado e saiu de Bountiful, dirigindo o veículo para o leste e atravessando as Montanhas Rochosas afogadas pela neve, decidida a criar uma nova vida para si e sua família, fora do alcance de Winston, tio Rulon e da UEP.

4. Elizabeth e Ruby

Solto um suspiro e, com um trecho das Escrituras,
Digo que Deus nos mandou fazer o bem em vez do mal;
Assim escondo a nudez de minha perversidade
Com velhos pedaços roubados da Palavra Sagrada
E pareço santo quando mais ajo como demônio.

William Shakespeare, *Ricardo III*

No dia 5 de junho de 2002, Elizabeth Smart, de catorze anos, foi raptada de seu quarto em Salt Lake City no meio da noite, ameaçada com uma faca, enquanto seus pais dormiam em outra parte da casa. Os detalhes do audacioso rapto foram narrados ansiosa e continuamente pela mídia, preocupando o país inteiro e prendendo a atenção geral. Até o fim do verão, uma ampla investigação não havia ainda conseguido localizar Elizabeth e seu misterioso raptor, e todos imaginaram o pior: que ela tivesse sido submetida a alguma tortura indizível e depois assassinada. No entanto, nove meses depois de seu desaparecimento, ela ressurgiu viva, para surpresa de todos.

O extraordinário reaparecimento de Elizabeth Smart ocorreu nos tumultuados dias imediatamente anteriores à invasão do Iraque. Quase todos os norte-americanos, preocupados com as incertezas da guerra iminente, precisavam receber boas notícias e vibraram de alegria ao saber que a menina estava de volta à família. O presidente George W. Bush fez uma pausa no planejamento do ataque a Bagdá para telefonar ao pai de Elizabeth e falar do júbilo coletivo da nação. Ed Smart, transbordante de emoção, disse que era um milagre. "Deus existe!", declarou ele. "As preces do mundo trouxeram Elizabeth de volta para casa."

Como muitos outros norte-americanos, Dan Lafferty sentiu-se enfeitiçado pela saga de Elizabeth, acompanhando suas emocionantes peripécias por meio de um pequeno televisor em sua cela na Penitenciária Estadual de Utah. Poucas horas depois que a jovem foi encontrada, a mídia informou que o raptor era um mórmon excomungado. "Só com essa informação", diz Lafferty, "eu imediatamente adivinhei que provavelmente ele era fundamentalista e que Elizabeth deveria estar envolvida em algum caso de poligamia."

Logo se verificou que Lafferty tinha razão. O homem que raptara Elizabeth era um cidadão de Utah, de 49 anos, chamado Brian David Mitchell. Embora fosse de fato fundamentalista mórmon, não era filiado à Igreja Fundamentalista de Jesus Cristo dos Santos dos Últimos Dias (a facção que domina Bountiful e Colorado City-Hildale) nem a qualquer outra seita existente: era um dos chamados independentes, uma incontável multidão que atualmente pratica a poligamia em todo o sudoeste dos Estados Unidos, no Canadá e no México. Graças à torrente publicitária gerada por seu julgamento e sua prisão, o polígamo Tom Green tornou-se o fundamentalista independente mais conhecido. Isso, porém, foi antes que Mitchell fosse preso pelo rapto de Elizabeth Smart e se tornasse figura constante no noticiário.

Mitchell não fora sempre fundamentalista. Tinha passado a maior parte da vida como disciplinado Santo dos Últimos Dias e durante três anos chegara a trabalhar no Templo de Salt Lake, epicentro da igreja estabelecida, onde participava de representações rituais de história sagrada. Sua mulher, Wanda Barzee, era também conceituada Santa e por algum tempo tocara o órgão no Tabernáculo Mórmon. Um dos professores de música de Barzee descreveu o casal como "a epítome da virtude, cumpridores de todos os deveres e mandamentos da igreja".

Mas mesmo nessa época o zelo incansável de Mitchell causava certo espanto. Durante o tempo em que trabalhou no templo, sua tarefa era representar Satã em dramas religiosos no palco. Segundo o *Salt Lake Tribune*, Mitchell foi tão convincente no papel que "os funcionários da igreja ficaram apreensivos". Inevitavelmente, seu ardor religioso o pôs em contato com a periferia fundamentalista, presença constante, embora nas sombras, em todo o Wasatch Front. Em meados de 1990 Mitchell reforçara sua convicção de que os líderes da igreja haviam errado perniciosamente mais de um século antes, ao permitirem que o governo federal os obrigasse a renunciar à poligamia. Tanto ele como Barzee aderiram ao fundamentalismo mórmon com a mesma paixão com que anteriormente haviam abraçado a ortodoxia mórmon, e foram oficialmente expulsos da Igreja LDS.

No dia de Ação de Graças de 2000, Mitchell anunciou a Barzee e a quem mais quisesse ouvir que havia recebido uma revelação na qual o Senhor ordenava que ele tomasse mais sete esposas. Instruções divinas subseqüentes mostraram que o nome de Mitchell era na verdade Immanuel David Isaiah, mandado à Terra para servir de porta-voz do Senhor durante os Últimos Dias. Mitchell deixou de fazer a barba e cortar o cabelo, vestiu-se de mantos amplos ao estilo dos profetas do Velho Testamento e adquiriu em todo o vale do Lago Salgado a reputação de excêntrico porém inofensivo pregador ambulante. Freqüentemente se referia a si próprio como "Deus está conosco" e a Barzee como "Deus nos adorna".

Um ano depois de saber que Deus queria que ele se casasse com várias mulheres, Mitchell conheceu uma rica dona-de-casa mórmon chamada Lois Smart, na entrada de um centro comercial, e disse a ela que seu nome era Immanuel. Smart, que tinha pena de indigentes, especialmente os devotos, como Immanuel/Mitchell parecia ser, deu ao santo homem uma nota de cinco dólares e ofereceu-lhe emprego temporário em sua opulenta casa em Salt Lake City. Dessa forma, em novembro de 2001 Mitchell trabalhou metade do dia na casa dos Smart, ajudando o marido de Lois, Ed Smart, a consertar o telhado e juntar folhas no jardim. Durante as cinco horas que passou na propriedade, que valia 1,1 milhão de dólares, Mitchell conheceu a filha dos Smart, Elizabeth, de catorze anos, e se apaixonou por suas feições angélicas e modos inocentes. Teve certeza de que Deus desejava que ela se tornasse sua esposa polígama.

Durante os meses seguintes, Mitchell acompanhou obsessivamente Elizabeth às escondidas, espionando-a da encosta das Montanhas Wasatch, que se erguem diretamente acima do bairro elegante de Federal Heights, onde moram os Smart. Cerca das duas horas da manhã de 5 de junho de 2002, Mitchell colocou uma cadeira abaixo de uma pequena janela que tinha ficado aberta no andar térreo, cortou a tela fina e se esgueirou pela abertura, entrando na cozinha da casa dos Smart. Percorrendo a ampla casa, de 730 metros quadrados, localizou o quarto onde dormiam Elizabeth e a irmãzinha de nove anos, Mary Katherine. Elizabeth acordou, mas Mitchell sem saber acordara também Mary Katherine; fingindo dormir, a menina menor vislumbrou o intruso no escuro e ouviu-o ameaçar a irmã. Mitchell mandou Elizabeth calçar sapatos e levou-a, passando diante do quarto onde os pais dormiam profundamente, e saiu da casa.

Mitchell obrigou Elizabeth a caminhar, ameaçando-a com a faca, para as colinas a oeste da casa. Chegando a um acampamento remoto no Cânion Dry Creek, ele e Barzee improvisaram um estranho ritual nupcial, ligando a menina a Mitchell na "nova e eterna aliança" — o eufemismo mórmon para o casamento poligâmico. Barzee exigiu então que Elizabeth tirasse o pijama vermelho. Como ela hesitasse, Barzee explicou que, caso se recusasse a cooperar, Mitchell a despiria à força. Diante disso Elizabeth obedeceu, e Mitchell consumou o "casamento" estuprando sua "noiva" de catorze anos.

Na casa dos Smart, a irmãzinha Mary Katherine tinha permanecido na cama, aterrorizada demais pelo que vira para conseguir se levantar e avisar os pais. Pelo menos duas horas se passaram antes que ela reunisse coragem suficiente para ir ao quarto deles e acordá-los. Horrorizado, procurando compreender como a filha mais velha poderia ter sido arrancada de sua própria cama, Ed Smart, mesmo antes de chamar a polícia, telefonou ao presidente de sua paróquia local da LDS, o qual mobilizou um grupo de busca composto de Santos de confiança, que imediatamente começou a procurar nas vizinhanças, sem conseguir encontrar sinais dela.

Durante pelo menos dois meses após o rapto, Elizabeth foi mantida prisioneira em diversos acampamentos escondidos em um labirinto de ravinas cobertas de arbustos nas montanhas acima de sua casa, suficientemente perto para ouvir seu nome gritado por seus frustrados salvadores. Às vezes ficava em uma cova subterrânea, coberta com um ripado; em outras ocasiões era acorrentada a uma árvore pelo tornozelo. Utilizando seu talento para a retórica fundamentalista e manipulando competentemente a doutrinação religiosa que Elizabeth havia recebido desde muito pequena, Mitchell intimidou-a completamente, transformando-a em concubina polígama absolutamente submissa, reforçando seus métodos de persuasão teológica com ameaças de matá-la junto com a família. Educada na obediência cega às autoridades mórmons e na crença de que a doutrina da LDS é a lei de Deus, a menina deveria ser especialmente suscetível à hábil tintura fundamentalista com que Mitchell coloria as conhecidas escrituras mórmons. Os mantos brancos usados por Mitchell e Barzee, e que eles obrigavam Elizabeth a vestir, eram semelhantes aos mantos sagrados que ela e a família envergavam ao entrar no templo mórmon. Quando Mitchell forçava Elizabeth a se submeter a suas exigências carnais, repetia palavras de Joseph Smith — palavras que, segundo ela havia aprendido, tinham sido reveladas pelo próprio Deus. "Tendo sido educada como foi, ela era especialmente vulnerável", diz Debbie Palmer, que conhece intimamente o poder coercitivo da cultura fundamentalista devido a seu próprio aprendizado em Bountiful. "Mitchell jamais poderia exercer tal poder sobre uma jovem que não fosse mórmon."

Estabelecido o controle psicológico sobre Elizabeth, Mitchell sentiu-se confiante de que ela não fugiria nem tentaria alertar a polícia e passou a levá-la com freqüência a lugares públicos, embora com os cabelos louros cobertos com um lenço e o rosto oculto num véu ao estilo muçulmano. Em setembro, chegou a levá-la, assim disfarçada, a uma festa no centro de Salt Lake City onde havia muita cerveja e mais de cem pessoas se divertindo (a maior parte das quais não era especialmente religiosa) e na qual ela foi fotografada por um dos presentes, embora sem ser reconhecida. Segundo um dos tios de Elizabeth, pelo menos em uma ocasião enquanto ela esteve sob o controle de Mitchell, este a deixou durante grande parte do dia "completamente sozinha, mas ela não tentou fugir".

Em 24 de julho, com a audácia costumeira, Mitchell tentou raptar uma prima de Elizabeth, de quinze anos. Utilizando o mesmo método anterior, colocou uma cadeira sob uma janela aberta, cortou a tela com a faca e se preparava para entrar na casa quando inadvertidamente derrubou alguns quadros, fazendo barulho, e fugiu. Como a polícia estava convencida de que já tinha prendido o principal suspeito — outro antigo empregado dos Smart, Richard Ricci, que tinha um álibi confuso e antecedentes criminosos que recuavam a mais de trinta anos —, não imaginou que a tela cortada e a cadeira que ficaram no lugar da tentativa de invasão da casa fossem pistas importantes. Não deram atenção à possibilidade de que o raptor de Elizabeth fosse outra pessoa que não Ricci e poderia ainda estar solto, tentando raptar outras meninas.

Certa noite, já tarde, Mary Katherine, a irmã mais moça e a única testemunha do crime, disse de repente a Ed Smart: "Papai, acho que sei quem foi". Tinha quase certeza de que a pessoa que ela vira raptando Elizabeth era o mesmo homem franzino que ajudara a reparar o telhado, o auto-intitulado profeta que dizia se chamar Immanuel. Smart relatou à polícia a tardia revelação da filha, mas, como Mary Katherine havia esperado quatro meses para identificar o autor do rapto, os investigadores não lhe deram muito crédito. Mesmo assim, colaboraram com a família Smart para produzir três retratos falados de Immanuel, baseando-se nas vagas lembranças de sua aparência quando trabalhara na casa em novembro de 2001. Os Smart acharam que a terceira tentativa de retrato era razoável e queriam publicá-la, mas a polícia se recusou, dizendo que não era suficientemente precisa e que resultaria apenas em uma enxurrada de pistas falsas. Além disso, ainda achavam que o culpado fosse Ricci (que tinha morrido na cadeia em agosto, de hemorragia cerebral).

Frustrados, os Smart passaram a tratar pessoalmente do caso. No início de fevereiro de 2003 organizaram uma entrevista coletiva à imprensa em que revelaram o melhor dos retratos falados feitos pela polícia. Pouco depois, uma mulher que viu o retrato falado telefonou dizendo que se parecia com seu irmão, homem de fortes convicções religiosas chamado Brian David Mitchell, que dizia se chamar Immanuel. Mandou uma foto de Mitchell, a qual foi exibida em 15 de fevereiro no programa de televisão *America's Most Wanted*, junto com fotos e vídeos de Elizabeth e cenas de Ed Smart suplicando aos telespectadores que ajudassem a encontrar a filha.

Em 12 de março de 2003 um motorista atento que havia assistido ao programa na TV viu alguém que se parecia com Mitchell no subúrbio de Sandy, caminhando pela rua State, uma artéria movimentada de seis pistas que é uma das mais importantes para a ligação norte-sul no condado de Salt Lake. O homem parecido com Mitchell vestia um manto sedoso e calçava sandálias, e estava acompanhado por uma mulher de meia-idade e uma adolescente, ambas vestidas de modo semelhante. O motorista ligou para a emergência.

Dois policiais, Karen Jones e Troy Rasmussen, chegaram num carro-patrulha e detiveram o estranho trio. O homem, que tinha barba grisalha e trazia flores nos cabelos desalinhados, disse chamar-se Peter Marshall e fazia questão de falar em nome das duas mulheres, que usavam óculos escuros e perucas baratas, aparentemente como disfarce. Perguntada diretamente, a adolescente negou se chamar Elizabeth Smart e afirmou veementemente que seu nome era Augustine Marshall. Disse que tinha dezoito anos de idade e que o homem barbado era seu pai. Parecia extremamente hesitante em dizer ou fazer qualquer coisa sem o consentimento dele.

A policial Jones chamou a menina à parte e interrogou-a novamente, mas "Augustine" continuou a se comportar de maneira evasiva, sem cooperar. Quando Rasmussen lhe perguntou se estava usando peruca, "ela ficou zangada", disse ele ao repórter da NBC. "Disse que era coisa pessoal, que não era da minha conta." Os dois policiais insistiram em perguntar se ela era Elizabeth Smart, e depois de 45 minutos de interrogatório a mocinha finalmente entregou os pontos. Quase chorando, revelou a verdadeira identidade com uma afirmação bíblica: "Tu o disseste" — a resposta de Jesus a Pilatos quando este lhe perguntou se era o rei dos judeus.

Mesmo depois de haver revelado que era realmente Elizabeth e já dentro do carro-patrulha, prestes a se juntar ao pai na delegacia de polícia, ela continuou a expressar preocupação pelo bem-estar de Mitchell e Barzee. "A primeira pergunta dela", disse a policial Jones, "foi: 'Que vai acontecer com eles? Vão ficar bem?'. Não queria que tivessem problemas, não queria que sofressem nada... Começou a chorar e chorou durante todo o trajeto para a delegacia."

Muita gente se pergunta como Mitchell conseguira exercer tanto poder sobre a menina e por que motivo durante os nove meses em que esteve cativa Elizabeth aparentemente não tentara escapar. Mas Julie Adkison, moça mórmon que havia conhecido Mitchell dezessete meses antes do rapto de Elizabeth, não tem dificuldade em compreender. Adkison tinha vinte anos de idade e era vendedora de sapatos num conjunto comercial de Salt Lake City quando conheceu Mitchell, que mostrou grande interesse por sandálias e começou a falar dos colóquios íntimos que mantinha com Deus. Não muito tempo depois, Mitchell entregou-lhe um pedido de casamento por escrito, explicando que o Senhor desejava que ela se tornasse sua "esposa plural". Adkison recusou o convite de noivado de Mitchell mas continuou a encontrá-lo; certa vez ficou com ele, sentada num banco de jardim, durante mais de cinco horas, hipnotizada enquanto ele explicava teologia mórmon. Sentia-se estranhamente atraída por Mitchell, contou ela à revista *Newsweek*, porque "tudo o que ele dizia era o que me havia sido ensinado... eu queria sair dali, mas continuei ouvindo". Se fosse tão jovem e impressionável quanto Elizabeth Smart, confessou Adkison, "nem sei o que poderia ter feito".

Tendo em vista os traumas a que esteve sujeita como prisioneira de Mitchell, Elizabeth parecia estar se recuperando com surpreendente facilidade depois de libertada, segundo pessoas próximas. Embora seu pai advertisse que ela "ainda tinha um longo caminho pela frente", afirmou que estava indo muito bem desde que voltara para junto da família. David Hamblin, bispo da paróquia da LDS freqüentada pelos Smart, declarou que, apesar do que Mitchell pudesse ter-lhe feito, ela continuava "pura perante o Senhor".

Em sua cela na prisão, Dan Lafferty especula que Elizabeth "estará bem em poucos meses". No entanto, sua visão das atribuições de Elizabeth é bastante semelhante à do algoz da jovem, isto é, a de um fanático religioso, com quem Lafferty tem muito em comum. Após afirmar que "fiquei agradavelmente surpreso quando soube que ela tinha sido encontrada com vida", Lafferty opinou que Elizabeth "teve uma experiência que lhe abriu os olhos" e que fará com que ela nunca mais contemple a própria vida "da mesma forma que antes". É preocupante que ele considere isso "uma bênção", e não algo que deva ser lamentado.

Quanto a Brian David Mitchell, durante os dias seguintes a sua prisão, ele continuou a afirmar categoricamente que nada fizera de errado, argumentando que obrigar uma menina de catorze anos a uma servidão polígama não constituía crime, por ter sido "ordem de Deus". Falando por meio de um advogado, explicou que Elizabeth era "ainda sua esposa, que ele ainda a ama e sabe que ela também o ama".

Dan Lafferty não foi a primeira pessoa a presumir que o raptor de Elizabeth Smart fosse um fundamentalista mórmon, com a intenção de transformá-la em sua esposa. Logo após o rapto e nove meses antes que Lafferty chegasse à mesma suspeita, uma habitante de Phoenix, Arizona, chamada Flora Jessop, mandou por e-mail uma mensagem à imprensa com a hipótese de que Elizabeth tivesse sido levada por um polígamo. Suas conjecturas, embora em grande parte baseadas em "sexto sentido", tinham raízes na experiência pessoal:

Jessop havia crescido em Colorado City, como uma entre os 28 filhos de uma família polígama. Aos catorze anos deu queixa em juízo contra o patriarca da família, que era seu pai e fundamentalista, mas o juiz presumiu que ela mentia e não deu provimento ao caso; em seguida os líderes da igreja FLDS a confinaram durante dois anos na casa de um parente. Obstinada e desafiadora, ela criou tantos problemas para seus guardiães que aos dezesseis anos as autoridades religiosas lhe deram um ultimato: "Disseram que ou eu me casava com o homem que eles tinham reservado para mim — um dos filhos do irmão de meu pai — ou seria internada num hospital para doentes mentais", diz Jessop. Ela preferiu o casamento e na primeira oportunidade fugiu de Colorado City, antes de se casar. Agora, aos 34 anos, faz ativa oposição à poligamia e é fundadora de uma organização chamada "Ajuda às noivas infantis".

Jessop ficou profundamente aliviada quando Elizabeth Smart foi encontrada com vida e acha maravilhoso o apoio que ela recebeu. Em sua opinião, porém, isso acentua a preocupante falta de interesse por outra jovem vítima da poligamia: sua irmã, Ruby Jessop, cuja odisséia ela levou ao conhecimento de funcionários do governo mais de um ano antes do rapto de Elizabeth.

Ruby tinha catorze anos quando foi vista beijando inocentemente um rapaz de quem gostava, em Colorado City. Por causa desse crime imperdoável foi imediatamente obrigada a se casar com um parente distante mais velho, a quem ela detestava, numa cerimônia fundamentalista presidida por Warren Jeffs. Assim como Elizabeth, Ruby foi estuprada imediatamente após a cerimônia, com tanta brutalidade que passou a "noite de núpcias" com abundante hemorragia. Ao contrário de Elizabeth, entretanto, Ruby tentou escapar de seu casamento compulsório, correndo para a casa de um irmão que lhe tinha afeição e com quem ela imaginou encontrar refúgio. No entanto, atraída por falsas promessas, deixou a casa do irmão e em maio de 2001 foi aparentemente raptada por membros da igreja FLDS e levada para a casa do padrasto, Fred Jessop, segundo conselheiro do profeta, a mesma casa onde Flora Jessop permanecera confinada dezessete anos antes.

Flora, que fugira de Colorado City no dia do nascimento de Ruby, 3 de maio de 1986, ligou para o xerife do condado para informar o rapto da irmã. Um auxiliar do xerife foi a Colorado City para investigar o suposto crime, mas líderes da igreja lhe disseram que a menina estava "de férias". O policial aceitou essa informação sem questionar e partiu. Furiosa com essa aparente negligência no cumprimento do dever, Flora redobrou seus esforços para conseguir que alguém em posição de autoridade no estado fizesse alguma coisa por sua irmã menor. Um mês depois, graças à agitação de Flora, os membros da igreja FLDS foram obrigados pelo Departamento de Serviços para a Infância e Família de Utah a levar Ruby à vizinha cidade de St. George e reunir-se com um assistente social. Ruby disse à assistente que "tudo estava bem" e foi novamente entregue aos fiéis. Dois anos mais tarde, aos dezesseis anos, deu à luz um filho. Apesar do incessante empenho de Flora para resgatá-la, ninguém fora de Colorado City tem notícias de Ruby desde o verão de 2001. Para todos os efeitos, desapareceu no seio da igreja fundamentalista.

A ativista antipoligamia Lorna Craig, colega de Flora Jessop, sente-se perplexa e ofendida pela indiferença do estado de Utah no tratamento de Ruby, especialmente se comparado ao esforço colossal das autoridades para salvar Elizabeth Smart e processar seus raptores. Craig assinala que tanto Elizerth como Ruby tinham catorze anos por ocasião dos respectivos raptos, estupros e confinamentos como "prisioneiras de fanáticos religiosos". A principal diferença no sofrimento de uma e outra, diz ela, é que "Elizabeth sofreu lavagem cerebral durante nove meses", ao passo que com Ruby acontecera o mesmo "desde o nascimento". Apesar da semelhança de suas provações, os que abusaram de Elizabeth foram presos e acusados de agressão sexual, invasão de domicílio e seqüestro, enquanto Ruby, ao que afirma Craig, "foi devolvida aos que abusaram dela, não se fez uma verdadeira investigação e ninguém foi acusado de nada".

Na opinião de Craig, os resultados díspares devem ser atribuídos ao fato de que Ruby Jessop nasceu em uma comunidade poligâmica que há muitas décadas vem violando impunemente leis federais e estaduais. Craig assinala que como o prefeito, a polícia e o juiz de Colorado City-Hildale são também polígamos absolutamente obedientes às palavras do profeta, "as vítimas de abuso não têm a quem apelar... eu diria que ensinar uma jovem que sua salvação depende de ela ter relações sexuais com um homem casado é algo inerentemente destruidor". Tais relacionamentos, argumenta amargamente Craig, devem ser considerados "crime, e não religião".

5. O Segundo Grande Despertar

> *A oeste dos montes Apalaches era difícil encontrar um padre comedido, que conhecesse a dialética aprendida no seminário. Em vez disso, havia curandeiros evangélicos itinerantes, que agitavam suas platéias levando-as a paroxismos de fé religiosa.* [...]
> *Os excessos atenuaram o que seria uma antipatia natural contra a excentricidade religiosa. Esses anos pentecostais, que coincidiram com a adolescência e a primeira juventude de Joseph Smith, foram os mais férteis em profetas na história dos Estados Unidos.*
>
> Fawn Brodie, *No Man Knows My History*

Pouco depois da libertação de Elizabeth Smart e da prisão de Brian David Mitchell, os agentes do FBI descobriram um livrinho de 27 páginas escrito por ele dois meses antes do rapto de Elizabeth. Intitulado *O livro de Immanuel David Isaiah*, afirmava ser um manifesto divino, revelado a Immanuel/Mitchell, que anunciava o advento de uma nova igreja fundamentalista, a "Sete Diamantes Mais Um", a qual seria "um brilhante diadema da verdade". O texto identificava Mitchell como "o homem [...] forte e poderoso" e proclamava que Deus lhe havia ordenado liderar a nova igreja, a "verdadeira e viva Igreja de Jesus Cristo dos Santos dos Últimos Dias em seu estado puro e elevado". O *livro de Immanuel David Isaiah* explicava também que Deus havia transferido "chaves, poderes e mandamentos do Santo Sacerdócio para a salvação da humanidade [...] através de uma sucessão de profetas". A pequena obra também descrevia sua linhagem prescrita pela divindade desde Adão, passando por Noé, Abraão e Moisés e chegando a Jesus, "e daí a Joseph Smith Jr. e deste a Immanuel David Isaiah, e prosseguindo até o fim do mundo".

Para compreender Brian David Mitchell, ou para entender Dan Lafferty, Tom Green, os habitantes polígamos de Bountiful ou de Colorado City, é preciso primeiro compreender a fé que essas pessoas tinham em comum, uma fé que dá forma e objetivo a todos os aspectos de suas vidas. Esse entendimento tem de começar com Joseph Smith Jr., fundador da Igreja de Jesus Cristo dos Santos dos Últimos Dias. Mais de um século e meio após seu falecimento, o simples poder da personalidade de Joseph ainda domina de maneira extraordinária tanto os mórmons quanto os fundamentalistas do mormonismo. "Admiro Joseph Smith", diz Dan Lafferty, com os olhos brilhando. "Não há ninguém a quem eu admire mais."

Quer se acredite que a fé por ele criada é a única religião verdadeira do mundo ou uma impostura absurda, Joseph surge da névoa do tempo como uma das figuras mais notáveis já surgidas nos Estados Unidos. "Sejam quais forem suas lacunas", argumenta Harold Bloom em *The American Religion*, "Smith foi um autêntico gênio religioso, sem par em nossa história nacional. [...] proporcionalmente a sua importância e complexidade, ele continua a ser o personagem menos estudado, de perene vitalidade, em toda a nossa saga nacional".

Joseph nasceu em 23 de dezembro de 1805, nas Montanhas Verdes do estado de Vermont. Joseph Smith pai era fazendeiro em terras arrendadas, sempre à espera de sua grande oportunidade, e pouco antes havia perdido tudo o que tinha ao fracassar na exportação de raízes de ginseng para a China. Falido e com pesadas dívidas, Smith pai se viu obrigado a uma agricultura de subsistência em um terreno pedregoso e difícil de cultivar que alugava do sogro em condições humilhantes.

Na ocasião, a Nova Inglaterra atravessava uma longa depressão econômica, e a penúria perseguiu a família Smith durante toda a infância de Joseph Jr. Sempre em busca de oportunidades, a família se mudou cinco vezes durante os primeiros onze anos da vida do menino, até se estabelecer em Palmyra, uma pequena cidade de quatro mil habitantes na parte ocidental do estado de Nova York, à margem do canal Erie, que naquela época estava sendo construído. O canal era o empreendimento de engenharia mais ambicioso do momento e provocara um surto de progresso na economia local, ainda que efêmero. Joseph pai esperava aproveitar aquela fase favorável.

Eis a descrição da família Smith ao chegar a Palmyra em 1817, num artigo claramente escarnecedor sobre o incipiente profeta publicado em um jornal local, o *Reflector*, em 1º de fevereiro de 1831, quando a nova religião de Joseph começava a ser notada:

> Joseph Smith, pai do personagem sobre quem agora escrevemos, havia sido reduzido a extrema pobreza, por falta de sorte ou outros motivos, antes de emigrar para o oeste do estado de Nova York. A família era grande, com nove ou dez filhos, dos quais Joe Júnior era o terceiro ou quarto em ordem de idade. Nunca soubemos se algum dos membros da família algum dia chegou a ser conhecido por outro motivo a não ser burrice e ignorância, às quais devemos acrescentar, quanto aos mais velhos da família, uma propensão à superstição e uma predileção por tudo o que é *fantástico*.

Essa última caracterização se refere aos entusiasmos espirituais dos pais de Smith, especialmente a mãe do profeta, Lucy Mack Smith. "Lucy tinha um intelecto vigoroso, porém pouco instruído", observa Fawn Brodie em sua magnífica e controvertida biografia de Joseph Smith, *No Man Knows My History*:

> Lucy era especialmente devota do misticismo freqüente entre os que se vêem repentinamente libertos do domínio e da disciplina de uma igreja [...]. Ela reconhecia um Deus altamente personalizado com quem conversava como se fosse um membro da família. Sua religião era íntima e caseira, e Deus era uma presença constante que invadia os sonhos, operava milagres e crestava as lavouras dos pecadores.

As propensões religiosas do jovem Joseph sem dúvida derivavam em grande parte de Lucy. É evidente que mãe e filho foram também altamente influenciados pelo estilo da época.

Logo depois da Guerra de Independência, a nova república sofreu o impacto de um período de turbulência eclesiástica, durante o qual o povo em geral considerava as igrejas tradicionais espiritualmente falidas. A maré de experimentação religiosa que perturbou os Estados Unidos durante as primeiras décadas do século XIX, denominada Segundo Grande Despertar, foi semelhante ao levante religioso que sacudiu o país na década de 1970 (exceto pelo patchuli e pelo LSD). No início do século XIX, a comoção era especialmente intensa próxima às fronteiras da nação em expansão, inclusive na parte ocidental do estado de Nova York, onde o fervor religioso explodiu com tanta intensidade que a área ao redor de Palmyra ficou conhecida como uma área particularmente atingida pelo fenômeno.

As pessoas imaginavam no ambiente o aroma acre do enxofre. O Apocalipse parecia iminente. "Nunca na história da sociedade ocidental o fim do mundo parecia estar tão próximo", escreveu o historiador mórmon Hyrum L. Andrus; "nunca se aguardou sua chegada com tanta expectativa. Acreditava-se que em vinte anos ou menos essa era ditosa iria raiar." Nesse clima religioso altamente efervescente, em que tudo valia, Joseph Smith gerou o que viria a ser a mais bem-sucedida fé religiosa genuinamente norte-americana.

Rapaz dedicado, de boa índole e com baixa tolerância ao tédio, Joseph Smith não tinha a menor intenção de se tornar um agricultor endividado como seu pai, labutando na terra dia após dia, sem parar. Embora quando criança tivesse tido apenas alguns anos de instrução formal, todas as informações atestam que ele possuía mente ágil e imaginação assombrosamente fértil. Como acontece com muitos autodidatas, sentiu-se atraído pelas Grandes Perguntas. Passava longas horas refletindo sobre a natureza do divino, considerando o significado da vida e da morte e avaliando os méritos e as deficiências das miríades de religiões que na época competiam entre si. Gregário, esportista e bem-apessoado, tinha os dotes naturais de narrador que tanto homens como mulheres achavam imensamente encantador. Seu entusiasmo era contagiante. Era capaz de vender uma mordaça a um cachorro.

A linha demarcatória entre religião e superstição pode ser indistinta, e isso tornou-se especialmente verdadeiro durante o caos teológico do Segundo Grande Despertar, período em que Joseph atingiu a maioridade. A curiosidade espiritual do futuro profeta o estimulou a explorar com profundidade e amplitude ambos os lados dessa linha tênue, inclusive uma extensa incursão nas artes da necromancia. Mais especificamente, ele dedicou-se a tentar adivinhar a localização de tesouros enterrados com o auxílio de magia negra e bolas de cristal, coisas que tinha aprendido com o pai. Anos mais tarde ele deixou de brincar com o ocultismo, mas os flertes juvenis de Joseph com a magia popular tiveram influência direta e inegável na religião que em breve ele apresentaria.

Embora ilegal, a prática de "cavar dinheiro", como na época era conhecida, era comum entre o populacho da Nova Inglaterra e do norte do estado de Nova York. Os bosques em volta de Palmyra estavam cheios de túmulos com antigas ossadas e artefatos indígenas, e alguns dos objetos eram feitos de prata e metais semipreciosos. Não admira portanto que Joseph, rapaz de mente hiperativa e índole sonhadora, tecesse planos de ficar rico desenterrando o ouro que se dizia estar oculto nas colinas e nos campos vizinhos.

Começou a escavar febrilmente poucos meses antes de completar catorze anos, dois anos após a chegada da família a Palmyra, e nessa ocasião ouviu falar dos talentos divinatórios de uma jovem chamada Sally Chase, que morava perto da fazenda da família Smith. Ao saber que ela possuía uma "pedra mágica", ou "pedra de vidente", com a qual era capaz de "ver qualquer coisa, mesmo que estivesse oculta para os demais", Joseph insistiu com os pais até que o deixassem ir visitar a moça.

A pedra mágica de Sally era uma pequena rocha esverdeada. Ela a pôs no fundo de um chapéu com a abertura para cima e mandou Joseph mergulhar o rosto no chapéu a fim de impedir completamente a entrada de luz. Ao fazê-lo, ele teve visões mágicas. Uma das coisas que viu foi uma pedra branca, não muito grande, "muito ao longe. Era luminosa e o ofuscou, tornando-se tão intensa quanto o sol do meio-dia". Compreendeu imediatamente que se tratava de outra pedra de vidente; a visão lhe indicara também sua localização exata no subsolo, abaixo de um arbusto. Joseph encontrou a árvore, começou a cavar e "com certo trabalho e esforço" desenterrou a primeira de pelo menos três pedras mágicas que possuiria durante sua vida.

Estava lançada sua carreira de bruxo — nesse caso, adivinho, auxiliado pela bola de cristal. Em breve suas habilidades na necromancia começaram a ser bastante exigidas, e ele cobrava honorários respeitáveis para encontrar tesouros enterrados para os proprietários de terras na região. Por volta de 1825, sua fama era tanta que um fazendeiro idoso chamado Josiah Stowell veio da Pensilvânia para conhecer Joseph e ficou tão impressionado com a entrevista que contratou o jovem, aos vinte anos, para viajar com ele ao vale do Susquehanna a fim de localizar, com suas pedras de vidente, uma carga oculta de prata que, segundo boatos, havia sido extraída pelos espanhóis séculos antes. Stowell pagou a Joseph o generoso salário de catorze dólares por mês por seus serviços — mais do que os vencimentos mensais dos trabalhadores no canal do Erie —, além de casa e comida.

Esses e outros detalhes das escavações de Joseph foram revelados por declarações e outros documentos oriundos de um julgamento realizado em março de 1826, num processo movido contra ele pelo estado de Nova York, no qual o jovem bruxo foi levado ao tribunal e condenado por "ser impostor e pessoa de conduta desregrada". Embora Joseph tivesse se dedicado a suas adivinhações com vigor e aplicação, além de utilizar os melhores instrumentos de seu ofício, parece ter sido incapaz de encontrar a mina de prata de Stowell. Na verdade, durante os seis anos anteriores em que trabalhou nessa atividade tampouco conseguira desenterrar qualquer outro tesouro. Quando esse fato ficou conhecido, um cliente insatisfeito iniciou um processo, acusando Joseph por fraude.

O julgamento e a publicidade negativa dele decorrente encerraram abruptamente sua carreira de adivinho profissional. Afirmou a seus numerosos críticos que se emendaria e abandonaria essa atividade para sempre. Mas dezoito meses depois, no entanto, as pedras de vidente e a magia negra se tornariam novamente importantes na vida de Joseph. Numa estrada muito próxima a sua casa em Palmyra, ele finalmente descobriria um tesouro enterrado, e o impacto do que encontrou vem repercutindo desde então no panorama religioso e político.

Uma noite, no outono de 1823, quando Joseph tinha dezessete anos, uma luz etérea encheu seu quarto de dormir e logo em seguida apareceu um anjo, que se apresentou com o nome de Moroni e explicou haver sido mandado por Deus. Vinha dizer a Joseph que 1400 anos antes um texto sagrado, inscrito em placas de ouro puro, havia sido enterrado sob uma pedra numa colina próxima. Moroni fez Joseph ter uma visão do lugar exato onde estavam ocultas as placas. No entanto, o anjo o advertiu de que não as mostrasse a ninguém, nem procurasse utilizá-las para ficar rico ou tentasse por enquanto retirá-las de onde estavam.

Na manhã seguinte, Joseph foi até a colina que lhe havia aparecido na visão, encontrou facilmente a pedra pela descrição, escavou sob ela e desenterrou uma caixa feita de quatro pedras cimentadas com argamassa. Dentro estavam as placas de ouro. Com a emoção do momento, no entanto, Joseph esqueceu a advertência do anjo Moroni de que "a hora de apresentá-las ainda não é chegada". Ao tentar retirá-las da caixa, as placas imediatamente desapareceram e ele foi atirado ao chão com violência. Mais tarde, confessou que a cobiça o havia dominado e acrescentou: "Por isso fui castigado pelo anjo".

Mas Moroni estava disposto a dar-lhe outra oportunidade de provar sua virtude. O anjo o mandou voltar ao mesmo lugar a cada ano, no dia 22 de setembro. Joseph obedeceu e a cada setembro recebia a visita de Moroni na colina, que mais tarde recebeu o nome de Cumorah, a fim de receber instruções sobre as placas de ouro e sobre os desígnios de Deus a respeito delas.

Em cada uma dessas ocasiões, Joseph partiu sem nada levar, para seu grande desapontamento. Mas no encontro anual de 1926, entretanto, Moroni lhe deu motivos para novas esperanças: anunciou que, se o rapaz "fizesse o que devia, segundo a vontade de Deus, poderia obter [as placas] no vigésimo segundo dia do próximo setembro; caso contrário jamais as conseguiria". Olhando para sua pedra mágica mais confiável, Joseph ficou sabendo também que, para que as placas lhe fossem dadas, Deus ordenava que ele se casasse com uma jovem chamada Emma Hale e a trouxesse em sua próxima visita à colina, em setembro de 1827.

Emma era uma simpática vizinha de Josiah Stowell na Pensilvânia. Joseph a conhecera um ano antes, enquanto procurava em vão a mina de prata nas terras de Stowell. Durante aquele encontro inicial, Emma e Joseph haviam sentido uma centelha de atração e ele fez diversas viagens à casa da família Hale a fim de pedir a mão dela em casamento. Em cada uma dessas ocasiões, o pai de Emma, Isaac Hale, recusou veementemente, mencionando o vergonhoso passado do rapaz como "escavador de dinheiro". O pai disse à moça apaixonada que poucos meses antes o jovem Joe Smith havia sido condenado em um processo de fraude.

A obstinada recusa de Hale desanimou Joseph, deixando-o desesperado. Setembro já estava próximo. Se ele e Emma não estivessem noivos nessa ocasião, Moroni impediria para sempre que ele recebesse as placas. Joseph fez mais uma viagem à Pensilvânia, levando um cavalo e um trenó que pedira emprestado a um amigo, e em 18 de janeiro de 1927 ele convenceu Emma a desafiar o pai e fugir com ele para se casar.

Oito meses depois, pouco antes da meia-noite do dia marcado, Joseph e Emma foram ao monte Cumorah. Não havendo conseguido obter as placas nas quatro idas anteriores, dessa vez Joseph tomou precauções. Seguindo fielmente os antigos rituais da necromancia, o jovem casal se vestiu inteiramente de preto e percorreu os cinco quilômetros entre a fazenda dos Smith até a colina em uma carruagem negra puxada por um cavalo também negro. No íngreme sopé ocidental da colina, Joseph escavou novamente sob a pedra na noite escura, enquanto Emma esperava, de costas para ele. Em breve ele desenterrou a caixa de pedra que quatro anos antes ele não havia conseguido retirar da terra. Dessa vez, no entanto, Moroni deixou que ele tomasse posse temporária de seu conteúdo.

A caixa continha um texto sagrado, "escrito em placas de ouro, relatando a história dos antigos habitantes deste continente", que haviam permanecido escondidas na colina durante mil e quatrocentos anos. Joseph informa que cada uma das páginas de ouro nas quais essa narrativa estava inscrita tinha "quinze centímetros de largura e vinte de altura, e eram mais finas do que o estanho comum. Estavam cheias de caracteres egípcios gravados e reunidas em um volume, como folhas de um livro, com três anéis que as atravessavam". A pilha de páginas de metal tinha uma altura de cerca de quinze centímetros.

Joseph tomou as placas e foi para sua casa com elas. Mais tarde, dezenove testemunhas afirmaram ter visto o livro de ouro; oito dentre elas juraram coletivamente, em uma declaração formal reproduzida no *Livro de Mórmon*, que Joseph "nos mostrou as placas [...] que têm aparência de ouro; e [...] nós as tomamos em nossas mãos; e vimos também as gravações sobre elas, todas as quais parecem ser muito antigas e talhadas de maneira curiosa".

Embora o texto estivesse escrito em uma língua exótica e havia muito desaparecida, descrita como "egípcio reformado", Moroni também havia dado "intérpretes" a Joseph: óculos com poderes divinos que permitiriam a quem os usasse compreender os estranhos hieróglifos. Por meio dessas lentes mágicas, Joseph começou a decifrar o documento, ditando sua tradução a um vizinho chamado Martin Harris, que funcionou como escriba. Após dois meses de penoso trabalho, ambos terminaram a tradução das primeiras 116 páginas. Nesse ponto, os dois homens resolveram fazer uma pausa; Moroni recolheu as placas de ouro e os óculos mágicos e Joseph permitiu, com relutância, que Harris levasse o manuscrito a fim de mostrá-lo a sua cética e desaprovadora esposa.

Aconteceu então um desastre: de alguma forma, Harris perdeu as 116 páginas. A opinião prevalecente é que a mulher ficou tão furiosa por haver ele se envolvido naquela estupidez que roubou as páginas e as destruiu. Seja o que for que tenha acontecido com a tradução desaparecida, Joseph ficou arrasado quando Harris confessou o que sucedera. "Oh, meu Deus!", exclamou. "Tudo está perdido." Parecia que sua sagrada missão havia chegado ao fim sem que nada restasse para demonstrá-la.

No entanto, em setembro de 1828, após muitas orações e grande contrição de parte de Joseph, Moroni devolveu as placas e a tradução recomeçou, primeiro com Emma Smith servindo de escriba (mais tarde outros também exerceram a função).* Porém dessa vez o anjo não trouxera de volta os óculos junto com as placas, e assim Joseph utilizou sua pedra mágica favorita para decifrar os caracteres egípcios. Ele havia descoberto a pedra, ovóide e cor de chocolate, enterrada a oito metros de profundidade, em companhia do pai de Sally Chase, em 1822, quando cavava um poço.

Dia após dia, usando a técnica que aprendera com Sally, Joseph colocava a pedra em um chapéu virado com a boca para cima, enterrava o rosto nele, tendo perto de si a pilha de placas de ouro, e ia ditando as linhas da escritura, que lhe surgiam da escuridão. Trabalhou febrilmente durante essa segunda fase da tradução, numa média de cerca de três mil e quinhentas palavras por dia. No final de junho de 1829 a tarefa estava terminada.

Joseph levou o manuscrito ao editor do jornal local, o *Wayne Sentinel*, baseado em Palmyra, pedindo-lhe que imprimisse e encadernasse quinhentos exemplares do livro — edição bastante inusitada para uma publicação autônoma de pessoa desconhecida, o que indica que Joseph tinha expectativas ir-

---

* As 116 páginas faltantes jamais reapareceram. Alguns indícios sugerem que, antes de sua condenação, Mark Hofmann (o falsário que hoje é o companheiro de cela de Dan Lafferty em Point of the Mountain) havia elaborado um plano para "descobrir" o texto há muito perdido. Provavelmente achando que o texto falso de Hofmann, se levado a sério, poderia prejudicar a imagem de Joseph Smith e do *Livro de Mórmon*, a igreja LDS provavelmente teria pago uma boa soma por ele e em seguida ocultado-o no cofre-forte do presidente junto com outros documentos potencialmente desagradáveis que até agora os líderes da igreja conseguiram manter afastados dos olhos argutos dos estudiosos.

refletidas quanto à acolhida pelo público. Sua intenção era cobrar um dólar e 25 centavos por exemplar, o que não era de forma alguma um preço exorbitante — mesmo assim era mais ou menos o dobro do que a maioria dos assalariados da época ganhava em um dia.

O prudente editor pediu três mil dólares adiantados para imprimir os livros, muito mais do que Joseph possuía. Como sempre fazia quando deparava com algum obstáculo aparentemente intransponível, ele pediu ajuda divina. Em resposta, Deus anunciou que seu desejo era que Martin Harris, o acólito e escriba de Joseph, pagasse a conta da impressão. Falando por meio de Joseph, Deus disse a Harris:

> Ordeno que não sejas mesquinho com tua propriedade, mas que a dediques à impressão. [...]
>
> E receberás grandes castigos, se não seguires estas ordens; sim, até mesmo a destruição de ti mesmo e de tua propriedade. Paga a dívida com o impressor!

Anteriormente, Harris havia sido um joguete nas mãos de Joseph, mas seu envolvimento com a tradução já lhe havia custado caro: a mulher tinha ficado tão exasperada com sua obsessão pela bíblia de ouro que acabara pedindo o divórcio. Assim, inicialmente Harris hesitou em obedecer à ordem quando Joseph a comunicou. Mas, como uma instrução severa de Deus não era coisa que Harris pudesse ignorar, ele acabou por concordar, ainda que com relutância, em vender a fazenda para financiar a publicação.

Nove meses após o término da tradução, o livro de 588 páginas finalmente saiu do prelo e foi posto à venda na vitrina da loja do impressor, com fachada de tijolos, no centro de Palmyra. Pouco mais de uma semana depois, Joseph registrou formalmente a religião que hoje conhecemos como Igreja de Jesus Cristo dos Santos dos Últimos Dias. A base da religião, que é sua sagrada pedra de toque e principal escritura, é a tradução das placas de ouro, cujo título é *O livro de Mórmon*.

6. Cumorah

> *A autoridade prometida pelo mormonismo não se baseava na sutileza de sua teologia. Apoiava-se em um apelo a uma nova experiência — um conjunto de tábuas de ouro, devidamente testemunhadas, que haviam sido traduzidas em um livro de linguagem bíblica. Joseph Smith percebeu instintivamente algo que todos os demais fundadores de novas religiões norte-americanas também haviam percebido instintivamente. Em parte devido ao entusiasmo popular pela ciência, muitos norte-americanos daquele tempo estavam dispostos a dar atenção a quaisquer afirmações que fizessem apelo ao que pudesse ser interpretado como ciência empírica.*
>
> R. Laurence Moore, *Religious Outsiders And The Making Of Americans*

Hoje em dia, tal como no século XIX, o monte Cumorah é um dos lugares mais sagrados do mormonismo, e em algum momento a maioria dos Santos dos Últimos Dias faz uma peregrinação a esse sítio. Para um mórmon do Utah, acostumado com picos de três mil e quinhentos metros nas montanhas Wasatch que apontam para o céu como dentes de Deus acima da Praça do Templo Cidade dos Santos, as pequenas dimensões do Cumorah devem ser um tanto decepcionantes. Trata-se de um monte de restos glaciários que sobraram da última idade do gelo e que se eleva apenas a pouco menos de duzentos metros acima dos campos de milho ao redor, e a maior parte da colina fica coberta por uma vegetação espessa.

Mesmo assim, esse modesto outeiro é o acidente mais elevado da vizinhança, e de seu cume é possível avistar os altos edifícios de escritórios do centro da cidade de Rochester, a 32 quilômetros de distância, brilhando na névoa do verão. No alto há uma bandeira dos Estados Unidos e uma imponente estátua do anjo Moroni. Na falda que desce mais além dos grandes pés do anjo, calçados de sandálias, a floresta mais selvagem foi desbastada e toda uma ampla faixa da colina está coberta com um impecável gramado. Há 175 anos, em algum ponto dessa parte do Cumorah, Joseph Smith desenterrou as placas de ouro que lançaram a fé mórmon.

Estamos em uma úmida tarde em meados de julho, e mais de 10 mil Santos vão se congregando na várzea na base da colina, onde várias fileiras de cadeiras de plástico foram preparadas para acolhê-los. Imediatamente acima, um palco de vários níveis, do tamanho de meio campo de futebol, cobre a parte inferior do sopé do monte, rodeado por uma floresta de torres de iluminação feitas de aço, de mais de quinze metros de altura. O complexo palco, as luzes e as multidões de mórmons se materializam a cada verão para o "Festival do Monte Cumorah: o Testemunho Americano de Cristo", que começa ao pôr-do-sol. Segundo os folhetos de propaganda publicados pela Igreja LDS, o festival é "o maior e mais espetacular acontecimento teatral ao ar livre dos Estados Unidos [...] uma produção magnífica, orientada para as famílias", repleto de atraentes efeitos especiais hollywoodianos: "vulcões, bolas de fogo e explosões com recursos sonoros do filme *Terremoto*. Um profeta é queimado na fogueira. Um raio cai sobre o mastro de um navio. Uma 'estrela' artificial de ofuscantes luzes de arco voltaico (autorizada pela FAA[*]) aparece na cena na Natividade. Cristo surge do céu noturno, desce à terra, prega ao povo e ascende novamente, desaparecendo na escuridão". O festival, que acontece ali desde 1937, é apresentado durante sete noites todos os meses de julho, e a cada noite praticamente fica lotado de espectadores. A entrada é gratuita.

Ao crepúsculo, a suave harmonia da Orquestra Sinfônica de Utah e do Coro do Tabernáculo Mórmon se espalha pelo campo por meio de alto-falantes. Dois grupos de policiais gerenciam o tráfego, encaminhando-o a campos

---

[*] Correspondente à Diretoria de Aeronáutica Civil no Brasil. (N. T.)

de pastagem transformados em enormes estacionamentos. Dos carros e ônibus fretados, uma enxurrada de Santos se encaminha para os assentos e, ao atravessarem a Estrada 21 para chegar à várzea abaixo do Cumorah, têm de enfrentar piquetes hostis de antimórmons.

Esses manifestantes, membros de seitas evangélicas cristãs, agitam faixas escritas à mão e gritam, raivosos: "Joseph Smith era um cafetão!", "Só existe um Evangelho!", "*O livro de Mórmon* é um conto da carochinha!", "Os mórmons NÃO são cristãos!".

A maior parte dos mórmons passa tranqüilamente pelos evangélicos, sem se deixar perturbar e sem morder a isca. "Ora, estamos acostumados com isso", diz o irmão Richard, um homenzarrão risonho, de cabelos penteados para um lado a fim de esconder a calva e que se gaba de ter 28 netos. Veio de Mesa, no Arizona, com a mulher, num *trailer* "Pace Arrow" de doze metros. É a oitava vez em que comparecem ao festival.

"Venham ao julgamento, vamos ver quem vai para o Reino Celestial e quem ficará de fora", diz Richard para si mesmo. "Mas, aqui entre nós, essa gente que agita as faixas é que devia estar preocupada." Ao exprimir esses pensamentos, o brilho em seus olhos se desvanece momentaneamente e o rosto ingênuo se enche de piedade. "O Senhor permite a cada um de nós escolher entre conhecer a verdade ou ignorá-la. Não é possível obrigar ninguém a ir para o céu, mesmo que seja para seu próprio bem."

A produção do festival representa uma grande despesa para a Igreja LDS. Embora os não-Santos sejam convidados a comparecer e a igreja considere os coloridos espetáculos um instrumento importante em seus esforços para a conversão do mundo, mais de 95 por cento dos espectadores já são filiados a ela. Em grande parte, o festival funciona como uma grande reunião de todos os mórmons, uma oportunidade para que os membros da tribo se congreguem no lugar de origem e celebrem os testemunhos recíprocos de fé.

O festival tem a energia de um concerto do grupo Phish, porém sem as bebedeiras, os penteados extravagantes (apesar dos cabelos do irmão Richard) e as nuvens de fumaça de maconha. As pessoas chegam muitas horas antes para ocupar os melhores lugares. Enquanto esperam o início do espetáculo, as famílias se acomodam em cobertores estendidos na orla do prado, comendo coxinhas de frango fritas e saladas trazidas em geladeiras de plástico. Rapazes e moças bem penteados se divertem ao crepúsculo jogando *frisbees* e bexigas cheias de água. Não é preciso salientar que tudo é feito em ordem. Trata-se de uma cultura que considera a obediência uma de suas mais elevadas virtudes.

Finalmente, o sol se põe além do horizonte em um braseiro alaranjado acentuado pelo ozônio. Surge um franzino "ancião" mórmon, de pouco mais de vinte anos, que lidera a platéia em uma prece fervorosa. Poucos segundos depois do fim da oração soa uma fanfarra de trombetas, e raios laser atravessam o céu noturno com colunas de luz estonteante. A emoção toma conta da multidão. Grandes rolos de névoa artificial envolvem a parte mais baixa do Cumorah. Emergindo do nevoeiro, 627 atores marcham para o palco, vestidos com uma curiosa mistura de figuras bíblicas e norte-americanos pré-colombianos, alguns com capacetes adornados com galhadas imensas.

De repente, uma voz incorpórea — um severo tom de barítono que poderia pertencer ao próprio Deus — troa dos 75 alto-falantes: "Esta é a história verdadeira de um povo preparado pelo Senhor para a chegada do salvador, Jesus Cristo. O Senhor veio a eles nas Américas, mas a história começa no Velho Mundo, em Jerusalém...". Durante as duas horas seguintes, a platéia enlevada assiste a uma representação dramática do Livro de Mórmon.

A narrativa inscrita nas placas de ouro, traduzida por Joseph Smith como *O livro de Mórmon*, é a história de uma antiga tribo hebraica, chefiada por um varão virtuoso chamado Lehi. Na educação de sua grande família, Lehi incutiu nas cabeças de seus descendentes que a coisa mais importante da vida era ganhar o amor de Deus, e a única maneira de fazê-lo, conforme explicava, era obedecer a todos os mandamentos do Senhor.

Lehi e seus seguidores saíram de Jerusalém seiscentos anos antes do nascimento de Cristo, pouco antes da última conquista babilônica, e viajaram de navio para a América do Norte. No Novo Mundo, entretanto, antigas rivalidades de família recrudesceram. O favorito de Lehi sempre tinha sido seu filho mais novo e mais exemplar, Nephi, e ninguém deveria ter estranhado quando o idoso líder lhe legou o comando da tribo.* Isso, no entanto, enfureceu

---

* Mesmo resumido, *O livro de Mórmon* é uma narrativa extraordinariamente complexa que exige grande esforço de compreensão, e os nomes dos protagonistas nem sempre ficam retidos facilmente na memória dos não-mórmons. Vale a pena, porém, evocar Moroni e Nephi, pois esses fabulosos personagens figuram na saga moderna de Dan Lafferty.

Laman, o depravado irmão de Nephi, provocando a divisão do clã em duas facções, após a morte de Lehi: os nefitas, virtuosos e de pele clara, e seus encarniçados adversários, os lamanitas, como eram conhecidos os seguidores de Laman. Esses últimos eram "um povo indolente, cheio de maldade e subterfúgios", cujo comportamento tanto desagradava a Deus que ele os puniu a todos dando-lhes pele escura a fim de castigá-los por sua impiedade.

Segundo *O livro de Mórmon*, Jesus Cristo visitou a América do Norte pouco depois de sua ressurreição a fim de trazer seu novo evangelho aos nefitas e lamanitas, e convencer os dois clãs a deixar de lado suas querelas. Obedecendo a esse ensinamento, ambos se uniram amigavelmente como cristãos e assim prosperaram. Os lamanitas, no entanto, começaram a descambar para "a descrença e a idolatria". Um cisma irreparável surgiu entre os dois clãs, que começaram a se hostilizar com crescente violência.

A tensão continuou a aumentar, chegando a provocar uma guerra generalizada, que por volta do ano 400 d. C. culminou em uma campanha brutal na qual os réprobos lamanitas mataram 230 mil nefitas (o que explica por que Colombo não encontrou gente de raça branca ao desembarcar no Novo Mundo em 1492). Ameaçados de morrer de fome, os poucos nefitas remanescentes no fim da guerra foram obrigados a canibalizar a carne dos parentes mortos e finalmente sucumbiram também. Vitoriosos, os lamanitas sobreviventes se tornaram ancestrais dos índios americanos modernos, embora esses "filhos vermelhos de Israel" acabassem por perder a lembrança tanto dos nefitas quanto de sua herança judaica.

Durante as malogradas batalhas finais, o líder dos nefitas fora uma figura de extraordinária sabedoria chamado Mórmon; o último dos nefitas que sobreviveu à fúria genocida dos lamanitas foi o filho de Mórmon, Moroni, cujo relato da destruição dos nefitas constitui o capítulo final do *Livro de Mórmon*. Esse mesmo Moroni voltaria catorze séculos mais tarde a fim de entregar as placas de ouro a Joseph Smith, para que o mundo conhecesse a sangrenta história de seu povo, propiciando dessa forma a salvação da humanidade.

O livro de Mórmon sempre foi ridicularizado pelos não-mórmons, mesmo antes de ter sido publicado. Os críticos assinalam que as placas de ouro, que presumivelmente provariam a autenticidade do livro, foram convenientemente devolvidas a Moroni depois que Joseph terminou a tradução, e desde então não reapareceram. Estudiosos observaram que nunca se encontrou na América do Norte, nem em lugar nenhum, artefatos arqueológicos ligados à civilização supostamente adiantada e extensa dos nefitas.

Além disso, como história, O livro de Mórmon está coberto de escandalosos anacronismos e incoerências irreconciliáveis. Faz, por exemplo, inúmeras referências a cavalos e carroças com rodas, que não existiam no hemisfério ocidental na era pré-colombiana. Introduz na história antiga coisas como o aço e a semana de sete dias, muito antes de haverem sido efetivamente inventadas. As análises modernas de DNA demonstraram que os índios americanos não descendem de nenhuma raça hebraica, como seriam os lamanitas. Segundo o famoso sarcasmo de Mark Twain, O livro de Mórmon é "clorofórmio impresso", observando que a expressão "e veio a acontecer que" é usada mais de duas mil vezes.

Essas críticas e zombarias, entretanto, não são relevantes. Todas as crenças religiosas derivam de fé não-racional. E a fé, por definição, tende a ser imune à argumentação intelectual ou à crítica acadêmica. Além disso, constantemente as pesquisas indicam que nove em cada dez norte-americanos acreditam em Deus — a maioria segue alguma forma de religião. Os que atacam O livro de Mórmon devem ter em mente que sua veracidade é tão duvidosa quanto a da Bíblia, ou a do Corão, ou a das escrituras sagradas da maioria das demais religiões. Esses últimos textos simplesmente têm a considerável vantagem de haverem aparecido publicamente nos recessos sombrios do passado remoto, sendo por isso muito mais difíceis de refutar.

De qualquer forma, assim como um filme atacado pelos críticos de Nova York se transforma em grande sucesso no interior, a imensa popularidade do Livro de Mórmon faz com que seja impossível desprezá-lo. A simples quantidade de exemplares existentes — segundo as últimas estimativas, mais de cem milhões — confere ao livro certo peso, mesmo entre os cínicos. Os números denotam eloqüentemente o poder do livro como símbolo sagrado e sua força narrativa intrínseca. A verdade pura e simples é que O livro de Mórmon conta uma história que muita gente considerou fascinante — e muitos continuam a se fascinar por ela, como atestam as multidões que todos os meses de julho correm ao Festival do Monte Cumorah.

Nos Estados Unidos do início do século XIX havia por toda parte vestígios de uma civilização anterior, tais como os muitos túmulos indígenas cobertos por montículos de terra, próximos ao lugar onde morava Joseph. *O livro de Mórmon* explicava as origens dessas sepulturas antigas de uma forma que harmonizava tanto com as escrituras cristãs quanto com uma teoria em voga na época, segundo a qual os índios norte-americanos descendiam das tribos perdidas de Israel. O livro de Joseph servia ao mesmo tempo de teologia e de história literal do Novo Mundo. Para muita gente a história é perfeitamente verossímil.

Joseph começou a ganhar adeptos quase imediatamente após haver recebido as placas dadas pelo anjo Moroni, muito antes que o livro fosse impresso e publicado. A emoção de Martin Harris, dos pais e irmãos de Joseph e de outras pessoas que juraram haver efetivamente "visto e pegado" a "bíblia de ouro" convenceu amigos e conhecidos a se tornarem "mormonitas", como inicialmente foram chamados os Santos dos Últimos Dias. Quando a Igreja Mórmon foi oficialmente instituída, em abril de 1830, contava com cerca de cinqüenta membros. Um ano mais tarde os fiéis já eram mais de mil, e novos convertidos continuavam a chegar.

Maravilhados pelo fato de Deus ter escolhido Joseph para receber as placas de ouro, os convertidos não tinham dificuldade em acreditar em suas afirmações de que a nova religião era "a única igreja viva e verdadeira na face da Terra" ou de que *O livro de Mórmon* era atualização essencial do Velho e do Novo Testamento. Aprendiam que se tratava de um testamento ainda mais recente, que relatava a história sagrada de maneira mais precisa e completa.

Joseph explicava que, no primeiro século após a crucifixão de Jesus, a liderança cristã havia tomado um rumo teológico equivocado, desviando a igreja do caminho certo. Chamando esse erro de "a Grande Apostasia", afirmava que praticamente toda a doutrina cristã que se desenvolvera desde então, tanto católica quanto protestante, era uma imensa mentira. Felizmente, *O livro de Mórmon* restabeleceria a verdade e restauraria a verdadeira Igreja de Cristo.

A mensagem central do livro tinha uma simplicidade atraente, que definia a existência como uma luta sem ambigüidades entre o bem e o mal: "Somente existem duas igrejas: uma é a do Cordeiro de Deus e a outra é a do demônio; portanto, quem não pertence à igreja do Cordeiro de Deus pertence àquela outra grande igreja, que é a mãe de todas as abominações".

O livro de Mórmon atraía também por ser eminentemente norte-americano. A maior parte de sua narrativa ocorre no continente americano. Em um dos momentos mais importantes do livro, Jesus Cristo faz uma visita especial ao Novo Mundo logo após sua ressurreição, a fim de dar a boa nova a Seu povo eleito — os habitantes do que se transformaria nos Estados Unidos. Moroni entrega as placas de ouro a um profeta genuinamente norte-americano, Joseph, que mais tarde recebe uma revelação na qual Deus informava que o Jardim do Éden ficava em território norte-americano. E quando for chegado o tempo da volta de Jesus ao mundo, assegura-lhe Deus, o Filho do Homem terá seu novo e glorioso advento na mesma região norte-americana.

Mas talvez a maior atração do mormonismo tenha sido a promessa de que cada fiel viria a ter um relacionamento extraordinariamente íntimo com Deus. Joseph ensinava e estimulava seus adeptos a receber mensagens pessoais diretamente do Senhor. A revelação divina se tornou o fundamento da religião.

Naturalmente, Deus se comunicava constantemente com Joseph, assim como com seus seguidores. A comunicação da verdade celestial começara com *O livro de Mórmon*, mas de forma alguma terminava ali. O Senhor dava freqüentes instruções a Joseph, revelando constantemente princípios sagrados que deveriam ser revistos ou mesmo ser completamente mudados. Com efeito, a idéia de que cada profeta mórmon é guiado por uma série constante de revelações era, e continua a ser, um dos dogmas centrais da religião. Essas revelações estão compiladas num volume fino intitulado *Doutrina e mandamentos*, que de certa forma suplantou *O livro de Mórmon* como texto de escritura mórmon mais importante.

Tendo por guia essas escrituras reveladas, Joseph deu a conhecer sua missão divina: sua tarefa era restabelecer a Única Igreja Verdadeira do Senhor e portanto preparar o mundo para o Segundo Advento de Cristo, que sem dúvida era iminente. Joseph explicava a seus enlevados seguidores que eram eles os Eleitos do Senhor, o povo de Deus por excelência, os verdadeiros filhos e filhas de Israel, e cada um deles seria chamado a desempenhar papel relevante dos Últimos Dias, à medida que o fim do mundo se aproximasse. Eram eles os Santos dos Últimos Dias, declarou Joseph.

7. Em voz baixa e tranqüila

Desde o início, a tradição das revelações no mormonismo gerou dissensão. A doutrina da revelação moderna e continuada, iniciada por Joseph e aceita pela maioria dos grupos que afirmam ser seus herdeiros, permite que a ordem social esteja sempre aberta a contestações que agridem o coração da ordem eclesiástica. Se uma pessoa pode falar com Deus, por que outra não poderá fazê-lo? Declarando o diálogo permanente com a divindade, Joseph Smith abriu as portas a uma força social que dificilmente poderia controlar.

Richard L. Saunders, "The Fruit in the Branch",
Differing Visions: Dissenters in Mormon History

Sim, assim falou a voz baixa e tranqüila, que murmura e penetra em todas as coisas e muitas vezes faz vibrar meus ossos ao se manifestar, dizendo:

E sucederá que eu, O Senhor Deus, mandarei um homem forte e poderoso [...] para colocar em ordem a casa de Deus.

Doutrina e mandamentos, artigo 85

A casa de fazenda, feita de tijolos, ergue-se solitária, cercada de campos cobertos de neve em um vale do Utah pouco povoado. No frio de 25 graus negativos, um nevoeiro surge de um rio próximo. Dentro da casa, um homem alto, de olhos azuis, sentado a uma escrivaninha arrumada, examina um livro através dos óculos de aros grossos. Ao se curvar para perto da página, buscando entender o significado das palavras impressas, a luz do sol de inverno jorra pela janela e reverbera no alto da calva luzidia, rodeada por um halo de cabelos brancos eriçados. O nome dele é Robert Crossfield e o volume que tanto atrai sua atenção tem o título de *Segundo livro de mandamentos*. Ele próprio o escreveu e publicou, com o nome pelo qual também é conhecido: profeta Onias. Seguindo o modelo do *Doutrina e mandamentos* (a coleção das revelações a Joseph Smith), o *Segundo livro de mandamentos* é o conjunto das 205 revelações que Crossfield/Onias recebeu do Senhor desde 1961.

Crossfield é fundamentalista mórmon e polígamo, mas faz questão de dizer que seu sistema de crenças representa uma fé muito mais amena e compassiva do que o fundamentalismo de Rulon Jeffs, Winston Blackmore e Dan Lafferty — três pessoas a quem ele conhece intimamente. Por exemplo, Crossfield tem especial horror à violência. E, embora esteja convencido da divina virtude do casamento plural conforme o princípio revelado a Joseph Smith, acredita ser pecado para um homem coagir uma mulher a se casar com ele, ou mesmo *pedir* a mulher em casamento; em todos os casos, para que o casamento seja legítimo, a mulher é quem deve escolher o homem.

Nascido no norte da província canadense de Alberta em 1929, Crossfield é filho de um fazendeiro que faliu tentando viver de sua propriedade nas campinas a oeste de Edmonton. Aos dezenove anos, contraiu tuberculose e passou nove meses internado em um sanatório. No leito de enfermo, passava horas a fio lendo tudo o que as enfermeiras traziam, e por acaso um dos livros deixados à sua cabeceira era um exemplar do *Livro de Mórmon*. O tédio levou o jovem Robert Crossfield, que não era religioso, a abrir o livro e lê-lo.

"No final do *Livro de Mórmon*", diz Crossfield, "está a promessa de que, se for lido com coração sincero e se a pessoa perguntar ao Senhor se é verdadeiro, Ele manifestará a verdade por meio de um dom do Espírito Santo. Bem, o Espírito Santo veio a mim quando terminei de ler e me mostrou de maneira muito convincente que o livro era verdadeiro. Assim me converti à Igreja Mórmon." Crossfield tornou-se Santo ativo e devoto, casou-se no templo da LDS em Edmonton e foi trabalhar como contador a fim de sustentar sua crescente família.

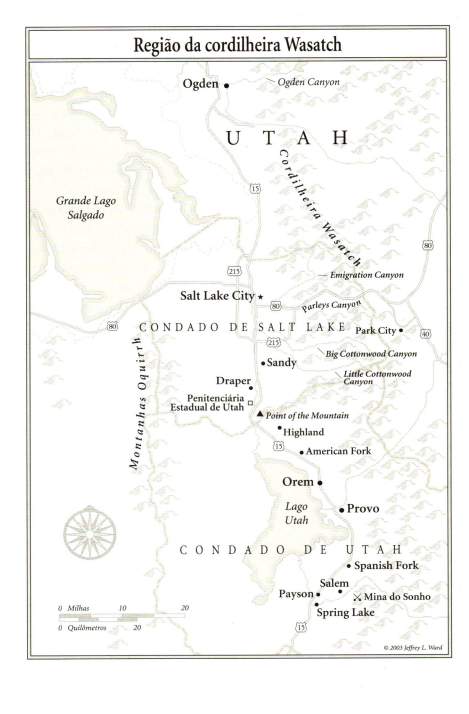

Um dia, em março de 1961, quando trabalhava com um registro contábil na empresa comercial McLeod em Spruce Grove, província de Alberta, "a voz baixa e tranqüila do Senhor" de repente chegou até ele, revelando-lhe que havia sido escolhido para ser porta-voz de Deus, isto é, que era um santo profeta do Senhor. E as primeiras palavras pronunciadas por Deus naquele dia afirmavam a correção do artigo 132 do *Doutrina e mandamentos* e do princípio do casamento plural.

Poucos meses depois que Deus lhe falou pela primeira vez, Crossfield saiu de Spruce Grove para ser gerente do escritório de uma cooperativa em Creston, na província de British Columbia, comunidade agrícola logo ao norte do estado de Idaho. Aconteceu que muito próximo a Creston vivia um grupo de fundamentalistas aliados dos polígamos da UEP que moravam na cidade então chamada Short Creek, no Arizona. Como seus irmãos norte-americanos da época, os polígamos de Creston seguiam os ensinamentos do profeta LeRoy Johnon, o humilde e venerado tio Roy. Ao chegar a Creston, Crossfield ouviu falar dos "poligs" da vizinhança e ficou curioso. Começou a freqüentar as reuniões de oração deles e imediatamente sentiu suas afinidades espirituais.

Debbie Palmer tinha seis anos de idade quando Crossfield apareceu em Bountiful. Ela se recorda dele como homem sorumbático, de aspecto fantasmagórico, com o rosto marcado de varíola e que ia à casa dela para longos debates teológicos com seu pai. Em suas lembranças, Crossfield era uma presença misteriosa, que gravitava na periferia da comunidade: "Quando eu era menina, o profeta Onias — acho que naquela época ele ainda usava o nome de Robert Crossfield — tinha um ar estranho e meio espectral. Eu e minhas amigas tínhamos medo de que nos obrigassem a casar com ele quando completássemos catorze anos". Crossfield causou impressão bem melhor em Ray Blackmore, em tio Roy, no pai de Debbie e em outros líderes fundamentalistas, que admiravam sua franqueza e integridade e logo o convidaram para juntar-se à comunidade.

Deus continuou a falar a Crossfield durante o tempo que ele permaneceu no vale de Creston, à medida que mergulhava na doutrina fundamentalista. A maioria dessas revelações reiterava os ensinamentos de tio Roy, confirmando que os líderes da Igreja LDS haviam "se separado da voz do Senhor" e traído alguns dos dogmas mais importantes de Joseph Smith, inclusive o sagrado princípio do casamento plural.

Por volta de 1972, Crossfield já havia recebido 23 revelações significativas, que ele compilou em um único volume intitulado *Primeiro livro de mandamentos*, que lhe custou alguns milhares de dólares para ser impresso e distribuído para bibliotecas e livrarias religiosas no Canadá e no oeste dos Estados Unidos. Mas um desses livrinhos caiu nas mãos do presidente da LDS, Mark E. Peterson, em Salt Lake City, "e isso foi o fim de minha filiação à igreja", explica Crossfield. "A ordem veio lá de cima. Fui excluído da igreja mórmon." Do fundo de seu peito vem um riso reprimido. "Eu amava aquela igreja. Na verdade, ainda amo. Sentia grande alegria em freqüentá-la todos os domingos e continuei indo à igreja muito depois de ser excluído. Mas então me disseram que eu não podia mais ir lá."

A rejeição por parte da linha principal da igreja era considerada um símbolo de honra entre os fundamentalistas de Creston, que admiravam Crossfield por suas opiniões francas — até que Deus começou a revelar a ele que tio Roy e os demais líderes da UEP haviam por sua vez tomado caminhos equivocados e estavam interpretando mal diversos pontos da doutrina sagrada. Sem se preocupar com os detalhes dessas divergências, em 1974 Deus disse a Crossfield que a versão correta da Única Igreja Verdadeira era a dele, e que a versão de tio Roy estava errada.

Antes disso, em março de 1962, poucos meses depois de Crossfield ter começado a freqüentar as reuniões de oração dos polígamos de Creston, Deus lhe havia dito: "Vou elevar entre vós um homem forte e poderoso, trazendo nas mãos o cetro da justiça, que esmagará todos aqueles que se opuserem a Minha obra, pois as preces dos virtuosos não deixarão de ser ouvidas". Tratava-se de uma referência direta ao artigo 85 do *Doutrina e mandamentos*, no qual Deus pela primeira vez havia informado a Joseph Smith que estava enviando "um homem forte e poderoso" para "colocar em ordem a casa de Deus".* Embora Crossfield jamais tenha afirmado em público ser ele esse homem forte e poderoso, diversas de suas revelações publicadas não deixam dúvidas de que, pelo menos secretamente, ele acreditasse ser realmente "o homem".

Num mandamento recebido por Crossfield em 1975, Deus o chamou pe-

---

* Ao longo dos anos, mais de vinte fundamentalistas, entre os quais Ron Lafferty, Rulon Jeffs e Brian David Mitchell (o raptor de Elizabeth Smart), têm afirmado ser o "forte e poderoso" enviado por Deus para restabelecer a doutrina do casamento plural e "colocar em ordem" a moderna Igreja LDS.

lo nome de "Onias", revelando que ele era o verdadeiro profeta e líder legítimo da Igreja LDS e explicando que Onias havia sido posto na Terra especificamente para "colocar em ordem Minha Igreja".* Segundo o Senhor, tio Roy e seus subordinados da Igreja LDS deveriam receber instruções de Crossfield/Onias.

É claro que nada disso foi bem recebido por tio Roy e pelos demais administradores dos assuntos da UEP em Creston e em Colorado City. O líder dos polígamos de Creston prontamente informou Crossfield/Onias de que sua presença já não era bem-vinda nas reuniões de oração em Creston, e ele foi expulso da UEP. Sem se dar por vencido, Onias mudou-se para o estado de Idaho e em seguida, no início da década de 1980, para uma pequena cidade nos arredores de Provo, no estado de Utah.

O título oficial do líder supremo da Igreja LDS, hoje e nos séculos anteriores, é "Presidente, Profeta, Vidente e Revelador". Isso porque, desde o início, o mormonismo era uma fé na qual a verdade religiosa e a autoridade eclesiástica derivavam de uma cadeia sem fim de revelações divinas.

No início, Joseph Smith havia dado ênfase à importância das revelações pessoais para todos. Desprezando as igrejas tradicionais de seu tempo, mais inclinadas a filtrar a palavra de Deus por meio de hierarquias institucionalizadas, ele instruiu os mórmons a procurar "impressões diretas do Senhor", que deveriam guiá-los em todos os aspectos de suas vidas. Rapidamente, no entanto, Joseph percebeu uma grave deficiência dessa prática: se Deus falasse diretamente a todos os mórmons, quem poderia afirmar que as verdades reveladas a Joseph tinham maior validade do que verdades contraditórias reveladas por Ele a outra pessoa? Se todos recebessem revelações, o profeta corria o risco de perder o controle sobre seus seguidores.

---

* No Velho Testamento, Onias foi um alto sacerdote judeu que viveu em Jerusalém dois séculos antes de Cristo. Ganhou fama por desafiar as ordens do tirano, o rei Antíoco Epifanes, e por se recusar a adorar seus ídolos. Para castigá-lo, o rei o destituiu de suas ordens eclesiásticas e instalou em seu lugar um fantoche, Menelau. Onias reagiu: com um exército de mil homens, invadiu o templo em Jerusalém, banindo Menelau e permitindo que os judeus novamente pudessem exercer seu culto dentro de suas sagradas paredes. Coincidentemente (ou não), Robert Crossfield teve um antepassado que se chamava William Onias Crossfield, nascido no Quebec em 1879.

Joseph tratou de corrigir rapidamente esse dilema, anunciando em 1830, o mesmo ano da instituição oficial da Igreja mórmon, que Deus lhe havia feito tardiamente outra revelação: "Ninguém será designado para receber mandamentos e revelações nesta igreja exceto meu servo Joseph Smith Jr.". Mas o gênio já tinha saído da garrafa. Joseph havia ensinado e estimulado seus Santos a receber revelações pessoais, e a idéia se mostrou imensamente bem-vinda. Todos gostavam de falar diretamente com Deus, pessoalmente, sem intermediários. Era um dos aspectos mais atraentes da nova igreja de Joseph.

Assim, mesmo depois que ele informou a seus adeptos que dali em diante estavam proibidos de receber mandamentos divinos relativos à doutrina da igreja, muitos desses Santos ignoraram a ordem e continuaram a obedecer à palavra de Deus, quando Ele lhes falava sobre temas teológicos ou sobre assuntos pessoais. O simples fato de que as palavras de Deus sempre teriam mais autoridade do que as de Joseph fazia com que o profeta pouco pudesse evitá-lo. Isso explica em grande parte o surgimento, desde 1830, de cerca de duzentas seitas mórmons separatistas a partir da religião original de Joseph; com efeito, constantemente aparecem novas seitas. As comunidades da UEP em Colorado City e Creston são o principal exemplo. Outro são os seguidores de Robert Crossfield, o profeta Onias — e ainda outro viria a ser Dan Lafferty.

A uma hora de automóvel pela estrada interestadual que parte de Salt Lake City, a imutável e diligente cidade de Provo ocupa a planície entre o lago Utah e o pico Provo, de quase dois mil e setecentos metros. Com uma população de pouco mais de cem mil habitantes, é a sede da municipalidade de Utah e abriga também o Centro de Treinamento dos Missionários da LDS — de onde a cada ano saem trinta mil jovens de ambos os sexos para o trabalho de catequese em todo o mundo — e a Universidade Brigham Young (BYU), a principal instituição mórmon de ensino superior, de propriedade da Igreja LDS, que a controla de maneira estrita.

Para alguém habituado ao burburinho multiétnico de Los Angeles, Vancouver ou Nova York, ou mesmo de Denver, a experiência de caminhar pelo *campus* da BYU pode ser estranha. Não se vêem pichações nas paredes nem lixo de qualquer espécie. Mais de 99 por cento dos trinta mil estudantes são da raça branca. Todos os jovens mórmons que se vêem são bem-arrumados e corretamente vestidos. Barba, tatuagens e brincos (ou *piercings* em outras partes do corpo) são estritamente proibidos aos homens. As mulheres não podem usar roupas indecorosas e somente é permitido um brinco em cada orelha. Fumar, falar palavrões e beber álcool, e até mesmo café, são igualmente fora da lei. Observando o lema "os pumas não tomam atalhos",* os alunos caminham sempre pelas calçadas ao se apressarem para não chegar tarde às aulas — ninguém ousaria economizar alguns preciosos segundos pisando no gramado irrepreensível. Todos parecem alegres, amistosos e infalivelmente bem-educados.

A maioria dos não-mórmons pensa que Salt Lake City é o coração geográfico do mormonismo, mas na verdade metade da população dessa cidade é de gentios, e muitos mórmons a consideram um lugar pecaminoso e ímpio, corrompido pelos forasteiros. Para os Santos, o verdadeiro centro do mormonismo fica em Provo e no condado de Utah que a circunda, onde estão as pequenas e comportadas cidades de Highland, American Fork, Orem, Payson e Salem, nas quais quase noventa por cento da população pertence à LDS. O dia do Senhor é levado a sério nesses lugares. Quase todas as lojas e escritórios fecham aos domingos, assim como as piscinas públicas, mesmo nos dias mais quentes dos meses de verão.

Outros aspectos fazem com que essa parte do estado seja demograficamente notável. A igreja LDS proíbe o aborto, não vê com bons olhos o controle de natalidade e ensina que cada mórmon tem o dever sagrado de gerar tantos filhos quantos sejam capazes de sustentar — o que em grande parte explica por que o condado de Utah tem a maior taxa de natalidade dos Estados Unidos; com efeito, é mais elevada do que em Bangladesh. É também o mais republicano dos condados do mais republicano dos estados norte-americanos. Não por acaso, o condado de Utah é um baluarte não apenas do mormonismo, mas também do fundamentalismo mórmon.

Salem é uma comunidade agrícola a dezenove quilômetros ao sul de Provo, situada onde os pomares e campos de batata da encosta oriental se encontram com as elevadas e acidentadas montanhas da cadeia Wasatch. Ali nasceu e cresceu Dan Lafferty. A quilômetros de distância uma gigantesca estrutura branca pendurada no íngreme sopé da montanha, imediatamente acima de

---

* A equipe de futebol americano da BYU é conhecida como "os pumas". (N. T.)

Salem, atrai os olhos do observador. É a lendária Dream Mine ("Mina do Sonho") que levou o profeta Onias à região no início de década de 1980.

A Mina do Sonho foi a obra à qual um devoto mórmon chamado John Hyrum Koyle, que morreu em 1949 aos 84 anos, dedicou a vida inteira. Koyle se considerava um dos Santos especiais, abençoados com o dom da profecia. Previu o dia exato do colapso da Bolsa em 1929 e a data em que terminaria a Segunda Guerra Mundial, avisou com antecedência a ocorrência das inundações que 34 anos depois de sua morte iriam devastar a região norte do estado de Utah. Mas a profecia mais notável, e de maiores conseqüências, dizia respeito à Mina do Sonho.

Na noite de 27 de agosto de 1894, o anjo Moroni — o mesmo que 67 anos antes confiara a Joseph Smith as placas de ouro — apareceu em sonho a Koyle. Moroni o levou ao cume de uma montanha próxima, cujo chão se abriu para permitir-lhes entrar nas profundezas da Terra. Ali, o anjo o guiou a nove enormes cavernas repletas de ouro. Havia sido acumulado pelos nefitas (do *Livro de Mórmon*), mas aquela imensa riqueza os havia enchido de orgulho e ambição, e por isso Deus a retirara fazia cerca de dois mil anos, escondendo-a no fundo da montanha, junto com documentos antigos que registravam toda a história dos antepassados dos mórmons.

Moroni informou a Koyle que o ouro permaneceria encerrado na montanha até pouco antes do Segundo Advento de Cristo, época em que as mais poderosas civilizações do mundo teriam desmoronado e terríveis provações afligiriam toda a humanidade. Naquele momento de desespero, Koyle desenterraria o ouro dos nefitas e o utilizaria para sustentar os fiéis, possibilitando-lhes superar as privações dos Últimos Dias. Moroni mostrou a Koyle o lugar exato em que deveria começar a cavar e assegurou-lhe que o ouro seria efetivamente encontrado ali, porém não antes de que o Segundo Advento fosse iminente.

Koyle registrou a propriedade da mina no sopé a leste de Salem e começou a cavar no dia 17 de setembro de 1894. Na época, havia uma febre de ouro em grande parte do oeste dos Estados Unidos, e por isso Koyle não teve dificuldade em encontrar financiamento, principalmente por parte de mórmons devotos que consideravam a Mina do Sonho um investimento espiritual sólido, além de ser uma maneira segura de enriquecer. Ao todo, foram vendidas setecentas mil ações. Em meados da década de 1940 já havia sido escavado na montanha um poço vertical de mais de mil e cem metros. O fato de não encontrar ouro não preocupou Koyle e seus investidores, pois Moroni havia afirmado que o tesouro seria encontrado quando os Últimos Dias estivessem próximos, e nem um instante antes.

Mas a liderança da LDS não referendou a mina de Koyle. Na igreja moderna, assim como nos tempos de Joseph Smith, as principais revelações deveriam vir por meio do presidente, profeta, vidente e revelador da LDS, e de mais ninguém. As autoridades da igreja proclamaram repetidas vezes que Koyle era um falso profeta e advertiram os fiéis para que não investissem dinheiro na Mina do Sonho, mas muitos Santos continuaram a acreditar na visão de Koyle. Em 1948, afinal, a liderança da LDS o excluiu. Decepcionado e humilhado, ele morreu um ano mais tarde. Milhares de seus seguidores, entretanto, continuaram certos de que sua profecia acabaria por se realizar, e até hoje pensam assim. O profeta Onias é um desses crentes.

Onias ouviu falar da Mina do Sonho pela primeira vez pouco depois de sua conversão ao mormonismo. Comprou trezentas ações da mina, a três dólares cada, e mais tarde convenceu a mãe a comprar outras trezentas. No final da década de 1970 começou a receber revelações a respeito da mina: o Senhor o mandou comprar terras em Salem na base da mina e ali construir uma "Cidade de Refúgio" na qual os virtuosos pudessem se reunir em segurança durante os Últimos Dias, quando o caos se espalhasse em volta deles. Onias mudou-se para o condado de Utah e pagou inicialmente mil e quinhentos dólares na compra de dois hectares, abaixo da entrada da mina. Em certo momento conheceu Bernard Brady e Kenyon Blackmore, homens de negócios locais e fervorosos adeptos da Mina do Sonho, que possuíam casas luxuosas em uma comunidade de gente rica, imediatamente adjacente à mina.

Brady é um cinqüentão corpulento, de rosto cor-de-rosa e simpático. É um vendedor nato e está sempre entusiasmado; raramente mostra preocupação. Nascido em uma boa família de mórmons em Malad City, no estado de Idaho (logo ao norte da fronteira do Utah), teve aos dezenove anos uma experiência que mudou sua vida, imediatamente antes de embarcar para a Suíça para uma missão da LDS, que duraria dois anos: antes de sair de Malad, sofreu uma profunda reação alérgica a uma vacinação rotineira. "Eu me senti realmente estranho e meio debilitado depois das injeções", recorda ele. "Precisei sentar. Me deram um pouco de suco de laranja e comecei a me sentir melhor, e por isso saí do consultório médico e voltei ao trabalho."

Porém, pouco depois de recomeçar sua tarefa de encher sacos de farinha no moinho de cereais da família, Brady começou a ter tonturas, e sua mãe o levou de carro para casa. "Era um dia quente de agosto", diz ele, "mas eu sentia um frio incrível, como se fosse morrer congelado. Minha mãe me pôs na cama dela, com muitos cobertores, e foi chamar o médico. De repente, parei de respirar. Simplesmente parei. Depois percebi que o teto ia se aproximando de mim, cada vez mais. Levei um instante para compreender que não era o teto que se movia, e sim eu próprio. Estava flutuando. Virei-me e olhei para baixo, e vi meu corpo na cama. Mas o que mais recordo é a profunda e poderosa sensação de paz, bem-estar e amor, a sensação de que tudo no mundo estava bem. Eu nunca tinha sentido nada assim. Era absolutamente assombroso."

"Já ia bater no teto e atravessá-lo quando comecei a pensar: 'Alguma coisa não está certa. Eu devia estar respirando'. Por isso dei a mim mesmo ordem para respirar e imediatamente me vi novamente na cama, dentro de meu corpo, e meus pulmões começaram a se encher de ar. Mas logo que expeli o ar, minha respiração não continuou automaticamente, e sim parou outra vez. Então pensei: 'É melhor repetir o que fiz antes'. E assim foi, mais três vezes, a cada vez dando ordem a mim mesmo para respirar. Finalmente, meu corpo reagiu e comecei novamente a respirar involuntariamente."

"Mas, quando minha respiração voltou ao normal, me senti outra vez muito mal, realmente nauseado, embora alguns segundos antes tivesse estado maravilhosamente bem, flutuando pelo quarto."

Ao recobrar os sentidos, Brady foi levado às pressas a um hospital pela mãe. Recuperou-se completamente após uma noite na casa de saúde, mas sua experiência de morte aparente causou-lhe uma profunda impressão, que desde então permaneceu vívida em sua memória. Enquanto flutuava acima de seu próprio corpo, em pleno choque anafilático, Deus deixou de ser um conceito abstrato para ele. Tinha sentido diretamente a presença divina e estava ansioso por recuperar em sua fé mórmon aquela avassaladora sensação das coisas celestiais.

Durante vários anos antes de conhecer o profeta Onias, Brady vinha se sentindo cada vez mais insatisfeito com a Igreja LDS. Estava desanimado pela falta de fervor religioso de parte da maioria dos mórmons que conhecia. Parecia-lhe que muitos membros da igreja se limitavam a seguir os rituais, tratando-a mais como uma organização social do que como meio de elevação espiritual. Mais tarde, em meados da década de 1970, Brady conheceu Kenyon Blackmore e entrou em sociedade com ele, vendendo investimentos em paraísos fiscais e outros instrumentos financeiros que prometiam incríveis lucros aos especuladores.

"Fiquei realmente impressionado com Ken", diz Brady. "Ele entendia mais do mormonismo do que qualquer outra pessoa que eu tivesse conhecido, mas não se considerava mórmon. Depois de trabalhar com ele durante uns seis meses, pedi que fosse sincero comigo: 'Como é possível você saber isso tudo e não ser membro da Igreja LDS?'. Ele respirou profundamente e me falou do fundamentalismo." Blackmore revelou-se polígamo, nascido no Canadá. Embora não fosse diretamente filiado à UEP ou a outro grupo fundamentalista, um de seus primos irmãos era Winston Blackmore, que pouco antes havia conseguido tornar-se líder dos polígamos de Bountiful, na província de British Columbia, de quem Onias tinha sido amigo. Com efeito, duas filhas de Onias estavam casadas com irmãos de Winston Blackmore, primos de Kenyon Blackmore.

"Ken foi quem me apresentou ao fundamentalismo mórmon", continua Brady. "Todo esse conceito me abalou: tudo o que Joseph Smith revelara mas que havia sido abandonado pela igreja moderna. Fui para casa e contei a minha mulher o que Ken me dissera. Nós dois nos fizemos muitas indagações sobre a veracidade daquilo. Passamos um período de intensa investigação e de jejum e oração. Ao final, ambos ficamos com a impressão de que a mensagem fundamentalista era basicamente verdadeira. E, se era verdade, não podíamos ignorá-la. Assim me sentia eu quando conheci o profeta Onias, Bob Crossfield."

Por ser acionista da Mina do Sonho, Brady conhecia bem as profecias de John Koyle, uma das quais se referia a "um homem de pele muito clara e cabelos brancos, que viria do norte e uniria os acionistas, trazendo grandes mudanças na mina e em torno dela". Isso parecia predizer a chegada de Onias a Salem, e impressionou Brady. Por coincidência, na ocasião em que ele conheceu Onias, este estava estabelecendo uma organização chamada Escola dos Profetas e convidou Brady para ser um dos seis conselheiros fundadores da escola.

A Escola de Profetas de Onias era calcada em uma instituição homônima estabelecida por Joseph Smith em 1832, e a intenção de Onias era que fosse um instrumento para instilar princípios fundamentais do mormonismo que haviam sido abandonados pela moderna Igreja LDS: o casamento plural; o dogma de que Deus e Adão, o primeiro homem, eram uma única pessoa; e a supremacia da raça branca, por ordem divina. Tudo isso eram coisas triviais no fundamentalismo. Mas havia um aspecto da Escola de Profetas de Onias que o distinguia dos líderes de outras seitas poligâmicas: ele ensinava seus seguidores como receber revelações divinas. Com efeito, o ensino dessa arte sagrada — amplamente praticada pelos mórmons no tempo de Joseph mas que estava virtualmente esquecida pela Igreja moderna — era a principal tarefa da escola. Onias pretendia restaurar o dom da revelação instruindo os Santos do século XX a ouvir a "voz baixa e tranqüila" de Deus, a qual, como explicava Joseph no artigo 85 do *Doutrina e mandamentos*, "murmura em todas as coisas e as atravessa, e freqüentemente faz tremer meus ossos".

Estimulado pelas idéias de Onias, Brady tratou de recrutar candidatos de valor para a escola. Um deles foi um homem chamado Watson Lafferty Jr. "Era realmente uma pessoa de qualidade", afirma Brady. "E Watson disse que tinha cinco irmãos como ele. Fui conhecê-los, e toda a família Lafferty era de primeira ordem. Todos tinham convicções profundas, mas principalmente Dan, irmão mais velho de Watson. Fazia questão de ajudar outras pessoas, muito mais do que a maioria. Dan era singular em seu desejo de fazer aquilo que tinha significação, fazer o que era correto. Para a maior parte das pessoas, uma mentira bem-intencionada aqui e ali não representava grande coisa; mas, para Dan, era impensável."

Brady faz uma pausa, e uma expressão de profunda pena lhe escurece o rosto. Por um instante parece prestes a explodir em lágrimas. Com visível esforço recupera a compostura e prossegue, com a voz embargada: "Apresentei Dan a Bob Crossfield. Recordando agora, é uma pena que eu tenha sido o catalisador que juntou Bob e a família Lafferty. Mas aconteceu".

8. O pacificador

> *Numa época em que os economistas consideram normal a identificação do bem-estar com o consumo, cada vez mais pessoas parecem dispostas a trocar certas liberdades e conforto material por uma sensação de ordem imutável e êxtase de fé.*
>
> Eugene Linden, *The Future in Plain Sight*

Com seus cinco irmãos e duas irmãs, Dan Lafferty cresceu em uma fazenda de 1,5 hectare muito próxima a Salem, do lado oeste, no estado de Utah. O pai, Watson Lafferty, havia trabalhado como barbeiro em um porta-aviões na Segunda Guerra Mundial; depois da guerra, fez um curso superior de quiroprática, ajudado pela lei de amparo aos ex-combatentes. Após os estudos, abriu num cômodo da casa em que morava um consultório de sua especialidade, combinado com salão de beleza e cabeleireiro, preparando-se para criar os filhos como Santos dos Últimos Dias exemplares.

Watson Lafferty passava muito tempo pensando em Deus. Também pensava muito no governo e na relação adequada entre o primeiro e o segundo. Havia se impressionado muito com as idéias de Ezra Taft Benson — importante apóstolo mórmon, caçador de comunistas e adepto da Sociedade John

Birch,* que em 1961 denunciara "uma insidiosa infiltração de agentes e simpatizantes do comunismo em quase todos os segmentos da vida americana".** Mesmo no condado de Utah, arquiconservador e ultramórmon, as tendências altamente direitistas do patriarca dos Lafferty, assim como sua extrema devoção, o distinguiam dentre os demais.

Dan caracteriza o pai como "de grande força de vontade", "um indivíduo muito individual" e "severo em relação a muitas coisas". De fato, Watson Lafferty era um grande disciplinador que não hesitava em espancar os filhos e a mulher, Claudine, para que suas ordens fossem cumpridas. Em geral as crianças presenciavam o castigo quando Watson batia em Claudine — esposa reservada e submissa a quem Dan descreve como "boa mulher e excelente mãe". Os filhos também estavam presentes quando o pai matou o cachorro da família a pauladas, com um taco de beisebol.

Entre as mais arraigadas convicções de Watson Lafferty estava uma profunda desconfiança em relação à medicina tradicional. A irmã mais velha de Dan, Colleen, teve uma crise aguda de apendicite quando era menina, e o pai fez absoluta questão de que fosse medicada em casa com preces e homeopatia. Só a levou, de má vontade, ao hospital quando o apêndice supurou e a morte era iminente. O próprio Watson morreu em 1983, havendo recusado tratamento para diabetes em estado avançado.

Apesar de o pai ser violento e dominador, Dan o amava intensamente e o admirava. Até hoje o considera um exemplo extraordinário. "Tive a felicidade de crescer em uma família muito especial e feliz", afirma ele com veemência. "Nunca nos faltou nada. Meus pais realmente se amavam e cuidavam um do outro." Dan recorda que muitas vezes Watson levava a mulher para dançar, e "não era incomum ouvi-lo perguntar a ela se tinha se esquecido de dizer que a amava". Dan lembra que certa vez, quando estava no templo de Provo com a família, todos vestidos com os mantos brancos de culto, homens e mulheres sentados em alas separadas, o pai se curvou e perguntou-lhe em voz baixa ao ouvido "se eu alguma vez tinha visto uma pessoa tão bonita quanto minha mãe", vendo-a com as demais mulheres do outro lado do corredor central. Na

---

* Organização ultraconservadora norte-americana, fundada em 1958. (N. T.)
** Benson, que foi ministro da Agricultura de Eisenhower, tornou-se posteriormente presidente e profeta da LDS, mantendo-se no posto de 1985 até sua morte, em 1994.

aura celestial do salão sagrado do tempo, ao que vividamente recorda Dan, sua mãe tinha um ar "angélico e brilhante".

Segundo Dan, seus pais colocavam a família "no centro de suas vidas, junto com a Igreja LDS". A família Lafferty pertencia a uma congregação da comunidade próxima de Spring Lake, diz Dan, e freqüentava "uma igreja que poderia estar num cartão-postal e que ficava junto a um lago, com algumas poucas casas em volta. Foi nesse lago que eu aprendi a nadar e a pescar, e no inverno patinávamos no gelo com a família e os amigos". O jovem Dan era um Santo dos Últimos Dias exemplar, virtuoso e obediente, "correndo pela estrada que leva ao Céu", como ele mesmo diz. "Eu era cento e dez por cento em tudo. Cantava no coro e sempre pagava meu dízimo; na verdade, pagava um pouco mais, para ter certeza de que chegaria ao lugar mais elevado no reino da glória."

Embora seguisse rigidamente a doutrina mórmon, não se poderia dizer que o pai de Dan fosse fundamentalista. "Não creio ter ouvido a palavra *poligamia* quando eu era criança", diz ele. "Isso nem sequer me passava pela cabeça. A primeira vez em que conversei com alguém sobre poligamia foi quando falamos de um grupo de missionários na França que haviam sido excomungados depois de haverem estudado em conjunto o artigo 132 e chegado à conclusão de que a poligamia era um princípio que deveria ser praticado. Ainda recordo que fiquei pensando: 'Como é possível sacrificar a permanência como membro da igreja por causa desse princípio antigo e ultrapassado?'"

Depois do curso secundário, Dan partiu para a Escócia como missionário durante dois anos e lá conheceu Matilda Loomis, divorciada e mãe de dois filhos, que lhe causou profunda impressão. Seis anos depois de regressar, encontrou-a por acaso numa reunião de ex-missionários. "Eu estava já ficando com uma certa idade", diz Dan, "e meu pai e meu irmão mais velho, Ron, viviam insistindo para que eu me casasse. Eu já tinha encontrado muitas moças bonitas, mas, quando rezava para saber se devia me casar com elas, percebia que nenhuma era a certa. Quando encontrei Matilda naquela reunião, pensei que talvez fosse bom rezar para ver se era ela mesmo, antes que ela voltasse para a Escócia, caso fosse essa a vontade de Deus. Dessa vez tive a surpresa de obter reposta positiva a minhas preces. Disse a Matilda que nós devíamos nos casar."

"Achei que ia ser meio embaraçoso explicar que Deus queria que ela fosse minha mulher, e não sabia como ela ia reagir. Por isso fiquei espantado quando ela respondeu: 'Sim, eu já sei'. 'Como é que você sabe?', perguntei. Ela explicou que Deus lhe tinha dito que viesse aos Estados Unidos justamente para isso, para se casar. Disse que estava esperando que eu a pedisse em casamento." Em três meses Dan e Matilda foram unidos como marido e mulher no templo de Provo e se mudaram para a Califórnia, levando os filhos dela, para que Dan se matriculasse no Colégio de Quiropráticos de Los Angeles.

Certo domingo, próximo ao fim dos cinco anos que passaram na Califórnia, Dan e Matilda ouviram uma conferência sobre casamento plural feita por um membro da paróquia da LDS que freqüentavam. Dan se recorda de que durante a palestra o orador perguntou: "Quem vem de uma família de polígamos, levante a mão". "Somente umas quatro pessoas em toda a platéia não se manifestaram. Isso atraiu minha atenção e resolvi aprender tudo a respeito da poligamia."

Ao completar o aprendizado de quiroprático, Dan voltou com a família ao condado de Utah, onde se entregou a uma profunda investigação sobre a história poligâmica dos Santos dos Últimos Dias. Numa tarde, procurando nas coleções especiais da biblioteca da Universidade Brigham Young, encontrou uma transcrição datilografada de um texto de 51 páginas, do século XIX, que elogiava o casamento plural: *Excerto de um manuscrito intitulado "O pacificador", ou As doutrinas do milênio do Reino de Deus: Tratado de religião e jurisprudência. Ou um novo sistema de religião e política*. Havia sido escrito por uma misteriosa figura chamada Udney Hay Jacob. A página inicial do pequeno volume indicava que havia sido publicado em 1842 em Nauvoo, Illinois, e que o editor havia sido ninguém menos do que o próprio Joseph Smith.

O pacificador trazia um complexo arrazoado bíblico em favor da poligamia, que era proposta como cura das miríades de males que atormentam os relacionamentos monógamos e, por extensão, toda a humanidade. Parte da cura era certificar-se de que as mulheres permanecessem devidamente subservientes, como era a vontade de Deus. Segundo o texto,

> A lei de Deus, portanto, atribui ao marido o domínio sobre a mulher, pois ele é o cabeça do casal. A mulher não deve dar instruções nem usurpar a autoridade do homem, e sim manter-se em sujeição [...]
>
> O devido entendimento deste tema e a execução adequada da lei correta restituiriam paz e ordem a esta nação; o homem recuperaria sua verdadeira dignida-

de, autoridade e o governo da criação sobre a Terra. Em breve isso retificaria o círculo doméstico e estabeleceria o comando apropriado das famílias da terra, junto com o conhecimento e o restabelecimento da lei penal de Deus, sendo o meio para expulsar Satã, sim, expulsar Satã da mente humana [...]

Cavalheiros, as mulheres se riem quando pretendeis exercer autoridade. Elas, muitas delas, desprezam a idéia de que deveis ser os senhores da criação [...] Nada está mais longe das mentes de nossas mulheres em geral do que a idéia de obedecer aos maridos em tudo e de reverenciá-los. Ridicularizam de maneira ousada a idéia de reconhecê-los sinceramente em seus corações como amos e senhores. Mas isso é o que Deus positivamente exige delas [...]

Aqui, a mulher é considerada propriedade do marido, tal como um empregado dele, ou empregada, ou seu boi, ou seu cavalo [...]

É evidente que devido ao [abandono do sagrado princípio do casamento plural], criou-se uma infinita lista de crimes que de outra forma não existiriam, e esse é o estado de coisas atual neste país. Maridos deixam as esposas e freqüentemente delas abusam brutalmente. Pais abandonam os filhos; jovens adolescentes são seduzidas e abandonadas pelo sedutor; esposas são envenenadas e mortas pelos maridos; esposas assassinam os maridos, e recém-nascidos são eliminados cruelmente a fim de ocultar a pretensa vergonha criada pela lei falsa, perversa e tirânica contra a poligamia [...]

Por outro lado, a poligamia regulada pela lei de Deus, tal como ilustrada neste livro, não iria produzir nenhum crime e nem prejudicaria qualquer ser humano. A estupidez das nações cristãs modernas a respeito deste assunto é terrivelmente assustadora [...]

O problema hoje não é debater se essas coisas são assim, e nem é importante saber quem escreveu este livro! O problema, o problema crucial é: Ireis agora restaurar a lei de Deus quanto a este tema importante e respeitá-la-eis? Lembrai-vos de que a lei de Deus nos é transmitida por inspiração do Espírito Santo. Não vos arrisqueis a contradizê-la.

Os estudiosos há muito tempo especulam que Joseph Smith seja o autor do texto, pois seu nome aparece na primeira página como editor e o tratado reflete com precisão muitos de seus ensinamentos — além disso, termina com a declaração críptica de que "não é importante saber quem escreveu este livro". Mas para Dan Lafferty importava muito saber quem era o autor do *O pacificador*. "Eu queria realmente saber se tinha sido escrito por Joseph Smith", diz ele. "Assim, estudei e orei, e após certo tempo o Senhor me deu suficiente conhecimento para que eu me convencesse de que foi efetivamente ele o autor [...] Não sei com absoluta certeza, mas muito me admiraria se não fosse."

O fato de *O pacificador* aparentemente ter sido obra do profeta fez com que Dan fosse especialmente receptivo para as idéias expostas em suas páginas. Com todo o zelo que seria de esperar de uma pessoa "cento e dez por cento", ele não perdeu tempo em aplicar as restrições fundamentalistas a sua própria família, que, além de Matilda e das duas filhas dela do casamento anterior, contava agora com quatro filhos que ela e Dan haviam concebido.

Com as novas regras, Matilda já não tinha permissão para dirigir automóvel, manusear dinheiro ou falar com pessoas estranhas à família na ausência de Dan e era obrigada a usar sempre vestido. As crianças foram retiradas da escola e proibidas de brincar com os amiguinhos. Dan decretou que a família não receberia cuidados médicos externos — ele próprio os tratava com preces, jejuns e ervas. Em julho de 1983, quando nasceu o quinto filho, Dan fez o parto em casa e circuncidou o menino.

A família passou a cultivar seus próprios alimentos e a recolher dos depósitos de lixo das mercearias o restante de que precisavam, como pães dormidos e legumes e frutas passadas. Dan desligou o gás e a eletricidade. Todos os tipos de publicações foram proibidas na casa, exceto livros e revistas da LDS. Dan também jogou fora todos os relógios, dizendo que o tempo "deve ser medido pelo espírito". Quando Matilda desobedecia, ele a espancava.

Dar umas palmadas foi a expressão que Dan utilizou. Segundo Matilda, ele a espancava. E, cada vez que o fazia, era diante da própria mãe dele, dos irmãos e filhos. Em seguida, advertia Matilda de que, se continuasse a desobedecer, o casamento estaria dissolvido e ela ficaria sem os filhos — os quais, segundo os princípios explicados em *O pacificador*, eram propriedade do pai.

Dan anunciou também sua intenção de se dedicar ao casamento espiritual assim que possível. E a primeira mulher que ele se propôs a tomar como esposa plural foi a filha mais velha de Matilda, sua própria filha adotiva.

"Eu não tinha opção", afirmou mais tarde Matilda em seu depoimento no tribunal. "Ou eu partia, deixando meus filhos, ou ficava e me resignava."

Matilda resolveu se resignar. Segundo declarou, os primeiros anos de seu casamento tinham sido "extremamente felizes e cheios de esperança [...] mas depois tudo se desintegrou [...] eu sonhava em morrer para ficar livre". Àquela altura, disse ela, sua vida se tornara "uma situação infernal".

SEGUNDA PARTE

Os zelosos funcionários burocráticos que hoje em dia dirigem o crescimento da Igreja Mórmon em todo o mundo [...] são descendentes espirituais daqueles pioneiros mórmons profundamente disciplinados. A Igreja Mórmon, antes como agora, se baseia na completa obediência à autoridade da hierarquia eclesiástica e à certeza da revelação vinda do alto [...]

A doutrina da obediência parece inimiga do individualismo americano e estranha ao protestantismo em geral, como de fato é. No entanto, as regiões dos Estados Unidos onde o mormonismo se expandiu sempre foram palco de atitudes contraditórias em relação ao individualismo. Este poderia ser fatal em um lugar onde a cooperação e até mesmo a obediência absoluta que os mórmons de então e de hoje concebem fossem capazes de oferecer o único meio de sobrevivência. Freqüentemente, a sobrevivência ou era coletiva ou não era possível, lição que os mórmons de gerações seguintes não desprezaram. Embora a imagem contemporânea dos mórmons seja a de retidão conservadora, de gente incapaz de elevar-se além da classe média e das idéias medíocres, tisnada tanto pelo passado polígamo da Igreja do século XIX quanto pela recusa a abandonar o racismo oficial até a década de 1970, a preocupação institucional da Igreja tem sido sempre e principalmente a sua própria sobrevivência.

Kenneth Anderson, "The Magic of the Great Salt Lake",
Times Literary Supplement, 24 de março de 1995

É quase impossível escrever obras de ficção sobre os mórmons, porque as instituições e a sociedade deles são tão peculiares que exigem explicações constantes.

Wallace Stegner, *Mormon Country*

9. Haun's Mill

> *Suportar perseguições tornou-se a marca dos membros da igreja; era o teste de fé pelo qual os escolhidos tinham de passar. No fim do período em que estiveram no estado de Missouri, os mórmons já haviam acumulado uma longa lista de processos judiciais [...].*
>
> *Ter adversários valoriza a luta e instila autoconfiança [...]. É difícil imaginar que a Igreja Mórmon houvesse sido bem-sucedida se não tivesse havido sofrimento, sem o estímulo das provações e sem sua recordação. Pode-se afirmar que as perseguições constituíram a única força capaz de fazer prosperar a igreja que nascia.*
>
> R. Laurence Moore, *Religious Outsiders and The Making of Americans*

No início do mormonismo, nem todos receberam de braços abertos a religião embrionária de Joseph Smith. O primeiro comentário crítico sobre *O livro de Mórmon*, publicado no *Daily Advertiser* de Rochester em 2 de abril de 1830 — quatro dias antes do registro formal da igreja de Joseph —, foi emblemático da reação de muitas pessoas do oeste do estado de Nova York à nova fé. O artigo começava dizendo: "*O livro de Mórmon* foi posto em nossas mãos. Jamais se praticou imposição tão vil. É uma demonstração de fraude, blasfêmia e credulidade, que choca tanto os cristãos quanto os moralistas".

A ampla reputação de Joseph como charlatão, além dos copiosos boatos maliciosos sobre sua "Bíblia de ouro", haviam provocado animosidade em toda a região de Palmyra. Em dezembro de 1830 Joseph recebeu uma revelação na qual Deus, notando a hostilidade na atmosfera de Nova York, ordenou-lhe que levasse seu rebanho para o estado de Ohio. Assim, os Santos dos Últimos Dias fizeram as malas e reinstalaram-se a pouca distância a leste de onde é hoje a cidade de Cleveland, numa vila chamada Kirtland.

Em Ohio os mórmons encontraram vizinhos relativamente hospitaleiros, mas no verão de 1931 o Senhor revelou a Joseph que Kirtland era nada mais do que uma etapa e que a fronteira do estado de Missouri era na verdade "a terra que designei e consagrei para que se congreguem os Santos". Deus explicou que o noroeste do Missouri era um dos lugares mais sagrados da Terra: a localização do Jardim do Éden não era no Oriente Médio, como muitos supunham, e sim no condado de Jackson, no Missouri, próximo ao local onde ficava, já no século XIX, a cidade de Independence. Ali seria também o lugar em que Cristo operaria Seu triunfante regresso, antes do fim do século. Obedecendo às palavras do Senhor, Joseph instruiu seus seguidores a se reunir no condado de Jackson e a começar a construir ali a Nova Jerusalém. Os Santos começaram a fluir para a região noroeste do Missouri e continuaram a chegar em quantidades cada vez maiores até o ano de 1838.

Esse imenso influxo não agradou aos habitantes do condado de Jackson. A maior parte dos imigrantes mórmons vinha dos estados do nordeste e era partidária da abolição da escravatura; os já residentes no Missouri eram em geral oriundos dos estados do Sul — e muitos deles possuíam escravos —, o que os fazia suspeitar das tendências abolicionistas dos mórmons. O que mais indispunha os habitantes do condado de Jackson era a impenetrabilidade da sociedade mórmon e sua arrogante convicção de ser o povo escolhido: os Santos faziam questão de se autoproclamarem os eleitos de Deus, titulares do direito divino de transformar a região noroeste do Missouri em sua Sion.

Tudo o que os mórmons faziam aumentava as preocupações dos habitantes do Missouri. Os Santos utilizaram recursos de sua igreja para comprar grandes extensões de terra no condado de Jackson. Sempre que possível, comerciavam exclusivamente com outros Santos, prejudicando os negociantes locais. Nas eleições, votavam em bloco, seguindo estritamente as instruções de Joseph, e, à medida que se tornavam mais numerosos, ameaçavam dominar a política regional. Refletindo o receio comum dos habitantes do Missouri, uma car-

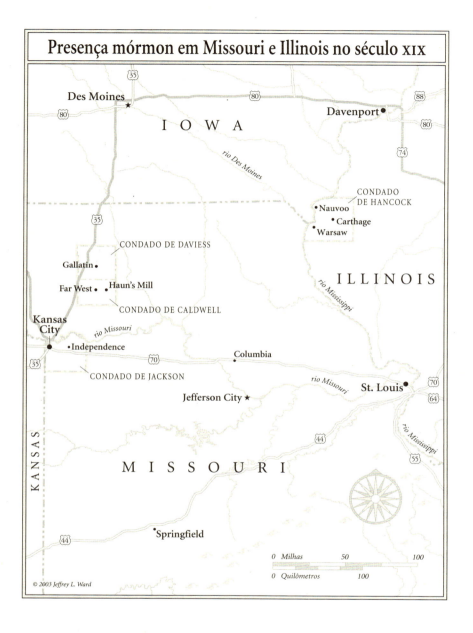

ta publicada em 1833 em um jornal da cidade de Fayette advertia: "Não está longe o dia [...] em que o xerife, os juízes e os procuradores serão todos mórmons".

Os mórmons ansiavam por acolher todos os gentios que quisessem se converter, mas tinham pouco interesse em conviver com os habitantes locais que permanecessem demasiadamente ignorantes ou obstinados em não compreender os desígnios de Deus para com a humanidade. Joseph pregava o que chamava de "livre-arbítrio": cada um era livre para decidir se ficaria do lado de Deus ou do lado do mal — a decisão era inteiramente pessoal —, mas ai daqueles que tomassem o caminho errado. Quem voluntariamente desprezasse o Deus de Joseph e dos Santos não merecia nenhuma simpatia nem compaixão.

Joseph recebeu em 1831 uma revelação que confirmava essa atitude polarizadora, de "quem não está conosco está contra nós": Deus convocava os Santos a "se reunir e rejubilar na terra do Missouri, que é a terra de vossa herança, e que hoje é a terra de vossos inimigos". Ao tomarem conhecimento desse mandamento, os habitantes do Missouri o consideraram uma explícita declaração de guerra — impressão que parecia se confirmar com um artigo publicado num jornal mórmon afirmando que os Santos "literalmente pisarão sobre as cinzas dos perversos depois que estes forem destruídos e expulsos da face da Terra".

Na década de 1830, o noroeste do Missouri era ainda uma região inculta, habitada por gente rude e decidida. Os habitantes do condado de Jackson reagiram inicialmente à ameaça mórmon com reuniões nas cidades e vilas, aprovação de resoluções antimórmons e pedidos de providências às autoridades governamentais. Mas essas medidas não conseguiram estancar o fluxo dos Santos, e os cidadãos de Independence resolveram agir por si mesmos.

Em julho de 1833, em multidão enfurecida e armada, quinhentos habitantes do Missouri cobriram de alcatrão e penas dois Santos dos Últimos Dias e destruíram uma oficina gráfica, pois um jornal da LDS havia publicado um artigo considerado demasiadamente favorável às opiniões antiescravistas. Três dias depois o mesmo grupo cercou nove líderes mórmons e os obrigou, sob ameaças de morte, a assinar uma declaração juramentada em que prometiam sair do condado de Jackson dentro de um ano. Naquele outono, bandos de capangas arrasaram dez casas, mataram um Santo e apedrejaram numerosos outros.

Posteriormente, em uma noite fria de novembro, milícias particulares aterrorizaram sistematicamente todas as colônias mórmons da região. Depois de espancar cruelmente os homens, expulsaram de suas casas mil e duzentos Santos, obrigando-os a fugir na gélida escuridão para salvar suas vidas. A maioria fugiu para o norte, atravessando o rio Missouri, e nunca mais voltou ao condado de Jackson.

Joseph não aprovava a violência e durante quase cinco anos proibiu aos mórmons a retaliação, embora os ataques continuassem. No verão e no outono de 1838, a tensão entre os gentios e os dez mil Santos que na época estavam no Missouri chegou ao limite.

Na esperança de deslocar os Santos para um lugar distante, a fim de impedir o derramamento de sangue, a assembléia estadual designou em 1836 o condado de Caldwell, de população esparsa, para zona de colonização mórmon, estimulando a se dirigir para lá a maioria dos Santos que estavam em condados adjacentes e menos hospitaleiros do Missouri. Por volta de 1838 os mórmons haviam adquirido do governo federal cem mil hectares no condado de Caldwell e construído uma cidade progressista, que batizaram de Far West.

Inicialmente, o êxodo para o condado de Caldwell pareceu reduzir a tensão entre mórmons e gentios. No verão de 1838, porém, eclodiram tumultos no vizinho condado de Daviess, cujas fronteiras os mórmons haviam invadido, estabelecendo novas e grandes colônias. As eleições no Missouri ocorreram no dia 6 de agosto. Naquela manhã, logo que as seções eleitorais foram abertas em Gallatin, sede do condado de Daviess, um candidato conservador à assembléia estadual, William Penniston, subiu em um barril e fez uma arenga ao povo dizendo que os mórmons eram "ladrões de cavalos, mentirosos, falsários e vigaristas". Procurando impedir que os trinta e poucos mórmons presentes votassem, outro habitante do condado proclamou em voz alta que os mórmons não deviam ter direito de votar, assim "como os negros".

A retórica incendiária fez com que um missouriense bêbado espancasse um sapateiro mórmon, homem franzino, chamado Samuel Brown. Outros mórmons vieram em seu auxílio, e uma briga feia começou. Com cacetes, pedras, chicotes e facas, os Santos em franca minoria conseguiram superar os atacantes e fazê-los fugir, deixando feridos dezenas deles. Mas foi uma vitória de Pirro, pois os enraivecidos residentes de Gallatin juraram revidar.

Durante os dois meses seguintes, os habitantes de Missouri lançaram uma campanha de perseguições e violência contra os mórmons do condado de Daviess, obrigando muitos a abandonar seus lares. Finalmente, em 14 de outubro, Joseph reuniu várias centenas de seus adeptos na praça central de Far West e os incitou a resistir pela força. Irado, o profeta declarou:

> Somos um povo perseguido. De condado em condado temos sido expulsos por multidões enfurecidas, ansiosas por ocupar as terras que desbravamos e melhoramos com esforço e amor. Apelamos a magistrados e juízes, ao governador do estado e até ao presidente dos Estados Unidos, mas não nos deram qualquer satisfação [...]
>
> Se não nos incomodarem, pregaremos o evangelho em paz. Mas, se vierem nos molestar, estabeleceremos nossa religião pela espada. Esmagaremos nossos inimigos e os transformaremos em uma posta de sangue das Montanhas Rochosas ao oceano Atlântico. Serei para esta geração um novo Maomé, cujo lema em busca da paz era "Ou o Corão ou a espada". Assim será para nós, se for preciso: "Joseph Smith ou a espada!".*

Foi um discurso passional, e os mórmons reagiram com energia. Descontando anos de ira reprimida, começaram a atacar cidades dos gentios e fazer pilhagens de alimentos, gado e objetos de valor, incendiando ao todo cerca de cinqüenta casas de não-mórmons.

Enraivecidos, os habitantes do Missouri retaliaram, destruindo diversas

---

* Joseph não foi o único a fazer comparações entre os profetas fundadores do mormonismo e os do Islã. A maior parte de tais comparações veio de gentios que tencionavam denegrir os Santos e sua fé, mas certas similaridades inegáveis foram também assinaladas por simpatizantes da igreja de Joseph. Entre esses admiradores estava Sir Richard F. Burton, famoso libertino e aventureiro do século XIX que conhecia culturas islâmicas por experiência própria. Ao visitar Salt Lake City pouco depois que os mórmons lá chegaram, Burton observou que o mormonismo, "assim como o Islã", afirmava ser "uma restauração, mediante revelação, da pura e primitiva religião do mundo". Em 1904, o conceituado erudito alemão Eduard Meyer passou um ano em Utah estudando os Santos, o que o levou a predizer: "Assim como a Arábia se tornaria a herança dos muçulmanos, também os mórmons virão a ser os herdeiros dos Estados Unidos". E em 1932, após reconhecer em um livro intitulado *Revelation in Mormonism* que "as semelhanças entre o Islã e o mormonismo têm sido mal interpretadas e exageradas", George Arbaugh mesmo assim prosseguiu afirmando: "O mormonismo é um dos desenvolvimentos mais inovadores e audazes na história das religiões. Suas reivindicações teocráticas agressivas, as aspirações políticas e o uso da força o fazem semelhante ao Islã".

cabanas de mórmons. Onze dias após o enérgico chamado às armas proferido por Joseph, uma escaramuça resultou na morte de três Santos e um gentio. Para piorar a situação, o número de mortos nessa luta foi grandemente exagerado em uma carta inflamada ao governador do Missouri, Lillburn Boggs, na qual se informava falsamente que os Santos haviam matado cinqüenta residentes no Missouri. Boggs, que havia vencido a eleição para governador em 1836 com um programa antimórmon, ao ler a carta deu uma ordem, hoje tristemente célebre, ao comandante da Milícia do Missouri: "Os mórmons devem ser tratados como inimigos e, se necessário à tranqüilidade pública, devem ser exterminados ou expulsos do estado. Seus abusos são indescritíveis".

Poucos dias depois, três companhias da Milícia do Missouri, comandadas pelo coronel Thomas Jennings, lançaram um ataque de surpresa contra uma colônia mórmon conhecida como Haun's Mill. No final da tarde de 30 de outubro de 1838, quando o sol "descambava num belo céu avermelhado de veranico", cerca de vinte e cinco famílias mórmons que trabalhavam nos campos foram surpreendidas por duzentos e quarenta soldados que irromperam subitamente dos bosques vizinhos, apontando os mosquetes e atirando em uníssono contra os Santos.

O líder dos mórmons, percebendo que sua comunidade mal armada não poderia resistir àquela força esmagadora, imediatamente agitou o chapéu, gritando que se dispunha a se render. Os milicianos não deram ouvidos às súplicas de piedade e continuaram a atirar, semeando o pânico entre os Santos. Muitos mórmons fugiram para os bosques vizinhos, mas três meninos e quinze homens procuraram refúgio dentro da oficina do ferreiro da aldeia. Havia largos intervalos não-calafetados entre os troncos de que eram feitas as paredes, e para os milicianos foi fácil disparar por entre aquelas frestas, como se estivessem matando porcos num chiqueiro. À medida que os Santos iam morrendo, os soldados se aproximavam até junto às paredes da oficina, enfiavam os canos das armas entre os troncos e atiravam à queima-roupa contra o monte de corpos que gemiam.

Quando já não havia movimento do lado de dentro, penetraram na oficina e encontraram um menino de dez anos, Sardius Smith, encolhido sob o fole. O jovem suplicou que lhe poupassem a vida, mas um miliciano chamado William Reynolds encostou a arma na cabeça dele. O irmão mais novo de Sardius, que tinha recebido uma bala na coxa mas sobreviveu fingindo-se de morto e escondendo-se debaixo dos cadáveres, contou mais tarde que um dos gentios implorou a Reynolds que não matasse o menino, devido a sua pouca idade, mas Reynolds respondeu explicando que era preciso exterminar as crianças mórmons porque "das larvas nascem os piolhos". Em seguida, sem emoção, estourou os miolos do menino.

No total, dezoito Santos foram chacinados na oficina do ferreiro e nas imediações. O fato se tornou conhecido como o Massacre de Haun's Mill e ficou gravado na memória coletiva dos Santos. Mais de cento e sessenta anos depois, os mórmons ainda o recordam com indignação e revolta.

Quando ocorreu a carnificina de Haun's Mill, Joseph Smith estava a quase trinta quilômetros dali, supervisionando a defesa de Far West, que estava sendo cercada por dez mil soldados do Missouri. Tomou conhecimento da calamidade na noite seguinte e afundou em profunda depressão. Durante os meses em que a discórdia havia dado lugar a encontros cada vez mais sangrentos, Joseph oscilara entre reagir lutando e buscar uma solução pacífica para o conflito, por meio de acordos. Depois do massacre de Haun's Mill, o profeta pareceu reconhecer repentinamente que, se entrasse em guerra generalizada contra os gentios, ele e seus seguidores seriam aniquilados.

Assim que se deu conta disso, Joseph despachou cinco mórmons para procurar os gentios e "implorar a paz como um cão". O general da milícia do Missouri informou-os de que só havia uma maneira de evitar a completa erradicação dos Santos: deveriam entregar Joseph e outros cinco líderes mórmons sem demora, para que respondessem pela acusação de traição; indenizar financeiramente os habitantes do Missouri cujas propriedades tinham sido saqueadas e destruídas; entregar todas as armas em poder dos mórmons e em seguida abandonar completamente o estado.

As condições eram extraordinariamente severas, mas Joseph realmente não tinha alternativa senão aceitá-las. Falando aos fiéis em Far West, ele assumiu ar de coragem e anunciou: "Vou me oferecer em sacrifício para salvar vossas vidas e salvar a Igreja. Não vos aflijais, meus irmãos. Orai intensamente ao Senhor para que liberte dos inimigos vossos líderes. Abençôo-vos a todos em nome de Cristo".

Os Santos se renderam em 1º de novembro. Joseph, seu irmão Hyrum e cinco outros líderes mórmons foram detidos pelas autoridades do Missouri, submetidos rapidamente a um tribunal militar e declarados culpados de traição — crime cuja pena era a morte. O general Alexander Doniphan, do Missouri, recebeu a ordem: "Senhor: Leve Joseph Smith e os demais prisioneiros à praça pública de Far West e fuzile-os às nove horas da manhã de amanhã".

Mas o general era um homem de princípios — como poucos — e hesitou em executar a ordem. Joseph e seus cúmplices eram cidadãos norte-americanos, e Doniphan sabia que os militares não tinham competência legal para submeter civis à corte marcial e executá-los. Mostrando que se recusava a participar daquele arremedo de justiça, o general Doniphan mandou um bilhete a seu comandante: "Isso é assassinato a sangue-frio. Não obedecerei a sua ordem [...] e, se o senhor executar esses homens, eu o responsabilizarei num tribunal desta terra, juro por Deus!".

Graças à corajosa recusa de Doniphan, a execução dos mórmons foi cancelada e a vida de Joseph foi poupada. No entanto, os Santos foram obrigados a aceitar todas as demais condições da rendição e, desarmados, tornaram-se alvo fácil para a vingança dos habitantes do Missouri. Suas propriedades foram saqueadas; suas cabanas, destruídas e queimadas, servindo de lenha; o gado foi abatido a tiros como divertimento. Os homens foram indiscriminadamente espancados e houve denúncias de estupro de mulheres e moças. E ainda por cima receberam o aviso de que tinham apenas alguns meses, até a primavera de 1839, para deixar o estado.

O inverno foi difícil para os Santos. Enquanto os fiéis suportavam a fome e o frio, aguardando a partida forçada do Missouri, Joseph continuava preso junto com outros nove líderes mórmons, acusados de traição e assassinato. Sem se abater, o profeta escreveu um longo documento na cadeia, advertindo: "Os crimes de Haun's Mill, a ordem de exterminação partida do governador Boggs e a atitude canalha e unilateral da legislatura causaram a perdição do estado de Missouri por toda a eternidade".

Enquanto o inverno avançava, a maré da opinião pública voltou-se em favor dos Santos. Diversos jornais relataram detalhes do massacre de Haun's Mill, provocando exigências de investigação. Em toda a região aparecem artigos de imprensa simpáticos aos mórmons. O prosseguimento da detenção de Joseph e seus irmãos tornou-se um problema crescente para o governador Boggs, a legislatura e os funcionários locais, cada vez mais hesitantes em levar os acusados a julgamento, temendo que os Santos fossem absolvidos.

Para escapar da humilhação, o xerife responsável pela guarda dos mórmons encarcerados foi encorajado pelos titulares do poder a aceitar um suborno de oitocentos dólares, embebedar-se e adormecer convenientemente, permitindo assim a fuga dos prisioneiros. Em 16 de abril de 1839, Joseph e nove de seus companheiros de cela escaparam na noite e fugiram atravessando o país para se juntar aos demais Santos, cuja maioria já havia então completado o êxodo do Missouri e se encontrava em segurança, do outro lado da fronteira com o estado de Illinois.

10. Nauvoo

> *Se nossa teoria acerca do valor das revelações afirmasse que, para possuir tal valor, qualquer livro deveria haver sido composto, automaticamente ou não, mediante o livre capricho do autor, ou que não deveria conter erros científicos ou históricos e nem exprimir paixões pessoais ou locais, a Bíblia provavelmente passaria por maus bocados em nossas mãos. Mas, por outro lado, se a teoria aceitar um livro como revelação, apesar de erros e paixões e de haver sido escrito deliberadamente por seres humanos, se esse livro for simplesmente o registro verdadeiro de experiências íntimas de pessoas de espírito aberto, em conflito com seu destino, nesse caso o veredito seria muito mais favorável.*
>
> William James, *The Varieties of Religious Experience*

Ocupando uma planície calcária adjacente às águas barrentas do rio Mississippi, Nauvoo é uma cidade pequena e bem-arrumada, cuja aparência pouco se distingue de centenas de outras cidadezinhas pequenas e bem-arrumadas que cobrem o interior dos Estados Unidos. Um mês após a fuga da cadeia do Missouri, entretanto, Joseph Smith observava a margem dessa majestosa curva do rio, resolvendo erguer exatamente ali a capital do Reino de Deus, no condado de Hancock, Illinois.

No local, um promontório pouco elevado na margem leste do rio, havia pântanos infestados de malária, "tão úmidos", como o próprio Joseph os descreveu, "que era muito difícil a um homem caminhar a pé, e totalmente impossível para as carroças [de bois]". Mas havia algumas qualidades que compensavam esses problemas: era praticamente desabitado e o proprietário concordava em vender a prazo certa área aos Santos. Chegou-se a um acordo, a construção foi iniciada com a característica dedicação dos mórmons e em cinco anos mais de quinze mil Eleitos de Deus moravam em Nauvoo e arredores — dez vezes a população atual —, tornando-a a segunda municipalidade do Illinois. A partir do nada, os Santos haviam criado uma cidade que rivalizava com Chicago.

Ao contrário de Chicago, entretanto, Nauvoo não era simplesmente uma cidade: era um principado teocrático, com Joseph à frente, que possuía direitos soberanos sem precedentes não apenas no estado de Illinois, mas em todo o país. Esses direitos especiais foram outorgados em uma carta constitutiva altamente incomum aprovada sem alarde pela Assembléia Geral do Illinois em dezembro de 1840 — época em que o estado buscava ansiosamente atrair colonos laboriosos que contribuíssem para a economia e na qual era grande a simpatia pelos mórmons devido a sua expulsão do Missouri.

A conseqüência involuntária foi que o estado de Illinois consagrou Joseph como imperador *de facto* em sua cidade-Estado autônoma. Foi ele oficialmente ungido "Rei, Sacerdote e Governante de Israel sobre a Terra". Comandava uma milícia bem armada e rigorosamente disciplinada, a Legião de Nauvoo, que possuía quase a metade do número de soldados de todo o exército dos Estados Unidos na época; em busca de maior poder militar, Joseph pediu autorização ao Congresso dos Estados Unidos para estabelecer uma força combatente de cem mil homens sob seu controle pessoal.

O Congresso achou por bem não acolher a solicitação, mas mesmo assim Joseph não esmoreceu. Isso talvez para ele fosse natural, pois acreditava que sua igreja era a Única Verdadeira Igreja do Senhor e que a mão de Deus o guiava. Firmemente convencido disso, e ansioso por estender sua influência a todo o país, em janeiro de 1844 Joseph anunciou sua candidatura à Presidência dos Estados Unidos.*

---

* Os adversários de Joseph eram o candidato liberal Henry Clay, o democrata James K. Polk e James G. Birney, do partido da Liberdade. Numa eleição extremamente disputada, Polk surgiu como vencedor com 48,1 por cento dos votos, derrotando Clay por apenas 38 367 votos.

Embora os historiadores unanimemente concordem que as possibilidades de vitória de Joseph nas eleições de novembro fossem as mesmas de "uma bola de neve no inferno", como disse o historiador Robert Remini, não se sabe se o próprio Joseph tinha a mesma opinião. Afinal, ele já realizara muito mais do que se poderia imaginar desde que registrara sua pequena igreja em Palmyra, catorze anos antes. De qualquer modo, Joseph levou especialmente a sério a campanha presidencial, despachando a todos os 26 estados e ao Território do Wisconsin 586 de seus missionários mais competentes e persuasivos, inclusive dez membros do Quorum dos Doze Apóstolos, a fim de obter apoio a sua pretensão de chegar ao mais alto posto da nação.

Pode-se argumentar que Joseph tenha se candidatado à Presidência por haver chegado à conclusão de que esse era o único modo de seus Santos obterem proteção governamental contra as terríveis perseguições sofridas onde quer que houvessem procurado se estabelecer. Havendo repetidas vezes tentado, sem sucesso, convencer as autoridades eleitas de que o governo tinha obrigação moral e jurídica de proteger os mórmons contra as multidões violentas que queriam aniquilá-los, Joseph pode ter pensado que seu único recurso era ocupar pessoalmente a Casa Branca.

Joseph venerava a Constituição dos Estados Unidos, considerando-a um documento inspirado por Deus. Durante anos havia se queixado de que os líderes políticos desrespeitavam os juramentos que os obrigavam a salvaguardar a liberdade constitucional dos mórmons de praticar sua religião sem estarem sujeitos a perseguições e, o que era pior, à mercê da religião da maioria. No entanto, em palavras e atos, Joseph demonstrou várias vezes que ele próprio pouco respeitava as opiniões religiosas dos não-mórmons e que provavelmente desrespeitaria os direitos constitucionais de outras crenças caso chegasse à Presidência e fosse ele o manda-chuva.

Não foi sem graves reveses que os mórmons transformaram Nauvoo em ativo centro de empreendimentos e devoção. Em 1839 e 1840, antes do saneamento dos pântanos, a colônia sofreu surtos de malária e cólera que mataram centenas de Santos, inclusive o pai do profeta e um de seus irmãos. A hostilidade do Missouri continuou a afligir Joseph e seus adeptos muito depois de sua fuga daquele estado.

Embora Joseph tivesse conseguido escapar da cadeia, os processos criminais contra ele ainda estavam correndo no Missouri. Considerado fugitivo da Justiça, vivia sob a constante ameaça de ser extraditado para comparecer ao julgamento. Havia uma recompensa para sua captura. Em pelo menos duas ocasiões, xerifes do Missouri foram ao estado de Illinois com mandados de prisão. Em maio de 1841, um grupo comandado por um xerife surpreendeu o profeta nas vizinhanças de Nauvoo, prendeu-o e quase o levou para o outro lado da fronteira com o Missouri, mas ele conseguiu se safar com um *habeas corpus*. Foi por um triz, e a perseguição provocou a ira de Joseph. Durante um discurso público pouco depois da detenção em 1841, exprimiu sua raiva profetizando que o então ex-governador do Missouri, Liburn Boggs, o odiado perseguidor dos Santos, "morreria de morte violenta dentro de um ano".

Na tarde do dia 6 de maio de 1842, Boggs estava lendo jornal no estúdio de sua residência em Independence quando um pistoleiro que o tocaiava do exterior da casa o atingiu com quatro tiros através da janela. Duas balas acertaram seu pescoço e as outras duas perfuraram o crânio e se alojaram no lobo esquerdo do cérebro. Todos já tinham por certo que Boggs morreria, e seu falecimento foi anunciado nos jornais de todo o país. A maioria das publicações especulou que o assassino seria um mórmon ansioso por transformar em realidade a profecia de Joseph Smith.

A arma usada para atirar no ex-governador foi encontrada do lado de fora do estúdio, onde havia sido jogada em uma poça. A investigação rapidamente descobriu que havia sido furtada recentemente, em uma loja local. O dono do estabelecimento disse ao xerife: "Pensei que os negros a tinham roubado, mas aquele empregado do Ward, o que cuidava do potro, esteve aqui olhando para ela logo antes de eu dar pela falta!". O "empregado do Ward" era um exímio cavaleiro de Nauvoo, chamado Orrin Porter Rockwell. Havia chegado a Independence um par de meses antes e saíra silenciosamente da cidade logo após o atentado contra Boggs.

Aconteceu que os relatos da morte de Boggs foram prematuros. De algum modo ele se recuperou dos graves ferimentos no cérebro. Mas os jornais estavam certos quanto ao quase-assassino: sem dúvida Rockwell fora o criminoso, e ele era mórmon. Destemido e ferozmente devotado ao profeta, Rockwell já estava se tornando lendário por sua disposição em derramar o sangue daqueles que ofendessem a igreja, dando-lhes a oportunidade de pagar por seus pecados — prática que se transformaria na obra de sua vida e inspiraria os mórmons que o admiravam a apelidá-lo de "Anjo Destruidor" e "Sansão mórmon".

Embora seja possível que Joseph não tenha mandado Rockwell atirar em Boggs, os fiéis normalmente entendiam ser dever sagrado dos Santos ajudar na realização de profecias quando houvesse oportunidade. Uma vez vaticinada pelo profeta a morte de Boggs, não era preciso que ninguém dissesse a Porter Rockwell o que tinha a fazer. Poucos em Missouri (e talvez ainda menos Santos em Nauvoo, rio acima) duvidavam de que a tentativa de assassinato fosse obra do Anjo Destruidor mórmon, mas Rockwell não teve dificuldade em evitar a prisão. Nem ele nem qualquer outro Santo foi levado à justiça por aquele ato.

Enquanto isso, a vida em Nauvoo seguia a passos largos. A cidade dos Santos prosperava a olhos vistos. Ali, às margens do grande rio americano, os mórmons pareciam haver encontrado finalmente um baluarte seguro, a partir do qual poderiam difundir a religião de Joseph. Ele e seus seguidores muito haviam progredido ao longo dos dezessete anos desde que Moroni lhe confiara as placas de ouro. Novos convertidos à Igreja Mórmon acorriam a Nauvoo em quantidades cada vez maiores, muitos vindos de lugares tão distantes quanto a Inglaterra e a Escandinávia.

O Segundo Grande Despertar havia gerado profetas passionais e eloqüentes, que percorriam o país criando novos credos. Quase todos eles tinham respostas tranqüilizadoras para os mistérios da vida e da morte e prometiam aos convertidos a recompensa por sua devoção em forma de felicidade eterna no Além. No entanto, quase nenhuma das novas igrejas conseguiu reunir um conjunto duradouro de seguidores. A maioria delas há muito está esquecida. Mas então por que a nova religião de Joseph triunfou, quando tantos de seus competidores desapareceram sem deixar rastros? Sem dúvida havia numerosas razões para que tantos considerassem atraente o mormonismo. Nenhuma, talvez, seja mais notável do que a força colossal da personalidade de Joseph.

É difícil definir carisma, e ainda mais difícil é explicá-lo, mas Joseph tinha muito carisma. A palavra deriva do grego *kharis*, que significa "favorecido", ou "um dom divino especial", e do termo latino *charisma*, definido como "um dom do espírito Santo". O significado evoluiu ao longo dos anos e hoje em dia raramente é ligado à santidade, mas o carisma de Joseph parecia fazer jus à definição original. Ele possuía aquele raro magnetismo dos mais célebres líderes religiosos da história — um poder espiritual extraordinário que sempre parece estar envolto em grande mistério e grande perigo. Mais de um século e meio após sua morte, o fulgor pessoal de Joseph pouco perdeu de sua intensidade. Ainda é possível vê-lo brilhar nos olhos de seus Santos.

Existe em todas as religiões uma tendência a reinventar o profeta fundador como deidade idealizada, ocultando-o e protegendo-o por trás de uma couraça impenetrável de mito. Nesse particular os mórmons não são diferentes dos fiéis de outras seitas e fizeram o possível para disfarçar todas as imperfeições da imagem de Joseph que difundem pelo mundo. Mas, ao contrário de Moisés, Jesus, Maomé e Buda, Joseph foi um profeta moderno, que viveu na era amplamente iluminada das declarações juramentadas e da imprensa escrita. Como muitos dos que experimentaram a atração de seu imenso encanto deixaram relatos por escrito de suas impressões, a imperfeição de sua humanidade não foi facilmente apagada dos registros históricos.

Por continuar acessível a nós como pessoa real, com todas as suas deficiências, é fácil sentir empatia e simpatia por Joseph. Isso também facilita a obtenção de fascinantes revelações sobre a maneira de agir de um gênio religioso.* Segundo Fawn Brodie, biógrafa de Joseph, o profeta era de uma presença física impressionante:

> Era alto, robusto e no geral bem-apessoado, a não ser pelo nariz, aquilino e proeminente. Seus grandes olhos azuis eram cercados por longas pestanas que tornavam seu olhar velado e levemente misterioso [...] Quando falava com emoção intensa o sangue lhe fugia do rosto, deixando uma palidez assustadora, quase luminosa [...] Não era um homem comum.

Quando falava a um grupo numeroso, Joseph sabia bem como fazer com que cada pessoa se sentisse como se o profeta estivesse se dirigindo pessoalmente a ela. Parecia perceber as necessidades espirituais de cada um dos San-

---

* "Gênio religioso" é uma caracterização maravilhosamente adequada que se originou com William James, o qual a introduziu, de forma genérica, na primeira das conferências coligidas em *The Varieties of Religious Experience*. Cerca de noventa anos mais tarde, Harold Bloom a tomou por empréstimo, em seu livro *The American Religion*, considerando-a o modo mais perfeito para descrever Joseph Smith.

tos, as esperanças, os sofrimentos e os desejos mais íntimos de toda a congregação, e em seguida fazia um sermão que ecoava em harmonia perfeita com os anseios particulares de cada um. Eis como Juanita Leavitt Brooks, eminente historiadora mórmon, descreveu a primeira vez em que um convertido chamado John D. Lee* ouviu a pregação do profeta em Missouri, em 1838:

> Lee viera preparado para se impressionar, mas a realidade excedeu suas expectativas. Achou que Joseph Smith tinha um ar de majestade que parecia torná-lo mais alto do que seu metro e oitenta ao encarar a platéia e mais belo e dominador do que qualquer homem comum. Atraindo todos os olhares e prendendo cada coração com o simples magnetismo de sua personalidade, ele tangia a congregação como se fosse um instrumento musical que reagisse a seu mais leve toque.

Fawn Brodie impressionou-se com os relatos sobre a "magnífica autoconfiança" de Joseph:

> O crescente sucesso intensificara sua audácia e exuberância. O gosto de viver que dele emanava jamais deixou de inspirar seu povo com o sentido da riqueza da vida. Eles o seguiam como súditos dedicados, ainda que fosse apenas para se aquecer com a aura de sua presença.
>
> Construíam para ele, pregavam para ele, faziam incríveis sacrifícios para cumprir suas ordens, não apenas por estarem convencidos de que ele era profeta de Deus, mas também porque o amavam como homem. Maravilhavam-se quando ele ganhava uma luta esportiva, assim como quando ditava uma nova revelação. Contavam uns aos outros episódios de sua generosidade e ternura, admirando-se com a maneira como ele alimentava tantos pobres de Nauvoo em sua mesa e tratava igualmente bem amigos e inimigos. Era um anfitrião agradável, caloroso e amigável para quem chegasse e de uma lealdade extraordinária para com os amigos.

Argumentando que a popularidade da Igreja Mórmon se devia primordialmente ao carisma singular de Joseph, Brodie afirma que o *Livro de Mór-*

---

* Lee ganharia (má) fama em 1857, depois da migração dos Santos para o Utah, devido a seu papel no massacre de Mountain Meadows.

mon "perdura ainda hoje por causa do profeta, e não por causa do livro". Talvez seja assim. Mas não se deve desprezar a atração da nova teologia por ele introduzida. A narrativa cristã tradicional, reorganizada por Joseph de maneira inspirada, tem muito a ver com o rápido crescimento de sua religião.

Naturalmente, para os crentes a doutrina mórmon é a indiscutível palavra de Deus. A palavra, no entanto, veio por um instrumento muito humano — Joseph Smith —, que possuía fantástico instinto teológico. O mormonismo apareceu no lugar certo, no momento certo, para explorar um rico nicho aberto na ecologia espiritual sempre cambiante do país. As calcificadas religiões do Velho Mundo desagradavam muitos norte-americanos. Joseph pregava uma mensagem nova que era exatamente o que inúmeras pessoas queriam ouvir. Ele compreendia o anseio coletivo do público e dava forma a suas idéias de maneira intuitiva, para que se ajustassem às precisas dimensões daquele desejo incipiente.

Joseph tinha respostas convincentes para as mais difíceis questões existenciais — respostas ao mesmo tempo explícitas e confortadoras. Apresentava um noção cristalina acerca do certo e do errado, uma definição do bem e do mal sem ambigüidade. E, embora sua perspectiva fosse absolutista e inflexível, proporcionava uma alternativa mais branda e suave ao calvinismo, que havia constituído o *status quo* eclesiástico dos primeiros anos da república nos Estados Unidos. Os calvinistas ensinavam que a humanidade era perversa por natureza, vigiada por um Deus irado decidido a fazer com que os humanos pagassem o pecado original de Adão. Advertiam que o fogo do inferno era verdadeiro. Sofrer, pregavam eles, fazia bem.

Na cosmologia mais otimista de Joseph, os eleitos de Deus, os mórmons, eram inerentemente virtuosos (ainda que cercados por iniqüidades) e não precisavam pagar nada. Ganhar dinheiro era um objetivo honroso: o Senhor favorecia os ricos, assim como os que aspirassem a enriquecer. Qualquer um que resolvesse obedecer às autoridades da igreja, receber o testemunho de Jesus e seguir algumas regras simples seria capaz de subir na escala até que, na vida futura, se tornasse um deus de pleno direito: o governante de seu próprio mundo. "Joseph não era um profeta vestido de camisolão", observou Fawn Brodie.

> Acreditava no prazer de viver, com certa auto-indulgência em matéria de alimentação e bebida, esportes ocasionais e boa diversão. E o fato de se divertir ao máximo em nada diminuía o semi-endeusamento no qual seu povo o envolvia.

Quaisquer desconfianças de improp riedades se dissolviam diante de seu encanto pessoal. "O homem existe para se alegrar" fora uma de suas afirmações mais significativas no *Livro de Mórmon*, e ele jamais abandonou essa convicção. Era gregário, expansivo e gostava genuinamente dos demais. Não por acaso sua teologia acabou por se despojar de todos os traços de calvinismo e transformou-se em uma mescla engenhosa de sobrenaturalidade e materialismo, que prometia para o céu a continuação de todos os prazeres terrenos: o trabalho, a riqueza, o sexo e o poder.

A florescente religião de Joseph tanto refletia a era dos ideais de Jackson* como uma atitude reacionária em relação a eles. Por um lado, Joseph defendia com veemência o homem comum, atacando a elite governante. Mas por outro lado desconfiava profundamente da confusão de idéias que atravessava o país e se exasperava com a debilidade do governo democrático. Sua igreja representava uma tentativa de erguer uma barreira contra a abundância de liberdade trazida pela modernidade e sua irrefreável consagração do indivíduo. A severidade do mormonismo e o alívio proporcionado por suas certezas — sua veneração pela *ordem* — eram atraentes como refúgio contra a complexidade e as múltiplas incertezas dos Estados Unidos do século XIX.

A novidade da interpretação do cristianismo feita por Joseph estimulava seus adeptos. Suas doutrinas inovadoras encorajavam os convertidos, e as inovações eram constantes: os mórmons viam sua igreja tomar forma diante de seus olhos de maneiras a um só tempo inéditas e fantásticas. Por volta de 1840, quando Nauvoo estava no auge, Joseph havia recebido 133 mandamentos divinos importantes o suficiente para que fossem registrados para a eternidade no *Doutrina e mandamentos*, refletindo uma significativa evolução da teologia mórmon. Em vários aspectos relevantes, a religião de Nauvoo era bastante diferente da que se praticava em Palmyra quando a igreja fora formalmente iniciada. E nenhuma dessas modificações teve maior repercussão do que o mandamento registrado por Joseph em 12 de julho de 1843 — entronizado como cânon no *Doutrina e mandamentos* como artigo 132 — e que quase esfacelou a igreja, causou o linchamento de Joseph por uma multidão enfurecida e vem reverberando desde então em toda a sociedade norte-americana. Foi por meio do artigo 132 que Deus revelou "a nova e eterna aliança" do casamento plural, costume mais conhecido pelos não-mórmons com o nome de poligamia.

* Andrew Jackson, presidente dos Estados Unidos de 1829 a 1837. (N. T.)

11. O princípio

> *Foi em Kirtland [...] que Joseph começou a mexer delicadamente em um dos costumes mais básicos da sociedade ocidental. Ele via essa sociedade com a singular imparcialidade que somente pode provir de alguém satisfeito com sua própria autoridade e que possua um profundo anseio de refazer o mundo de maneira mais adequada a seus desejos. Nada era sagrado o bastante para que não pudesse ser remodelado para adquirir nova utilidade ou nova beleza.*
>
> *A monogamia para ele — como ocorre com muitos homens que não deixaram de amar suas esposas mas que se cansaram da exclusividade conjugal — parecia ser um modo de vida intoleravelmente restrito. "Sempre que vejo uma mulher bonita", disse ele certa vez a um amigo, "tenho de rezar pedindo perdão a Deus." Mas Joseph não era um libertino leviano que se contentasse com amantes clandestinas. Tinha muito de puritano e não descansaria enquanto não redefinisse a natureza do pecado e erguesse um estupendo edifício teológico que sustentasse suas novas teorias sobre o casamento.*
>
> Fawn Brodie, *No Man Knows My History*

No início da década de 1980, ao encontrar um exemplar de *O pacificador* na biblioteca da universidade Brigham Young, Dan Lafferty logo se convenceu de que o livro havia sido escrito por Joseph Smith sob o pseudônimo de Udney Hay Jacob. O pequeno volume havia sido impresso em Nauvoo em 1842, pela gráfica do próprio profeta. Mas talvez Dan estivesse enganado quanto a sua autoria. Udney Hay Jacob não era um fantasma e seu nome não era um pseudônimo. Ele efetivamente existiu, e a maioria dos estudiosos acredita que foi ele quem escreveu *O pacificador*, e não Joseph Smith. Mas a maior parte desses mesmos especialistas reconhece que esse texto jamais teria sido impresso nas oficinas gráficas da igreja, com o nome de Joseph na página de rosto, se o profeta não o tivesse endossado integralmente. Se não foi Joseph o autor de *O pacificador*, quase certamente foi ele o responsável pela concepção e publicação do livrinho.

Pelo menos desde a fundação da igreja, Joseph vinha refletindo sobre a poligamia e seu lugar na ordem cosmológica, mas relutava em tocar no assunto com seus Santos, receando escandalizá-los. Na época em que os mórmons se estabeleceram em Nauvoo, ele finalmente achou que estariam em condições de "receber o princípio" e parece haver publicado *O pacificador* como um balão de ensaio. Segundo John D. Lee, que morava em Nauvoo na época em que o pequeno livro apareceu, "Joseph, o profeta, pediu a um homem chamado Sidney Hay Jacobs [*sic*] que selecionasse na Bíblia passagens relativas à poligamia, ou casamento celestial, e que as escrevesse em forma de panfleto, advogando a doutrina. Fez isso para tomar o pulso do povo, para preparar o caminho do casamento celestial".*

Infelizmente, o ensaio não produziu a reação desejada. *O pacificador* causou assombro, fazendo com que Joseph, mentirosamente, afirmasse que havia sido publicado "sem meu conhecimento", acrescentando que, "se eu tivesse sabido, não permitiria que fosse impresso". A grita suscitada pelo pequeno livro obrigou o profeta a denunciar energicamente a poligamia — o que era incômodo porque pelo menos desde 1833 ele vinha praticando o casamento espiritual e existem indícios muito fortes de que a prática começara ainda anteriormente.

Uma das primeiras mulheres de quem se diz ter sido íntima de Joseph fora de seu casamento com Emma foi Marinda Nancy Johnson, que ele conheceu em 1831, pouco depois que os Santos se mudaram de Palmyra para

---

* "Casamento celestial", "bodas espirituais" e "casamento plural" são alguns dos termos cunhados por Joseph Smith como eufemismos para a poligamia.

Kirtland, no estado de Ohio. A mãe de Marinda, que sofria de um reumatismo crônico que lhe causara paralisia em um braço, estava entre a multidão de curiosos habitantes de Ohio que foram ver com seus próprios olhos o profeta mórmon. Acompanhando a mulher enferma estavam seu marido, Benjamin, e um pregador metodista cético, que indagou a Joseph: "Eis aqui uma mulher paralítica de um braço; Deus deu algum poder aos homens da Terra para curá-la?".

Tomando o braço aleijado da sra. Johnson, Joseph exclamou: "Mulher, em nome de Jesus Cristo, eu ordeno que te cures!".

Segundo uma testemunha fidedigna, "a sra. Johnson imediatamente levantou [o braço] com facilidade". Ela e seu marido se emocionaram tanto com o milagre que se converteram ali mesmo ao mormonismo e convidaram o profeta a conhecer seus quinze filhos, inclusive Marinda, de quinze anos de idade.

Ao ver que seus pais haviam caído sob o poder de Joseph Smith, disse Marinda mais tarde a um jornalista, ela sentiu inicialmente "indignação e vergonha" por terem eles sido enganados por aquela "falsidade ridícula". Mas isso foi antes que conhecesse pessoalmente Joseph e ficasse frente a frente com o brilho de seu encanto. Mais tarde, ao encontrá-lo pela primeira vez, ao que relatou ela, o profeta

> olhou-a diretamente nos olhos. Com um sentimento de vergonha que jamais experimentara antes, ela viu sua própria alma desnudada diante daquele homem ao confrontar suas opiniões a respeito dele. Ele sorriu e a raiva dela se dissolveu como a neve ao sol. Ela compreendeu que ele era o que dizia ser e jamais duvidou dali em diante.

No verão de 1831, Joseph e Emma Smith se hospedaram na casa da família Johnson, e pouco depois, segundo contam, o profeta dormiu com a jovem Marinda. Infelizmente, ao que parece essa ligação não passou despercebida, e um grupo de indignados habitantes de Ohio, inclusive diversos mórmons, resolveu castrar Joseph para que ele no futuro não se sentisse estimulado a cometer tais atos de depravação.

Segundo Luke Johnson, irmão mais velho de Marinda, no dia 24 de março de 1832, "uma multidão de quarenta ou cinqüenta pessoas" foi à casa dos Johnson, invadiu o quarto de Joseph no meio da noite, e Carnot Manson arrastou Joseph pelos cabelos para fora da cama; ele foi então agarrado por tantos quantos estavam próximos e levado a cerca de duzentos metros da casa, estendido sobre uma tábua e agredido de forma insultuosa e brutal; arrancaram-lhe os trajes de dormir com o propósito de emasculá-lo, e haviam trazido o dr. Denison para executar a operação; mas quando o médico viu o profeta desnudo, estendido na tábua, mudou de idéia e se recusou a operá-lo.

Perdendo a coragem de levar a cabo os planos de castração, os furiosos habitantes espancaram severamente Joseph, cobriram o corpo nu com alcatrão, lançaram-lhe as penas do recheio de um travesseiro e o abandonaram no bosque.

Apesar dessa assustadora advertência, Joseph continuou perpétua e perdidamente seduzido pelas ovelhas femininas de seu rebanho. Entre elas estava uma habitante de Kirtland, solteira, chamada Fanny Alger, que fora apresentada a Joseph em 1830, depois da conversão de seus pais entre os primeiros fiéis da região. No inverno de 1833, quando Fanny contava dezesseis anos, foi trabalhar na casa dos Smith como doméstica e se aproximou muito do casal, especialmente de Emma. Segundo uma mórmon chamada Ann Eliza Webb Young, Fanny era "uma moça muito bonita e bastante agradável", e a sra. Smith "gostava muito dela; nem sua própria mãe poderia ser mais dedicada, e a afeição mútua de ambas era notável, de tão profunda e cativante".

Joseph, por sua vez, também gostava muito da jovem Fanny e a tomou por esposa espiritual em fevereiro ou março de 1833; é bem possível que ela tenha sido a segunda mulher com quem ele formalmente se casou, depois de Emma. Joseph procurou manter o relacionamento em segredo, mas Emma acabou por surpreendê-lo em flagrante delito com Fanny e no outono de 1835 ela já havia expulsado a moça de casa.

No entanto, nem as lágrimas nem a raiva de Emma foram suficientes para mantê-lo monogâmico, muito menos os costumes prevalecentes na época. Ele continuou a se apaixonar perdidamente por outras mulheres. E como sua paixão era ardente e ele se sentia tão bem, imaginou que seria impossível que Deus desaprovasse aquilo. Por natureza, Joseph não era homem de reflexão ou de planejamento. Levava a vida impulsivamente, agindo conforme o instinto e a emoção. Parecia-lhe que sem dúvida os desígnios do Senhor eram de que o homem conhecesse o amor de mais de uma esposa, pois de outra forma não teria tornado essa perspectiva tão atraente. Além disso, Joseph encontrou no Velho Testamento amplas provas de que essa era efetivamente a intenção divina, pois ali os costumes polígamos de Abraão e Jacó — os patriarcas dos quais os mórmons descendiam diretamente — eram relatados sem reprovação nem vergonha.

Joseph continuou a tomar esposas plurais durante a década de 1830 em Ohio e no Missouri, e se casou ainda outras vezes em Nauvoo no início da de 1840, porém sempre fez o necessário para ocultar seu comportamento polígamo, inclusive com mentiras deslavadas, não apenas das censuras dos não-mórmons mas também de seus próprios adeptos, exceto alguns poucos eleitos. Como explicou o profeta em 1832 a seu círculo mais íntimo, "ele indagara do Senhor a respeito da pluralidade de esposas e recebera como resposta que o princípio de tomar mais de uma esposa é verdadeiro, mas que o tempo de ser praticado ainda não chegara". Mais precisamente, ainda não era o momento de torná-lo público.

Assim, Joseph escondeu o fato a suas múltiplas mulheres e esperou até que chegasse o momento adequado para revelar o princípio sagrado. No entanto, não teve a mesma relutância em divulgar outros mandamentos divinos. Em Nauvoo, o profeta entrou em uma fase de febril criatividade doutrinária, cujo resultado foi o fato teológico mais inovador da igreja.

Durante esse período, por exemplo, Joseph revelou o princípio do batismo vicário para os mortos: os ancestrais mortos dos Santos podiam ser batizados por procuração, proporcionando assim às gerações anteriores a oportunidade de salvação mediante a Única Igreja Verdadeira, ainda que tivessem falecido muito antes que Joseph apresentasse o mormonismo ao mundo. Foi também em Nauvoo que ele instituiu os complexos rituais da cerimônia de consagração do templo, revelando não somente que Deus anteriormente fora homem mas também — o que era ainda mais surpreendente — que todos os homens tinham a possibilidade de se tornar deuses.

E finalmente, em 12 de julho de 1843, ele codificou formalmente o mandamento divino que revelava a importância sagrada do casamento plural. Ao contrário de outras revelações desse período, essa foi mantida em segredo e somente reconhecida em 1852, já transcorridos oito anos da morte do profeta.

Essa explosão de inspiração teológica coincidiu com uma longa erupção de energia libidinosa. Entre 1840 e 1844, Deus instruiu o profeta a se casar com cerca de quarenta mulheres. A maioria delas se sentiu chocada e revoltada quando Joseph lhes revelou o que o Senhor lhes reservara. Diversas eram ainda adolescentes, como Helen Mar Kimball, de catorze anos. Embora a jovem tivesse concordado ao ouvir a explicação do profeta de que Deus ordenava que ela se tornasse sua esposa plural e que tinha um prazo de 24 horas para cumprir a vontade divina, Helen mais tarde confessou a uma amiga: "Eu era jovem, e eles me enganaram, dizendo que a salvação de toda a minha família dependia disso".

Joseph se casou com Helen Mar Kimball em Nauvoo, em maio de 1843. Antes disso, no mesmo mês, a jovem Lucy Walker também se unira ao profeta após coerção semelhante. O pai dela tinha sido uma das vítimas dos tiros no massacre de Haun's Mill (embora tenha sido um dos poucos felizardos a escapar com vida da carnificina na loja do ferreiro). Em janeiro de 1842, a mãe de Lucy morreu de malária, praga que infestava os pântanos de Nauvoo. Joseph reagiu a essa tragédia enviando o pesaroso pai de Lucy para uma missão de dois anos aos estados do Leste a fim de curar seu coração partido; na ausência do pai, o profeta "adotou" Lucy e a maioria de seus irmãos. Segundo a autobiografia de Lucy, no período em que ela morou na casa do profeta, "o presidente Joseph Smith chamou-me para uma conversa e disse: 'Tenho uma mensagem para você. Recebi uma ordem de Deus para tomar outra esposa, e você é essa mulher'. Minha surpresa foi imensa".

Horrorizada, a moça hesitou, e Joseph lhe explicou que, se recusasse, teria de enfrentar a perdição eterna. "Não vou atenuar o que tenho a dizer", avisou ele. "Trata-se de uma ordem de Deus dirigida a você. Dou-lhe até amanhã para resolver. Se rejeitar a mensagem, os portões se fecharão para sempre para você."

Lucy reagiu com raiva e desespero: "Isso fez meu sangue ferver. Durante alguns momentos fiquei de pé diante dele, sem sentir medo, olhando-o nos olhos. Nesse instante senti que estava sendo chamada a me colocar no altar como sacrifício vivo [...] era demais, a idéia era insuportável". Corajosamente, ela replicou ao profeta que não o faria, a menos que recebesse pessoalmente uma revelação direta de Deus dizendo que ela devia se casar com ele. Nesse ponto, escreveu ela, Joseph se ergueu com "uma belíssima expressão na face e disse: 'Que Deus Todo-Poderoso a abençoe. Você terá uma manifestação da vontade de Deus a seu respeito; um testemunho que não poderá jamais negar'".

Segundo as memórias de Lucy,

> Era a madrugada de mais uma noite de insônia, quando meu quarto se encheu de uma luminosidade celestial. Para mim, era comparável ao sol surgindo por trás de uma nuvem escura. Minha alma experimentou uma paz calma e doce como eu nunca conhecera. Uma felicidade suprema tomou conta de mim e recebi um testemunho poderoso e irresistível da verdade do casamento plural. Isso tem sido um alicerce para minha alma ao longo de todas as atribulações da vida. Senti que devia sair na manhã e dar rédea solta à alegria e gratidão que enchiam minha alma. Quando descia as escadas, o presidente Smith abriu a porta no andar inferior dizendo: 'Graças a Deus, você recebeu o testemunho. Eu também orei'. Levou-me a uma cadeira, colocou as mãos em minha cabeça e me abençoou com todas as bênçãos que meu coração podia desejar.

Lucy Walker se casou com o profeta no dia 1º de maio de 1843, um dia depois de completar dezessete anos.

É difícil imaginar como Joseph conseguiu manter o relacionamento com quarenta esposas. No entanto, nem mesmo essa profusão de mulheres foi suficiente para saciar seu apetite. Segundo Sarah Pratt, mulher do apóstolo mórmon Orson Pratt,

> o profeta Joseph costumava freqüentar casas de tolerância. A sra. White, mulher bela e atraente, certa vez me confessou que concedia hospitalidade aos comandantes dos barcos a vapor do Mississippi. Disse-me que Joseph a conhecera pouco depois de chegar a Nauvoo e que ele a visitara dezenas de vezes.

Nauvoo era uma comunidade unida e fechada, pródiga em mexericos. Por mais que tentasse, seria impossível a Joseph ocultar a seus seguidores tanta atividade ilícita. Foram feitas repetidas denúncias públicas contra o profeta, mas ele era extremamente competente em demonstrar que seus acusadores eram instrumentos de Satã que pretendiam não apenas difamar a ele — um inocente perseguido —, mas também toda a comunidade mórmon. Muitas vezes Joseph conseguiu dissipar as acusações antes que os danos se tornassem irreparáveis — talento comum, aliás, a muitos líderes religiosos ao longo dos séculos.

Durante esse período de frenética atividade sexual, Joseph negava veementemente aprovar o casamento plural e muito menos que o praticasse. "Quando os fatos forem esclarecidos, a verdade e a inocência prevalecerão afinal", disse ele num discurso aos cidadãos de Nauvoo em maio de 1844. "Como pode um homem ser acusado de cometer adultério e ter sete esposas, quando só existe uma. Sou eu esse homem e sou tão inocente quanto o era há catorze anos; posso provar isso a todos os perjuros."

Suas negativas sempre o haviam livrado das conseqüências, e o contínuo sucesso em escapar de situações difíceis acabou por gerar uma perigosa arrogância, que por sua vez aumentou sua leviandade sexual — tudo isso ocorreu pouco depois do discurso citado acima. Na primavera de 1844 explodiu em Nauvoo um escândalo das mesmas proporções do de Monica Lewinsky, e dessa vez, finalmente, a conflagração foi grande e incandescente demais para ser apagada pelo encanto pessoal do profeta.

12. Carthage

> *Quando Smith levou seus seguidores para Nauvoo, podia-se dizer que ele havia feito tudo o que precisava fazer. Os fiéis ainda lembravam perseguições anteriores. Haviam criado formas diferentes de culto, organizadas em torno de um conceito pouco comum do sacerdócio, e estavam unidos em uma comunidade. Smith entrou em Nauvoo com uma boa acolhida política e sua cidade foi legalmente instituída por meio de uma legislação generosa, que dava aos mórmons considerável autonomia. No entanto, exatamente nesse ponto, ele passou a introduzir inovações, apresentadas de maneiras politicamente incompetentes, que ameaçavam destruir tudo o que ele havia criado.*
>
> R. Laurence Moore, *Religious Outsiders and The Making of Americans*

Apesar das muitas e veementes declarações em contrário de Joseph Smith, por volta de 1844 diversos membros do círculo mais íntimo do profeta já sabiam a verdade sobre seus casamentos espirituais, e alguns haviam tomado conhecimento da revelação secreta relativa à doutrina do casamento celestial; havia mesmo quem estivesse praticando a poligamia. Mas nem todos os que conheciam o segredo aprovavam a doutrina. A principal opositora era sua esposa original, Emma Smith. Ela estava casada com Joseph desde 1827, ainda o amava e aos 39 anos não tinha a menor vontade de dividir o marido com mocinhas da metade de sua idade. Ao fazer seus votos nupciais, Joseph havia prometido ser-lhe fiel, e ela esperava que ele cumprisse a promessa.

Extrovertida por natureza, Emma detestava a poligamia e não hesitou em externar sua opinião ao profeta. Em certo momento chegou a ameaçá-lo de tomar um esposo plural se ele não desistisse das esposas celestiais, fazendo com que Joseph se queixasse a seu secretário, em 23 de junho de 1843, que Emma estava "disposta a vingar-se dele por algumas coisas. Ela acha que se ele faz o que quer, ela também pode fazer".

As repetidas censuras de Emma à promiscuidade de Joseph fazem crer que a intenção original da revelação transformada em mandamento no artigo 132 tenha sido simplesmente a de convencê-la a se calar e aceitar as esposas plurais dele e ao mesmo tempo impedir que ela por sua vez se entregasse ao sexo extramarital. De fato, na manhã de 12 de julho, logo antes que Joseph registrasse para a posteridade a famigerada revelação, seu irmão Hyrum o instou explicitamente: "Se você registrar por escrito a revelação sobre o casamento celestial, eu a lerei para Emma e acho que desse modo posso convencê-la de que é verdadeira; assim, você terá paz".

Duvidando, Joseph respondeu: "Você não conhece Emma tão bem quanto eu".

Mas Hyrum persistiu: "A doutrina é tão clara, que sou capaz de convencer qualquer pessoa razoável, homem ou mulher, de sua veracidade, pureza e origem celestial". Persuadido, Joseph concordou em registrar por escrito a revelação que se transformou no artigo 132. Não por coincidência, ela menciona diversas vezes o nome de Emma. Por exemplo, no versículo 54 da revelação Deus adverte:

E ordeno a minha serva Emma Smith que obedeça e ceda a meu servo Joseph, e a mais ninguém. Mas, se não cumprir este mandamento, será destruída, diz o Senhor; pois eu sou o Deus seu Senhor, e a destruirei se ela não obedecer a minha lei.

O cerne da questão, isto é, a parte que dá aos homens licença para desposar muitas mulheres, ocorre logo antes da conclusão da revelação, quando o Senhor diz a Joseph:

Se um homem desposa uma virgem e deseja desposar outra [...], então ele está justificado; ele não comete adultério, pois elas foram dadas a ele [...]

E se ele recebe dez virgens segundo esta lei, não comete adultério, pois elas lhe pertencem e foram dadas a ele; portanto ele está justificado [...]

Mas se uma ou qualquer das dez virgens, depois de ter sido desposada, conhecer outro homem, ela terá cometido adultério e será destruída; pois foram dadas a ele para multiplicar-se e povoar a Terra, segundo meu mandamento.

Depois que Joseph terminou de ditar a revelação a seu secretário, Hyrum entregou a Emma o documento de dez páginas.* Infelizmente para Joseph, não teve o efeito esperado. Ao lê-la, Emma ficou apoplética. Hyrum relatou que "nunca ninguém falara com ele de maneira tão severa em sua vida" e que Emma estava "amargurada, cheia de ressentimento e raiva". Ela afirmou que "não acreditava em uma só palavra" da revelação e manteve sua recusa em aceitar os casamentos de Joseph com outras mulheres. Isso não impediu que o profeta tomasse novas esposas, mas ele não fez mais esforços para obter o consentimento de Emma.

Emma buscou consolo em seu amigo William Law, que, embora fosse também amigo íntimo de Joseph, compreendia as aflições de Emma. Membro antigo da igreja, Law era de uma integridade incorruptível e servira como fiel segundo conselheiro do profeta durante mais de dois anos. Em janeiro de 1844, Law encontrou Joseph nas ruas de Nauvoo e suplicou que anulasse a detestável revelação da poligamia. Segundo o filho de Law, Richard, seu pai abraçou o profeta e "com lágrimas nos olhos [...] pediu-lhe que revogasse a doutrina do casamento plural. O profeta também chorava, mas informou [a Law] que não podia revogá-la, pois Deus lhe ordenara pregá-la, e ele seria condenado se não obedecesse ao mandamento".

---

* William Clayton, leal secretário pessoal de Joseph, declarou em uma carta, 28 anos mais tarde: "Registrei a revelação sobre o casamento celestial dada a conhecer por meio do profeta Joseph Smith no 12º dia de julho de 1843. Quando a revelação foi escrita, ninguém mais estava presente além do profeta Joseph, seu irmão Hyrum e eu próprio. Foi escrita no pequeno estúdio do andar superior nos fundos da casa de tijolos à margem do rio Mississippi. Joseph ditou frase por frase e eu escrevi conforme ele ditava. Depois de tudo escrito, Joseph me pediu que lesse devagar e com cuidado, o que fiz, e ele então declarou que estava correta".

Por detestar a poligamia, sem falar do apoio emocional que proporcionou a Emma, Law viu seu relacionamento com Joseph se deteriorar gravemente. Por fim, a amizade entre ambos terminou quando Joseph "pretendeu seduzir" a esposa de Law, Jane, fazendo-lhe "as propostas mais indecentes e perversas". Enojado e irado, em abril de 1844 William Law exigiu que o profeta reconhecesse publicamente seu comportamento malévolo e "cessasse suas abominações".

Joseph reagiu excomungando Law, e este retrucou ao insulto declarando que Joseph era "um profeta decaído"; em 12 de maio, Law fundou uma instituição denominada Igreja Mórmon Reformada, que não reconhecia a poligamia. Segundo Fawn Brodie,

> Law era corajoso e tenaz, de um idealismo estranho e mal orientado. Embora estivesse cercado principalmente por pessoas que viam em Joseph um impostor ignóbil, aferrou-se à esperança de reformar a igreja. Para isso estabeleceu a sua própria, da qual era o presidente, seguindo fielmente a organização da instituição principal.
>
> Isso não seria grave em si mesmo, pois Joseph já vira anteriormente profetas rivais surgirem do chão a seus pés, porém sem êxito. Em geral, eles procuravam imitá-lo, apresentando revelações que pareciam cediças e insípidas diante das dele. Mas Law era diferente. Na verdade, iria se decepcionar mais tarde, mas se afastava da igreja na busca de algo a que pudesse se agarrar, procurando todos os pretextos.
>
> Seu desejo desesperado de reformar a igreja o transformou em um adversário mais temível do que seria se simplesmente tivesse buscado condenar o profeta e todas as suas obras.

Law era ainda mais temível por ser rico, o que lhe permitiu adquirir sua própria gráfica. Em 7 de junho de 1844, a primeira e única edição de um jornal intitulado *Nauvoo Expositor* saiu dos novos prelos. A tiragem foi de mil exemplares. O principal editorial dizia: "Estamos nos esforçando para derrubar o perverso princípio de Joseph Smith, assim como todos aqueles que praticam as mesmas perversidades e indecências". O periódico de quatro páginas se lançava contra o desprezo de Joseph pela separação entre a igreja e o Estado, sua usurpação do poder político e suas obscuras atividades financeiras, mas o principal objetivo do jornal era denunciar a doutrina secreta da poligamia. Os editores prometiam que nos dias vindouros "serão publicadas diversas declarações juramentadas, para corroborar os fatos aqui denunciados".

A maioria dos habitantes de Nauvoo reagiu com ira — não contra Joseph, a quem permaneceram fiéis, e sim ao jornal e seus proprietários. Mesmo assim, o profeta se preocupou com a possibilidade de que o *Expositor* pusesse em risco o controle que ele mantinha sobre a igreja e por isso convocou uma reunião de emergência do conselho municipal de Nauvoo. Advertindo que o periódico ameaçava "destruir a paz da cidade" e que era "um transtorno público", Joseph utilizou sua autoridade de prefeito e mandou o chefe de polícia "destruir as máquinas que imprimem o *Expositor* [...] e queimar todos os exemplares do jornal e os folhetos mentirosos que forem encontrados no mencionado estabelecimento".

Na tarde de 10 de junho, mais de duzentos membros armados da Legião de Nauvoo, liderados por Hyrum Smith e pelo apóstolo John Taylor, e autorizados pelo comandante da Legião, o tenente-general Joseph Smith, arrombaram com uma marreta a porta da frente dos escritórios do *Expositor*, destruíram a impressora, espalharam os tipos e depois puseram fogo aos destroços, "transformando-os em cinzas, enquanto os gritos da multidão enchiam o ar". Os editores do *Expositor* buscaram ressarcimento nos tribunais locais e acusaram o profeta e seus capangas de diversos crimes. O problema era que Joseph controlava o sistema judicial, além de todo o restante do governo em Nauvoo. A absolvição de todos os envolvidos na destruição da gráfica — incluindo o profeta — não foi surpresa para ninguém. William Law, em perigo de vida, já havia fugido de Nauvoo. Sua Igreja Mórmon Reformada declinou e acabou desaparecendo.

Joseph parecia haver triunfado novamente sobre seus adversários. Mas não contara com a reação dos não-mórmons do condado de Hancock a suas trapaças. Relativamente pouca gente, fora de Nauvoo, conhecia naquela época a doutrina poligâmica de Joseph, mas pelo menos nos dois anos anteriores já vinham surgindo desavenças entre os Santos e os gentios que viviam nos arredores. Embora, ao chegarem, Joseph e seus seguidores tivessem sido bem recebidos pelos cidadãos do Illinois, a mesma atitude de arrogância por serem os eleitos de Deus fora gradualmente provocando o antagonismo dos demais residentes do condado de Hancock.

O nome do condado era uma homenagem a John Hancock, o primeiro signatário da Declaração de Independência, populista convicto que condenava o abuso de autoridade de parte dos detentores do poder. Seguindo o espírito do patrono do condado, os não-mórmons preocupavam-se especialmente com a tendência teocrática de Joseph, assim como com seu aparente desprezo por todos os artigos da Constituição dos Estados Unidos, exceto os que asseguravam aos mórmons a liberdade de culto.

Freqüentemente Joseph afirmava sua crença nos valores essenciais codificados na Constituição. Acreditava, porém, que a democracia e as restrições constitucionais não eram aplicáveis em seu caso pessoal, porque havia sido designado pelo Senhor como Seu mensageiro. Deus falava por meio dele. Quando Joseph fosse divinamente entronizado como governador do mundo, não haveria mais necessidade de democracia, pois o Senhor seria o governante sob todos os aspectos. Certamente, acreditava Joseph, tão logo tivesse oportunidade de ouvir sua mensagem, o povo norte-americano compreenderia a virtude e a inegável veracidade da fé mórmon.

Mas a propalada intenção de Joseph de substituir o governo eleito dos Estados Unidos por um "governo de Deus" não foi bem recebida pelos residentes gentios do condado de Hancock, que não tencionavam se tornar súditos do Rei Joseph Smith. Incomodava os vizinhos não-mórmons de Joseph a maneira como os Santos votavam em bloco segundo as instruções do profeta e utilizavam essa alavanca para exercer influência indevida no governo do estado. Além disso, o condado de Hancock, assim como o resto do país, levava a sério a liberdade de imprensa de acordo com as idéias de Jackson. A destruição do *Nauvoo Expositor* por ordem de Joseph confirmou o crescente receio dos não-mórmons de que ele era um tirano megalomaníaco que representava um perigo claro e evidente para a paz e estabilidade da região.

O fim do *Expositor* literalmente levantou em armas os residentes gentios do condado. Um editorial publicado na cidade vizinha de Warsaw urrava: "A guerra e a exterminação são inevitáveis! CIDADÃOS, LEVANTAI-VOS, TODOS! Não é possível alienar-se e suportar esses DEMÔNIOS INFERNAIS! Deixá-los VIOLAR o direito de propriedade, sem vingança? Não há tempo para comentários! Cada um fará o seu. QUE SEJA COM BALAS E PÓLVORA!".

A atmosfera do condado de Hancock fervia de hostilidade. Adiantando-se à iminente retaliação por parte dos gentios, Joseph decretou lei marcial em 18 de junho e mobilizou o exército mórmon — a Legião de Nauvoo, com cinco mil homens. Temendo a eclosão de uma guerra civil, o governador de Illinois, Thomas Ford, líder de índole razoável e que não era antipático aos mórmons, reagiu exigindo que Joseph e Hyrum Smith, John Taylor e outros responsáveis pela destruição da gráfica se rendessem e enfrentassem as acusações judicialmente, em Carthage, sede do condado de Hancock. O governador Ford prometeu que, se o profeta se entregasse, ele garantiria pessoalmente sua segurança. Porém, advertiu o governador, "Se o senhor se recusar a se submeter, tornando necessária a convocação da milícia estadual, receio que sua cidade seja destruída e muitos dentre seu povo sejam mortos. O senhor conhece as paixões da mentalidade pública. Não a leve a extremos".

Joseph respondeu a Ford dizendo temer que, se ele e seus adeptos se rendessem a autoridades não-mórmons, seriam levados "de lugar em lugar, de tribunal em tribunal, cruzando córregos e prados, até que algum vilão sanguinário tivesse oportunidade de nos executar". Em vez de se render, Joseph e seu irmão Hyrum escaparam durante a noite de 23 de junho em um barco a remo com seu feroz guarda-costas, Porter Rockwell, cruzando o rio Mississippi e fugindo rumo às regiões selvagens do Iowa com a intenção de alcançar as Montanhas Rochosas.

Um dia depois, enquanto ambos esperavam a entrega dos cavalos que os levariam para o oeste, Joseph recebeu uma carta emocionada de Emma, instando-o a regressar a Nauvoo. O mensageiro que entregou a carta disse ao profeta que muitos Santos achavam que ele os tinha abandonado por covardia: "Sempre disseste que, se a igreja estivesse contigo, tu estarias com a igreja; mas agora que os problemas chegaram, és o primeiro a fugir".

Envergonhado, Joseph regressou a Illinois para se apresentar à justiça, temendo o pior. "Vou como um cordeiro para o sacrifício", observou aos barqueiros que o transportaram de volta à outra margem do rio.

Joseph e mais onze acusados pela destruição da gráfica se entregaram em 24 de junho. Enquanto percorriam os 38 quilômetros entre Nauvoo e Carthage, os milicianos de Illinois e outros gentios, de ambos os lados da estrada, vaiavam aos gritos o profeta: "Vá para o inferno, velho Joe, agora o pegamos!".

"Deixem que vejamos o velho Joe, o profeta de Deus. Ele não voltará a Nauvoo. Vamos matar todos os miseráveis mórmons!".

Em Carthage, as ruas estavam repletas de guardas das numerosas milícias locais — armados, embriagados e pouco disciplinados —, que pediam a cabeça do profeta. O governador Ford, resolvido a proteger Joseph e garantir-lhe um julgamento honesto, ordenou a retirada de todos os milicianos da cidade, com exceção de uma única companhia, a qual ele encarregou de vigiar a cadeia e cuidar dos prisioneiros.

Dez dos mórmons presos pagaram fiança e foram postos em liberdade, mas Joseph e Hyrum, que além dos crimes menos graves dos outros réus haviam também sido acusados de traição, foram encarcerados na cadeia de Carthage, um prédio de dois andares com paredes de quase um metro de espessura feitas de blocos de calcário de uma jazida local. Todo o prédio tinha somente seis cômodos: duas celas fechadas à chave para os presos e mais quatro salas (uma das quais servia de depósito no sótão), onde habitava o carcereiro com a mulher e sete filhos.

Inicialmente, o profeta e o irmão foram trancados na cela do andar térreo, reservada aos inadimplentes, que era bem iluminada e tinha razoável conforto. O carcereiro, George Stigal, não era mórmon, mas era pessoa de boa índole e ficou preocupado porque aquela cela do térreo, com janelas grandes no nível da rua, talvez não oferecesse segurança suficiente contra os homens enraivecidos do lado de fora, que pretendiam causar danos físicos a seus prisioneiros. Assim, permitiu que os irmãos Smith ocupassem seu próprio quarto de dormir, deixando que visitantes amistosos fossem vê-los. Dessa forma, ambos receberam às escondidas duas armas: um revólver de seis tiros e uma pistola de uma única bala.

No final da tarde de 27 de junho, no momento em que Joseph e Hyrum recebiam em seus aposentos a visita dos apóstolos John Taylor e Willard Richard, cerca de 125 milicianos da cidade vizinha de Warsaw, ferozmente anti-mórmon, reuniram-se do lado de fora da cadeia no calor úmido do verão. Anteriormente, obedecendo às ordens do governador, esses Dragões de Warsaw haviam saído de Carthage, mas não se afastaram muito. Disfarçaram-se esfregando pólvora no rosto e no fim do dia voltaram tempestuosamente para a cidade.

Apenas sete membros da guarnição de Carthage se encontravam de guarda quando os Dragões apareceram do lado de fora da prisão, atacando a entrada principal. Os de Carthage atiraram contra os invasores, mas, segundo um plano tramado anteriormente, os guardas haviam carregado suas armas com tiros de festim, de forma que nenhum dos Dragões foi ferido. Após o falso tiroteio, a guarnição se afastou, deixando a multidão enfurecida pelo ódio derrubar a porta da frente atirando indiscriminadamente ao invadir o prédio; duas balas por pouco não atingiram a mulher do carcereiro.

Os milicianos subiram ao andar superior e tentaram invadir o quarto onde estavam alojados os prisioneiros. Joseph e Hyrum brandiram as armas que lhes tinham sido contrabandeadas, enquanto Taylor e Richard empunharam cajados, colocando-se dos dois lados da porta, batendo furiosamente nos canos dos mosquetes que os invasores enfiavam pelo vão entreaberto.

Duas balas atravessaram a madeira da porta; a segunda atingiu o pescoço de Hyrum, seccionando a espinha dorsal, e ele caiu morto, enquanto mais quatro balas foram imediatamente disparadas contra seu corpo. Joseph reagiu colocando o revólver pela abertura e disparando às cegas os seis tiros de seu revólver, ferindo pelo menos um dos Dragões de Warsaw.

Os atacantes, entretanto, haviam conseguido abrir completamente a porta e uma chuva mortal de balas encheu o quarto. Taylor, desesperado, tentou saltar de uma janela aberta, mas, antes de conseguir, foi atingido por um disparo na coxa esquerda e outro no peito; embora a segunda bala tivesse batido em um relógio que estava no bolso do colete, e portanto não tivesse sido letal, o impacto o fez perder o fôlego, provocando sua queda ao chão. Tentando freneticamente escapar das balas, ele se meteu embaixo de uma cama, onde um projétil penetrou-lhe no antebraço e outro na cintura, "cortando um pedaço de carne da pélvis do tamanho de uma mão de homem".

Sem alternativa, Joseph tentou também saltar pela janela, mas, estando agachado no parapeito, dois tiros disparados de dentro do quarto o atingiram nas costas, e um terceiro, vindo de um mosquete do lado de fora, explodiu em seu peito. Soltando um lamento "oh, Senhor, meu Deus!" curvou-se para a frente e caiu da janela. A queda do profeta foi de uma altura de seis metros; ele bateu no chão com um som surdo e ficou imóvel, virado para um lado. Um segundo-tenente da guarnição de Carthage, testemunha da queda de Joseph, relatou que, tão logo tocou o chão, ele "recebeu diversos tiros e uma baioneta o atravessou". Poucos momentos depois, outro miliciano aproximou-se do corpo, empurrou-o e anunciou à multidão que Joe Smith estava morto.

Enquanto isso, Willard Richards emergiu de trás da porta, ileso a não ser por ferimentos leves de uma bala que lhe arranhara a garganta e uma orelha. Quando os Dragões forçaram a porta para entrar no quarto, Richards estava de pé do lado das dobradiças e ficara involuntariamente imprensado entre a porta e a parede. Ali permaneceu sem ser visto, até que o tiroteio se acalmasse. Após se certificar de que os milicianos haviam partido, saiu de seu esconderijo e foi à janela. No chão, do lado de fora, viu "cem homens junto ao cadáver [de Joseph] e outros mais que vinham pelo outro lado da cadeia".

Richards deparou então com John Taylor caído no chão, ensopado em seu próprio sangue, mas ainda respirando. O relógio de Taylor, atingido pela bala que, de outra forma, teria acabado com sua vida, havia parado às cinco horas, dezesseis minutos e dez segundos do dia 27 de junho de 1844. Os mórmons de todo o mundo relembram esse dia e esse exato momento, que marca a morte de seu grande e amado profeta. Joseph Smith tinha 38 anos de idade.

Apesar de tudo, Taylor sobreviveu aos graves ferimentos recebidos durante o episódio na cadeia de Carthage e mais tarde se tornou o terceiro presidente e profeta, sucedendo a Brigham Young em 1877. Nove anos mais tarde, receberia uma revelação célebre e furiosamente contestada, na qual Deus lhe reafirmava a validade do princípio do casamento plural — revelação que acabaria por gerar o moderno movimento fundamentalista, levaria ao povoamento de Short Creek e transformaria a vida de Dan Lafferty.

13. Os irmãos Lafferty

> *Deve ser evidente, para qualquer pessoa que não seja um messias, que o país está infestado deles [...] A observação comum demonstra que esse clamor de vozes representa a ala mais vigorosa da vida religiosa norte-americana. Aí está a religião em ação, sendo feita de maneira ativa [...] A verdade, naturalmente, é que o país está simplesmente fervilhando de fé — essa credulidade marcante que acompanha períodos de grande consciência religiosa e parece ser, entre nós, um estado de espírito permanente. Não seria de forma alguma possível caracterizar nossa era como de dúvida; ao contrário, é uma era de incrível fé.*
>
> Charles W. Ferguson, *The Confusion of Tongues*

Depois de ler *O pacificador* e resolver pôr em prática em sua vida o princípio do casamento plural, Dan Lafferty informou à mulher, Matilda, sua intenção de se casar com a filha mais velha dela — sua enteada. No último momento, entretanto, abandonou essa idéia e em vez disso desposou uma imigrante romena chamada Ann Randak, que cuidava de alguns dos cavalos de Robert Redford numa fazenda no cânion de Spanish Fork, nas montanhas a leste da Mina do Sonho. Ann e Dan haviam se conhecido quando ele pediu emprestado a ela um cavalo para desfilar em uma parada local. Ela não fazia parte da

LDS, diz Dan, "mas estava disposta a novas experiências. Tornar-se minha esposa plural foi idéia dela". Acrescenta ele que Ann "era uma moça adorável. Eu a chamava de minha noiva cigana".

Dan sentiu-se bem, vivendo segundo os preceitos rígidos de *O pacificador* — pareciam-lhe *corretos*, como se fosse efetivamente o modo de vida que Deus desejava a homens e mulheres. Inspirado, Dan buscou outros textos sobre o mormonismo praticado nos tempos iniciais da igreja.

Não precisou de muito tempo para descobrir que a poligamia não era o único princípio divino que a moderna Igreja LDS havia abandonado na ânsia de ser aceita pela sociedade norte-americana. Dan ficou sabendo que no século XIX tanto Joseph Smith quanto Brigham Young havia pregado a veracidade de uma doutrina sagrada conhecida como "expiação pelo sangue": certos atos cometidos contra os mórmons, explicara Brigham Young, somente podiam ser corrigidos se "o sangue dos pecadores for derramado no chão". Dan conheceu também o ensinamento de Joseph de que as leis de Deus têm precedência sobre as leis dos homens.

A teoria jurídica era assunto de especial interesse para Dan. Sua curiosidade fora despertada inicialmente durante seu aprendizado de quiroprática na Califórnia, após alguns problemas com as autoridades do estado e do condado. Na época, ele sustentava a família principalmente vendendo sanduíches caseiros. Dan, Matilda e os filhos mais velhos se levantavam todas as manhãs antes do nascer do sol para preparar e embalar pilhas de sanduíches vegetarianos "totalmente naturais" que Dan vendia aos outros estudantes de quiroprática na hora do almoço.

"Era uma atividadezinha lucrativa", diz Dan com orgulho. "Pelo menos, assim foi até que a Junta de Saúde mandou interrompê-la por não seguirmos as normas. Diziam que eu precisava de licença e que não pagava os impostos devidos." Pouco antes que o negócio terminasse, Matilda deu à luz um menino. O dinheiro era pouco. Perder a principal fonte de renda era um problema grave. Também foi importante para que Dan passasse ao fundamentalismo.

"Depois que me obrigaram a fechar", recorda Dan, "eu não sabia bem o que fazer. Não me parecia correto que o governo me punisse simplesmente porque eu tinha sido ambicioso e procurava sustentar a família, que me fizesse ter de recorrer ao seguro-desemprego em vez de me deixar continuar com o pequeno negócio. Parecia uma grande estupidez, a pior forma de intromissão governamental. No *Livro de Mórmon*, Moroni diz que todos temos a obrigação de zelar por um governo justo e bom; quando li isso, realmente me senti inspirado. Essas palavras me fizeram compreender que precisava começar a me envolver em assuntos políticos. E percebi que no fundo não é possível separar as questões políticas das religiosas. Ambas estão entrelaçadas."

Ao completar seus estudos de quiroprática e voltar ao Utah, Dan foi trabalhar com o pai em sua especialidade. Àquela altura os pais haviam vendido a fazenda e comprado uma casa na parte antiga do centro da cidade de Provo; o consultório ficava num cômodo no porão da casa. Em 1981, pouco depois de Dan começar a trabalhar com Watson pai, a Igreja LDS mandou os dois progenitores para o exterior numa missão de dois anos. Com isso, Dan e o irmão mais moço Mark (que se formara no Colégio de Quiroprática de Los Angeles seis meses depois do irmão) chegaram a um acordo para prosseguir a prática na ausência do pai.

Dan e Mark sempre se deram bem. "Quando crianças", diz Dan, "éramos inseparáveis." Durante a infância, ambos ordenhavam juntos, duas vezes por dia, a vaca da família. Passavam as férias de verão praticamente como siameses, "brincando nos celeiros, pulando no meio do feno, jogando bola e subindo em árvores", recorda ele. "Engraçado lembrar que era difícil parar de brincar para beber água ou fazer xixi. Nada era mais saboroso do que a água fria da torneira que abastecia o cocho, e nada dava mais prazer do que urinar quando a vontade era muita e era preciso parar de brincar, porque já não agüentávamos mais." Quando os irmãos mais moços — Tim, Watson Júnior e Allen — estavam mais crescidos, juntaram-se às travessuras de Dan e Mark. Nessas ocasiões, diz Dan, "todos ficávamos em fila junto à cerca, em ordem de idade, e urinávamos em grupo. Os menores adoravam fazer o que Mark e eu fazíamos, especialmente fila para urinar na cerca".

Quando Dan e Mark começaram a trabalhar juntos no consultório do pai, a relação especial que tinham tido na infância e primeira juventude reapareceu. Durante os intervalos entre um cliente e outro, entregavam-se a debates acalorados sobre tudo o que era mais importante para eles, e cada vez mais o mais importante tinha a ver com a doutrina religiosa e sua capacidade de reparar os pérfidos males que o governo ocasionava aos cidadãos.

Quanto à freqüência dessas conversas francas, Dan conta: "Comecei a observar um fenômeno fascinante". Em geral Dan e Mark ficavam muito ocupados com os clientes e muitas vezes passavam-se dias entre os debates político-religiosos. Mas nos dias em que havia intervalos nas consultas, possibilitando longas conversas, diz Dan, "misteriosamente meus irmãos mais novos apareciam, sem avisar. Passávamos um tempo precioso discutindo temas". Essas reuniões improvisadas aconteciam com freqüência suficiente para que "parecessem mais do que simples coincidência", segundo Dan. Cinco dos seis irmãos Lafferty geralmente participavam dessas conferências *ad hoc*: Dan, Mark, Watson, Tim e Allen. O único que não tomava parte era Ron, o mais velho de todos, que tinha seis anos a mais do que Dan e sempre agia menos como irmão do que como figura paterna.

Dan em geral dirigia os debates, que inevitavelmente abordavam o modo como o governo ultrapassava em muito seus devidos limites constitucionais, ficando perigosamente fora de controle. Reforçando seus argumentos com citações do *Livro de Mórmon*, ele explicava pacientemente aos irmãos que o governo não tinha o direito de exigir dos cidadãos norte-americanos nenhum tipo de licença, nem de cobrar impostos ou submetê-los ao peso opressivo do número de registro de seguro social. "Eu tinha chegado à conclusão", diz Dan, "de que as licenças representavam simplesmente um acordo com o governo para permitir-lhe controlar nossas vidas. E eu não queria que eles controlassem minha vida [...] eu já tinha o direito básico de aproveitar todas as atividades essenciais do ser humano, sem precisar de permissão do governo."

Embora Dan ainda não tivesse se ligado a nenhum profeta ou culto fundamentalista, seus estudos autodirigidos o haviam transformado em um fundamentalista mórmon *de facto*, altamente extremado. O impulso da maioria dos movimentos fundamentalistas, sejam mórmons, católicos, cristãos evangélicos, muçulmanos ou judaicos, é um forte desejo de regressar à ordem mística e à perfeição da igreja original. Dan Lafferty era impelido por esse mesmo desejo.

Quanto mais estudava os documentos históricos mórmons, mais se convencia de que a Igreja LDS se desviara de seu curso por volta de 1890, quando o governo ateu de Washington obrigara o então presidente e profeta Wilford Woodruff a abandonar a doutrina do casamento plural. Dan concluiu que a moderna Igreja LDS era nada mais do que uma complexa fraude.

Assim como os fundamentalistas de outras religiões, ele estava resolvido a respeitar infalivelmente os "verdadeiros" mandamentos de Deus, tal como eles eram entendidos a partir de uma interpretação rigorosamente literal dos mais antigos e sagrados textos de sua igreja. Da mesma forma, estava decidido a observar também os "verdadeiros" mandamentos dos textos mais antigos e mais sagrados de seu país. Para Dan, documentos como *O livro de Mórmon*, *O pacificador*, a Constituição dos Estados Unidos e a Declaração de Independência são parte de um mesmo conjunto: escrituras sagradas que proporcionam um vínculo direto com o Todo-Poderoso. A autoridade que emana de suas sentenças divinamente inspiradas é absoluta e imutável. E o dever dos homens e mulheres virtuosos é levar suas respectivas vidas segundo uma leitura rigidamente literal desses dispositivos.

Gente como Dan, que vê a existência através da lente estreita do literalismo, acredita que a linguagem utilizada em certos documentos específicos possui uma força extraordinária. As palavras são sempre tomadas ao pé da letra, segundo uma única interpretação incontroversa que não deixa espaço para as nuances, as ambigüidades e as contingências da situação. Vincent Crapanzano observa em seu livro *Serving the World* que o literalismo típico de Dan Lafferty

> estimula uma visão fechada do mundo, em geral (embora não necessariamente) politicamente conservadora, na qual a história fica parada no tempo e as pessoas são vistas por um prisma "nós e eles", em que *nós* possuímos a verdade, a virtude e a bondade, e *eles* a falsidade, a depravação e o mal. Despreza a linguagem figurativa, cujos símbolos e metáforas, por serem vivos, podem abrir o mundo e suas possibilidades imaginativas — coisa que para o literalista estrito é uma promiscuidade.

Dan ri desse tipo de exegese extremada. "Eu estava simplesmente em uma busca", faz questão de dizer. "Estava em busca da verdade."

Após pedir orientação por meio de orações e de receber a confirmação de que estava agindo segundo os desígnios do Senhor, Dan devolveu a carteira de motorista às autoridades do estado de Utah, revogou a certidão de casamento e restituiu o cartão do seguro social. Deixou de observar os limites de velocidade afixados nas estradas, os quais ele acreditava serem ilegais, e em vez disso passou a dirigir "com atenção e cuidado". Além disso, parou de pagar os impostos de todo tipo, inclusive o de valor agregado quando fazia compras nas lojas locais, o que provocava freqüentes discussões com os vendedores.*

Encorajado pela evidente correção de sua cruzada, no verão de 1982 Dan lançou sua candidatura para o posto de xerife do condado de Utah, iniciando uma ativa campanha política com discursos públicos, cartas ao jornal de Provo, entrevistas radiofônicas e cavalgadas em desfiles nas pequenas cidades. Prometia, se fosse eleito, fazer cumprir as leis segundo uma interpretação literal da Constituição dos Estados Unidos. Assim explicava ele: "A razão de minha candidatura é a restauração da primazia dos júris de direito consuetudinário e dos pontos fundamentais da Constituição".

Em 4 de outubro de 1982, Dan voltava de automóvel para casa depois de um encontro com outro candidato a xerife (o chefe de polícia de American Fork, com o qual ele esperava fazer um debate público), quando na estrada interestadual 15 foi detido por um policial do estado por excesso de velocidade e por não ter o selo de inspeção do veículo. "Eu já tinha tido algumas desavenças com o policial que me parou", reconhece Dan. "Ele sabia que eu ia voltar de carro depois do debate e armou uma cilada. Eles queriam me acusar de algum crime para impedir minha candidatura, e um bando deles me esperou na estrada. Eu tinha acabado de publicar um artigo importante no jornal, um artigo muito importante, que irritara muita gente, sobre o uso impróprio do poder público com mandados de prisão ilegais; eu dizia que era inconstitucional deter uma pessoa na estrada interestadual e prendê-la."

"O policial que me mandou parar disse que tinha lido meu artigo, disse que tinha o jornal no carro. Eu respondi: 'Bem, se você leu o artigo, deve ter compreendido por que não pode me prender agora. Se quiser me prender, vá buscar um mandado de um juiz, traga-o a minha casa e eu acatarei os procedimentos adequados." Dan havia trancado as portas do carro e levantado todos os vidros, deixando apenas um espaço de pouco mais de dois centímetros no alto de sua janela, "pois achei que era suficientemente estreito para evitar que ele enfiasse a mão e me agarrasse, mas que me permitiria falar com o policial".

* Nos Estados Unidos, o imposto sobre valor agregado é calculado e cobrado no ato, separadamente do preço do objeto comprado, de forma que o comprador sabe exatamente o valor do imposto que paga. (N. T.)

O guarda não achou graça e mandou Dan descer do carro. "Eu me recusei a sair", diz Dan, "e ele fez uma coisa que eu não tinha previsto: agarrou o vidro da janela com as duas mãos e puxou, deslocando-o, e depois tentou me agarrar com a mão. Eu disse: 'Bem, preciso ir embora!' e arranquei."

Os policiais o perseguiram e o detiveram pouco depois. Ele foi acusado de cinco crimes (inclusive com agravantes de tentativa de fuga, agressão a um policial e intenção de despistar a polícia) e preso na cadeia do condado. No julgamento, Dan foi seu próprio advogado de defesa e procurou montar sua argumentação baseando-se em diversos pontos obscuros de direito constitucional. O juiz, entretanto, advertiu-o repetidas vezes de que os tribunais de justiça do estado de Utah não têm competência para tratar de causas constitucionais, o que enfureceu Dan. Zangou-se ainda mais quando o juiz anulou sua objeção sobre a constituição do júri, com quatro mulheres (Dan dizia que tinha direito a que pelo menos um dos membros fosse homem).

Ele continuou a não dar atenção às instruções do juiz, defendendo-se com argumentos constitucionais, até que, exasperado, o juiz o declarou culpado de desrespeito ao tribunal. Nesse ponto, os irmãos de Dan e diversos outros que o apoiavam fizeram uma baderna no tribunal, gritando que o juiz, o promotor e o escrivão estavam "presos por ordem dos cidadãos". No meio da confusão, Dan se ergueu e censurou o juiz em voz alta: "Em nome de Cristo, faça justiça ou será castigado!".

No fim das contas, essa representação teatral de nada adiantou. Dan foi condenado a 45 dias de prisão na penitenciária estadual a fim de ser examinado por um psiquiatra e em seguida preso na cadeia do condado por mais trinta dias.

A permanência atrás das grades só serviu para reforçar sua decisão. Por uma questão de princípio, parou de pagar os impostos sobre a casa e o consultório do pai. Os imóveis de seu progenitor, explica Dan, "estavam livres e desembaraçados de ônus. Ao pagar imposto predial, na verdade estamos reconhecendo que o governo é o verdadeiro proprietário, porque pode confiscar o imóvel se as taxas não forem pagas. E eu estava disposto a gerar um impasse para esclarecer quem era o dono efetivo da propriedade".

Quando a inevitável confrontação ocorreu, Dan não teve êxito. O fiscal de receitas do condado de Utah o notificou de que por falta de pagamento dos impostos o condado confiscaria o imóvel, além do equipamento do consultório de Watson Lafferty. Nesse ponto, Dan informou cortesmente ao funcionário que "eu pretendia me defender contra qualquer atropelo a meus direitos conferidos por Deus".

Os quatro irmãos de Dan o apoiaram em sua guerra contra o Estado. Mas quando o pai de Dan, que ainda estava fora do país em missão para a LDS, ficou sabendo que sua casa e seu material de trabalho estavam prestes a ser leiloados por inadimplência fiscal, ele ficou furioso. Ligou para Dan do exterior para expressar sua profunda indignação e acusou-o de "hipnotizar" seus irmãos; o patriarca dos Lafferty chegou a sugerir que Dan estava procurando hipnotizá-lo a distância, junto com Claudine, pela linha telefônica.

Watson conseguiu evitar que a casa fosse leiloada abreviando sua missão e voltando às pressas a Provo com Claudine, mas continuou furioso com Dan. Embora a ira do pai o tivesse entristecido, Dan não desistiu de sua cruzada.

Durante os meses finais de 1982 e o início de 1983, a cruzada se tornou mais ostensivamente religiosa e os quatro irmãos de Dan foram cada vez mais contagiados por seu fervor fundamentalista. Os irmãos Lafferty começaram a se reunir com mais regularidade para debater os méritos da poligamia e outros princípios defendidos em *O pacificador*. Mas, quando três dos irmãos tentaram impor esses princípios em suas próprias casas, suas esposas se recusaram a obedecer e começaram a se queixar a Dianna, mulher de Ron, o mais velho dos irmãos Lafferty, sobre as perturbadoras mudanças nas personalidades de seus maridos.

14. Brenda

> [Os "fundamentalismos"] são formas de espiritualidade combativas, que surgiram como reação a alguma crise. Enfrentam inimigos cujas políticas e crenças secularistas parecem contrárias à religião. Os fundamentalistas não vêem essa luta como uma batalha política convencional, e sim como uma guerra cósmica entre as forças do bem e do mal. Temem a aniquilação e procuram fortificar sua identidade sitiada através do resgate de certas doutrinas e práticas do passado. Para evitar contaminação, geralmente se afastam da sociedade e criam uma contracultura; não são, porém, sonhadores utopistas. Absorveram o racionalismo pragmático da modernidade e, sob a orientação de seus líderes carismáticos, refinam o "fundamental" a fim de elaborar uma ideologia que fornece aos fiéis um plano de ação. Acabam lutando e tentando ressacralizar um mundo cada vez mais céptico.
>
> Karen Armstrong, *Em nome de Deus*

Ron e Dianna Lafferty moravam com os seis filhos em Highland, uma pequena e próspera comunidade escondida aos pés da Cordilheira Wasatch, a pouca distância ao norte de American Fork e a meio caminho entre Provo e Salt Lake City. Em 1982, Ron era vereador em Highland e um dos baluartes da congregação local da LDS, na qual fora designado primeiro conselheiro do bispo, e era também líder das atividades juvenis.* Todos o consideravam excelente pai para seus seis filhos e seu casamento com Dianna parecia inusitadamente sólido, invejado por todos os que os conheciam. "Eu me lembro desse casamento, que foi tão feliz durante dezesseis anos e meio", diz uma amiga íntima de Dianna, chamada Penelope Weiss. "E a primeira coisa que minha filha disse quando lhe contei o que aconteceu com Dan e Ron, você sabe, foi: 'Isso não pode ser verdade! Todas nós, mocinhas, queremos um casamento como era o de Ron e Dianna.'"

O aparente contentamento de Ron, entretanto, ocultava problemas que já vinham dos tempos de juventude. Embora as explosões do pai tenham deixado cicatrizes mais ou menos profundas em todos os filhos dos Lafferty, quem parece ter sofrido os maiores danos emocionais foi Ron, que tinha um relacionamento especial com sua mãe, sempre subjugada. Segundo Richard Wootton, psicólogo que o acompanhou durante muito tempo ao longo de seus dezenove anos de prisão, a lembrança que ele tem de sua mãe é "vê-la ser espancada pelo marido e ficar tão zangado que seu desejo era ser grande o bastante para dar um pontapé no traseiro do pai [...] creio que esse sentimento permaneceu com ele, transformando-se em um padrão que o ajudava a lidar com as situações difíceis".

As angústias de Ron não eram notadas pelos estranhos à família. Quando criança, desfrutava da amizade de outros meninos da comunidade, e suas notas na escola eram boas, ainda que não extraordinárias. Também se sobressaía como atleta, figura importante na equipe de futebol americano da escola secundária e capitão da equipe de luta livre. Durante a adolescência e como jovem adulto dava a impressão de que teria brilhante futuro. Como costumava acontecer com os jovens mórmons que se destacavam nos estudos, foi mandado pela igreja em uma missão de dois anos, depois de terminar o curso secundário e servir ao exército, ansioso por difundir o evangelho a fim de que outras pessoas conhecessem a incomparável alegria de ser um Santo dos Últimos Dias.

---

* Cada uma das congregações, ou dioceses ("wards"), da LDS é chefiada por um bispo — um leigo, sempre do sexo masculino, que tem de ser aprovado pela Primeira Presidência e pelo Quorum dos Doze Apóstolos, o ápice da hierarquia que dirige a igreja mundial em Salt Lake City. Por sua vez, o bispo designa dois conselheiros, e os três funcionam conjuntamente como um bispado que supervisiona de perto tudo o que ocorre na diocese.

Não é fácil ser missionário mórmon. Os custos da missão são pagos por eles próprios, que são obrigados a viajar a qualquer lugar do mundo onde a igreja acredite que sejam necessários. No caso de Ron, depois de quatro semanas de doutrinação no Centro de Treinamento de Missionários em Provo, foi chamado a salvar almas na Geórgia e na Flórida. Como Santo obediente, já havia prometido se abster de beber, fumar, usar drogas ilegais, ingerir cafeína, masturbar-se e ter experiências sexuais pré-maritais.* Como missionário, estava agora proibido de ler qualquer coisa que não fosse relativa à LDS e de ouvir qualquer música que não fosse a produzida pela igreja. Também estavam banidos o cinema, a televisão, os jornais e as revistas. Somente uma vez por semana podia escrever cartas à família e apenas no Natal e no dia das mães estava autorizado a telefonar para casa.

Ron seguiu com diligência essas regras, ao menos em parte, mas tinha um laivo rebelde que surgia de vez em quando. Talvez não seja surpreendente, dado o complexo relacionamento que tinha com o pai, que as figuras que representassem autoridade provocavam em Ron uma certa reação emocional. Uma parte dele se sentia desesperadamente ansiosa por agradar a seus superiores, enquanto outra reagia interiormente contra quem quer que tivesse autoridade sobre ele. De vez em quando Ron se sentia impelido a fazer com que aqueles que o instruíam ficassem sabendo que não eram seus donos.

Naquele tempo, exigia-se que os missionários usassem chapéu. Segundo o dr. Wootton, que é mórmon, Ron "se recusava a usar chapéu. No verão, quando o tempo na Flórida é quente e úmido, eles tinham de andar de paletó. Ron não queria. Certa vez, declarou: 'Eu não fui para lá para fazer um desfile de moda. Estava lá para converter pessoas e cumprir uma missão'".

Todas as manhãs Ron saltava da cama às seis da manhã, vestia calças pretas, uma camisa branca muito bem passada e uma gravata feia com prendedor; em seguida estudava as escrituras durante duas ou três horas e ia para as ruas a fim de procurar potenciais convertidos. Como acontecia com todos os missionários da LDS, tinha de suportar insultos, ameaças de violência física,

---

* Supõe-se que todos os mórmons aceitem essas restrições; a maior parte delas tem origem em uma interpretação draconiana, que data do final do século XX, de uma revelação confusa recebida por Joseph Smith em 1833, conhecida como "O Mundo da Sabedoria" e transformada em norma no artigo 89 de *Doutrina e mandamentos*, e na qual o Senhor ordenou a seus Santos que se abstivessem de "bebidas fortes" e alguns outros vícios.

cusparadas e rejeição grosseira; normalmente, batiam-lhe a porta na cara quarenta ou cinqüenta vezes por dia. No entanto, Ron se mostrou surpreendentemente competente nesse tipo de trabalho. Era completamente dedicado. A constante chuva de zombarias resvalava nele como se sua pele fosse feita de teflon.

Ron *sabia* que a Igreja LDS era a Única Igreja Verdadeira de Deus e estava decidido a partilhar essa glória com tantas pessoas quantas fosse possível. Não se esperava de um missionário diligente senão três ou quatro conversões por ano — o que o faria se sentir feliz com essa vitória.* No entanto, espantosamente, ao término de sua missão de dois anos, Ron já havia conseguido batizar mais de cinqüenta pessoas na Igreja LDS.

Enquanto estava salvando almas na Flórida, Ron conheceu uma doce estudante de enfermagem, apaixonou-se e se casou com ela no fim da missão. Levou Dianna, sua nova esposa, para o Utah, a fim de morar próximo aos pais e irmãos. Conseguiu um bom emprego como operador de equipamento pesado em uma companhia de construções cujo proprietário era também mórmon, e tratou de cuidar de sua família de Santos fiéis.

Estabelecido com conforto no condado de Utah, Ron servia de amparo emocional para todo o clã Lafferty. Desde crianças, seus irmãos e irmãs mais jovens sempre o procuravam para se aconselhar emocionalmente; era ele quem servia de mediador nos desentendimentos familiares. Um dos irmãos dizia, com carinho, que ele era do tipo "supermãe" e gostava daquele papel. Durante as duas décadas seguintes a sua volta da missão, fez questão de estar disponível sempre que a mãe ou os irmãos precisavam dele.

Em meados de 1982, Dianna já havia percebido que vários dos irmãos de Ron precisavam muito do auxílio fraterno. Em agosto daquele ano ela compreendeu que as outras cinco esposas dos Lafferty estavam muito infelizes por causa das restrições fundamentalistas que Dan instava seus irmãos a adotar, e por isso Dianna pediu a Ron que conversasse com Dan e os outros irmãos, a fim de "endireitá-los". Ron concordou em visitá-los.

Certa noite, quando os cinco irmãos estavam reunidos na casa dos pais em Provo para discutir religião e política, Ron foi até lá a fim de participar da conversa — era a primeira vez em que participava de uma dessas reuniões. Os

---

* Nos últimos anos, a média anual tem sido pouco superior a duas conversões em cada missão.

irmãos o acolheram calorosamente, até mesmo quando ele começou a ler um ensaio publicado pela Igreja LDS que advertia contra os males do fundamentalismo e convocava os Santos a obedecer aos ensinamentos do presidente e profeta da igreja, Stephen W. Kimball. À medida que a noite avançava, Ron foi fazendo perguntas cada vez mais agressivas sobre as novas crenças de Dan e fez todos os esforços possíveis para persuadir seus irmãos mais jovens de que as idéias loucas de Dan estavam colocando suas almas eternas em grave perigo.

"Ron sentia vergonha por minha causa", recorda Dan. "Ele era um Santo devoto e disse que eu criava constrangimentos para a Igreja Mórmon. Disse-me: 'Não há lugar para extremismo na igreja!'"

Sem recuar, Dan retrucou: "Bem, que tal extremamente bom? Só estou procurando ser extremamente bom!". Dan argumentava calorosamente que a Igreja LDS havia se equivocado ao abandonar a poligamia e que a única maneira de fazê-la voltar ao caminho correto era adotar os dogmas sagrados expostos em *O pacificador*. Ron tentou refutar os argumentos de Dan, ponto por ponto, citando as escrituras da Bíblia e do *Livro de Mórmon*. Dan contra-atacou com suas próprias razões, retiradas do mesmo texto, assim como da Constituição. "Não demorou muito para que Ron, durante a reunião, parasse de tentar nos convencer de que estávamos enganados", recorda Dan. "O que vocês estão fazendo é o correto", reconheceu ele. "Os outros é que estão errados." Em poucas horas, Dan havia convertido Ron, transformando-o de Santo obediente em fervoroso fundamentalista mórmon. Dianna disse a sua amiga Penelope Weiss que, quando Ron voltou para casa naquela noite, "um homem totalmente diferente entrou pela porta".

Ao adotar a visão desafiadora do mundo professada por seus irmãos, Ron tornou-se participante regular das reuniões deles. Jogou fora a carteira de motorista e tirou as placas do carro. Depois disso, largou o emprego, o que aumentou muito as preocupações de Dianna, pois a família já beirava a falência financeira. Ron estava nos últimos estágios do que, para ele, era um grande projeto de construção: um complexo de quatro apartamentos financiados com um empréstimo bancário, que ele construía fora das horas normais de trabalho, como investimento. Até aquele momento, após trabalhar o dia inteiro em seu emprego "real", vinha dedicando a maioria do finais de tarde à construção do prédio e passava o restante de seu tempo livre erguendo uma "casa dos sonhos" para si e sua família em Highland. Seus dois projetos paralelos de construção consumiam cada vez mais os recursos disponíveis, ultrapassando-os.

Para aumentar os problemas, a economia na região das Montanhas Rochosas mergulhara em uma profunda recessão. Ron e Dianna não conseguiam pagar as prestações do empréstimo. Não havia dinheiro suficiente para as despesas diárias, nem para as roupas das crianças. Ron começou a sucumbir à pressão. "Foi mesmo uma terrível recessão", recorda Weiss. "Ron ia perder tudo o que tinha. Na verdade, já estavam prontos os documentos para que o banco confiscasse a casa na qual ele tinha trabalhado durante tantos anos."

Foi durante essa crise que Dianna pediu a Ron, em nome das cunhadas, que visitasse os irmãos para trazê-los de volta ao caminho certo. "Ron estava muito vulnerável nessa época", explica Weiss. "Dianna me disse que ele se sentia tão inseguro que de vez em quando se deixava abater e chorava. Ela dizia: 'Ron, não se preocupe, podemos recomeçar. Já fizemos isso uma vez, vamos fazer de novo'. Mas ele a olhava e respondia: 'Já sacrificamos muita coisa. Não posso suportar perder tudo.'"

"Foi aí que Dan apareceu", continua Weiss, com voz angustiada. Nas idéias religiosas de Dan havia uma mensagem que Ron achou especialmente reconfortante naquele período. "Dan convenceu Ron de que Deus não queria que os homens tivessem posses materiais e que era bom perder tudo. Disse que Deus o chamava para missões mais elevadas, que Seu desígnio era que Ron fosse missionário dos ensinamentos de Dan. E Ron realmente acreditou naquilo, em tudo aquilo. Até mesmo deixou o emprego. Dan dizia que tudo ia dar certo porque Ron seria convocado para ser o novo presidente e profeta da LDS, e que ele, Dan, seria o primeiro conselheiro e os quatro outros irmãos Lafferty seriam os segundos conselheiros."

Pouco depois de se converter ao tipo de fundamentalismo de Dan, Ron instruiu Dianna a seguir as severas normas estabelecidas em *O pacificador*. "Um dia fui à casa deles", recorda Weiss, "e encontrei Dianna mexendo sem cessar uma jarra cheia de nata de leite. 'Que está fazendo?', perguntei. Ela respondeu: 'Agora Ron quer que eu faça a manteiga em casa.'"

"Esse é apenas um pequeno exemplo de como Ron exigia que ela se comportasse. Basicamente, queria que ela fosse uma espécie de escrava — o que era uma mudança completa em relação ao passado. Antes da lavagem cerebral feita por Dan, Ron tratava Dianna como uma princesa. Era um dos homens mais bondosos que conheci. Mas, quando isso aconteceu, ele se transformou numa pessoa mesquinha."

"Dianna logo percebeu que as modificações na personalidade de Ron eram realmente para pior, e nunca vi uma mulher agir com tanta energia para salvar um homem. Ficava acordada até tarde conversando com ele, tentando lhe incutir idéias sensatas. Na esperança de mudar seu comportamento e resgatá-lo, tentou continuar tendo um bom relacionamento, concordando com algumas de suas loucas exigências. Mas havia limites, e ela acabava dizendo: 'Não, Ron, isso não está certo.'"

À medida que Ron se tornava mais exigente e extremado, Dianna aos poucos perdia a esperança de que ele pudesse voltar a ser o pai exemplar e esposo cordial de antes. Ele começou a falar de poligamia com crescente entusiasmo — coisa que ela não era capaz de suportar. Quando Ron anunciou que pretendia casar as filhas adolescentes como esposas plurais de outros homens, Dianna chegou ao ponto de se separar. Desesperada, voltou-se para Weiss e outras amigas íntimas, para os líderes de sua diocese da LDS e especialmente para Brenda, mulher de Allen, o mais jovem dos irmãos Lafferty.

Depois que Dan convenceu os irmãos a adotar suas crenças fundamentalistas, todas as esposas deles concordaram e se conformaram, cada uma a seu modo, com as humilhações decretadas em *O pacificador* — ou melhor, todas menos uma: Brenda Wright Lafferty. Inteligente, articulada e afirmativa, "Brenda enfrentou aqueles irmãos Lafferty", diz a mãe dela, LaRae Wright. "Ela era provavelmente a mais jovem das esposas, mas era também a mais forte. Disse às outras que defendessem seus direitos e que pensassem com suas próprias cabeças. Deu o exemplo, recusando-se a aceitar as exigências de Allen. Disse a ele, claramente, que não queria vê-lo fazendo as mesmas coisas que os irmãos faziam. Estes a consideraram culpada por isso, por dividir a família. Os irmãos Lafferty não gostavam de Brenda, porque ela os atrapalhava."

Brenda era a segunda dos sete filhos de LaRae, professora primária, e Jim Wright, agrônomo. Nascida em Logan, Utah, com apenas um ano de idade foi com a família para Ithaca, no estado de Nova York, onde o pai fez o doutorado na Universidade Cornell. Jim e LaRae sentiam falta das paisagens amplas das Montanhas Rochosas do oeste, mas o norte do estado de Nova York também era agradável, e além disso havia uma grande atração próxima a Ithaca: Palmyra, o lugar de origem da fé LDS de ambos. Logo que terminou os estudos e obteve o título, entretanto, Jim voltou para o oeste com a família, estabelecendo-se em Twin Falls, no estado de Idaho, vila agrícola situada a 65 quilômetros ao norte da divisa com o estado de Utah, onde Brenda havia passado uma infância feliz.

"Ela era extrovertida, cheia de vida e tinha muita personalidade", diz a irmã mais velha, Betty Wright McEntire. "Brenda era uma pessoa divertida. Éramos muito amigas." Querida de todos, ativa na vida escolar e participante em funções extracurriculares, Brenda era uma estudante ambiciosa, excelente em tudo a que se dedicava. Era também bonita, uma saudável moça norte-americana do interior: em 1980 foi a primeira princesa do concurso de Miss Twin Falls.

Depois de terminar com louvor o curso secundário, Brenda entrou para a Universidade de Idaho, onde foi eleita presidente da associação de alunas. "Mas essa não era a vida que ela pretendia ter", diz a mãe, "e por isso voltou para Twin Falls e cursou a Faculdade do Sul de Idaho durante dois anos, passando depois para a universidade Brigham Young." Durante sua permanência na BYU, Brenda fez parte da "diocese dos jovens adultos" — a congregação LDS dos alunos — e ali conheceu Allen Lafferty. "Allen não era aluno, mas por alguma razão começou a freqüentar a diocese dos alunos em Provo", explica LaRae. "Ele tinha muito carisma, os dois se apaixonaram e iniciaram o namoro."

"Quando Brenda começou a namorar Allen, eu estava fora do país, numa missão na Argentina", diz sua irmã Betty. "Mas ela me escrevia semanalmente, e eu percebi que tinha intenções sérias sobre o rapaz. Antes disso havia saído com vários outros, mas nunca se ligou especialmente a nenhum deles. Com Allen era diferente. Ele já tinha sido missionário, e a família Lafferty era um modelo na igreja. Todos em Provo os conheciam. Além disso, Allen é uma pessoa encantadora — todos os irmãos Lafferty têm esse dom de seduzir. Têm uma expressão especial nos olhos. Brenda não resistiu. Mesmo eu estando na Argentina, vi claramente que ela estava apaixonada por Allen." Em 22 de abril de 1982, Allen e Brenda foram unidos por toda a eternidade como marido e mulher no templo de Salt Lake City. Ela, aos 21 anos de idade.

Na BYU, onde se formou em comunicação, Brenda foi a locutora principal do noticiário de televisão na emissora KBYU, afiliada local do PBS* que transmite para todo o estado de Utah no canal 11. Segundo Betty, "a ambição dela era ser uma locutora como Michelle King.** Em casa nos ensinaram a ser muito independentes. Nossos pais nos diziam que tínhamos recebido alguns dotes e que devíamos aperfeiçoá-los, e como possuíamos essas habilidades não deveríamos viver dependendo de outras pessoas".

"Brenda se casou, e, como Allen não queria que ela trabalhasse, a carreira de locutora ficou temporariamente suspensa; mas ela aceitou um emprego modesto na loja Castleton, uma das melhores do shopping de Orem, a fim de se qualificar para o seguro e ajudar a família. Allen, porém, pressionou-a para que também deixasse esse emprego, pois queria que ela fosse uma esposa tradicional, subserviente. Queria que ela dependesse completamente dele."

Segundo LaRae, "Brenda realmente queria seguir a carreira de jornalista na TV. Descobrimos mais tarde, depois do que aconteceu, que tinham oferecido a ela um lugar de professora no departamento de comunicação da BYU. Allen não permitiu, e por isso ela se tornou dona-de-casa. Lendo seus diários, é evidente que, passados dois meses do casamento com Allen, ela percebeu que tinha cometido um erro. Mas nessa altura já estava grávida de Erica."

"Quando Allen entrou para nossa família", diz Betty, irmã de Brenda, "houve uma relação positiva espontânea. Todos gostamos dele. Ele era como um ótimo irmão mais velho para nós. Naquela época, não tínhamos idéia do que estava acontecendo na família dele. Depois começamos a notar que eram todos fanáticos."

Betty recorda uma visita que fez a Brenda e Allen certa noite, quando ela estava esperando Erica. "Brenda queria sair para comermos, mas Allen se recusava a freqüentar qualquer restaurante que abrisse aos domingos. Fomos de carro a vários lugares, e Allen nos mandava esperar no carro enquanto ele ia ver se o restaurante costumava abrir nesse dia. Todos abriam, e ele não nos deixava entrar. Brenda e eu ficamos frustradas e acabamos pedindo que ele nos levasse de volta para casa.

"Allen trabalhava com ladrilhos e fazia questão de sempre receber em di-

---

* Public Broadcast System, financiado pelo governo. (N. T.)
** Michelle King, que hoje é locutora no noticiário da noite da KUTV, afiliada à CBS (Columbia Broadcasting System), formou-se em comunicação na BYU dois anos antes de Brenda.

nheiro vivo. Não queria ter conta bancária, para que a Receita Federal não descobrisse seus rendimentos. Não queria se filiar à seguridade social. Só ficamos sabendo de tudo isso depois que eles se casaram."

"Começamos a notar que Allen estava sempre querendo burlar a lei. Quando chegou a época do imposto de renda, no primeiro ano de casados, Allen disse a Brenda que não ia pagar. Ela respondeu: 'Vamos pagar, sim! É o certo. Devemos respeitar a lei!'. Allen se recusou, e ela pediu a nosso pai que preparasse a declaração para eles. Lembro quando foi preciso emplacar o carro; Allen não permitiu que Brenda fosse cuidar do assunto. Ela disse: 'Vou, sim, porque não quero pagar multa!'. Os dois brigaram por causa disso. Nós não tínhamos sido educadas daquele modo. Por isso ela sempre tratava de fazer as coisas que deviam fazer: pagava os impostos, renovava a licença, esse tipo de coisa. Resistia a Allen tanto quanto possível."

"A menina ficou doente e ele não deixou Brenda levá-la ao médico. As coisas iam ficando cada vez piores."

O pai de Allen, Watson Lafferty, tinha diabetes crônica e se recusava a ser tratado com insulina. No final de 1983, depois que ele e Claudine voltaram da missão, retornando a sua casa em Provo, o diabetes piorou. Mas os filhos continuavam a recusar tratamento para ele. Os remédios de ervas e de homeopatia não controlavam a doença, e ele morreu. "Nessa altura, Brenda achava que o mal reinava naquela família", diz Betty. "Ela já sabia que havia alguma coisa bem errada com eles."

A vida também estava piorando para Dianna Lafferty. A casa dela em Highland ficava a apenas alguns minutos do pequeno apartamento onde moravam Allen, Brenda e a filhinha, em American Fork. Apreensiva e desesperada, Dianna foi pedir ajuda a Brenda. Embora Brenda teimasse em afirmar que era capaz de mudar o comportamento de Allen, estava convencida de que Ron era um caso perdido e que ele jamais abandonaria sua idéias fanáticas. Ron e Dan já tinham sido excluídos da igreja LDS. Ron estava desempregado. Cada vez era mais agressivo com Dianna e falava sempre com mais entusiasmo em tomar esposas plurais. Brenda insistiu com Dianna para que se divorciasse dele, para o bem dela e dos filhos.

Deixar Ron era uma perspectiva tão assustadora que parecia impensável para Dianna. Como ela mais tarde explicou ao promotor do condado de Utah, ela tinha seis filhos, não possuía grau universitário, nunca trabalhara e não tinha aptidões especiais. "Nem sei datilografar", confessou, desesperada. Mas no fundo sabia que Brenda tinha razão: era preciso se separar de Ron. Apoiando-se em Brenda, em amigas íntimas e em membros da diocese da LDS em Highland, Dianna reuniu coragem suficiente para dar entrada no divórcio.

O divórcio foi homologado no outono de 1983. Perto do Dia de Ação de Graças, Dianna se mudou com os filhos para a Flórida, afastando-se o mais possível dos irmãos Lafferty. Mesmo sabendo que isso iria acontecer, a partida da mulher e dos filhos foi um golpe severo para Ron. Desanimado com a idéia de passar o Natal sem eles, resolveu ir no período das festas para longe do Utah, onde tudo lhe lembrava a família ausente. Foi visitar uma colônia de polígamos perto de Woodburn, no estado de Oregon, liderada por uma figura carismática chamada John W. Bryant.

Antes de chegar a Woodburn (povoado agrícola próximo a Salem, capital do Oregon), Bryant havia estabelecido colônia poligâmicas em Utah, Califórnia e Nevada. Como muitos outros profetas renegados, havia algumas vezes afirmado ser o "homem forte e poderoso", mas diferia de seus irmãos fundamentalistas em alguns aspectos pouco comuns. Bryant era libertino por temperamento, e seus ensinamentos enfatizavam experiências com drogas e sexo em grupo — tanto homo quanto heterossexual —, tendências raramente encontradas em outros fundamentalistas mórmons.

Esse comportamento escandaloso era completa novidade para Ron, que ficou ao mesmo tempo fascinado e perplexo com o que viu durante sua longa estada na comunidade de Bryant. Uma das mulheres do profeta deu a entender a Ron que se sentia atraída por ele, e ele ficou extremamente tentado a ir para a cama com ela, mas achou que isso causaria ciúme e ira em Bryant, e por isso voltou para o Utah.

Chegou de volta à região de Provo pouco depois que Bernard Brady havia apresentado Dan ao profeta Onias, o fundamentalista canadense. Por sua vez, Dan o apresentou a Ron e aos outros irmãos, e logo Ron, Dan, Mark, Watson e Tim Lafferty entraram para a escola de profetas de Onias. Allen, o mais novo, também queria participar, mas Brenda o impediu. "Ela se recusou a permitir que Allen se matriculasse", confirma LaRae.

Embora desafiar Allen significasse ter de enfrentar todo o clã Lafferty, Brenda não temia essas confrontações. Não apenas estava disposta a discutir teologia com os irmãos Lafferty, mas também conhecia extremamente bem as escrituras da LDS, o que lhe permitia defender seus pontos de vista quando discutia a doutrina fundamentalista com Ron e Dan. Estes acabaram por depreciá-la por desafiá-los e por sua influência sobre Allen, que eles julgavam dominado por ela.

Nos estágios finais da doença do pai, Ron convocou uma reunião de família para debater o enterro e outros detalhes. Allen levou Brenda, o que enfureceu Ron. Ele a chamou de cadela e coisas piores, maltratando-a tanto que ela acabou indo embora, em prantos. Mas não se intimidou por muito tempo.

"Brenda era a única das esposas dos Lafferty que tinha freqüentado a universidade", assinala Betty. "O que os assustava era o fato de ser ela bem preparada. Como tinha confiança em suas crenças e em seu entendimento do bem e do mal, não se deixaria levar por ninguém. Achava que era seu dever defender as outras esposas. Era a única esperança delas." Refletindo sobre a carga que pesava sobre os ombros de sua irmã menor, Betty faz uma pausa antes de prosseguir: "Nessa época ela só tinha 23 anos. Mesmo tão jovem e rodeada por toda aquela gente mais velha, que teoricamente deveria ser mais amadurecida, era para ela que as demais se voltavam". Betty faz outra pausa. "Minha irmã era uma mulher extraordinária."

Brenda conseguiu evitar que Allen entrasse para a Escola de Profetas de Onias, mas não pôde impedir que ele continuasse a se encontrar com Dan e os outros irmãos. "Mas ela procurava observá-lo com cuidado", diz Betty. "Mais ou menos nessa época fui com minha irmã Sharon passar algum tempo com Brenda e Allen. Enquanto estivemos lá, Brenda fez questão de que eu ou Sharon acompanhássemos Allen, onde quer que ele fosse. Quando voltávamos, ela nos perguntava onde tínhamos ido e com quem ele tinha falado. Na época achei aquilo meio estranho, mas agora vejo que ela queria saber se ele conversava muito com os irmãos."

15. O homem forte e poderoso

> *Sendo uma cidade-Estado sob estrito controle, Nauvoo era um remanso onde as mais importantes decisões dos seguidores de Joseph Smith já estavam tomadas em nome deles, isto é, o modo como deveriam servir a Deus [...] e sua identidade como povo escolhido por Deus lhes era assegurada por meio dele [...]*
>
> *Como é comum em tais situações, a ameaça do mal era projetada em outras pessoas [...] Assim, em Nauvoo os inocentes filhos de Deus construíam sua identidade por meio da luta contra os perversos seguidores de Satã, que dominavam a sociedade norte-americana em toda parte exceto na cidade dos Santos.*
>
> *Naturalmente, o problema desse mito dicotômico é que, para as pessoas que nele acreditam, a culpa e a inocência se transformam em questão de crença, e não de provas.*
>
> John E. Hallwas e Roger D. Launius, *Cultures in Conflict*

Quando Bernard Brady, homem de negócios em Utah e entusiasta da Mina do Sonho, reuniu o profeta Onias e os irmãos Lafferty (menos Allen) em uma fria noite de outono perto do fim de 1983, todos os presentes consideraram a reunião especialmente auspiciosa. Houve uma sensação imediata de camaradagem e valores compartilhados, e os homens conversaram entusiasmados até "altas horas da madrugada", segundo Onias. Embriagados com o sentimento de uma missão determinada por Deus, os participantes da reunião estavam convencidos de que seu destino coletivo era modificar o curso da história humana.

"Cinco dos seis irmãos", disse Onias, "ficaram extremamente eufóricos quando perceberam que tínhamos acabado de receber uma ordem do Senhor para comunicar a todas as autoridades das dioceses e arquidioceses três capítulos de *O livro de Onias*."* Ele se referia a uma revelação recebida em 26 de novembro daquele ano, na qual Deus lhe havia ordenado "preparar folhetos a fim de serem enviados aos presidentes das arquidioceses e aos bispos das dioceses de Minha igreja" — a Igreja LDS — para "advertir" aqueles que tivessem pecado contra Ele. O panfleto consistia em trechos da coleção de revelações de Onias, que avisavam toda a liderança da LDS, desde o presidente e o pretenso profeta em Salt Lake City até os bispos de todas as dioceses na América do Norte, de que Deus estava extremamente insatisfeito com a maneira como eles dirigiam Sua Única Igreja Verdadeira.

Onias explicou que Deus estava especialmente zangado porque os líderes mórmons modernos desafiavam descaradamente algumas das mais sagradas doutrinas que Ele revelara a Joseph Smith no século XIX. A mais evidente de todas era que os que empunhavam o leme da igreja continuavam a aceitar e fazer cumprir a criminalização do casamento plural decretada pelo governo. Do ponto de vista de Onias, era apenas um pouco menos grave a blasfêmia perpetrada em 1978 pelo presidente da LDS, Spencer W. Kimball, ao declarar que homens de pele escura podiam ser aceitos como sacerdotes mórmons — o que constituía para a política da igreja uma reviravolta histórica e um terremoto, amplamente aplaudidos por aqueles que não pertenciam a ela. Deus revelara a Onias, no entanto, que os negros eram "feras dos bosques" subumanas, "os animais mais inteligentes dentre os que tinham sido criados, pois caminhavam eretos como os homens e tinham a capacidade da fala".**

---

* *O livro de Onias* é o título alternativo do *Segundo livro de mandamentos*; trata-se do mesmo livro. A igreja LDS é organizada de forma que cada conjunto de "wards", ou dioceses, com um total de aproximadamente três mil membros, é chamado "stake", o que corresponde *grosso modo* às arquidioceses da Igreja católica. Os "stakes" são em geral compostos de cinco a doze "wards".
** Na religião da LDS, todos os homens do sexo masculino considerados dignos são transformados em "sacerdotes" quando atingem doze anos de idade, o que acarreta receberem respon-

Segundo o folheto, Deus havia dito muitas coisas a Onias sobre a questão da ordenação de negros no sacerdócio da LDS:

> Vede o que vos digo, jamais dei um mandamento a Minha igreja, e nem o farei [...], no sentido de que os filhos de Ham, a raça negra e todos os seus povos, possam receber Meu santo sacerdócio [...]
>
> E não disse eu a meu servo Joseph Smith, vosso chefe, que nenhuma pessoa dessa raça poderia ou deveria ser ordenada em Meu santo sacerdócio até que a semente de Abel sobrepuje a semente de Caim?
>
> Pois Satã foi o fundador dessa raça negra, pois ele foi a Caim depois que Deus lhe retirou o poder de procriar os filhos da virtude e lhe mostrou como inseminar os animais com sua semente, e as sementes dos animais em outros animais, pois assim corrompeu a semente da Terra, na esperança de frustar a obra de Deus.
>
> E por esse motivo a Terra foi destruída pelo dilúvio, para varrer da face da Terra as abominações que Caim criou, pois ele havia corrompido toda a carne [...]
>
> Pois Satã se infiltrou em Minha igreja e quer se tornar seu chefe.
>
> Mas os que o ouviram em breve terão revelada sua insensatez, pois [nem] Meu nome nem Minha igreja serão mais alvo de zombaria, pois logo será limpa e purificada pelo fogo, para que todos os que dizem conhecer-Me, sem Me conhecer, venham a ser conhecidos.

O panfleto advertia ainda que Deus havia despachado Onias para "limpar a Minha casa de suas impurezas" e fazer com que as instituições mórmons voltassem ao caminho da virtude. Deus revelara que

> Dotarei Onias com Meu espírito, e ele exporá os perversos, e eles não prevalecerão, e rangerão os dentes de raiva, e sua raiva os consumirá
>
> Pois eu sou o Senhor Deus Todo-Poderoso, e Minhas palavras não serão escarnecidas [...]
>
> E eles cairão com grande ruído e comoção [...]

---

sabilidades e privilégios específicos, assim como obter *status* inestimável no seio da igreja. Antes de 1978, era negada aos negros a admissão ao sacerdócio — imenso ultraje que ajuda a explicar por que existem tão poucos mórmons de origem africana. As mulheres de todas as raças continuam a não poder ascender ao sacerdócio.

> E em Meu servo Onias, que é alvo de zombarias, infundirei Meu espírito, e ele será como o fogo que consome; e as palavras que ele escreverá e proferirá exporão a muitos e causarão a queda de muitos, pois eles não se arrependem.

Ao remeter esse folheto aos líderes da Igreja LDS, Onias pretendia dar-lhes a oportunidade de fazer uma escolha: ou confessar seus erros e passar o controle da igreja ao profeta escolhido por Deus, o "homem forte e poderoso", ou enfrentar a ira divina. Para um observador desinteressado, isso poderia parecer um ato de impressionante ingenuidade e arrogância de parte de Onias, mas para os irmãos Lafferty o texto ecoava com grande poder. Soava como uma verdade havia muito negada. Eles acreditavam haver encontrado em Onias um aliado crucial em sua luta para restaurar a virtude na igreja de Joseph Smith e preparar a Terra para o Segundo Advento de Cristo.

Onias não estava menos encantado pelos Lafferty e pelo que eles poderiam fazer para levar adiante seus desígnios em relação à Escola de Profetas. Com toda a imensa energia de que dispunham, os irmãos se dedicaram com afinco às tediosas tarefas de imprimir, dobrar e encadernar mais de quinze mil exemplares dos panfletos de Onias, para em seguida endereçá-los e enviá-los pelo correio aos líderes da LDS em todo o país. "Foi um milagre para nós", diz Onias, "pois, o que levaríamos muitos meses para realizar em nossas horas livres, eles conseguiram fazer em duas semanas, trabalhando noite e dia."

Por volta do início de 1984, a recém-fundada Escola de Profetas se reunia semanalmente, em geral na casa da mãe dos Lafferty em Provo, no andar superior, acima da clínica de quiroprática da família. Graças ao entusiasmo dos cinco irmãos, o começo pareceu promissor. Onias agradeceu aos Lafferty pelo papel essencial no lançamento bem-sucedido da escola. Em sua opinião, os irmãos tinham sido mandados por Deus.

Logo Onias confirmou essa idéia. Em 8 de janeiro, recebeu uma revelação na qual Deus explicou que, antes mesmo que os Lafferty tivessem nascido, Ele os escolhera "para serem eleitos, pois são do verdadeiro sangue de Israel e da semente escolhida". Seis semanas depois, Onias recebeu outra revelação, na qual Deus lhe ordenava nomear Ron Lafferty bispo da escola de Provo, o que ele fez com prazer. Todos os irmãos mais jovens, inclusive Dan, se inclinaram diante de Ron — como na verdade haviam feito durante suas vidas. Quando ele assumiu as responsabilidades episcopais, todos na Escola de Profetas aprovaram sua designação.

A promoção de Ron a um cargo de autoridade levantou seu moral no momento certo, pois os meses anteriores haviam sido uma avalanche de contrariedades e desapontamentos. Como ele próprio registrou em uma anotação em seu diário,

> Os acontecimentos do ano passado fizeram com que eu me dedicasse à pesquisa e ao estudo das escrituras e passasse grande parte de meu tempo ajoelhado, rezando. Perdi toda a minha riqueza material e minha família se separou de mim, mudando-se para a Flórida. Fui injustamente excluído da igreja que amo com tanta devoção.

Ron já não tinha emprego e nem salário fixo. Era considerado um pária tanto por sua igreja quanto por sua comunidade. Como a casa que construíra com suas próprias mãos com tanto sacrifício lhe fora confiscada, estava reduzido a morar na caminhonete Impala 1974 — única coisa de algum valor que ainda possuía. Mesmo assim, dizia em seu diário que se sentia grato por tais humilhações, afirmando: "Essas experiências me fizeram estabelecer um relacionamento pessoal com meu Pai no Céu, e Ele me revelou, pelo menos em parte, o resultado final de todas essas tribulações".

Mas embora Ron se dissesse satisfeito com seu manto de peregrino, seus atos sugeriam o oposto. A partida da mulher e dos seis filhos para um lugar distante o atormentava dia e noite. Ao longo do tempo a ferida foi se transformando em ira implacável, e a maior parte dessa raiva se dirigia contra os três indivíduos que, a seu ver, eram responsáveis pela decisão de Dianna de abandoná-lo: Richard Stowe, Chloe Low e Brenda Lafferty.

Stowe, farmacêutico profissional e vizinho de Ron e Dianna, era presidente da arquidiocese da LDS em Highland. Presidia também o Alto Tribunal da diocese, que havia julgado Ron em agosto de 1983 e em seguida o excomungara. Pior ainda: na opinião de Ron, Stowe havia oferecido ajuda financeira a Dianna, por intermédio da igreja, o que havia permitido a ela sobreviver enquanto o divórcio corria. Stowe lhe havia proporcionado também aconselhamento e apoio emocional.

Chloe Low tinha sido amiga muito íntima de Ron e Dianna durante doze anos. Seu marido, Stewart Low, era o bispo da diocese deles e escolhera Ron como seu primeiro conselheiro episcopal. Chloe sempre havia admirado a família Lafferty e fez um tratamento quiroprático com Dan. Quando o casamento de Ron e Dianna começou a se deteriorar, Chloe ofereceu apoio constante a ambos, mas, à medida que o comportamento de Ron ia se tornando mais monstruoso, ela inevitavelmente pendeu para o lado de Dianna. Certa vez, quando as coisas estavam especialmente difíceis, Chloe convidou Dianna e os filhos para passar quatro dias em sua casa; de outra feita, ficaram dez dias com ela. Após a homologação do divórcio, Chloe ajudou Dianna e as crianças a juntar os cacos de suas vidas e mudar para a Flórida. Ron achava que, sem o apoio e a ajuda de Chloe, Dianna jamais teria forças para deixá-lo.

A maior parte da ira acumulada de Ron, entretanto, dirigia-se contra Brenda Wright Lafferty — a bela, inteligente e obstinada esposa de Allen —, que Ron considerava o elemento essencial em convencer Dianna a abandoná-lo.

Rejeitado pela esposa, desprezado pela comunidade, Ron mergulhou integralmente na Escola de Profetas. Ela se tornou sua família, sua vida, seu mundo. Grande parte do tempo dedicado por ele à escola era ocupado pela expedição dos panfletos aos líderes da LDS, incitando-os a abandonar o caminho perverso. Mas a principal finalidade da escola, como Onias a tinha imaginado, era ensinar os fiéis a receber e interpretar revelações divinas, e, à medida que o inverno de 1984 se transformava em primavera, Ron começou ansiosamente a ser instruído nesse sentido.

Em 24 de fevereiro, Ron se tornou o primeiro dos alunos de Onias a receber um mandamento do Todo-Poderoso. Sentado a um computador que havia pedido emprestado a Bernard Brady, Ron fechou os olhos e esperou até que sentiu o espírito do Senhor fazê-lo apertar uma tecla com o dedo, e em seguida outra e mais outra. Aos poucos, a mensagem de Deus foi se formando na tela — a revelação inaugural de Ron. Recebeu uma segunda em 25 de fevereiro e uma terceira no dia 27.

Ao ver o irmão receber revelações divinas, Dan ficou entusiasmado e fascinado. "Nunca recebi revelações enquanto estive na Escola de Profetas", explica ele. "Todos os demais alunos receberam, e depois disso eu também, e por isso agora compreendo o fenômeno, mas na época não entendia. Por isso fiquei encantado. Perguntava: 'Como é?'. Ron dizia que era difícil descrever, mas lembro que certa vez ele disse: 'É como se um cobertor caísse sobre nós, e sentem-se os pensamentos do Senhor, e aí os escrevemos'. Uma das revelações lhe veio palavra por palavra, e ele nem sequer sabia se fazia sentido até que acabou de recebê-la e só então a leu. Mas nem sempre era assim. Às vezes recebia frases inteiras de uma vez."

A revelação recebida por Ron em 27 de fevereiro era na verdade uma mensagem do Senhor a sua mulher, para a qual ele simplesmente serviu de conduto. Nessa instrução Deus reiterava que a terra seria destruída em breve e advertia Dianna:

> És Minha filha eleita, mas Minha ira se ergue contra ti por causa de tua rebelião contra teu marido, e ordeno-te que te arrependas. Não disse eu que não é bom que um homem esteja só? Não tolerarei que meu servo Ron fique sozinho por mais tempo, pois mesmo agora estou preparando alguém para tomar teu lugar. No entanto, se te arrependeres logo, abençoarei muito a ti e teus filhos, mas de outra forma farei com que desapareças, pois não quero que teus filhos sofram devido a tua desobediência. Ouvi as preces de meu filho Ron e conheço seus desejos, e é somente por causa desses desejos que te poupei até agora.
>
> Obedece a minhas palavras porque o tempo urge. Sou Alfa e Ômega, sou o começo e o fim, e sem dúvida cumprirei todas as promessas que fiz a meu servo Ron.
>
> Amém.

Segundo o psiquiatra C. Jess Groesbeck, que examinou Ron após os assassinatos, à medida que ele começou a compreender que Dianna efetivamente ia deixá-lo para sempre, levando os filhos, aos poucos "foi ficando claro que esse homem estava perdendo a coisa mais importante que jamais poderia perder na vida [...] não posso calcular a profundidade dessa perda [...] Ele se sentia vil, indigno [...] sua ira e agressividade eram quase sem limites [...] ele compensou isso criando uma visão nova, porém irreal, de si mesmo e do mundo. Desenvolveu uma auto-imagem divina e exagerada, no esforço para escapar da dor e negar a realidade daquilo que ele efetivamente era".

Reforçando a argumentação do dr. Groesbeck, no dia 13 de março a voz baixa e tranqüila do Senhor novamente falou a Ron, revelando:

> E o que pensaste sobre o Homem Forte e Poderoso é correto, pois não disse eu que nestes últimos dias revelaria tudo aos filhos do homem? Pois era Moisés o Ho-

mem Forte e Poderoso, era Jesus o Homem Forte e Poderoso, meu servo Onias é o Homem Forte e Poderoso, tu és o Homem Forte e Poderoso, e eu ainda chamarei outros Fortes e Poderosos para estabelecer Minha igreja e Meu reino. Pois nunca houve ou haverá somente um Homem Forte e Poderoso, pois são muitos, e os que ensinaram coisa diferente estavam errados.

Na opinião abalizada do dr. Groesbeck, essa revelação era uma produção delirante, tal como as demais revelações de Ron, gerada pela depressão e por seu narcisismo profundamente arraigado, sem a menor base na realidade. Isso, naturalmente, é o que os não-crentes costumam dizer sobre as pessoas que têm visões e revelações religiosas: que estão loucas. Os indivíduos devotos que as recebem, no entanto, pensam de maneira diferente, e Ron é um deles.

Ron *sabia* que as instruções que recebia não eram simples criações de sua imaginação. O Senhor falava a ele, e ele não iria acreditar no que dizia um psiquiatra de meia-tigela, desprezando a palavra do Senhor. Isso, afinal, é que seria uma loucura.

Antes de assassinar Brenda e Erica Lafferty, Ron nada fizera que fosse terrivelmente estranho, ou diferente, segundo a cultura do condado de Utah. Em certo sentido, suas revelações podem ser consideradas apenas uma reação normal, consagrada pelo tempo, a uma crise importante da vida — reação que muitos fanáticos religiosos haviam tido antes dele. Em *Feet of Clay*, um estudo sobre os profetas autoproclamados, o psiquiatra inglês Anthony Storr assinala que esses gurus freqüentemente recebem importantes revelações e têm profundas visões imediatamente depois de

> um período de aflição mental ou enfermidade física, durante o qual o guru vinha procurando sem êxito uma resposta a seus próprios problemas emocionais. Essa mudança é provável em pacientes na casa dos trinta ou dos quarenta anos e pode corresponder ao diagnóstico da crise da meia-idade. Às vezes a resposta revelada chega gradualmente; em outras, a nova maneira de ver cai como um raio [...] A aflição do caos seguida pelo estabelecimento de uma nova ordem é uma sucessão normal de acontecimentos que ocorre em todas as atividades criativas, tanto nas artes quanto nas ciências. Esse modelo *eureca* é também característico da revelação religiosa e dos sistemas delirantes das pessoas que rotulamos como loucas.

Estimulado pelo aprendizado com Onias, Ron recebeu aproximadamente vinte revelações ao longo dos meses de fevereiro e março. Algumas foram imediatamente registradas no computador de Brady, à medida que lhe chegavam; mais freqüentemente, ele a conservava na memória por algum tempo antes de escrevê-las, a fim de meditar sobre elas e melhor compreendê-las.

A mais perturbadora das revelações de Ron ocorreu em fins de março, e ele a registrou à mão, numa folha de bloco amarela:

> Assim diz o senhor aos Profetas meus servos. É Minha vontade e ordem que os seguintes indivíduos sejam removidos por ti, a fim de que Minha obra siga adiante. Pois eles se tornaram efetivamente obstáculos em Meu caminho e não permitirei que Minha obra seja detida. Primeiro, a mulher de teu irmão, Brenda, e sua filha; depois Chloe Low e em seguida Richard Stowe. E é Minha vontade que sejam removidos em rápida sucessão e que sejam transformados em exemplo a fim de que outros compreendam o destino daqueles que lutam contra os verdadeiros Santos de Deus. E é Minha vontade que esse assunto seja resolvido o mais rapidamente possível, e eu prepararei a maneira pela qual Meu instrumento aparecerá e as instruções serão dadas a Meu servo Todd.* E é Minha vontade que ele dedique grande cuidado em seus deveres, pois eu o criei e preparei para essa importante tarefa, e não é ele semelhante a Meu servo Porter Rockwell**[?] E grandes bênçãos o esperam se cumprir Minha vontade, pois eu sou o Senhor teu Deus e

---

* Todd era Michal Todd Jeffory Judd, homem corpulento e de cabelos claros a quem Watson Lafferty havia dado carona certa tarde. Todd estava com fome, e Watson o levou à casa de Claudine Lafferty para comer alguma coisa. Lá ele conheceu alguns dos irmãos Lafferty e foi convidado a participar de reuniões da Escola dos Profetas. Ficou na casa de Claudine durante duas semanas e depois, mais ou menos na época em que Ron recebeu essa revelação, viajou ao Arizona com Watson durante outras três semanas para trabalhar com ele num projeto de construção. No entanto, Todd e Watson começaram a se desentender e certa vez, voltando ao apartamento onde estava alojado com ele, Watson descobriu que Todd havia roubado todos os seus pertences e desaparecido, encerrando sua ligação com o clã Lafferty e a Escola de Profetas antes que pudesse ser chamado a "remover" os indivíduos mencionados.
** Orrin Porter Rockwell, o "Anjo Destruidor", que em 1842 tentou assassinar o governador Lilburn Boggs, do Missouri, implacável perseguidor de Joseph Smith. Rockwell, que trabalhou como guarda-costas pessoal de Joseph Smith e Brigham Young, foi aclamado pelos mórmons do século XIX por matar, com seu revólver Colt calibre .44, dezenas de pessoas consideradas inimigas da Igreja LDS. Há um antigo restaurante popular no condado de Utah, *Porter's Place*, que leva seu nome.

tenho o controle sobre todas as coisas. Fica tranqüilo e ciente de que estou contigo. Amém.

Ao receber essa revelação e antes de dá-la a conhecer a outros membros da Escola de Profetas, Ron mostrou-a a Dan. "Ron estava um pouco amedrontado com as coisas que vinha recebendo", diz Dan. "Bem, disse eu, compreendo que você esteja preocupado com isso, é normal [...] tudo o que posso dizer é que você deve ter certeza se isso vem de Deus. Você não deve cumprir ordens que não sejam de Deus, mas também não deve ofender a Deus recusando-se a fazer Sua vontade."

Nos dias seguintes, Dan e Ron refletiram intensamente sobre a revelação da "remoção". Nesse período Ron teve nova revelação, na qual lhe foi dito que ele era "a boca de Deus", e Dan, "o braço de Deus." Os irmãos interpretaram que Dan deveria ser o assassino de fato.

Buscando maior orientação, estudaram um trecho do começo do *Livro de Mórmon* no qual Nephi, o profeta obediente, de altos princípios, "que tinha grande desejo de conhecer os mistérios de Deus", recebe ordem do Senhor para cortar a cabeça de Labão de Jerusalém, um magnata ladino, ricaço, criador de carneiros, que aparece nas páginas tanto do *Livro de Mórmon* quanto do Velho Testamento.

Inicialmente, Nephi resiste à ordem: "Digo em meu coração, nunca em tempo algum derramei sangue de homem, e temo e desejo não ter de golpeá-lo".

Mas Deus fala novamente a Nephi: "Vê que o Senhor golpeia os perversos para avançar Seus desígnios virtuosos: é melhor que pereça um homem do que toda uma nação decaia e pereça na descrença".

Assim tranqüilizado, Nephi diz, no *Livro de Mórmon*: "Obedeci à voz do Espírito, agarrei Labão pelos cabelos e decepei-lhe a cabeça com sua própria espada".*

Graças a uma revelação anteriormente recebida por Ron em 28 de fevereiro, a história da morte de Labão por Nephi se revestia de significado especial para Dan. Nessa revelação, Deus ordenara:

---

* Segundo diversos relatos, Joseph Smith, quando desenterrou *O livro de Mórmon* no monte Cumorah em 1827, encontrou a espada de Labão na antiga caixa de pedra que continha as placas de ouro.

Assim diz o Senhor a Meu servo Dan [...] És como o Nephi dos tempos antigos, pois nunca, desde o início dos tempos, tive servo mais obediente. E por isso muito te abençoarei e multiplicarei tua semente, pois já não disse que, se me obedeceres, cumprirei o que digo [?] Continua fiel à Minha palavra porque tenho grandes responsabilidades e grandes bênçãos à tua espera. É tudo por enquanto. Amém.

Essa revelação teve enorme impacto sobre Dan: segundo Mark Lafferty, depois que Deus declarou que ele era semelhante a Nephi, Dan "estava disposto a fazer qualquer coisa que o Senhor lhe ordenasse".

Segundo a visão fundamentalista, há uma linha nítida que passa por toda a criação, separando o bem do mal, e todos estão de um lado ou do outro dessa linha. Depois de muita oração, Ron e Dan chegaram à conclusão de que os quatro indivíduos cuja remoção Deus ordenara deveriam, *a priori*, ser pecadores — eram "filhos da perdição", como disse Dan, e por isso mereciam ser assassinados. Certos de que a chamada revelação da remoção era verdadeira e válida, os irmãos Lafferty concluíram, ainda, que "era prudente agir da forma sugerida".

Quando um membro da Escola dos Profetas recebia uma revelação, o procedimento normal era que a instrução fosse apresentada aos demais, para ser avaliada. Em 22 de março, pouco antes da reunião mensal da escola na casa de Claudine Lafferty, Ron levou Bernard Brady a uma sala ao lado e mostrou-lhe a revelação da remoção. "Ele me pediu que a examinasse", diz Brady, "e saiu da sala. Quando li, minhas mãos começaram a tremer. Todo o meu corpo ficou frio. Não podia acreditar no que estava lendo." Quando Ron voltou, poucos minutos mais tarde, Brady lhe disse: "Isso me assusta muito. Não quero saber de nada sobre isso. Acho que é um erro". Pouco depois, na reunião, nem Ron nem Brady mencionaram a revelação aos demais membros.

Ron havia levado à reunião uma mulher chamada Becky, a quem recentemente havia tomado como esposa espiritual sem licença de casamento nem cerimônia civil. O casal passou a lua-de-mel em Wichita, no estado de Kansas, e por isso Ron não estava presente na reunião seguinte, em 29 de março, nem tampouco Dan. Watson, no entanto, apareceu com uma navalha de cabo de madrepérola, que solicitou aos demais membros, um tanto espantados, "ser consagrada como instrumento religioso para a destruição dos pecadores, como a espada de Labão".

"Naturalmente recusamos", diz Onias, que ainda não tinha conhecimento da revelação da remoção. Watson se zangou com a recusa, recorda Onias, e "saiu da reunião de mau humor".

Durante várias semanas cresceram as tensões entre Onias e alguns dos irmãos Lafferty, especialmente Watson, Ron e Dan. Pouco depois de ser nomeado bispo da escola, Ron começou a desafiar abertamente a autoridade de Onias. Este notou uma marcada diferença na personalidade de Ron, "de um cavalheiro extremamente polido a um homem cheio de ódio e raiva. Em sua posição de bispo, começou a dar ordens a todos e se zangava quando não faziam o que ele dizia". Quando Onias instou todos os membros da escola a procurar empregos remunerados a fim de financiar a construção de uma "Cidade de Refúgio" abaixo da Mina do Sonho, Ron, irado, o criticou, argumentando que não era necessário a ninguém procurar trabalho, pois sem dúvida Deus proporcionaria à escola suficiente riqueza, por meios milagrosos, a fim de que sua obra fosse executada.

De fato, em uma das revelações a Ron, Deus o havia instruído a mandar seu irmão Mark ao estado de Nevada a fim de apostar nas corridas de cavalos para levantar os fundos necessários à Cidade de Refúgio. O Senhor diria a Mark em que cavalo devia apostar, e assim não era possível perder. Mas ele perdeu. Depois disso, Onias não resistiu em dizer aos irmãos: "Bem que eu avisei", causando ainda maior deterioração nas relações entre Ron e o profeta.

Perto do dia de Ação de Graças de 1983, ao visitar a comunidade poligâmica de John Bryant em Oregon, Ron havia conhecido algumas novas práticas sensuais, inclusive narcóticos. Como parte de seus rituais religiosos, o grupo de Bryant utilizava o vinho como sacramento, que Ron partilhou com os demais. Tendo sido educado em um lar estritamente abstêmio, essa foi sua primeira experiência com o álcool, e ele a achou bastante agradável. Dava-lhe uma sensação de jovialidade e bem-estar, que "acentuava a sensação espiritual". Dali em diante, Ron passou a considerar o vinho "uma dádiva de Deus".

Havendo conhecido os prazeres das "bebidas fortes" (maneira negativa pela qual as bebidas alcoólicas são caracterizadas no artigo 89 de *Doutrina e mandamentos*), ao regressar a Utah Ron fez questão de que a Escola de Profetas passasse a utilizar vinho em vez da água e dos sucos de fruta que normalmente serviam de sacramentos no começo de cada reunião. Esse foi mais um desafio à autoridade de Onias, o que provocou um enfrentamento dramático durante a reunião de 9 de março. Nessa ocasião, Ron continuou bebendo vinho após a consagração do sacramento, e em pouco tempo ficou bêbado. Começou a ridicularizar Onias, que recusara o vinho e em vez disso bebera água. Segundo Onias, Ron "zombava constantemente de mim, dizendo que eu estava velho e lento e que já era tempo de me aposentar. Fez isso de maneira muito sarcástica e disse que os irmãos Lafferty deviam tomar a direção da escola. Dan e Watson o apoiaram".

Nessa atmosfera de crescente rancor, a revelação da remoção foi apresentada à escola para avaliação. Durante a reunião de 5 de abril, Ron deu uma cópia a cada membro e pediu-lhes que confirmassem sua validade. Os nove homens presentes naquela tarde debateram com atenção a revelação e depois fizeram uma votação para verificar sua legitimidade como mandamento divino. "Ron, Dan e Watson votaram a favor de aceitá-la como revelação válida", diz Bernard Brady. "Todos os demais disseram: 'Impossível! Nem pensem nisso! Esqueçam esse assunto!'. Nesse ponto, Ron, Dan e Watson se zangaram de verdade, se levantaram e deixaram a reunião, encerrando sua participação na escola."

O desacordo entre os membros da escola naquela tarde acentua o problema com que inevitavelmente se defronta qualquer profeta que estimule seus acólitos a entrar em diálogo com Deus: mais cedo ou mais tarde, Deus acaba ordenando algum acólito a desobedecer ao profeta. E para os verdadeiros crentes — devotos dedicados como Ron e Dan Lafferty —, a palavra de Deus sempre prevalecerá sobre a de um simples profeta como Onias.

Preocupado com que Ron levasse adiante a execução da revelação da remoção e assassinasse os quatro indivíduos mencionados, Brady formalmente transcreveu seus temores em uma declaração juramentada, que assinou e registrou em cartório em 9 de abril:

Estado de Utah,
Condado de Utah

DECLARAÇÃO

Saibam todos que eu, Bernard Brady, cidadão livre e natural dos Estados Unidos da América, por este instrumento afirmo que tenho motivos para crer e temer que as dez pessoas seguintes estejam correndo risco de vida: Robert Crossfield, Bernard Brady, David Olsen, David Coronado, Tim Lafferty, Mark Lafferty, Brenda Lafferty, a filha de Brenda Lafferty, Chloe Low e Richard Stowe.

Eu, Bernard Brady, afirmo além disso e digo ser minha convicção que esse perigo decorre de idéias, crenças, atitudes, entendimentos e atos potenciais dos quatro indivíduos seguintes: Ron Lafferty, Dan Lafferty, Watson Lafferty e Todd (sobrenome desconhecido).

A preocupação de Brady era genuína e grave, mas ele não avisou a polícia, e nenhum dos demais membros da Escola de Profetas o fez. Brady simplesmente guardou a declaração em uma gaveta da escrivaninha em sua casa, a fim de provar sua inocência caso Ron matasse alguém.

Apesar do alarme causado pela revelação, tampouco os demais membros da escola acharam necessário alertar as pessoas indicadas para a remoção. Mais tarde, entretanto, no mesmo mês, Dan tratou de informar o irmão mais jovem, Allen, com quem sempre tivera intimidade especial, de que Deus havia ordenado o assassinato ritual de Brenda e da filhinha Erica, e que Ron e Dan pretendiam zelar pela execução do mandamento.

Allen ficou horrorizado e perguntou: "Por quê? Por que exatamente Erica, que é uma criança inocente? Por que incluí-la nisso?".

Ron redarguiu com raiva: "Porque ela iria crescer e ser uma megera, igual à mãe!".

Dan perguntou seriamente a Allen o que achava da revelação de Ron. Allen respondeu que, como ele pessoalmente não havia recebido tal revelação divina, não podia aceitá-la; disse que defenderia a mulher e a filha com a própria vida. Mas não se preocupou em contar a Brenda que seus irmãos declaradamente pretendiam assassinar ela e a criança.

Betty McEntire, irmã mais velha de Brenda, não se conforma com o fato de Allen não ter divulgado essa informação. "Se ele tivesse falado com Brenda sobre a revelação de Ron, ela escaparia imediatamente e ainda estaria viva hoje. Mas ela não sabia de nada. Não compreendo por que ninguém contou a ela. Especialmente Allen. Parecia que ele estava começando a sucumbir aos irmãos."

"Brenda amava Allen, e ele demonstrou várias vezes ser indigno do amor dela. O dever do marido é proteger a mulher e os filhos, e ele os abandonou. Creio que Allen já soubesse da revelação no início de abril, mas não disse nada. Não consigo entender. Não posso perdoá-lo. Depois de todos esses anos, ainda sinto um terrível rancor. Ele traiu o amor dela. Ele tinha o que havia de melhor e simplesmente jogou tudo fora."

Em maio de 1984, Ron e Dan saíram do Utah na surrada caminhonete Impala e iniciaram uma prolongada jornada por todo o oeste dos Estados Unidos e do Canadá, parando no caminho para visitar diversas comunidades fundamentalistas. Durante todo o mês de junho e a maior parte de julho, ninguém na Escola de Profetas teve notícias deles. "Fiquei um pouco mais tranqüilo sabendo que tinham deixado a região", diz Bernard Brady, "porque não estavam por perto para matar ninguém. Parecia que, pelo jeito como iam as coisas, não havia motivo para preocupação."

Mas no dia 25, de manhã cedo, o telefone tocou quando Brady se preparava para sair para o trabalho. "Era Tim Lafferty", conta Brady, emocionado ao recordar aquele momento. "Ele disse [...] bem, ele disse, 'Bernard, tenho más notícias. Eles executaram a revelação. Ron e Dan. Mataram umas pessoas ontem.'" Brady cobre o rosto com as mãos e continua: "Minhas pernas tremeram. Deixei-me cair no chão. Não podia acreditar no que ouvia".

16. Remoção

> Mera anarquia avança sobre o mundo,
> Maré escura de sangue avança e afoga
> Os ritos da inocência em toda parte;
> Os melhores vacilam, e os piores
> Andam cheios de irada intensidade.
>
> Aí vem por certo uma revelação;
> Por certo próxima é a Segunda Vinda.
> Segunda Vinda! Digo essas palavras,
> E do Spiritus Mundi vasta imagem
> Turba-me a vista: ao longe, no deserto,
> Um corpo de leão com rosto de homem,
> O olhar vazio e duro como o sol,
> As lerdas coxas move, enquanto em torno
> Rondam sombras de pássaros coléricos.*
>
> William Butler Yeats, "A Segunda Vinda"

---

* Trecho de "A Segunda Vinda". In: *William Butter Yeats. Poemas*, São Paulo, Companhia das Letras, 1991, trad. de Paulo Vizioli, p. 93. (N. T.)

Mesmo sem saber da revelação sobre a remoção, Brenda tinha muitos outros motivos para temer todos os irmãos Lafferty, inclusive Allen. Ela realmente os temia, mas isso não a impediu de enfrentar os cunhados em defesa de Dianna e das demais esposas.

Quando Brenda desobedecia a Allen, ou quando a franqueza dela o embaraçava diante dos irmãos, ele era capaz de censurá-la com fúria incontrolável. De outras vezes, desafogava sua raiva espancando-a cruelmente. Certa noite, no fim do inverno de 1984, Betty Wright McEntire foi acordada depois da meia-noite por um telefonema ansioso de Brenda. "Ela me pediu que fosse encontrá-la no McDonald's entre Salt Lake e American Fork, onde ela e Allen moravam", recorda Betty. "Perguntei qual era o problema e ela só disse: 'Preciso falar com você'. Saltei da cama e fui de carro para lá."

"Quando cheguei ao McDonald's, ela me disse: 'Vou deixá-lo'. 'O quê? Eu não tinha idéia de que as coisas estavam tão mal assim.' Ela respondeu: 'Bem, andei guardando algum dinheiro escondido e vou morar com meu avô e minha avó em Montana. Vou arranjar um emprego por lá e cuidar sozinha do bebê.'"

Mas, imediatamente depois desse encontro com a irmã, Brenda mudou de idéia e ficou com Allen, o que suscita a pergunta: por quê? Especialmente depois de ter sido tão resoluta ao instar Dianna a deixar Ron. "Por que motivo Brenda não se separou? Porque amava Allen", explica Betty, "e não era pessoa de abandonar a luta. Ele era o pai da filhinha dela. Ela ralmente achava que seria capaz de salvá-lo dos irmãos. Era uma mulher muito decidida."

No entanto, Betty faz uma dolorosa confissão. Quando, à cruel luz fluorescente do restaurante, no meio da noite, Brenda lhe confiou que pretendia deixar Allen, a reação instintiva de Betty foi: "Mas você não pode fazer isso! Agora está casada. Se as coisas estiverem ruins, você precisa tentar consertá-las!". Na época, diz Betty, "não tinha idéia de que ele estava batendo nela e não sabia nada sobre a Escola de Profetas; só soubemos disso depois que ela morreu, quando lemos seus diários. Minha mãe e meu pai sempre estariam prontos a ajudá-la, mas ela não nos disse o que realmente estava acontecendo. Se meu pai tivesse sabido, certamente teria ido lá e levado Brenda e a menina de volta ao Idaho, onde estariam em segurança".

Numa manhã de domingo, cerca de dois meses depois do encontro de Brenda e Betty no McDonald's, a mãe delas, LaRae Wright, diz haver recebido um telefonema muito preocupante de Brenda: "Ela estava em pânico e me disse: 'As coisas não estão indo bem com Allen. Posso ir para casa?'. 'Claro!', respondemos. Mas depois ela não falou mais nada, e naquela noite eu telefonei e ela disse: 'Nós nos acertamos'. Ela acabou não vindo para Idaho. Não sei o que estava acontecendo, mas ela não voltou para casa".

Nessa altura, Ron e Dan estavam havia muito tempo ausentes de Provo e do condado de Utah, percorrendo o oeste na caminhonete Impala de Ron em peregrinação improvisada às comunidades poligâmicas. "Viajamos pelo Canadá, pelo oeste dos Estados Unidos e pelo Meio-Oeste", recorda Dan. "Pensando bem, foi uma viagem importante para mim porque pela primeira vez pude realmente conhecer meu irmão. Até então eu não conhecia Ron muito bem. Ele é seis anos mais velho do que eu. Nunca fomos muito íntimos quando crianças. Nós o respeitávamos, e eu queria me aproximar dele, mas simplesmente não havia oportunidade."

Dia após dia, revezando-se na direção, Ron e Dan percorreram o continente no velho Chevrolet. À vezes dirigiam durante horas sem falar, simplesmente contemplando as imensas nuvens carregadas que turbilhonavam a doze mil metros de altura no céu vespertino, transformando as planícies em um vasto tabuleiro de sombras e luzes ofuscantes. Mas, em geral, os irmãos conversavam, e, quando o faziam, eram debates calorosos. O assunto da conversa era quase sempre a revelação sobre a remoção.

Na segunda frase da revelação, Deus dissera a Ron: "É Minha vontade e ordem que os seguintes indivíduos sejam removidos por vós, a fim de que Minha obra siga adiante". Era preciso que Brenda e Erica Lafferty, Chloe Low e Richard Stowe fossem mortos, dissera Deus, porque "se tornaram efetivamente obstáculos em Meu caminho e não permitirei que Minha obra seja detida". Interpretando "Minha obra" como a construção da Cidade de Refúgio, Ron começou a falar de "uma grande carnificina" antes que a construção pudesse ser iniciada.

Sentado em uma pequena cela de blocos de concreto no interior da unidade de segurança máxima em Point of the Mountain, Dan vira a cabeça para trás e olha sem expressão para o teto, permitindo que os detalhes daquele verão cheio de acontecimentos borbulhem de volta a sua consciência. A viagem de carro levou semanas, depois meses, e, à medida que sua duração aumentava, recorda Dan, "notei que meu irmão ia ficando cada vez mais agitado; na verdade, parecia mais sanguinário. Começou a dizer coisas como 'Vai ser logo'. Acabou se concentrando em uma data específica na qual as remoções deveriam ser executadas. Mais tarde, disse: 'Creio que vai acontecer no dia 24 de julho'".

"Eu observava essas mudanças em Ron, e as coisas que ele dizia realmente me assustavam, mas eu só podia rezar. Pedia a Deus: 'Vede, sei que farei tudo o que quiserdes que eu faça. Devo ficar com meu irmão e executar esse ato? Ou devo afastar-me dele e não participar disso?'. Mas a resposta que recebi foi de que devia ficar com Ron."

Algumas vezes durante a viagem, Ron e Dan resolveram se separar uma ou duas semanas. Certa feita Ron tomou um trem de carga para o leste, enquanto Dan ficou com o Impala percorrendo itinerário diferente. Em meados de junho, Dan chegou ao lugar combinado para o encontro em Wichita, no estado de Kansas, vários dias antes de Ron. Enquanto esperava que o irmão aparecesse, arranjou, por meio da agência de empregos local, um emprego de diarista na demolição de um antigo banco. No trabalho, Dan conheceu um rapaz de 24 anos chamado Ricky Knapp, membro da mesma equipe de demolição.

Segundo Dan, ficaram "bons amigos. Ele tinha acabado de sair da cadeia e tivemos boas conversas. Eu realmente gostava dele". Depois de ser solto, Knapp não tinha onde morar e Dan o convidou a ficar com ele, dormindo no banco de trás do Impala, o que Knapp aceitou. Pouco depois, Ron chegou a Wichita, e Knapp resolveu ficar com os irmãos durante o restante da viagem.

Knapp tinha um amigo que possuía uma pequena plantação de maconha. Certa tarde, antes de partir de Wichita, Knapp levou Dan a um campo fora da cidade onde seu amigo havia atirado o refugo de sua mais recente colheita — folhas e talos descartados depois que os bulbos resinosos haviam sido cortados e empacotados para venda. Knapp e Dan encheram um saco de compras com aquela erva de segunda categoria e guardaram no Impala. "O gosto era ruim", recorda Dan, "mas dava para entrar num 'barato' depois de fumar quatro ou cinco baseados."

Não era a primeira vez que Dan fumava maconha; na verdade, tinha conhecido a erva quinze anos antes. Ironicamente, o que de início despertou sua curiosidade a respeito foi a "Palavra de Sabedoria" — o artigo 89 de *Doutrina e mandamentos*, que contém a famosa proibição aos mórmons de usar tabaco e "bebidas fortes". Mais especificamente, seu interesse foi estimulado pelo versículo 10 da revelação, que diz: "Em verdade vos digo, Deus criou as ervas saudáveis para a constituição, natureza e uso do homem".

Dan teve a oportunidade de satisfazer sua curiosidade em 1969, ao retornar da missão e aceitar emprego numa obra em Colorado Springs, no estado do Colorado. Entre seus companheiros de trabalho, "havia muitos que fumavam maconha [...] e, embora eu próprio não fumasse, observei-os e analisei suas práticas, fazendo muitas perguntas, o que me deu a impressão de que se contavam muitas mentiras a respeito disso". Finalmente, uma moça que ele namorou no Colorado o convenceu a experimentar uma dose pesada, ao que recorda: "Fui lançado na primeira órbita do universo em expansão dentro de minha cabeça".

Dan fumou a erva mais algumas vezes quando ainda jovem, mas lhe preocupava estar cometendo pecado e, quando voltou ao condado de Utah, "arrependi-me e voltei a ser um mórmon cento e dez por cento".* Dan não mais fumou maconha até conhecer Richard Knapp no verão de 1984, mas, nessa ocasião, diz ele, "senti que meu coração e minha mente se abriam a algo mais misterioso e sério do que eu havia imaginado". Ao refletir sobre as diversas referências a ervas nas revelações publicadas por Joseph, Dan convenceu-se de que o profeta "deve ter conhecido algumas das que expandem a mente".

Ao contrário de Dan, Ron nunca havia experimentado maconha antes que Richard Knapp entrasse em suas vidas, mas, depois de se juntar a Ron e Knapp em Wichita, ele facilmente concordou em fumar a erva de baixo teor de Knapp. Segundo Dan, Ron então "chegou a conhecer o que era uma 'viagem' leve e a experimentar a sensação de fome após a 'viagem'. Provavelmente foi bom [que a maconha fosse tão fraca] porque ele ficou um pouco temeroso no início, e mais tarde, quando fumamos coisa melhor, ele mostrou tendência à

---

* É interessante notar que em 1915 o estado de Utah foi o primeiro a criminalizar a maconha. A iniciativa da proibição veio da Igreja LDS, preocupada com o crescente consumo da droga entre seus membros. Verificou-se que havia muitos fumantes de maconha entre os Santos dos Últimos Dias, graças aos polígamos que haviam aprendido a gostar da erva no México, para onde cerca de 6 mil deles haviam fugido no início do século XX para escapar da perseguição federal. No verão de 1912, a Revolução Mexicana explodiu no norte do país, e a crescente violência compeliu a maioria desses polígamos expatriados a regressar a Utah, onde introduziram a maconha na cultura mórmon mais ampla, assustando as Autoridades Gerais da LDS.

paranóia". Paranóico ou não, Ron rapidamente adotou a opinião de Dan de que a maconha estimulava a "iluminação espiritual".

Depois do novo contato com a erva por meio da ligação com Knapp, Dan diz que, por não mais estar vigiado pela Igreja LDS, "pela primeira vez pude 'entrar numa' com a consciência tranqüila, e talvez por isso, em vez de simplesmente experimentar uma 'alegria no coração', comecei a sentir um 'estímulo da alma'. Comecei a ter percepções espirituais que me pareciam maravilhosas". A "viagem", observou Dan, era "mais ou menos como voltar a ser criança e conhecer um mundo inteiramente novo [...] concluí que a escritura que diz 'a menos que te tornes criança, não poderá conhecer o Reino dos Céus' é mais uma referência oculta ao transe, assim como o misterioso relato de Moisés de que via Deus entre as sarças ardentes".*

Após os contratempos com a Escola de Profetas em abril de 1984, mas antes de sair de Utah na viagem de carro, Ron e Dan haviam visitado os diretores da Mina do Sonho para falar da Cidade de Refúgio que tencionavam construir próximo à entrada da mina. Foi a segunda visita deles aos diretores: dois meses antes, Dan havia se oferecido para trabalhar de graça com seus cinco irmãos para ajudar a extrair o ouro que todos sabiam estar muito perto, a fim de financiar a Cidade de Refúgio, mas os gerentes da mina recusaram delicadamente a oferta. Mas então Ron e Dan deixaram de lado a delicadeza e exigiram diretamente que os diretores lhes entregassem a gerência da mina; se recusassem, advertiu Ron, "sentiriam a mão do Senhor". Ignorando a ameaça de retaliação divina, a oferta foi também recusada, embora dessa vez de maneira menos polida.

Apesar do insucesso em seus esforços para assumir o controle da Mina do Sonho e de haverem sido expulsos da Escola de Profetas, Ron e Dan con-

---

* Depois que Dan e Ron foram presos, Dan deu uma declaração na cadeia, que recebeu ampla publicidade, em louvor das "ervas do espírito". "Por causa dessa declaração", diz Dan, "muitas pessoas imaginaram que eu estivesse sob a influência de drogas quando cometi os assassinatos, mas esse não era o caso. Eu tinha fumado um pouco com minha terceira mulher uma semana antes [...] e tomei uma cerveja que Alex Joseph me trouxe no dia em que saí da casa dele em Big Water, mais ou menos no dia 22 de julho", mas isso, afirma ele, foi tudo o que usou em matéria de drogas durante o período imediatamente anterior aos crimes.

tinuaram entusiasmados com a idéia de construir a Cidade de Refúgio na propriedade de Onias abaixo da mina. Com esse objetivo, durante a viagem de carro procuraram certos polígamos eminentes em todo o oeste e trataram de obter o apoio deles para o projeto; entre eles estava John W. Bryant, o autoproclamado profeta que Ron havia visitado no mês de dezembro anterior. Depois de sair de Wichita no início de julho, Ron, Dan e Ricky Knapp foram de Impala para o oeste, a caminho da comunidade de Bryant em meio aos altos pinheiros e as opulentas fazendas de morango no Vale Willamete, no estado de Oregon.

Ao chegarem, Ron eletrizou os seguidores de Bryant com um sermão de improviso sobre a Cidade de Refúgio e o papel que desempenharia durante os Últimos Dias. Segundo Laurene Grant, uma das seminaristas, Ron "tinha muitos aspectos adoráveis. Todos se interessaram. Todos se entusiasmaram". Grant, mãe de quatro filhos, também se impressionou com Dan, que usou seus conhecimentos de quiroprática para tratar de membros da comunidade. Ela comparou Dan a Cristo, dizendo: "Ele era muito gentil e carinhoso".

Quando os irmãos Lafferty se despediram do grupo de Bryant e dos úmidos encantos do noroeste, Dan já tomara Grant como terceira esposa. Os recém-casados e os dois filhos mais jovens dela prosseguiram viagem no carro de Grant, enquanto Ron, os dois filhos mais velhos e Knapp partiram no Impala. Combinaram encontrar-se duas semanas depois, nos Estados Confederados da Nação Exilada de Israel — o domínio de Alex Joseph, um dos mais conhecidos polígamos dos Estados Unidos —, no estado de Utah. Joseph, seis ou sete de suas mulheres e os muitos filhos moravam em Big Water, um velho acampamento no deserto próximo à margem sudoeste do lago Powell, o segundo maior reservatório do país.* Não por acaso, Big Water não ficava muito

---

* Joseph, ex-policial de Modesto, Califórnia, fora educado na religião ortodoxa grega e se converteu ao mormonismo em 1965. Excluído quatro anos depois, quando começou a tomar esposas plurais, fundou uma seita chamada Igreja de Jesus Cristo em Assembléia Solene. (No total, Joseph casou-se com pelo menos 21 mulheres.) Seu humor autodepreciativo, suas opiniões teológicas próprias e a insaciável sede de publicidade o tornaram favorito da imprensa noticiosa internacional. Em 1983, pouco antes de os Lafferty o visitarem, Joseph fora eleito prefeito de Big Water com um programa libertário, prometendo transformar a cidade em um santuário isento de impostos; em seguida vangloriou-se de ser o único polígamo a conquistar um cargo eletivo nos Estados Unidos (era também comandante da Guarda Costeira Auxiliar do Lago Powell). No fim da vida passou a acreditar que Jesus Cristo tinha sido um marinheiro visionário e que fora crucificado pelos romanos por haver descoberto o segredo da navegação transoceânica. Fumante inveterado, Joseph morreu de câncer do cólon em 1998, aos 62 anos de idade.

distante de Colorado City, o baluarte da Igreja Fundamentalista de Jesus Cristo dos Santos dos Últimos Dias do tio Roy, a maior seita poligâmica da nação.

Ron, Ricky Knapp e os filhos mais velhos de Grant foram de carro para a Califórnia pela estrada interestadual número 5. Numa parada para irem ao banheiro, nos arredores de Sacramento, os rapazes começaram a conversar com Chip Carnes, um vagabundo e ladrão de 23 anos que vinha do estado de Novo México. Os freios de seu velho carro tinham quebrado e os rapazes o apresentaram a Ron, que ofereceu ajudar a levar o veículo de Carnes a uma oficina em Sacramento.

Ron amarrou o estepe ao pára-choques traseiro do Impala e disse a Carnes que seguisse com o nariz de seu carro colado ao pneu, a fim de que Ron pudesse reduzir a velocidade do carro de Carnes usando os freios do Impala. Com esse método primitivo, porém eficaz, levaram o carro sem freios a uma oficina mecânica em Sacramento. Mas aconteceu que o rapaz não tinha dinheiro suficiente para pagar o conserto. Assim, vendeu o veículo ao mecânico e contribuiu com o modesto produto da venda para o rateio da gasolina do Impala, entrando na caminhonete verde com Ron, Knapp e os meninos Grant, em direção ao sul do Utah, para se encontrar com Dan e sua mais recente esposa.

Dan e Laurene Grant chegaram primeiro a Big Water. Nessa altura, depois de uma semana de casamento, os recém-casados já não se davam tão bem, o que levou Grant a pedir a Dan "uma sentença de divorciação". Dan concordou e, antes mesmo que Ron aparecesse, voltou ao condado de Utah pedindo carona nas estradas, deixando a ex-mulher nos domínios de Alex Joseph para aguardar a chegada de Ron e dos dois filhos mais velhos.

Ron e seus quatro passageiros chegaram no Impala logo após a partida de Dan. Passaram somente uma noite em Big Water, mas enquanto lá estiveram Ron contou a Joseph a revelação sobre a remoção. Segundo Chip Carnes, que ouviu a conversa sem ser percebido, "estavam discutindo a volta de Ron a Utah, onde ele ia apanhar suas armas para fazer uma chacina". Carnes recordou que Joseph tentou dissuadir Ron.

Enquanto isso, Dan foi ao encontro de sua segunda mulher, Ann Randak, no Cânion de Spanish Fork. Depois de passar um dia e uma noite com ela, despediu-se com um beijo no dia 23 de julho e foi a Orem visitar a primeira esposa, Matilda, e os filhos; era o primeiro aniversário do filho mais novo. Dan quase não o vira desde o nascimento — e, embora na ocasião não o soubesse, nunca mais o veria após esse encontro.

A estada com Matilda e os filhos foi curta; na mesma tarde ele se despediu e foi embora para a casa da mãe, em Provo, para se encontrar com Ron, que para lá se dirigira depois de deixar Big Water. Ron, Dan, Knapp e Carnes passaram o restante do dia na casa de Claudine Lafferty, lavando suas roupas e cuidando do motor do Impala. Também debateram os planos para o dia seguinte.

Nesse dia, 24 de julho, festejava-se o Dia do Pioneiro.* Durante a viagem, Dan, Knapp e Carnes haviam combinado assistir à parada e participar das festas. Mas em algum momento na segunda-feira, 23 de julho, segundo Dan, "Deus disse a Ron que em vez disso tinham de ir a outro lugar. Disse que o dia seguinte seria 'o Dia'".

Na noite de segunda-feira, os quatro homens conversaram na sala de jantar de Claudine Lafferty sobre a revelação da remoção. Enquanto os irmãos falavam, Claudine tricotava em um sofá próximo. Embora escutasse atentamente a conversa, ela nada disse. Segundo o testemunho de Carnes no tribunal,

> Ron falava de coisas da Bíblia. Sempre mencionava uma revelação que tinha recebido. Nessa revelação ele afirmava que fora ordenado a eliminar algumas pessoas. Ouvi o nome "Brenda" ser mencionado uma vez e ouvi alguma coisa sobre um bebê.

Debatendo os detalhes da revelação, Dan perguntou se era realmente necessário degolar os quatro indivíduos designados para remoção, como Ron havia sido instruído em uma de suas revelações. "Perguntou se Ron não podia simplesmente entrar e atirar neles", disse Carnes. "Ron respondeu que a ordem do Senhor era que... que ele cortasse as gargantas deles."

Betty Wright McEntire ficou sabendo de tudo isso quando, doze anos mais tarde, ouviu o testemunho de Carnes no Tribunal do Quarto Distrito em Provo. Quando soube que Claudine Lafferty estivera sentada na mesma sala, ouvindo seus dois filhos mais velhos debaterem o iminente assassinato de sua nora e neta, Betty ficou pasmada. "Como é possível alguém ouvir tudo o que

---

* O Dia do Pioneiro, que recorda a chegada dos mórmons ao vale do Lago Salgado, em 24 de julho de 1847, após o êxodo de Nauvoo, é a mais importante festividade dos Santos, comemorada em todo o estado de Utah com paradas, discursos públicos e fogos de artifício, superando em muito o 4 de julho.

eles planejavam e não fazer nada para avisar a Brenda?", pergunta ela. "Simplesmente não consigo compreender."

No dia 19 de julho, Brenda completara 24 anos. Betty se oferecera para ir de carro a American Fork cuidar da criança, para que Brenda e Allen pudessem sair à noite. Betty realmente desejava estar com Brenda e Erica. A menina, já com quinze meses, havia começado a falar as primeiras palavras inteligíveis.

Allen e Brenda "foram jantar em Salt Lake", conta Betty. "Eu estava ansiosa para que ela voltasse, porque eu ia me casar e queria mostrar a ela as fotos do vestido de noiva que tinha escolhido e conversar sobre o casamento. Mas, quando os dois voltaram, era claro que haviam brigado. Vi que ela tinha chorado. Fiquei desapontada, mas percebi que devia me retirar. Eu tinha dado a ela uma caixinha de música de presente de aniversário. Lembro que ela deu corda e pôs na mesinha da televisão; ouvimos a música por um instante e depois eu me despedi do bebê com um beijo e parti. Foi a última vez em que vi minha irmã."

Na manhã de 24 de julho, Dia do Pioneiro, Dan acordou, rezou e se sentiu impelido pelo Senhor a serrar o cano de uma espingarda calibre .12 que guardava na casa da mãe. Enquanto ele usava a serra na garagem de Claudine, Ron, Ricky Knapp e Chip Carnes colocavam seus pertences no Impala. Entre as coisas que puseram no carro havia uma Winchester e um rifle para matar veados. Ao amarrarem alguns apetrechos no teto do veículo, Carnes disse a Ron, preocupado: "Não vejo motivo para alguém matar um bebê".

Ron replicou que Erica era uma "filha da perdição" e por isso tinha de ser removida. De qualquer forma, acrescentou, não apenas Deus havia especificamente incluído o nome dela em sua ordem, mas depois da morte de Brenda a criança não mais teria a mãe e portanto era na verdade útil que Erica fosse removida junto com ela.

Uma vez carregada a caminhonete, os quatro homens entraram, com Dan ao volante, e foram para a casa de Mark buscar outra arma, uma espingarda calibre .20, que Dan havia emprestado a Mark alguns anos antes. Mark entregou a arma, perguntando: "Que vai fazer com ela?".

"Caçar", respondeu Ron.

Sabendo que não era temporada de caça, Mark redarguiu: "Caçar o quê?". "Qualquer porcaria", respondeu Ron, "que cruze meu caminho."

Ron, Dan, Knapp e Carnes se afastaram no Impala e foram atirar em uma pedreira próxima; Ron queria "acertar a mira", atirando em latas vazias e depois ajustando os telescópios para assegurar a exatidão a determinada distância. Ao chegarem à pedreira, entretanto, viram que tinham levado a munição errada para o rifle, cujo calibre era .270 — as balas eram .243, pequenas demais para servirem na arma. Resolveram voltar à casa de Mark para ver se ele sabia onde estava o rifle .243 de Ron.

Na casa de Mark, recorda Carnes, "Ron gritou pela janela, perguntando se sabia onde estava o .243. Mark respondeu que não sabia, mas disse: 'Creio que está na casa de Allen'".

Cerca de uma e meia da tarde, Dan estacionou o Impala diante do dúplex de tijolos alugado por Allen e Brenda numa rua tranquila de American Fork, a vinte minutos da estrada expressa vindo de Provo. Ron saiu do carro e foi sozinho em direção à porta. A parte do cano da arma que ele havia serrado, com trinta centímetros de comprimento, estava escondida na manga do lado direito. Na bota esquerda levava uma faca de desossar, afiada como um escalpelo.

Ron abriu a porta de tela e "bateu com força, durante muito tempo", diz Dan. "Sei que ele já pensava em tirar as vidas de Brenda e do bebê ali mesmo naquela hora. Eu fiquei no carro, rezando: 'Espero, meu Deus, que seja essa a vossa intenção, porque se não for é melhor fazer alguma coisa, agora!'. Mas nada aconteceu. Ninguém abriu a porta. Depois de alguns minutos, Ron voltou ao carro, um tanto intrigado, encolhendo os ombros. Fiquei contente de verdade, porque achava que tudo aquilo era apenas uma prova de fé, como quando Deus testou Abraão, e que Ron tinha passado no teste. Pensei: 'Oh, obrigado, Senhor!'. Liguei o carro e nos afastamos."

"Ron estava do meu lado, com ar meio confuso. Era sempre ele quem dizia aonde devíamos ir, o que devíamos fazer. Eu já estava a mais de um quarteirão e meio da casa quando de repente tive um sentimento estranho. Era como algo que vi uma vez no noticiário da TV: um homem ia entrar num avião, mas quando chegou na porta resolveu voltar. O avião caiu. Quando o entrevistaram, perguntaram por que não tinha entrado no avião. 'Não sei explicar', disse ele. 'Somente achei que não devia.' Bem, foi isso o que senti quando me afastava da casa de Allen. Tive esse forte sentimento de que devia dar meia-volta e foi o que fiz, e vi que estava voltando ao apartamento, embora não soubesse por quê, já que ninguém estava em casa. Os outros que estavam no carro perguntaram: 'Que está fazendo?'. Respondi: 'Vou voltar para a casa de Allen, mas não sei por quê.'"

"Muitas coisas passaram pela minha cabeça. Nessa altura da vida eu já tinha tido experiências espirituais, coisas que eu considerava miraculosas, e achei que estava voltando por algum motivo. Pensei: 'Bem, talvez não seja Ron quem tenha de executar isso. Talvez eu esteja voltando porque seja eu quem deve cuidar desse assunto para o Senhor. Eu não tinha certeza, mas me sentia satisfeito com o que estava fazendo. Nesse ponto foi como se alguém me tomasse pela mão e me conduzisse confortavelmente."

"Ron me perguntou se eu tinha certeza do que estava fazendo. Disse que não queria que eu fizesse nada que ele próprio não desejasse fazer. Expliquei que me sentia bem. Sentia que estava fazendo o que devia."

Dan voltou à entrada do prédio de Allen, caminhou até a porta e bateu. Dessa vez, Brenda abriu depois de duas ou três batidas. Dan perguntou se Allen estava em casa. Brenda respondeu que ele estava no trabalho. Dan perguntou se ela sabia se o rifle .243 estava em algum lugar no apartamento. Brenda disse que tinha certeza de que não. Dan então pediu para usar o telefone. Perdendo a paciência, ela disse: "Não, não pode entrar e usar o telefone". Dan protestou que precisava fazer uma ligação rápida, mas Brenda aparentemente estava ficando desconfiada e continuou a impedir-lhe a entrada.

Nesse ponto, Dan recorda: "Eu estava falando silenciosamente com Deus e perguntei: 'Que devo fazer agora?'. Senti que devia empurrá-la para entrar, e foi o que fiz".

Segundo Chip Carnes, logo que Dan forçou a entrada no apartamento, a porta bateu atrás dele e "ouvi o que parecia alguém caindo no chão [...] e depois ouvi um vaso se quebrando".

Quando Dan entrou, diz ele, "creio que Brenda ficou desalentada. Ela fez um comentário muito interessante, um tanto profético. Disse: 'Sabia que você ia fazer alguma coisa que ninguém poderia impedir'. Depois começou a pedir desculpas por muitas coisas, por influenciar a mulher de Ron, coisas assim.

Pensei comigo: 'Você é uma megera'. Me senti levado a derrubá-la no chão. Cruzei os braços dela, atirei-a de bruços ao chão e sentei em cima dela, segurando os pulsos".

Fora do apartamento, Carnes, Knapp e Ron ainda esperavam no Impala. Carnes virou-se para Knapp e disse: "Está ficando meio barulhento lá dentro".

"Tem razão", respondeu Knapp, e voltou-se para Ron. "Talvez você deva entrar para ajudar." Ron saiu do carro e encaminhou-se para a porta.

Quando tentou entrar, no entanto, Dan estava segurando Brenda no chão, e Ron teve de "empurrar com força", segundo Carnes, "mas, logo que Ron entrou, ouvi Brenda dizer: 'Eu sabia que isso ia acabar assim'. Ouvi Ron chamando-a de cadela e mentirosa, e ouvi o que parecia uma luta, com coisas se quebrando. Escutei Brenda gritar: 'Não toquem na minha filha! Por favor, não machuquem minha filha!'. Ron ainda a estava xingando. E ela respondia que não mentiria mais. Ele continuou a bater nela. Era possível ouvir os golpes".

"Depois ouvi um bebê chorando: 'Mamãe! Mamãe! Mamãe!'. Então, tudo ficou em silêncio."

Quando Ron forçou a entrada, disse Dan, "Ele fechou a porta atrás de si e perguntou: 'Que está fazendo?'. Respondi: 'Bem, acho que agora estou realizando a revelação'. Eu estava tentando falar em voz baixa, pois não queria que Brenda ouvisse coisas que a perturbassem ainda mais. Depois Ron perguntou: 'Como vai fazer?'. Pedi que me desse um minuto para rezar. E disse para mim mesmo: 'Que devo fazer, Senhor?'. Senti então que deveria usar uma faca. Que deveria cortar as gargantas delas. Ron perguntou: 'Que faca vai usar?'. Eu tinha uma faca no cinto, e Ron tinha outra na bota. Respondi: 'Aquela que você comprou'. Nesse momento ele tirou a faca da bota e colocou-a no chão a meu alcance. Depois tentou bater em Brenda para desacordá-la".

"Bateu no rosto dela, várias vezes, até que o sangue começou a respingar na parede. Mas ele machucou a mão e parou de bater. Nessa altura já havia muito sangue e eu não pude mais segurar Brenda. Ela se levantou. Ron voltou-se para impedir que ela saísse. O rosto dela estava todo ensangüentado. Ela estava com muito medo. Disse para mim: 'Me abrace, por favor. Me abrace'. Eu sabia que ela estava fazendo isso só para que eu tivesse pena. Ron disse: 'É, eu também queria que alguém me abraçasse, sua cadela. Mas por sua causa não tenho mais esposa.'"

"Isso fez com que ela se calasse por um instante. 'Faço o que você quiser', disse ela então. Ron ordenou: 'Ok, sente-se ali no canto'. Ela se encostou na parede e começou a escorregar para o chão quando Ron se virou para mim, dizendo: 'Vamos dar o fora daqui'. Percebi que ele estava muito assustado. Respondi: 'Pode ir, se quiser. Vou cuidar do que acho que fui destinado a fazer e depois poderei ir'. Nesse ponto Brenda deve ter percebido o que eu estava querendo dizer, porque saltou passando por Ron e tentou sair. Ele não procurou detê-la. Tive de saltar em volta dele e agarrei-a por trás. Ela tinha conseguido ir até a cozinha e estava procurando chegar à porta corrediça dos fundos. Agarrou as cortinas e eu a puxei pelos cabelos, soltando alguns dos grampos da parte de cima da cortina. Quando finalmente a agarrei, ela desmaiou, e eu a deitei no chão da cozinha."

"Ao contrário de meu irmão mais velho", diz Dan, "eu realmente não tinha raiva de Brenda nem de Erica. Estava apenas fazendo a vontade de Deus. Vendo Brenda caída ali no chão da cozinha, orei para saber o que fazer. Disse a Ron: 'Pegue alguma coisa para amarrar no pescoço dela, para ela não voltar a si'. Eu agora estava sentindo que devia primeiro tirar a vida da criança. Ron foi e cortou o fio do aspirador de pó, trazendo-o para mim. Nesse momento aconteceu outra coisa extraordinária: quando ele tentou colocar o fio no pescoço dela, uma força invisível o empurrou para trás. Ele se voltou, olhando para mim, e disse: 'Você viu isso?'"

"'Sim', disse eu. 'Parece que isso não é coisa para você fazer. Me dê o fio.' Enrolei-o no pescoço dela duas vezes e amarrei bem apertado, com dois nós."

Depois que Brenda fez a desesperada tentativa final para escapar e em seguida desmaiou no chão da cozinha, Ricky Knapp e Chip Carnes, ainda dentro do carro, nada mais ouviram vindo do dúplex. O silêncio assustou Carnes, que disse a Knapp para se sentar ao volante e ordenou: "Vamos dar o fora daqui".

Knapp deu partida no carro e recuou para a rua, mas depois perdeu o ânimo. "Não posso deixá-los lá", disse ele a Carnes. Estacionou o Impala na rua, diante do apartamento, e esperou, enquanto Carnes se escondia, agachado no banco de trás.

Depois de amarrar o fio no pescoço de Brenda, diz Dan, "fui até a sala e peguei a faca, caminhei pelo corredor, conduzido pelo espírito, porque não conhecia a planta da casa, nem sabia qual era o quarto do bebê. A primeira porta que abri era a do quarto da menina. Estava de pé, no canto do berço. Entrei. Fechei a porta para ficar sozinho com ela. Creio que a criança achou que eu era o pai dela, porque uso barba, e Allen usava barba naquele tempo. E temos vozes iguais".

"Falei com ela durante um instante. Disse: 'Não tenho bem certeza do que isso significa, mas aparentemente a vontade de Deus é que você deixe este mundo; talvez algum dia possamos falar sobre isso'. Então segurei a cabeça dela, pus a faca debaixo do queixo, assim, e..." Com uma pausa em seu monólogo, Lafferty usa as mãos algemadas para demonstrar traqüilamente como fez para dar o golpe com a faca afiada como navalha no pescoço de Erica, quase decapitando-a; a cabeça do bebê ficou presa ao corpo por tênues fios de pele e tendões.

"Fechei os olhos", continua ele, "e por isso não vi o que estava fazendo. Não ouvi nada." Lafferty relata os detalhes do assassinato de Erica com uma voz de uma serenidade sobrenatural, como se contasse uma ida a uma loja de ferragens. "Fui até o banheiro, passando pelo corredor, e lavei o sangue da faca. Não senti nada. Naquele momento, eu nem sabia se tinha realmente matado Erica. Só mais tarde, quando me mostraram fotos da cena do crime. [...] Tenho certeza de que ela não sofreu. Talvez eu pense isso só para me sentir melhor — não sei. Mas espero que a faca estivesse tão afiada que ela não tenha sentido dor."

"De qualquer maneira, lavei a faca. E, quando ela já estava limpa, fui à cozinha e fiquei de pé por cima de Brenda. Com um pé de cada lado, desatei o fio e retirei-o do pescoço dela. Agarrei-a pelos cabelos, coloquei a faca ao lado da garganta e puxei-a. Outra vez fechei os olhos, de modo que não vi nada. Mas dessa vez senti a faca cortando a traquéia e senti quando tocou o osso da coluna vertebral. Depois voltei ao banheiro e lavei a faca pela segunda vez, me virei para Ron e disse: 'Podemos ir agora'."

Ron e Dan saíram pela porta dos fundos e voltaram ao carro. Quando Knapp e Carnes viram as roupas dos irmãos cobertas de sangue, diz Dan, "eles se assustaram." Carnes, especialmente, ficou fora de si.

Perturbado pelo forte cheiro de sangue no carro, Carnes agarrou a camisa de Dan e gritou, histericamente: "Você tem de tirar essa coisa fedorenta!".

"Quando ele disse isso", recorda Dan, "eu pensei: Bem, ainda não terminou. Porque tenho de mudar de roupa agora? Ainda precisamos visitar outras duas residências." Mesmo assim, Dan fez o que Carnes dizia. Enquanto o Impala se afastava do apartamento, Dan tirou a camisa ensangüentada e vestiu outra que Carnes lhe emprestou.

Ron estava também extremamente agitado, mas Dan permaneceu calmo e sereno: "Eu estava satisfeito, sabendo que as coisas tinham acontecido como Deus queria. Ron estava muito abalado e fragilizado. Continuou falando do cheiro de sangue em suas mãos. Pus minha mão em seu ombro e tentei consolá-lo".

Enquanto seguiam, Ron pareceu recobrar um pouco a calma. Guiando o Impala no calor abafado de julho, com cautela para não ultrapassar o limite de velocidade, ele sabia exatamente para onde ir: Highland, a cidade seguinte em direção ao norte, onde ele e Dianna haviam morado com os filhos e onde ainda morava Chloe Low.

Quatro meses antes, Deus havia instruído Ron de que

> É Minha vontade e ordem que os seguintes indivíduos sejam removidos por ti, a fim de que Minha obra siga adiante. [...] Primeiro, a mulher de teu irmão, Brenda, e sua filha; depois Chloe Low e em seguida Richard Stowe. E é Minha vontade que sejam removidos em rápida sucessão.

Com os assassinatos de Brenda e Erica, a primeira parte da revelação tinha sido cumprida. Enquanto seguiam para a casa de Low, que ficava perto, Ron e Dan conversaram sobre a maneira de realizar o restante. Seguindo o mandamento tão fielmente quanto possível, pretendiam primeiro remover Low e depois Stowe, executando-os "em rápida sucessão", antes que terminasse o dia. Embora os irmãos concordassem que matar Low deveria "ser fácil, porque era uma mulher franzina", Ron confessou a Dan: "Creio que não terei forças se tivermos de tirar a vida de Chloe Low".

"Você está preocupado com coisas que não devia", tranquilizou-o Dan. "Vou cuidar disso, como fiz até agora. Porque isso é coisa do Senhor."

TERCEIRA PARTE

O que a história tem de melhor a oferecer são os melhores frutos da experiência religiosa [...] Os vôos mais elevados de caridade, devoção, confiança, paciência e bravura, para os quais se abriram as asas da natureza humana, foram alcançados por meio de ideais religiosos.

William James, *The Varieties of Religious Experience*

Diz-se freqüentemente que atacar a religião é um grande erro, porque ela torna os homens virtuosos. Foi o que me disseram, mas eu não dei atenção [...]
Observando o mundo, verifica-se que todo pequeno progresso no sentimento humanitário, cada aperfeiçoamento das lei criminais, cada passo em direção à redução das guerras, ou em direção a um melhor tratamento para as raças de cor, ou abrandamento da escravidão, cada progresso moral que tenha ocorido no mundo, sempre contaram com a oposição das igrejas mundiais organizadas [...]
Minha opinião pessoal sobre a religião é a mesma de Lucrécio. Considero-a uma enfermidade nascida do medo e fonte de indizível sofrimento para a raça humana. Não posso negar, contudo, que tenha feito algumas contri-

buições à civilização. Nos primeiros tempos, ajudou a fixar o calendário, fez com que os sacerdotes egípcios registrassem os eclipses com tanto cuidado que acabaram sendo capazes de prevê-los. Estou pronto a reconhecer esses dois serviços, mas não conheço outros quaisquer.

Bertrand Russell, *Por que não sou cristão e outros ensaios sobre religião e assuntos conexos*

17. Êxodo

> *Eles seguiam, ressentidos e esperançosos. As perseguições, os massacres, o martírio do profeta, o jorrar do sangue, o cancro negro e os túmulos solitários haviam consolidado entre eles uma unidade, e um comboio de carroças após o outro, durante muitos anos, era como uma nova fuga do Egito. A comparação ao Velho Testamento era como um clarim na mente; alguns deles provavelmente até mesmo esperavam a perseguição de um Faraó e a divisão das águas. Encontraram sua força: o mormonismo no êxodo era uma manada, uma manada de búfalos, e a força da religião era a força da manada e a astúcia dos velhos machos obstinados que a lideravam. Brigham Young não era um vidente nem um revelador, mas um líder pragmático, um organizador e um colonizador de grande estatura.*
>
> Wallace Stegner, *Mormon Country*

A aurora começava a iluminar o céu do leste quando Porter Rockwell, o Anjo Destruidor, o leal guarda-costas de Joseph Smith, seu garantidor, galopava em direção a Nauvoo, espumando de raiva. Era o dia 28 de junho de 1844. Doze horas antes o profeta mórmon havia sido morto a tiros na cadeia de Carthage por um bando de milicianos do Illinois, apesar da promessa pessoal do governador Thomas Ford de que ele seria protegido contra atentados. Rockwell chegou a Nauvoo gritando a triste notícia enquanto cavalgava pelas ruas da cidade que despertava: "Joseph foi morto — eles o assassinaram! Que Deus os amaldiçoe! Eles o mataram!".

Os Santos reagiram à morte de Joseph com aflição e imensa tristeza, prometendo, entre lágrimas, que se vingariam. Primeiro, entretanto, tinham de cuidar de uma preocupação mais urgente: a sobrevivência do mormonismo. Os dez mil enlutados circunstantes que compareceram à mansão de Joseph para as exéquias e contemplar seu cadáver se desesperavam tentando imaginar quem entre os vivos poderia liderar a igreja nos meses críticos que se avizinhavam. Em seu livro *The Mormon Hierarchy: Origins of Power*, o insigne historiador dr. Michael Quinn observou que "institucionalmente, o mormonismo enfrentava um dilema de profundas conseqüências por ocasião da morte de Smith em junho de 1844: poderia a igreja sobreviver sem seu profeta fundador? Tal como ocorre quando a pedra de apoio é retirada de um arco, toda a estrutura desmoronaria?".

Joseph não se preocupara em preparar para seus adeptos um mecanismo claro para a escolha de seu sucessor. Na verdade, ao longo dos anos ele mencionara diversos critérios conflitantes para a transferência do poder. O resultado de seu desaparecimento prematuro foi um vácuo de poder que diversos candidatos a profeta se precipitaram em ocupar. Entre os principais pretendentes estavam:

• O filho mais velho de Joseph, Joseph Smith III, que tinha somente onze anos de idade quando o pai foi assassinado e a quem este provavelmente pretendia tornar seu sucessor quando o menino crescesse.
• O irmão mais moço de Joseph, Samuel H. Smith.
• Sidney Rigdon, teólogo influente que Joseph havia escolhido como companheiro de chapa na campanha de 1844 para a Presidência dos Estados Unidos, apesar do fato de que Rigdon, que sofria de "espasmos nervosos e desmaios", fosse emocionalmente instável e pouco confiável.
• Brigham Young, o decidido e ambicioso presidente do Quorum dos Doze Apóstolos da igreja.

Os contendores se dividiam em dois grupos: os que se opunham firmemente à poligamia e viam na morte de Joseph uma oportunidade de erradicar a prática antes que ela ganhasse ímpeto, e os que já haviam tomado esposas plurais e consideravam a poligamia um princípio divino que tinha de ser sustentado. Pouco menos de um ano antes de seu martírio, Joseph havia pela primeira vez divulgado sua secreta revelação que aprovava o casamento celestial, e, mesmo depois de documentar por escrito a revelação, somente um seleto grupo de seus amigos mais íntimos havia sido informado do segredo. Durante os dias sombrios e caóticos que se seguiram ao assassinato de Joseph, 95 por cento dos mórmons não tinham a menor idéia de que seu profeta se casara com mais de uma mulher e havia declarado que o casamento plural era uma das chaves mais importantes para o ingresso no Reino dos Céus.

Emma Smith, Samuel Smith, Sidney Rigdon, William Law e outros que desprezavam a poligamia, todos eles mórmons devotos convencidos de que isso causaria a ruína de sua igreja, desejavam desesperadamente instalar um sucessor de Joseph que revogasse a doutrina antes que ela se solidificasse. Em 13 de julho, Emma advertiu que, se o líder seguinte dos mórmons "não fosse um homem que ela aprovasse, ela causaria à igreja todo o dano possível".

Os apóstolos John Taylor, Willard Richards, Brigham Young e seus irmãos do grupo pró-poligamia também desejavam com a mesma intensidade entronizar um profeta que sustentasse a doutrina, para que as esposas plurais com as quais estavam casados não fossem consideradas prostitutas.

A crise da sucessão se complicou ainda mais porque dez membros do Quorum dos Doze Apóstolos, inclusive Brigham Young, estavam em lugares distantes no verão de 1844, pois tinham sido enviados por Joseph para conseguir apoio a sua candidatura a presidente dos Estados Unidos. Young, que estava em Massachusetts quando Joseph foi morto, só ficou sabendo do fim do profeta dezenove dias depois do fato. Mortificado com a notícia, Brigham inicialmente sentiu-se aflito, imaginando que sem Joseph a igreja mórmon certamente se desintegraria. "Minha cabeça estava tão transtornada", lamentou ele, que "pensei que ela fosse estourar." Logo que tomaram conhecimento do assassinato, Brigham e o restante dos Apóstolos regressaram às pressas a Nauvoo.

Os partidários da antipoligamia manobraram febrilmente para que um deles fosse confirmado antes que todos do Quorum dos Doze Apóstolos tivessem voltado a Nauvoo, vindos dos diversos pontos distantes do país. O jovem Joseph Smith III era o pretendente mais legítimo ao trono, mas, não havendo nem sequer chegado à puberdade, os antipoligamistas envidavam esforços para que o cargo fosse ocupado por Samuel H. Smith, irmão mais moço do profeta desaparecido. Em 30 de julho, no entanto, quando parecia que sua assunção estava decidida, Samuel morreu repentinamente. Abundantes indícios sugerem que ele morreu envenenado por Hosea Stout, chefe da polícia de Nauvoo, que era fiel a Brigham Young e aos demais poligamistas.

Depois da morte suspeita de Samuel, Sidney Rigdon, outro antipoligamista, lançou uma campanha de última hora para tomar o manto de Joseph antes que Brigham e os demais apóstolos chegassem a Nauvoo. Obtendo às pressas o apoio de outros membros da facção antipoligamia, manobrou com êxito para ser nomeado "guardião" da igreja, embora essa designação não fosse considerada oficial até que se confirmasse por uma votação numa reunião especial de toda a igreja marcada para 8 de agosto. Parecia ser um *fait accompli*, mas Brigham Young e o restante dos apóstolos surgiram repentinamente na noite de 6 de agosto, a tempo de frear o esquema dos antipoligamistas para instalar Rigdon como substituto de Joseph.

Na manhã de 8 de agosto de 1844, os fiéis de Nauvoo se reuniram em assembléia para ouvir Rigdon e Young explicarem os motivos pelos quais cada qual pretendia ser o novo líder mórmon. Rigdon defendeu ardorosamente seus pontos de vista durante noventa minutos, mas não conseguiu convencer os demais Santos de que fosse ele o escolhido de Deus. Foi então a vez de Brigham dirigir-se à multidão, e conta-se que ocorreu uma coisa extraordinária, acabando com todas as dúvidas sobre quem deveria ser o profeta seguinte.

"Brigham Young se ergueu, rugindo como um leão", recorda John D. Lee, "imitando o estilo e a voz de Joseph, o Profeta. Muitos dos irmãos afirmaram ter visto o manto de Joseph cair-lhe sobre os ombros. Eu mesmo, na ocasião, imaginei ver e ouvir uma forte semelhança entre o Profeta e ele, e senti que era ele o homem que nos guiaria." Numerosos Santos que testemunharam a fala de Brigham (e muitos outros que não estavam presentes) juraram que ele passou por uma incrível transfiguração enquanto falava, temporariamente assumindo a voz, a aparência e até mesmo a estatura física de Joseph, que era homem consideravelmente mais alto. Depois de seu desempenho, Brigham não teve dificuldade em convencer a maioria dos presentes de que ele deveria ser o líder seguinte, e tornou-se assim o segundo presidente, profeta, vidente e revelador dos mórmons.

É interessante especular sobre o que teria acontecido se o regresso de Brigham a Nauvoo tivesse sido retardado em 36 horas, o que talvez tivesse permitido a Rigdon empunhar o leme da igreja. É lícito presumir que a cultura mórmon (para não falar da cultura do Oeste norte-americano) teria sido muitíssimo diferente hoje em dia. Muito provavelmente os mórmons não teriam colonizado a Grande Bacia, e a poligamia da LDS teria sucumbido no nascedouro. Como observou o próprio filho de Rigdon, os Santos dos Últimos Dias "não se enganaram ao colocar Brigham Young à testa da igreja [...] se Sidney Rigdon tivesse sido escolhido para o cargo, a igreja teria vacilado e desabado".

Como Joseph Smith, Brigham Young nascera pobre na região rural da Nova Inglaterra, onde o alarido do Segundo Grande Despertar deixou uma marca indelével em sua consciência. Foi batizado na Igreja mórmon em 1832, aos trinta e um anos de idade, e aos poucos se tornou um dos lugares-tenentes mais fiéis de Joseph.

A dedicação de Brigham ao profeta fundador era intensa e inflexível. Acreditava integralmente até mesmo nos dogmas mais extremados de Joseph, e possivelmente tinha mais fé neles do que o próprio Joseph. No entanto, Brigham era o oposto de Joseph em praticamente tudo que se pudesse imaginar.

Joseph era alto, atlético e bem-apessoado; Brigham era baixo e gorducho (chegou a ter 120 quilos), e seus olhos eram pequenos e porcinos. Joseph era emotivo, carismático, sonhador e incorrigível sedutor; Brigham era constante, confiável, pragmático ao extremo, um brilhante organizador que pensava em tudo e prestava atenção nos detalhes. Joseph gostava de ser adorado por seus seguidores; Brigham não pedia aos Santos que o amassem, queria somente respeito e obediência incondicional. Joseph conversava constantemente com Deus e durante a vida recebeu 135 revelações transformadas em cânones em *Doutrina e mandamentos*, assim como mais algumas dúzias que nunca foram publicadas; Brigham teve apenas uma revelação codificada, a de número 136 no mesmo livro, a qual, caracteristicamente, nada tinha a ver com os mistérios sagrados — simplesmente especificava como os mórmons deveriam organizar suas carroças para a migração ao Utah.

Sem dúvida, nunca ninguém disse que Brigham fosse um gênio religioso, mas num momento em que os mórmons estavam diante do iminente extermínio em conseqüência do martírio de Joseph, eles não precisavam de gênios religiosos. Em vez disso, necessitavam de disciplina e firme liderança, coisa que Brigham lhes proporcionou com competência. George Bernard Shaw o elogiou, chamando-o de "o Moisés norte-americano". Foi o homem certo na hora certa.

Em maio de 1845, nove homens foram indiciados pelos assassinatos de Joseph e Hyrum Smith; sete deles foram levados a julgamento em Carthage. Entre os réus no processo "O povo contra Levi Williams",* como foi designado o caso, havia algumas personalidades importantes do oeste do estado de Illinois, inclusive um coronel, um major e dois capitães da milícia de Carthage, um senador estadual e o editor do jornal de Warsaw. Devido aos virulentos sentimentos antimórmon em todo o condado de Hancock, não seria fácil condenar os culpados. Para diminuir ainda mais a possibilidade de condenações, tanto John Taylor quanto Willard Richards — os apóstolos mórmons que haviam testemunhado os crimes — recusaram-se a se apresentar ao tribunal, temendo (com boas razões) que, se se aproximassem de Carthage, seriam imediatamente mortos.

Mesmo assim, realizou-se o julgamento. Em 30 de maio, os réus foram declarados inocentes, o que não surpreendeu ninguém. Embora os mórmons já esperassem esse veredicto, isso os enfureceu. Um editorial no jornal de Nauvoo declarou: "Os assassinos podem ter certeza de que o caso, independentemente dos tribunais terrenos, será julgado pelo Supremo Juiz do Universo, que disse: minha é a vingança, e eu retaliarei".

Um mês depois, no primeiro aniversário da morte de Joseph Smith, Brigham falou com amargura sobre o veredicto e proclamou que "pertence a Deus e seu povo a vingança do sangue [de Seus] servos". Para isso, instruiu as autoridades da igreja a exarar um "Juramento de Vingança" formal, que imediatamente passou a fazer parte da cerimônia de consagração do templo, um dos mais sagrados rituais da religião.

O juramento exigia que os mórmons prometessem: "Hei de orar, e jamais deixarei de orar, e jamais deixarei de importunar os céus para que vinguem o sangue dos Profetas nesta nação, e ensinarei isso a meus filhos, e aos filhos de meus filhos, até a terceira e quarta gerações". Esse solene voto de vin-

---

* Segundo o direito consuetudinário ("Common Law") adotado nos Estados Unidos, que gera jurisprudência com força de lei, os processos judiciais são designados com o nome dos réus, e o acusador é "o povo". (N. T.)

gança era recitado por todos os Santos dos Últimos Dias que participavam do ritual do templo, até ser retirado da cerimônia de consagração em 1927, depois que o juramento foi dado a conhecer à imprensa não-mórmon, ocasionando uma grita de políticos e do público gentio que afirmavam tratar-se de traição.

Nos meses seguintes ao assassinato de Joseph, a maioria dos habitantes de Nauvoo não precisava de qualquer outro estímulo para se vingar dos gentios. Desde o assassinato, os não-mórmons haviam reforçado a raivosa campanha para expulsar os Santos do condado de Hancock. Encorajados pela absolvição dos matadores de Joseph, durante o ano de 1845 capangas de milícias privadas antimórmon lideradas por Levi Williams (o principal acusado no julgamento) percorriam o interior incendiando casas e fazendas dos mórmons. Por volta de 15 de setembro de 1845, 44 residências de mórmons haviam sido completamente destruídas pelo fogo.

Em 16 de setembro, Porter Rockwell estava a caminho de uma dessas casas incendiadas a fim de ajudar uma família mórmon a salvar alguns de seus pertences, quando por acaso encontrou o tenente Frank Worrell, da milícia de Carthage — o mesmo a cujo cargo estava a cadeia no dia do assassinato de Joseph. Worrel havia comandado os milicianos que tinham concordado em atirar balas de festim contra a multidão que se aproximava e depois se retirarem para que os amotinados pudessem assassinar o profeta sem serem perturbados. Quando Rockwell o encontrou naquela tarde de setembro, o tenente estava a cavalo, perseguindo um xerife local que tinha cometido a temeridade de exprimir simpatia pelos mórmons. No momento em que Worrell corria atrás do aterrorizado xerife, Rockwell disparou o rifle contra ele, atingindo-o na barriga. A vítima "saltou no ar mais de um metro", disse uma testemunha do tiro, "e caiu morto de seu cavalo".

O assassinato de Worrell piorou ainda mais as relações entre os Santos e seus adversários. Poucos dias depois, um bando de mórmons capturou um jovem gentio chamado McBracking, de quem eles suspeitavam pelo incêndio de casas de mórmons. McBracking suplicou para que o deixassem vivo, mas os Santos não estavam dispostos a perdoar. Castraram-no, degolaram-no, cortaram uma das orelhas e deram-lhe dois ou três tiros. Conforme Jospeh havia ensinado três anos antes, certos pecados eram tão hediondos que o único modo de o culpado expiá-los seria "derramar seu sangue no solo e deixar que o aroma da fumaça subisse até Deus".

A essa altura as paixões estavam fervendo dos dois lados do conflito. Grupos de mórmons e gentios raivosos percorriam sem cessar o condado numa orgia de fogo e pilhagem, incendiando mais de duzentas casas. Temeroso de que o condado de Hancock novamente chegasse a um passo da guerra civil, o governador Thomas Ford despachou quatrocentos soldados para Nauvoo, junto com uma comissão de personalidades respeitadas (inclusive o célebre estadista Stephen A. Douglas), implorando-lhes que negociassem uma solução duradoura para as hostilidades.

Era evidente para Brigham que os Santos não teriam futuro no condado e seus arredores. Em 24 de setembro ele enviou uma carta à comissão especial do governador Ford dizendo que, em troca de um cessar-fogo de parte dos gentios, os mórmons prometiam deixar não apenas o estado de Illinois, mas os Estados Unidos; partiriam na primavera seguinte, logo que os pastos nas planícies ao longo do caminho que pretendiam seguir estivessem suficientemente crescidos para proporcionar alimento aos animais de carga. Os gentios concordaram com o ajuste no dia 1º de outubro, dando aos Santos um intervalo de relativa paz durante o qual poderiam construir as carroças e estocar os suprimentos para a evacuação em massa.

Para a nova pátria dos Santos, Brigham Young pretendia encontrar um lugar que fosse ao mesmo tempo distante da civilização e pouco atraente a colonos gentios, para que seu povo pudesse viver livre de perseguições. Depois de pensar no Oregon, na Califórnia e na ilha de Vancouver, no Canadá, ele e seus conselheiros resolveram que os Santos teriam seu refúgio final nos desertos quase desabitados da Grande Bacia, que naquela época pertencia ao México.

Os Santos pretendiam abandonar a Cidade de Joseph somente quando o tempo começasse a esquentar, mas ao receberem a notícia de que havia sido expedido um mandado de prisão contra Brigham sob a acusação de proteger falsários, a idéia de partir antecipadamente lhes pareceu mais sensata.* Em 4

---

* Nauvoo sempre havia sido conhecida como um esconderijo de impressores de moeda falsa, graças a um dispositivo legal pouco comum na constituição da cidade que dava aos dirigentes locais poderes extraordinários de *habeas corpus*. Essa cláusula, fonte de muitos abusos, permitiu que Brigham, e antes dele Joseph, desse imunidade a indivíduos acusados de haver cometido crimes fora dos limites da cidade. Assim como hoje em dia os habitantes de Colorado City

de fevereiro de 1846, o primeiro grupo de emigrantes mórmons embarcou em barcaças no ancoradouro de Nauvoo, remando para o oeste nas águas escuras e quase congeladas do rio Mississippi e desembarcando nas praias do estado de Iowa, ainda em pleno inverno. Havia começado o grande êxodo.

Decepcionados com o assassinato de Joseph, assim como pelos incômodos boatos de que seus líderes praticavam atos de devassidão, centenas de mórmons haviam desertado das fileiras da igreja nos meses precedentes.* Mas a imensa maioria encheu as carroças com os pertences que podiam transportar e seguiu Brigham para o desconhecido. Em maio daquele ano, mais de 6

---

não consideram errado "sangrar a besta", cometendo fraudes no sistema de segurança social, tampouco Brigham e Joseph viam os falsários como criminosos aos olhos do Senhor; ao contrário, eles ajudavam a promover o Reino de Deus cada vez que roubavam um gentio com seus dólares fraudulentos e por isso mereciam ser protegidos da prisão.

* Depois que a ambição de Sidney Rigdon de substituir Joseph foi derrotada pela ascensão de Brigham Young, Rigdon e algumas centenas de seguidores estabeleceram sua própria igreja em Pittsburg, no estado da Pensilvânia, mas rapidamente ela se reduziu a quase nada. O apóstolo Lyman Wright se separou, levando numerosos mórmons insatisfeitos para outra igreja de vida curta no Texas. Um carismático charlatão ex-batista chamado Jesse Strang atraiu setecentos Santos desencantados, tirando-os da igreja de Brigham, inclusive a mãe de Joseph, o único irmão sobrevivente, duas de suas irmãs e Martin Harris, que havia hipotecado a fazenda de sua propriedade para pagar a publicação do *Livro de Mórmon*. Strang atraiu seus seguidores ao anunciar que um anjo o havia visitado no exato momento do assassinato do profeta, ungindo-o como sucessor de Joseph. Quinze meses depois, afirmou haver descoberto um antigo texto intitulado *Livro da Lei do Senhor*, inscrito em uma série de folhas de latão a que ele chamou Placas de Labão, encontradas perto de Voree, no estado de Wisconsin, enterradas na encosta de um monte. Segundo Strang, esse documento teria originalmente feito parte do conjunto de placas de ouro desenterradas por Joseph em 1827, das quais surgiu *O livro de Mórmon*. Impressionados com essas placas, os "strangitas" e seu profeta estabeleceram uma colônia na ilha Beaver, próximo à costa noroeste da península inferior do estado de Michigan, onde Strang foi coroado "Rei Jaime I do Reino de Deus na Terra", começando a tomar esposas plurais e reinando com poderes absolutos. No entanto, a duração de seu reinado seria curta: em 1856, um bando de residentes insatisfeitos da ilha Beaver armou uma cilada para o rei Jaime, ferindo-o de morte com um tiro. Além disso, mesmo antes do assassinato, diversos eminentes strangitas contrários às tendências poligâmicas do rei se separaram e formaram a Igreja Reorganizada de Jesus Cristo dos Santos dos Últimos Dias. A viúva de Joseph, Emma Smith, juntou-se a esses "reorganitas", e o filho, Joseph III, tornou-se presidente e profeta do grupo. Hoje em dia essa igreja, conhecida como Comunidade de Cristo e sediada em Independence, no Missouri — num templo impressionante que custou sessenta milhões de dólares, projetado por Gyo Obata —, tem 250 mil fiéis, o que a torna de longe a mais numerosa das seitas derivadas do mormonismo.

mil Santos atravessaram as pradarias, com as carroças às vezes se enterrando na lama da primavera até os eixos, atraídos pela promessa de chegar a Sion.

A emigração de mais de 2 mil quilômetros a partir de Nauvoo foi uma penosa experiência. A caminho do oeste os mórmons foram vítimas de geadas, difteria, escorbuto, fome, abortos, febre de carrapatos, gentios hostis e uma epidemia de coqueluche que matou dezenas de crianças. Mais de seiscentos Santos pereceram no primeiro e gélido inverno. Mas Brigham mostrou ser um competente guia, de vontade inquebrantável. Em 21 de julho de 1847, um grupo avançado ultrapassou uma serra e teve a primeira visão do "vale onde as amplas águas do Lago Salgado brilhavam aos raios do sol". Na manhã seguinte, esse grupo, tendo à frente Porter Rockwell, descia a falda ocidental do monte Wasatch, chegando ao que hoje é conhecido como Cânion da Emigração. Emergiram do desfiladeiro atingindo a nova Terra Prometida dos Santos, próximo ao limite sul da vasta massa de água que haviam visto anteriormente naquele dia: um lago sem saída, mais salgado do que o oceano Pacífico.

Embora a maior parte dessa planície fosse um deserto inexoravelmente ermo, riachos de água doce e cristalina corriam ao longo de sua extremidade oriental, oriundos da neve derretida que descia as encostas da Cordilheira Wasatch em todas as estações do ano. Além disso, as imponentes montanhas de granito serviam de barreira natural para deter os ímpios. De modo geral, o vale do Grande Lago Salgado pareceu ao escalão avançado um lugar excelente onde erguer a capital do reino de Deus na Terra. Depois de duas horas de reconhecimento dos arredores, voltaram ao Cânion da Emigração para dar a alvissareira notícia a Brigham e seus irmãos.

Enfraquecido pela febre de carrapato, Brigham chegou ao vale com o grupo principal de Santos no dia 24 de julho de 1847, data hoje celebrada por todos os mórmons como Dia dos Pioneiros (o feriado que 137 anos depois Ron Lafferty escolheria para cumprir a revelação da remoção). Antes que o sol descambasse naquela primeira tarde, os mórmons já haviam feito uma plantação de batatas e desviado o curso de um córrego para irrigá-la. A pouca distância do córrego começaram a preparar os alicerces de um templo, no centro do que se tornaria Salt Lake City. A longa jornada iniciada em Palmyra, que duraria dezessete anos, havia terminado. Os mórmons finalmente tinham encontrado seu lar.

Muitos haviam morrido pelo caminho, mas os que sobreviveram às privações e completaram o êxodo eram mais devotados à igreja do que nunca. Os débeis e os lamurientos, os duvidosos e os descontentes — os de pouca fé — haviam sido aos poucos filtrados pelas incontáveis tribulações dos anos precedentes, deixando apenas os mais fiéis dentre os verdadeiros fiéis. A penosa emigração desde Nauvoo, que se seguira às violências sofridas no Missouri e no Illinois, havia forjado um elo excepcional entre as primeiras ondas de Santos que chegaram ao Utah. A adversidade os amalgamara numa tribo unida de lealdade incondicional ao líder Brigham Young. Fariam tudo o que ele mandasse.

Quando os primeiros grupos de carroças deixaram Nauvoo nos gélidos dias de fevereiro de 1846, somente um punhado de emigrantes ouvira falar da doutrina do casamento plural, ou que ela já estivesse sendo praticada pelos líderes. Em Sugar Creek, no estado de Iowa, quinze quilômetros além das margens ocidentais do rio Mississippi, sentindo-se em segurança fora do alcance dos assassinos que patrulhavam as costas de Illinois, os Santos fizeram uma pausa para reagrupar-se antes de prosseguir a viagem para as Montanhas Rochosas. Ali, naquele acampamento cercado pela neve, o santo segredo da poligamia foi pela primeira vez divulgado às massas de fiéis.

Para o mundo além dos limites de sua tribo, entretanto, Brigham Young e seus conselheiros negaram veementemente que os mórmons se dedicassem à poligamia. Continuariam a negar durante muitos anos, mesmo depois que se estabeleceram no vale do Lago Salgado. O historiador D. Michael Quinn se refere a essa desavergonhada dissimulação de parte dos Santos como "ética teocrática". Os mórmons a chamam "mentir pelo Senhor".*

A decisão de manter oculta a poligamia foi necessária devido à rápida expansão das fronteiras do império norte-americano. Após duas décadas de relações difíceis e freqüentemente trágicas com os Estados Unidos, Brigham havia levado seu povo para além das fronteiras nacionais, a fim de escapar das tensões. Menos de um ano após a chegada ao Utah, porém, a república norte-americana acompanhou os Santos em direção ao oeste e tomou posse da nova Sion.

---

* Brigham Young certa vez assim se vangloriou: "Temos os maiores e mais finos mentirosos do mundo".

A terra dos mórmons foi anexada aos Estados Unidos após a conclusão da guerra contra o México, em virtude do tratado de Guadalupe-Hidalgo de 1848.

Esse fato complicou muito o plano de Brigham de estabelecer um reino teocrático livre das leis dos gentios. O sonho dos Santos de dominar uma vasta região da Grande Bacia ficou ainda mais ameaçado com a descoberta de ouro na Califórnia, o que causou a vinda de hordas de garimpeiros a Salt Lake City, local que se tornou importante etapa no caminho mais curto para as jazidas. A corrida do ouro teve contudo uma vantagem: por ser o único fornecedor de víveres na região, Brigham podia exigir preços exorbitantes pelas provisões que fornecia aos gentios, necessárias para completar a longa viagem até a Califórnia, o que proporcionava aos Santos o capital de que precisavam desesperadamente.

Após a anexação do território de Utah pelos Estados Unidos, Brigham, sempre pragmático, proclamou a lealdade dos mórmons à república norte-americana e em seguida fez uma petição a Washington em prol da transformação do território em estado — medida que ele considerava a mais adequada para que os Santos obtivessem alguma soberania. Depois do que acontecera em Nauvoo, entretanto, as autoridades da capital não se dispunham a conceder autonomia a Brigham. A pátria dos mórmons manteve o status de território em vez de estado, o que teoricamente permitia a Washington um controle muito mais estrito. O Território de Utah foi formalmente criado em 9 de setembro de 1850, e Brigham foi nomeado governador.*

Em 4 de fevereiro de 1851, o novo governador finalmente se sentiu suficientemente seguro para confessar o número de esposas que tinha. "Tenho muitas", afirmou ele envaidecido durante um discurso na legislatura do terri-

---

* Os Santos propuseram que o nome do território fosse Deseret, neologismo extraído do *Livro de Mórmon* que significa "abelha" e que pareceu a Brigham Young um símbolo adequado da diligência dos mórmons e de sua crença de que o bem-estar da comunidade como um todo tinha precedência sobre a liberdade pessoal. Mas o Congresso, cético, negou essa sugestão e deu ao território o nome de Utah, lembrando os índios da tribo Ute que povoavam a região. Os mórmons, não obstante, continuaram entre si a chamar sua pátria com o nome de Reino de Deseret, denominação que usavam em seus mapas. Hoje em dia, o símbolo da colméia continua a fazer parte do selo oficial do estado de Utah e das placas indicativas das rodovias estaduais. Além disso, o segundo maior jornal do Utah, de propriedade da Igreja LDS, chama-se *Deseret News*.

tório, "e não me envergonho de dizê-lo."* Foi sua primeira confissão pública da prática de poligamia entre os mórmons. Um ano depois, achou que era tempo de anunciar a "doutrina peculiar" a uma platéia ainda mais ampla. Em 29 de agosto de 1852, numa assembléia geral da igreja em Salt Lake City, Brigham falou da revelação a Joseph Smith, em 1843, relativa ao "casamento celestial", predizendo que algum dia as regiões mais inteligentes do mundo "a promoveriam e nela acreditariam, como uma das melhores doutrinas já proclamadas a um povo".

O gênio escapara da garrafa. Para decepção de Brigham, em pouco tempo o assunto se tornou um desastre nas relações públicas para a Igreja mórmon. Na França e na Inglaterra, mórmons recém-convertidos ficaram escandalizados e pasmados com a revelação. O fluxo de novos convertidos europeus para o Utah, anteriormente bem significativo, reduziu-se a quase nada. Um missionário relatou que 1776 Santos britânicos haviam abandonado a igreja durante os seis meses seguintes ao anúncio de 1852.

Mas a maioria dos mórmons de Utah, ao saber do mandamento, se dispôs a aceitar a idéia do casamento plural. Embora a poligamia nunca tivesse sido praticada senão por uma minoria dentre os Santos, teria sido difícil encontrar muitos habitantes de Deseret na década de 1850 que não considerassem o casamento plural um ideal elevado ao qual homens e mulheres virtuosos deveriam aspirar. Na altura de 1855, não apenas a poligamia era praticada abertamente, mas até mesmo insistentemente recomendada aos fiéis com advertências graves aos recalcitrantes. "Se alguém dentre vós negar a pluralidade de esposas e continuar a fazê-lo", ameaçou Brigham, "prometo que estareis entre os condenados."

Essa veemente promoção da poligamia nasceu de um ardente surto de fanatismo religioso conhecido como Reforma Mórmon, cujo auge ocorreu nos anos de 1856 e 1857. Conforme observou Will Bagley em seu livro *Blood of the Prophets* — um provocante e meticuloso trabalho de pesquisa histórica —, "talvez o aspecto mais perturbador da Reforma tenha sido a obsessão da lide-

---

* Brigham Young teve pelo menos vinte esposas, e talvez esse número chegue a 57. Ao que se estima, gerou 57 filhos, e seus descendentes diretos hoje em dia são milhares. O mais famoso deles é Steve Young, tataraneto de Brigham, famoso jogador de futebol americano da Universidade Brigham Young e da equipe profissional de San Francisco (*San Francisco 49ers*), considerado o melhor jogador em campo na final do campeonato nacional em 1995.

rança mórmon pelo sangue [...] Joseph Smith ensinara que certos pecados hediondos colocavam os pecadores 'além do alcance da remissão pelo sangue de Cristo'. Sua 'única esperança [era] derramar seu próprio sangue em expiação'. [...] Dentre todas as crenças que plasmaram a base da cultura mórmon de violência, nenhuma teria conseqüências mais devastadoras".

O paladino da Reforma foi Jedidiah Grant, homem embriagado pela religião, imensamente admirado como segundo conselheiro de Brigham Young e a quem os Santos se referiam afetuosamente como "Jeddy, a marreta de Brigham". Grant explicou aos eleitos de Deus que tinham o direito de "matar um pecador para salvá-lo, se ele tiver cometido os crimes que somente podem ser remidos pelo derramamento de seu próprio sangue". Num sermão pronunciado em setembro de 1856, ele afirmou que mesmo em seu próprio meio havia pecadores que deveriam "ter seu sangue derramado, pois a água não é suficiente, os pecados os marcaram muito profundamente".

Grant pregava a respeito do dever dos Santos de desposar o maior número possível de mulheres com o mesmo fervor que falava da remissão dos pecados pelo sangue, e sua agressiva campanha em favor do casamento plural atingiu o efeito desejado. Os mórmons do sexo masculino começaram a tomar esposas num ritmo frenético. Em 1856, o apóstolo Wilford Woodruff observou: "Todos estão procurando esposas, até que já não exista em Utah uma jovem de catorze anos que não esteja casada ou que em breve não se case".

Os Santos aceitaram prontamente a afirmação de seu profeta de que o casamento plural era um mandamento divino e uma doutrina crucialmente importante. Mas Brigham calculara mal a reação do restante da república à adoção da poligamia mórmon. Quando a doutrina sagrada ficou conhecida fora do território de Utah, uma saraivada quase histérica de condenações choveu do exterior sobre os Santos — um fogo de artilharia que continuaria sem cessar durante meio século.

A maioria dos norte-americanos considerava a poligamia moralmente repugnante, embora secretamente ela os fascinasse. As observações seguintes, feitas pelo congressista John Alexander McLernand, do Illinois, em discurso na Câmara de Representantes dos Estados Unidos, constituem uma boa caracterização da reação dos gentios à doutrina mórmon: "Quanto à poligamia, acuso-a de ser um mal gritante, que solapa não apenas a constituição física das pessoas que a praticam, reduzindo suas proporções corporais e emasculando suas energias, mas também ao mesmo tempo pervertendo suas virtudes sociais e viciando a moral de suas vítimas [...] É uma marca de prostituição. É uma afronta à civilização cristã, e merece ser eliminada".*

Brigham refutou essas críticas, pelo menos em algumas ocasiões, argumentando, contra qualquer discernimento, que o casamento plural na verdade era um antídoto contra a imoralidade, pois os homens com muitas esposas não ficariam tentados a se entregar a ligações adúlteras ou a procurar prostitutas. Em outras ocasiões, afirmou que a poligamia na verdade nada tinha a ver com a gratificação sexual: "Deus não introduziu a ordem patriarcal do casamento com a intenção de agradar os homens em seus desejos carnais", insistia ele. "Mas sim com o objetivo expresso de gerar em Seu nome um sacerdócio real, um povo peculiar." O líder dos mórmons também fazia questão de dizer que os costumes conjugais dos Santos eram uma liberdade religiosa protegida pela primeira emenda à Constituição dos Estados Unidos. O resto do país, trovejava ele, não tinha o direito de exigir dos habitantes de Deseret que abandonassem uma de suas doutrinas religiosas mais sagradas: "Se nós introduzimos a prática da poligamia, eles não têm o direito de se intrometer".

O fato de a poligamia constituir contravenção penal em todo o resto dos Estados Unidos não impressionava Brigham. Em sua opinião, as leis de Deus prevaleciam sobre as leis dos homens, especialmente sobre as leis dos gentios. Por isso, os Santos instauraram em Deseret um sistema jurídico próprio, que astutamente assegurava a precedência dos preceitos divinos sempre que houvesse conflito entre as duas ordens legais.

---

* As observações de McLernand certamente foram influenciadas por um estudo pseudocientífico — evidentemente absurdo, porém amplamente aceito tanto pelos médicos profissionais quanto pelo público em geral —, inicialmente publicado pelo Senado norte-americano e mais tarde reproduzido em diversas publicações leigas e profissionais, no qual um cirurgião chamado Roberts Bartholow afirmava que as depravações sexuais do mormonismo resultavam em todo um conjunto de deformidades físicas facilmente visíveis. Segundo o dr. Bartholow, a "fisionomia" dos mórmons era "composta de sensualidade, astúcia, suspeita e maliciosa vaidade. O rosto amarelado, encovado, cadavérico; os olhos esverdeados; os lábios grossos e protuberantes; a fronte estreita; os cabelos claros e amarelados, e o corpo franzino e anguloso, constituem a aparência característica da nova raça, produto da poligamia, que permite distingui-los imediatamente".

Como Utah era um território, e não um estado, o poder judiciário deveria corresponder aos tribunais federais. A Legislatura Territorial de Utah, dominada por mórmons, evitou essa injúria insuportável expandindo amplamente os poderes dos tribunais locais, controlados por Brigham, usurpando assim a jurisdição do governo federal. A maioria dos juízes desses tribunais eram formada por bispos mórmons, e os júris eram compostos quase inteiramente de mórmons devotos, que obedientemente baseavam seus veredictos nas instruções recebidas dos líderes da igreja.

Os funcionários federais enviados ao Utah para supervisionar os Santos horrorizaram-se com o que viram e deram queixa a seus superiores em Washington de que Brigham havia transformado o território em uma ditadura teocrática. No entanto, a maioria desses funcionários gentios (muitos dos quais eram absolutamente corruptos e tinham vindo ao Utah com a intenção de enriquecer à custa do Estado) enfrentou oposição tão implacável que todos, exceto dois, acabaram por escapar do Utah, temendo que, se permanecessem, poderiam receber uma visita inesperada de Porter Rockwell e acabar mortos — algo que, efetivamente, aconteceu com um número não-documentado de agentes federais.

Um coro crescente de vozes não-mórmons declarava Brigham um tirano perigoso que exercia poder absoluto sobre seus seguidores. Um visitante gentio advertiu que "em toda a face da Terra não é possível encontrar outro povo que esteja tão cabalmente sob o controle de um único homem".

Brigham não se deixou abalar. Já em 1851 ele vociferava que "qualquer presidente dos Estados Unidos que levantar um dedo contra este povo morrerá prematuramente e irá para o inferno!". Cinco anos mais tarde mostrou-se não menos acintoso, declarando que pretendia fazer do Utah "um estado soberano da União, ou uma nação independente nossa; se eles quiserem, que nos expulsem daqui; mas não podem fazer isso".

Essa retórica, além de numerosos relatos de beligerância por parte dos mórmons, alarmou o restante da nação. Quanto mais Washington tentava controlar Brigham, mais ousada se tornava sua insubordinação. Em março de 1857, pouco depois da posse de James Buchanan como presidente, a Legislatura Territorial de Utah enviou uma carta truculenta a Washington, informando que os Santos não respeitariam qualquer norma federal que considerassem injusta e expulsariam de seu meio todos os funcionários federais que não se conformassem com os rigorosos padrões morais da Igreja Mórmon.

Mas os Santos não haviam escolhido muito bem a ocasião. O Território de Utah era uma pedra no sapato para o novo governante do país, mas, comparado com outros problemas nacionais que iam surgindo, era relativamente de pouca monta, e o presidente Buchanan achou poder cuidar dele com rapidez e facilidade. Além disso, viu na insurreição mórmon uma forma de desviar a atenção dos norte-americanos em relação a temas mais amplos e menos tratáveis — como a crescente e violenta divisão de opiniões sobre a escravidão, que ameaçava esfacelar o país. Como democrata partidário da escravatura, Buchanan imaginou que, adotando uma linha dura contra o Utah, que era favorável à escravidão,* conseguiria o apoio dos abolicionistas sem ter de sacrificar capital político, já que os mórmons eram amplamente malquistos. Assim, seguiu o conselho do advogado Robert Tyler — filho do ex-presidente John Tyler e que dispunha de influência no Partido Democrático —, que o instou a "suplantar a Mania Negra com as emoções quase universais de uma Cruzada Antimórmon".

Lançar uma pequena guerrinha para distrair a atenção nacional era estratagema tão atraente aos políticos do século XIX quanto para seus correspondentes contemporâneos. Conforme notou o historiador Will Bagley, "dentre todas as complexas dificuldades que o novo governo tinha de enfrentar, o problema dos mórmons proporcionava a oportunidade política mais tentadora e prometia a mais sedutora das soluções: a ação militar, atitude que poderia unir a nação em uma cruzada popular contra os males do mormonismo".

---

* Embora Joseph Smith combatesse a escravidão por razões morais (em 1836 chegara a ordenar um afro-americano, Elijah Abel, para o sacerdócio mórmon), Brigham Young era racista convicto (como muitos outros norte-americanos no século XIX), cujas interpretações das escrituras institucionalizaram o racismo na Igreja LDS. Sob sua liderança, o Utah se tornou um território escravista, e a Igreja Mórmon apoiou os objetivos da Confederação durante a Guerra Civil. O duradouro impacto de Brigham na doutrina da LDS fez com que, mesmo mais de um século após sua morte, os negros se sentissem extraordinariamente indesejados pela igreja. Durante a maior parte do século XX, os afro-americanos eram estritamente proibidos de exercer o sacerdócio, e os casamentos de brancos com negros eram considerados uma ofensa a Deus. Em 1978, porém, o presidente Spencer W. Kimball teve uma revelação na qual o Senhor ordenou que o sacerdócio da LDS se abrisse a homens de todas as raças, iniciando uma modificação lenta, porém profunda, nas atitudes dos mórmons a respeito de raça. Em fevereiro de 2002, o corpo discente da universidade Brigham Young, onde havia apenas 0,7 por cento de afro-americanos, elegeu um negro, Rob Foster, para sua presidência. Foi o primeiro presidente negro dos estudantes em toda a história da escola. Dada as veementes opiniões do patrono da BYU, a vitória de Foster foi considerada um símbolo especialmente poderoso.

Alegando que os mórmons haviam cometido uma longa lista de atos de traição, em maio de 1857 Buchanan despachou um contingente de funcionários federais para restaurar o império da lei no Utah, inclusive com um novo governador do território para substituir Brigham Young. Além disso, o recém-empossado presidente mandou dois mil e quinhentos soldados fortemente armados para escoltar os funcionários até Salt Lake City e subjugar os Santos se fosse necessário. Para todos os efeitos, os Estados Unidos haviam declarado guerra aos mórmons.

A guerra do Utah, como ficou conhecida, tem sido comparada, por mais de um historiador, a uma ópera cômica. Como escreveram Leonard Arrington e Davis Bitton em *The Mormon Experience: A History of the Latter-Day Saints*, "o presidente dos Estados Unidos havia enviado o maior exército da história do país em tempos de paz para supervisionar a instalação de meia dúzia de funcionários em um território de pouca importância". A guerra acabou produzindo mais fumaça do que fogo, e finalmente um acordo foi negociado antes que os Santos e os soldados norte-americanos trocassem um só tiro.

No entanto, a solução amigável chegou tarde demais para os membros de um comboio de carroças de gentios que viajavam para a Califórnia atravessando um lindo vale na extremidade sudoeste do Utah, na orla da Grande Bacia. Esse santuário bucólico, denominado Mountain Meadows, é hoje sinônimo de um dos episódios mais horripilantes da história do oeste norte-americano — um episódio que ilustra o fanatismo e a correlata brutalidade de uma cultura que seria entusiasticamente idealizada um século mais tarde por Dan Lafferty e seus irmãos fundamentalistas.

18. Pois a água não é suficiente

> *Os mórmons eram diferentes porque diziam ser diferentes e também porque o que afirmavam, freqüentemente da maneira mais desagradável possível, fazia com que os demais os tratassem como tais. Assim, a idéia da diferença dos mórmons era uma invenção proposital, elaborada ao longo do tempo. Era ao mesmo tempo a causa e o resultado de um conflito no qual todos os participantes descobriram motivos para acentuar, não o que os mórmons tinham em comum com os demais norte-americanos, o que era considerável, e sim suas diferenças. Um dos resultados do conflito foi uma ideologia que procurou transformar as auto-anunciadas dessemelhanças dos mórmons em uma conspiração contra a república dos Estados Unidos.*
>
> R. Laurence Moore, *Religious Outsiders and the Making of Americans*

Quando chegou ao planalto do sul do Utah, a quase 450 quilômetros além de Salt Lake City, o comboio de carroças que entraria para a história com o nome de "grupo Fancher" continha cerca de 130 imigrantes, a maioria vinda do estado de Arkansas, além de mil cabeças de gado e duzentos cavalos.* Du-

---

* Embora o comboio tivesse tomado o nome de Alexander Fancher, de 45 anos, que era o chefe de uma das famílias mais importantes que dele participavam, o "grupo Fancher" era na verdade

rante as semanas anteriores, um grupo oprimido de "infiéis" — ou apóstatas mórmons ansiosos por deixar o território depois de terem se afastado nada cordialmente da igreja — havia também se juntado ao grupo Fancher, aumentando o número de emigrantes para aproximadamente 140 pessoas.

O comboio, mais longo do que de costume, se estendia por diversos quilômetros da antiga Trilha Espanhola (o caminho da Califórnia pelo sul) e levou várias horas para atravessar Mountain Meadows na tarde de 6 de setembro de 1857; os viajantes fizeram uma pausa para passar a noite, junto a uma fonte artesiana de águas límpidas. O acampamento ficava no meio de um vale pouco profundo, a cerca de novecentos metros acima do nível do mar, forrado por luxuriante vegetação. Pouco além desse elevado oásis na orla da Grande Bacia, a trilha descia abruptamente para a ardente desolação do deserto de Mojave. Diante das centenas de quilômetros de terreno difícil e quente que tinham pela frente, os emigrantes devem ter agradecido pela oportunidade de descansar e dar pastagem a seus animais em cenário tão verdejante.

A temperatura caía muito quando o sol se punha. Na aurora, depois de deixar os cobertores, o grupo se reuniu em volta das fogueiras para aquecer as mãos e cozinhar. O ar fresco da manhã tinha aroma de sálvia e juníperos. Ninguém suspeitava de que estavam prestes a ser atacados; os viajantes nem sequer haviam se preocupado em arrumar as carroças em círculo, como costumavam fazer durante o trajeto.

"Nosso grupo estava pronto para a refeição da manhã, com carne de codorna e de coelho, quando ouvimos o fragor de um tiro vindo de uma ravina próxima", recorda Sarah Frances Baker Mitchell, 82 anos após o acontecimento, "e uma das crianças caiu de bruços, atingida pela bala." Esse primeiro disparo foi o início de um vigoroso ataque que feriria de morte sete dos expedicionários antes que o dia chegasse ao fim. Embora Mitchell tivesse somente três anos de idade na época, os horrores daquela manhã — e os horrores ainda maiores da semana seguinte — ficaram marcados a fogo em sua memória.

Os emigrantes rapidamente arrumaram suas carroças num círculo defensivo, abrigaram-se da melhor maneira possível e responderam ao fogo, re-

---

um conjunto informal de pelo menos quatro grupos distintos, um deles liderado pelo capitão John T. Baker, e por isso o comboio ficou também conhecido por outro nome: "grupo Baker-Fancher".

pelindo uma primeira onda de atacantes. Imaginaram que estivessem sendo atacados por índios, impressão que pareceu se confirmar ao verem de relance, entre os que os alvejavam, homens de pele escura pintados com cores de guerra. Na verdade, a maioria dos atacantes naquela manhã era na verdade da tribo dos paiutes, mas entre eles havia mórmons vindos de povoados próximos, que simplesmente tinham pintado os rostos para parecer índios. E o comandante do ataque era um dos Santos dos Últimos Dias: John D. Lee, de 44 anos, veterano das batalhas de Missouri e Illinois e tão dedicado à igreja e seus líderes quanto qualquer outro mórmon.

Embora Lee fosse militarista rigoroso e violento, além de adulador, admirado por poucos entre seus colegas, Brigham Young tinha genuína afeição por ele e apreciava sua inalterável obediência. Ainda em Nauvoo, pouco depois de assumir a liderança da igreja, Brigham o adotara em um ritual mórmon esotérico, fazendo dele seu filho simbólico, e em 1856 o nomeara "Curador dos índios", uma espécie de embaixador pessoal do profeta junto à tribo dos paiutes do sul.

Para entender o motivo pelo qual Lee — cidadão norte-americano — comandaria um ataque contra um comboio norte-americano de carroças, é preciso recuar até o início daquele verão e considerar as ondas de pânico e fúria que turbaram Deseret quando se soube que um exército hostil estava sendo organizado a leste.

Porter Rockwell ia levando encomendas e correio do Utah ao Missouri quando soube da iminente ação militar do governo norte-americano contra os Santos. Próximo ao que hoje é a divisa leste do estado de Wyoming, encontrou o prefeito de Great Salt Lake City (como era então conhecida a capital do Utah), seu amigo Abraham Smoot, que se dirigia para o oeste com uma boiada. Smoot disse a Rockwell que o contrato dos mórmons com o correio dos Estados Unidos havia sido abruptamente cancelado e que tropas federais estavam se reunindo no forte Leavenworth, no estado de Kansas, com ordens para marchar contra o Reino de Deus.

Imediatamente, Rockwell deu meia-volta e regressou ao Utah junto com Smoot e outros dois companheiros, a fim de alertar Brigham. Numa pausa em Fort Laramie, o Anjo Destruidor atrelou os dois cavalos mais ligeiros do curral dos mórmons a uma carroça leve e os fez galopar até o Grande Lago Salgado, cobrindo o percurso de mais de oitocentos quilômetros em apenas cinco dias. No dia 24 de julho, Dia do Pioneiro, Rockwell e Smoot contaram a Brigham que a invasão estava próxima, justamente no momento em que os Santos comemoravam com uma grande festa o décimo aniversário de sua chegada a Sion; Brigham deu a bombástica notícia na reunião festiva, logo após o pôr-do-sol. A platéia vacilou, reagindo com um misto de confusão, apreensão e raiva.

Diante de dois mil e quinhentos de seus súditos, Brigham lhes assegurou que nada tinham a temer do exército dos Estados Unidos, pois sem dúvida os Santos triunfariam. "Já suportamos bastante a opressão e os abusos deles", exclamou ele, "e não suportaremos mais [...] Em nome do Deus de Israel, não temos medo deles." A comunidade dos Santos dos Últimos Dias, declarou ele, ousadamente, "daqui em diante constitui um estado novo e independente, que não será mais conhecido como Utah, e sim por seu nome mórmon de Deseret".

Na verdade, já fazia um mês que Brigham sabia que tropas federais se achavam a caminho de Utah, mas não divulgara a notícia antes do Dia do Pioneiro para retirar o máximo efeito possível. Na verdade, havia mais de um ano ele vinha armazenando armas e exercitando sua milícia de elite, a Legião Nauvoo. Depois do anúncio no Dia do Pioneiro, simplesmente acelerou os preparativos para a defesa de Deseret. E a base de sua defesa, diz o historiador Will Bagley, "era unir os índios do Utah à causa dos mórmons".

A inspiração para a estratégia militar de Brigham vinha diretamente das escrituras mórmons: segundo *O livro de Mórmon*, os índios da América do Norte eram descendentes dos lamanitas, e como tais eram remanescentes da mesma antiga tribo de Israel à qual Nephi, Mórmon e Moroni haviam pertencido. Naturalmente, os lamanitas haviam rejeitado os ensinamentos de Jesus e entrado em guerra com os nefitas, acabando por matar a todos eles — crimes que resultaram na maldição divina que lhes dera a pele escura. Não obstante, as escrituras ensinavam que os lamanitas/índios voltariam a ser "um povo branco e afável" na ocasião em que, durante os Últimos Dias antes do retorno de Cristo, os Santos os convertessem ao mormonismo. *O livro de Mórmon*, com efeito, continha a profecia de que os lamanitas, uma vez redimidos, se juntariam aos mórmons para derrotar os gentios e assim aguardariam a iminente chegada do Grande e Terrível Dia do Senhor.

Brigham estava certo de que essa importante aliança entre mórmons e lamanitas estava prestes a se tornar realidade, preparando o caminho para o Segundo Advento. Chegara a essa conclusão tão logo os Santos atingiram o Grande Vale do Lago Salgado, ao perceber que a nova pátria dos mórmons ficava em meio aos lamanitas. Os desígnios divinos pareciam estar se desenrolando exatamente de acordo com as profecias do *Livro de Mórmon*.

No entanto, Brigham não havia imaginado que os lamanitas poderiam hesitar em cumprir o papel que lhes fora predestinado por Deus. Às vezes os índios se dispunham a agir como mercenários e a atacar os mericats por conta dos mormonis* em troca de uma parcela da pilhagem, porém jamais viram os Santos como aliados. Para os índios, o Grande Capitão e o restante dos mormonis eram simplesmente o menor de dois terríveis males, e muitas vezes nem mesmo isso.

Apesar da falta de entusiasmo dos aborígines em cumprir seu papel profético, Brigham utilizou todos os meios a seu alcance para tê-los a seu lado na campanha contra os gentios. Quando os despojos eram suficientemente atraentes, os índios concordavam: numerosos emigrantes gentios que atravessavam o Utah relatavam que seus cavalos e o gado eram roubados por predadores indígenas e apareciam mais tarde nos currais dos mórmons. Embora os índios não correspondessem às expectativas dos Santos em relação ao fim do mundo, quando deveriam servir de "machados de batalha do Senhor", ainda assim constituíam uma arma poderosa, sempre que pudessem ser induzidos a fazer o que os mórmons desejavam deles.

Enquanto esperava a chegada do exército federal, Brigham e outros líderes da igreja faziam o possível para insuflar a hostilidade aos gentios. Recordavam constantemente aos Santos os assassinatos de muitos de seus irmãos em Missouri e Illinois e o modo como seu amado profeta, Joseph Smith, havia sido morto a tiros por uma multidão de pagãos enfurecidos no condado de Hancock. Espalhavam boatos de que as tropas que se aproximavam tinham ordens para enforcar Brigham e exterminar completamente os mórmons. Como observou Juanita Brooks em seu livro ousado e polêmico, *The Mountain*

---

* Os índios faziam uma distinção clara entre os mórmons (aos quais chamavam "mormoni") e os demais norte-americanos (aos quais se referiam, na fonética dos paiutes, como "mericats").

Meadows Massacre,* à medida que o tórrido verão de 1857 se encaminhava para o outono,

> os discursos foram se tornando mais inflamados, como os utilizados por patriotas e fanáticos de muitas causas a fim de agitar os corações para a ira e reforçar os músculos para a batalha. Em cada parcela do território, o povo do Utah recontava e revivia seus sofrimentos anteriores, os ataques de multidões enfurecidas e os incêndios, até a expulsão final de Nauvoo. Jamais seriam expulsos novamente: agora iam ser eles os primeiros a lutar.

Em agosto, o ódio contra os gentios chegou a um estado febril. Em cada uma das cem cidades e vilas em todo o território do Utah havia milícias organizadas e treinadas. Homens dos postos avançados dos mórmons nos estados de Nevada e da Califórnia tinham sido convocados de volta ao Utah para ajudar na defesa da comunidade. Os Santos foram instruídos a não fornecer quaisquer provisões aos comboios de carroças dos gentios que continuavam a passar pelo território a caminho da Califórnia; em uma carta distribuída por todo o Utah, os bispos mórmons foram advertidos a não deixar que nem um grão de trigo fosse "vendido a nossos inimigos". E, se o perverso exército gentio conseguisse marchar para Deseret — perguntou Brigham a seus Santos —, estariam eles prontos a queimar suas próprias cidades, queimar suas próprias lavouras e "deixar tudo ermo e desolado diante deles?". A resposta foi um unânime e inequívoco "Sim!".

Foi essa atmosfera explosiva que recebeu o grupo Fancher quando o comboio de carroças chegou à crista da cordilheira Wasatch, percorrendo o Cânion da Emigração em direção ao Grande Vale do Lago Salgado, no dia 3

---

* *The Mountain Meadows Massacre*, publicado em 1950, é uma extraordinária obra de história, um fecundo retrato da comunidade mórmon sob Brigham Young. A abordagem atualizada do mesmo tema por Will Bagley, *Blood of the Prophets*, publicado em 2002, é hoje considerada a obra definitiva, mas, como o próprio Bagley reconhece, ele tem uma dívida inestimável para com Juanita Brooks, a quem louva como "uma das melhores e mais corajosas historiadoras do Oeste". É bem claro que todos os livros sobre a experiência dos mórmons no Utah no século xix publicados depois de 1950 constituem uma resposta ao livro de Brooks, assim como toda a discussão acerca dos mórmons na era de Joseph Smith foi redigida sob a imensa sombra da obra-prima de Fawn Brodie, *No Man Knows My History*.

de agosto de 1857. Percebendo a intensidade da hostilidade dos mórmons, os viajantes do Arkansas descansaram durante apenas dois dias na capital do território antes de prosseguir para o sul e para o oeste pela antiga Trilha Espanhola a caminho da Califórnia.

Ao que parece, aqueles viajantes já estavam marcados como vítimas no momento em que entraram no Utah. Um deles mais tarde afirmou que, tão logo chegaram a Great Salt Lake City, ficou evidente para eles que os Santos estavam procurando "um pretexto para matar toda a caravana". Uma das razões para o grupo Fancher haver sido o escolhido talvez tenha sido sua visível riqueza — era considerada a caravana "mais rica e mais bem equipada que já partira para a travessia do continente". Entre as mil e duzentas cabeças de gado havia valiosos bois do Texas, de grandes chifres, e um belo garanhão de corrida puro-sangue, que sozinho valia três mil dólares na moeda da época — equivalentes a muitas centenas de milhares de dólares do século XXI. Além disso, dizia-se que o grupo Fancher levava uma caixa-forte contendo milhares de dólares em moedas de ouro. No Utah, onde pragas de insetos e uma prolongada seca deixaram muitos Santos à beira da fome, tais tesouros não podiam deixar de suscitar o interesse de gente que considerava uma virtude roubar os infiéis.

Mas a caravana do Arkansas talvez corresse menos perigo devido a suas riquezas do que pelo sentimento de perseguição laboriosamente cultivado pelos Santos, um estado de espírito continuamente atiçado do púlpito durante todo aquele verão. Mais do que nunca, os mórmons queriam se vingar dos assassinatos de Joseph e Hyrum Smith. Além disso, acabavam de saber de outro crime que igualmente precisava ser vingado: a morte do apóstolo mórmon Parley Pratt, que havia sido caçado como um animal e morto com requintes de selvageria na mesma região do Arkansas de onde provinha o grupo Fancher. Isso ocorrera somente duas semanas antes da partida da caravana para Utah.*

As sementes da desgraça de Pratt haviam sido plantadas por um ato de caridade, quando ele socorrera uma mulher de Nova Orleans em dificuldade, chamada Eleanor McLean. Recentemente convertida à fé mórmon, Eleanor

---

* O Cânion Parleys, que a estrada interestadual 80 hoje em dia percorre entre Salt Lake City e Park City (onde fica uma estação de esqui e ocorre um famoso festival cinematográfico), recebeu esse nome em homenagem ao martírio do apóstolo, uma das figuras mais populares entre os mórmons depois de Joseph Smith e homem estimável sob todos os aspectos.

era casada com um bêbado detestável, um gentio de nome Hector McLean que desaprovava a conversão e costumava espancá-la. Tocada pela generosidade de Pratt, Eleanor apaixonou-se por ele, abandonou o marido, deixou os três filhos sob os cuidados da mãe e pagou a passagem para Salt Lake City trabalhando como cozinheira para um grupo de emigrantes mórmons. Embora continuasse legalmente casada com Hector McLean, em Deseret Brigham a uniu a Parley Pratt por toda a eternidade, tornando-a a décima segunda esposa plural do apóstolo. Em 1856, enquanto Pratt se encontrava em St. Louis em trabalho como missionário, ela retornou a Nova Orleans e ocultou-se junto com os três filhos, causando ira mortal no primeiro marido, que culpava Pratt pelo fim de seu casamento.

McLean lançou-se em perseguição a Pratt e conseguiu interceptar uma carta dele a Eleanor na qual o apóstolo descrevia seus planos de encontrá-la no rio Arkansas. De posse dessa informação e em conluio com um policial federal que odiava os mórmons, McLean fez Pratt ser detido e preso na cadeia de Van Buren, no Arkansas. O magistrado não-mórmon designado para o caso percebeu rapidamente que as acusações contra Pratt não tinham fundamento. Preocupado com que o apóstolo viesse a ser linchado por capangas se permanecesse preso, o bravo juiz mandou soltá-lo sub-repticiamente, mas McLean foi de imediato notificado por espiões da prisão.

Obcecado, McLean e dois cúmplices perseguiram Pratt até encontrá-lo, a dezoito quilômetros de Van Buren, onde o esfaquearam, deram-lhe um tiro — por via das dúvidas — e o deixaram à beira da estrada para morrer sangrando. Mais tarde, McLean vangloriou-se de que matar Pratt Parley havia sido "a melhor ação de minha vida" e foi aplaudido como herói em todo o oeste do Arkansas por sua façanha. Nunca foi preso nem acusado de nenhum crime.

Depois da morte do marido, Eleanor Pratt aos poucos voltou para o Utah, pobre e desanimada. Na trilha próxima ao Forte Laramie, encontrou-se com Porter Rockwell, que a levou a cavalo até Great Salt Lake City, para onde se dirigia apressadamente no Dia do Pioneiro, a fim de informar Brigham sobre o exército invasor. Por ocasião da entrada da caravana Fancher no território de Utah, Eleanor já estava contando detalhadamente aos líderes da igreja o assassinato do marido. Seu relato culpava todo o estado de Arkansas e implorava aos Santos que vingassem o sangue inocente de Parley.

Em 3 de agosto de 1857, o mesmo dia da chegada do grupo Fancher ao Grande Vale do Lago Salgado, o apóstolo George A. Smith (primo irmão de Joseph Smith), que tinha o posto de general na Legião Nauvoo, partiu de Great Salt Lake City numa carruagem, em direção à região sul do Utah. Seis anos antes, o general Smith havia dirigido a colonização dessa parte distante do território.* Os Santos que haviam se instalado na região sob sua liderança eram conhecidos como os mais fanáticos de toda a comunidade mórmon. O general parou para falar aos irmãos em todas as vilas por onde passou, inflamando ao máximo o fanatismo e instando os colonos a preparar-se para a guerra santa.

No final de agosto, Smith chegou ao extremo de sua peregrinação pelo sul e visitou Jacob Hamblin, o "Pioneiro Mórmon", talentoso missionário entre os lamanitas, que havia construído uma cabana de verão a alguns quilômetros ao norte de Mountain Meadows. Conhecido por suas boas relações com os índios, Hamblin era especialmente respeitado pelos paiutes da região, que o tratavam como figura paternal. Smith entregou a Hamblin uma carta de Brigham Young, datada de 4 de agosto, na qual o missionário recebia a instrução de que "os índios têm de saber que ou nos ajudam ou os Estados Unidos liquidarão a nós e a eles".

Mais ou menos na mesma ocasião em que esteve com Hamblin, o general Smith celebrou também uma longa reunião com centenas de paiutes no rio Santa Clara, a 36 quilômetros de Mountain Meadows, usando John D. Lee como intérprete. Segundo Lee, Smith disse aos índios que "os norte-americanos tinham um grande exército logo a leste das montanhas e pretendiam matar todos os mórmons e indígenas do território do Utah; que estes últimos precisavam se preparar e manter-se em pé de guerra contra todos os norte-americanos e [...] obedecer ao que os mórmons os mandassem fazer; essa era a vontade do Grande Espírito".

Mais tarde, quando os mórmons se afastavam a cavalo do lugar da reunião, Smith disse a Lee: "Essa gente parece muito selvagem. Acho que causariam muitos problemas a uma caravana de emigrantes que passasse por aqui". Smith perguntou a Lee se ele acreditava que os Santos das colônias do sul se juntariam aos índios para atacar alguma caravana, caso realmente aparecesse alguma. "Os irmãos se juntariam e dariam uma boa surra neles?"

---

* St. George, a maior cidade do sul do Utah, recebeu esse nome em homenagem a George A. Smith.

Lee refletiu cuidadosamente e respondeu: "Realmente, acho que qualquer comboio de emigrantes que chegar por aqui será atacado e provavelmente destruído". Essa resposta, disse Lee, "satisfez muito ao general; ele ficou contente e disse: 'Fico feliz em ouvir essas coisas boas sobre nosso povo. Deus os abençoará por tudo o que fazem para erguer Seu Reino nos Últimos Dias'".

Vinte anos depois dos acontecimentos, Lee escreveu, a respeito dessa conversação: "Sempre achei, desde aquele dia, que o general George A. Smith estava visitando o Utah a fim de preparar o povo para a obra de extermínio da caravana de emigrantes do capitão Fancher, e hoje creio que foi enviado com esse objetivo por ordem direta de Brigham Young".

Pouco depois, o general Smith voltou às pressas a Great Salt Lake City com Hamblin e cerca de doze líderes dos paiutes a fim de se encontrar com Brigham. Na noite de 25 de agosto, ainda a caminho do norte, Smith, Hamblin e os índios acamparam a pequena distância da caravana de Fancher que se dirigia para o sul, e três de seus integrantes foram visitar os mórmons. Respondendo à indagação dos emigrantes sobre um lugar para descansar e dar pasto a sua grande manada de bois antes de iniciar a travessia do deserto de Mojave, Hamblin recomendou um aprazível vale próximo a sua cabana, chamado Mountain Meadows.

A célebre conferência entre Brigham Young e os chefes dos paiutes ocorreu em Great Salt Lake City na tarde de 1º de setembro. Durou cerca de uma hora, e o genro de Brigham, Dimick B. Huntington, serviu de intérprete. Segundo as notas do encontro, tomadas por Huntington, Brigham explicitamente "deu" aos índios todo o gado dos emigrantes que percorressem a antiga Trilha Espanhola, isto é, a valiosa manada de Fancher, que os paiutes haviam ambicionado ao acampar próximo aos viajantes, exatamente uma semana antes. A mensagem do profeta aos índios foi bastante clara: queriam que eles atacassem a caravana Fancher. Na manhã seguinte à reunião, os paiutes deixaram a Cidade dos Santos de madrugada e voltaram rapidamente para o sul do Utah.

Em 4 de setembro, os emigrantes passaram por Cedar City, a 56 quilômetros ao norte de Mountain Meadows, onde quiseram comprar alimentos dos Santos, mas estes recusaram vigorosamente. A essa altura, Cedar City estava "tomada de louco fanatismo", recorda um residente mórmon, e circulavam numerosos boatos falsos sobre a caravana Fancher. Dizia-se, por exemplo, que alguns dos emigrantes haviam participado diretamente da matança de mórmons em Haun's Mill, no Missouri, em 1838, e que um deles tinha se gabado de haver estado na multidão que matara Joseph Smith. Na visão dos Santos do sul do Utah, os emigrantes eram a personificação do mal.

Segundo John D. Lee, no dia da chegada da caravana a Cedar City, ou próximo a esse dia, ele recebeu do tenente-coronel Isaac Haight a ordem de atacar os viajantes. Haight era prefeito de Cedar City, presidente da arquidiocese da LDS e comandante do batalhão local da legião Nauvoo. Lee foi instruído a reunir os chefes índios que três dias antes haviam se encontrado com Brigham, armar seus guerreiros e liderá-los em uma emboscada ao grupo de Fancher nas montanhas ao sul de Cedar City. Lee conta que Haight sublinhou que essa ordem era "a vontade de todos os que estão em posição de autoridade".

Em 5 de setembro, Lee dirigiu-se a Mountain Meadows com um grande contingente de Santos e paiutes. Chegaram às colinas acima do descampado em 6 de setembro e ali se ocultaram entre as árvores, observando os emigrantes que preparavam o acampamento mais abaixo, próximo à nascente. Os Santos pintaram os rostos para se parecer com índios. Na manhã seguinte, antes da aurora, enquanto os viajantes dormiam, esses mórmons pintados e os verdadeiros paiutes foram furtivamente para perto do acampamento, escondendo-se atrás de pedras e arbustos. Quando o sol começava a aparecer por trás da crista serreada das Montanhas do Vale Pine, de três mil metros de altura, os emigrantes, sem nada suspeitar, juntaram-se para preparar a refeição matinal. Os atiradores de Lee simplesmente miraram os mosquetes de forma a causar o máximo de baixas e abriram fogo.

Lee imaginara que os viajantes sucumbiriam facilmente ao ataque de surpresa. Com efeito, os Santos estavam de tal maneira confiantes em uma rápida vitória que haviam prometido aos paiutes, nas palavras de Lee, que poderiam "matar os imigrantes sem perigo". Mas o grupo Fancher era disciplinado, muito valoroso e estava bem armado, e em suas fileiras havia muitos peritos atiradores. Após a rajada inicial de balas, os emigrantes rapidamente formaram um círculo com suas carroças, protegeram-se e em seguida começaram de imediato um contra-ataque, confundindo completamente os adversários.

Pelo menos um dos guerreiros paiutes foi morto naquela manhã; dois chefes indígenas receberam ferimentos mortais e as forças combinadas de índios e mórmons foram decididamente repelidas, comprometendo inesperadamente o ânimo dos atacantes. Enquanto se reagrupavam a uma distância segura, os índios expressaram sua insatisfação com a fracassada operação de maneira clara: ameaçaram ir embora e deixar os mórmons a sua própria sorte. "Agora sabíamos que os índios não eram capazes de fazer o serviço", reconheceu Lee a contragosto, após o ataque frustrado, "e estávamos em situação difícil." Depois de instruir seus homens a manter os imigrantes imobilizados, Lee partiu a cavalo a fim de buscar reforços mórmons e ouvir a opinião de seus superiores.

Em Cedar City, Haight ficou sabendo na tarde de segunda-feira que as coisas em Mountain Meadows não iam conforme o planejado. Haight desejava enviar um grupo de milicianos mórmons às montanhas a fim de aniquilar os emigrantes, mas membros influentes da comunidade argumentaram que uma ação dessa gravidade não deveria ser iniciada sem o endosso explícito de Brigham Young. Naquela noite, Haight despachou um cavaleiro a Salt Lake City numa montaria rápida, levando uma carta ao profeta que informava que o grupo Fancher estava cercado por Lee em Mountain Meadows e perguntando o que devia ser feito.

Nesse ínterim, os mórmons e seus mercenários paiutes mantinham a pressão sobre a caravana, utilizando fogo de franco-atiradores e evitando que fossem buscar água na nascente próxima. A essa altura, havendo percebido diversos homens de pele clara entre os que atiravam contra eles, os emigrantes provavelmente já haveriam deduzido que entre seus atacantes havia mórmons e paiutes. Com fome e atormentados pela sede, os gentios sabiam que sua situação piorava cada vez mais. A munição estava acabando. Não podiam enterrar os mortos e nem dar assistência adequada aos muitos feridos graves. A maior parte dos cavalos e do gado havia sido espantada pelos atacantes, mas cerca de sessenta animais haviam sido atingidos pelo fogo cruzado; as carcaças apodreciam ao redor dos imigrantes ao sol de verão, criando um odor insalubre.

Na noite de 10 de setembro, dois emigrantes audazes fizeram uma tentativa desesperada para atravessar às escondidas as linhas do cerco e buscar auxílio. Um deles, um artista do Tennessee de dezenove anos chamado William Aden, que havia se juntado à caravana Fancher em Provo poucas semanas antes, conseguiu chegar à planície e já estava próximo a Cedar City quando encontrou um grupo de homens acampados perto de uma nascente. Acreditando que fossem membros de outro grupo de gentios a caminho da Califórnia, Aden correu para eles e pediu socorro. Mas tratava-se de mórmons, não de emigrantes, que, ao ouvirem o apelo de Aden, sacaram as armas e o mataram a tiros.

O mensageiro de Isaac Haight chegou a Salt Lake City ainda cedo naquela manhã e rapidamente deu meia-volta para levar a resposta de Brigham Young ao sul do Utah. As instruções do profeta eram de que os Santos "não [deviam] se intrometer" com o grupo Fancher. "Os índios podem fazer o que quiserem", escreveu Brigham, "mas vocês devem tratar de manter boas relações com eles." Essa carta tem sido profundamente estudada por pesquisadores, mas entre os historiadores ainda há grandes divergências sobre as verdadeiras intenções de Brigham.* Qualquer que seja o significado da frase, a carta somente chegou às mãos de Haight em 13 de setembro, dois dias depois do massacre de Mountain Meadows.

Sem ter instruções de Brigham Young, Isaac Haight buscou a orientação de seu superior imediato, o coronel William Dame, de 38 anos, comandante militar de todas as milícias do sul do Utah. Haight cavalgou 36 quilômetros em direção ao norte, até a colônia de Parowan, onde despertou Dame no meio da noite a fim de perguntar o que fazer com o comboio sitiado. O coronel Dame afirmou, impaciente, que Haight não necessitava de outras instruções de Great Salt Lake City para executar uma ação decisiva. "Minhas ordens", declarou Dame, "são de que os emigrantes *têm* de ser aniquilados." Essa orientação foi transmitida a John D. Lee em Mountain Meadows pelo major John Higbee, da Legião Nauvoo, um fanático de trinta anos que chegou ao local com mais de cinqüenta milicianos de elite vindos de Cedar City.

Na noite de 10 de setembro, a maioria dos paiutes, insatisfeita, havia se afastado de Mountain Meadows, deixando os Santos com cerca de quarenta mercenários indígenas. Temendo que já não tivessem tropas suficientes para

---

* Há alguma dúvida sobre o verdadeiro texto da carta de Brigham, pois o original desapareceu (junto com quase todos os demais documentos oficiais relativos ao massacre de Mountain Meadows). O trecho citado acima é de um suposto rascunho da carta que somente apareceu em 1884, quando um funcionário da LDS o encontrou nas páginas de um "Livro de cartas da Igreja".

tomar pela força a posição dos emigrantes, os Santos resolveram terminar o cerco usando um subterfúgio.

Na manhã seguinte, 11 de setembro, Lee mandou um convertido inglês de nome William Bateman ao encontro dos emigrantes sitiados, levando uma bandeira branca. Bateman tinha instruções de dizer que os mórmons estavam ali a fim de interceder junto aos índios em favor dos viajantes e que, se entregassem as armas, os escoltariam em segurança até fora do alcance dos paiutes hostis. Quando Bateman informou que os emigrantes estavam dispostos a negociar, Lee se aproximou do acampamento deles a fim de "discutir os termos da rendição".

"Quando entrei na fortificação", relatou Lee, "homens, mulheres e crianças se aproximaram de mim, emocionados. Alguns achavam que o momento da libertação havia chegado, enquanto outros, muito aflitos, todos em lágrimas, olhavam para mim com dúvida, desconfiança e terror." Lee precisou de pelo menos duas horas para conquistar a confiança dos emigrantes, mas estes, finalmente, sem alternativa, concordaram com as condições e entregaram as armas.

As crianças menores e diversos feridos foram colocados em uma carroça e levados dali. As mulheres e as demais crianças os seguiam a pé. Algumas centenas de metros atrás desse grupo, os homens da caravana Fancher caminhavam em fila indiana, com cada emigrante escoltado de perto por um guarda mórmon. Após cerca de trinta minutos, o major Higbee, que cavalgava na retaguarda, disparou um tiro para atrair a atenção dos Santos. "Alto!", ordenou ele, segundo um plano preestabelecido. "Cumpram seu dever!"

Com esse comando infame, cada um dos mórmons imediatamente deu um tiro à queima-roupa na cabeça do prisioneiro sob sua guarda. A maioria dos emigrantes homens morreu instantaneamente, mas um dos Santos recorda ter visto um apóstata mórmon — um dos "infiéis" que havia se juntado à caravana em Utah e era conhecido dos carrascos mórmons — caído no chão ferido, implorando a Higbee que o deixasse vivo. Segundo a testemunha mórmon, Higbee lhe disse: "Você teria feito o mesmo comigo, ou algo parecido", e degolou o apóstata.

Outro Santo que participou do massacre relatou mais tarde que, enquanto os homens do grupo Fancher estavam sendo executados pelos mórmons da escolta, as mulheres e as crianças eram atacadas "pelos índios, entre os quais havia mórmons disfarçados". Com armas de fogo e facas, Santos pintados e paiutes atiraram-se contra as vítimas e começaram a atirar, muitas vezes acabando por matá-los a cacetadas ou facadas. Uma emigrante de nome Nancy Huff, que na época tinha quatro anos de idade, contou mais tarde que "vi minha mãe levar um tiro na testa e cair morta. As mulheres e as crianças gritavam e se abraçavam. Algumas das mulheres mais jovens suplicaram aos assassinos que não as matassem, mas eles não tiveram piedade, batendo com as coronhas dos rifles e esmagando seus crânios". Segundo Nephi Johnson, um mórmon que depois confessou sua culpa à historiadora Juanita Brooks, "os homens brancos foram os que mais mataram".

A carnificina terminou em poucos minutos, deixando aproximadamente 120 emigrantes mortos. Cerca de cinquenta das vítimas eram homens, vinte eram mulheres e outras cinquenta eram crianças ou adolescentes. De todo o grupo Fancher, somente dezessete vidas foram poupadas, todas de crianças de menos de cinco anos, consideradas pequenas demais para que recordassem o suficiente a fim de testemunhar contra os Santos.*

Quando o palco da mortandade ficou em silêncio, os mórmons saquearam os cadáveres, procurando coisas de valor, e, depois que tiraram o que queriam, deixaram o restante aos índios. Logo os emigrantes mortos foram totalmente despojados, inclusive das roupas que vestiam. No entanto, só uma pequena parte do produto da pilhagem ficou com os índios. Segundo o historiador Will Bagley, "os paiutes ficaram somente com cerca de vinte cavalos e mulas, enquanto os oficiais mórmons pegaram para si os melhores animais, demonstrando desprezo por seus aliados [...] na região terrivelmente pobre do sul do Utah, os despojos dos imigrantes assassinados tornaram-se fonte de inveja e conflito. Alguns dos vizinhos acharam que Lee tinha roubado a parte deles".

O coronel William Dame e o tenente-coronel Isaac Haight, cujas ordens haviam provocado o morticínio, chegaram na manhã seguinte a Mountain Meadows, vindos de Cedar City. Era o dia em que John D. Lee completava 44 anos. Ele levou seus oficiais comandantes ao lugar da carnificina, onde con-

---

* As crianças poupadas foram levadas para casas de mórmons a fim de serem criadas como Santos dos Últimos Dias; algumas ficaram nas casas dos próprios homens que haviam assassinado seus pais e irmãos. Em 1859 um agente do governo federal conseguiu encontrar todos os dezessete sobreviventes e devolvê-los a seus parentes no Arkansas, mas, antes de entregá-los, os mórmons que os estavam mantendo tiveram a audácia de exigir milhares de dólares de ressarcimento pela alimentação e instrução do período em que estiveram com os Santos.

templaram os corpos nus, horrivelmente brutalizados, de homens, mulheres e crianças espalhados pela planície, em posições retorcidas de *rigor mortis*. "O coronel Dame permaneceu em silêncio por algum tempo", recordou Lee. "Olhou em volta do campo e ficou muito pálido, parecendo apreensivo e assustado. Achei que ele estava então começando a compreender a diferença entre ordenar uma matança e executar essas ordens."

Dame se disse chocado com a carnificina e tentou eximir-se de responsabilidade. Isso enfureceu Haight. "Você ordenou isso", replicou ele a seu superior. "Não se fez nada a não ser cumprir suas ordens, e já é tarde demais para dar ordens e depois voltar atrás."

Confrontado com essa irrefutável afirmação, Dame perdeu a compostura e esteve prestes a explodir em lágrimas. Segundo Lee, Dame protestou veementemente: "Eu não sabia que eram tantos, senão não teria feito isso".

Perdendo a paciência com a falta de coragem de Dame, Haight voltou-se para Lee e disse: "O coronel Dame me orientou e me ordenou fazer isso, e agora quer negar e culpar a mim, mas por Deus, ele não vai conseguir [...] Eu o mandarei para o inferno antes que ele ponha a culpa em cima de mim. Ele tem de assumir a responsabilidade pelo que fez, como um homem. Ele sabe que foi ele quem deu a ordem, e eu o desafio a dizer o contrário".

Sem resposta a essa acusação, Dame ficou em silêncio e tratou de supervisionar o destino dos cadáveres. Lee relatou que os milicianos mórmons "empilharam os corpos em montes, em ravinas pouco profundas, e jogaram terra por cima. Os cadáveres ficaram pouco cobertos, porque o solo era duro, e os irmãos não tinham instrumentos suficientes para cavar". Em poucos dias, lobos e outros predadores desenterraram os emigrantes mortos, retirando-os de suas covas rasas e espalhando os restos pelo campo.

Ao completarem os enterros apressados e pouco adequados, segundo Lee, os Santos se reuniram em um círculo no local da chacina e "agradeceram a Deus por haver-lhes entregado os inimigos". Em seguida, os supervisores do massacre reiteraram "a necessidade de sempre dizer que os índios fizeram tudo sozinhos e que os mórmons nada tinham tido a ver com o fato [...] houve um voto unânime de que qualquer homem que divulgasse o segredo, dissesse quem esteve presente ou fizesse qualquer coisa que levasse à verdade, morreria".

19. Bodes expiatórios

> *Brigham Young salvou sua igreja quando Joseph foi linchado, levou-a ao rio Missouri e dali ao Grande Lago Salgado; deu-lhe segurança, riqueza e poder. O estado de Utah é seu monumento [...] Foi um grande homem, grande em tudo o que era necessário a Israel. Grande na compreensão, grande na força de vontade, perseverança e decisão, em descobrir recursos que outros não encontraram. Grande também, no comando e governo dos homens, em recordar a oposição, a hostilidade e o ódio. Grande líder, grande diplomata e grande administrador; e, quando necessário, grande mentiroso e grande canalha.*
>
> Bernard DeVoto, *The Year of Decision*

"Olhe! Olhe aqui!", grita Randy Bateman, de seis anos. O menino é um furacão em miniatura, com um teimoso topete louro e agachado na terra, levantando uma pedra com uma das mãozinhas enquanto gesticula furiosamente com a outra. "Venha ver!", grita ele, com mais insistência. "Um buraco de escorpião!" Um minuto mais tarde puxa o sinistro aracnídeo de sua toca, colocando-o em uma garrafa vazia de refrigerante. Depois sai correndo, levantando poeira, para mostrar o troféu a seu pai, DeLoy Bateman, o professor de Colorado City que desertou da Igreja Fundamentalista de Jesus Cristo dos Santos dos Últimos Dias. Colorado City fica a menos de oitenta quilômetros, em linha reta, do lugar do massacre de Montain Meadows. William Bateman — o mórmon que se aproximou do grupo Fancher levando uma bandeira branca a fim de negociar uma falsa trégua para convencer os emigrantes a entregar as armas e seguir para a armadilha homicida de John D. Lee — era o tio-trisavô de DeLoy Bateman.*

Embora DeLoy não se orgulhe do papel pouco digno de seu ancestral no massacre, sua opinião é de que o tema não deve ser ocultado. Pelo contrário, ele busca conhecer todos os detalhes do assunto. "Sempre fui curioso", diz ele. "Mesmo quando estava na religião. Tio Rulon sempre limitou o conhecimento do povo de Colorado City e os livros que estão autorizados a ler, mas isso não está de acordo com os ensinamentos originais de Joseph Smith. Acho que no artigo 90 do *Doutrina e mandamentos* há uma revelação de Joseph que diz mais ou menos assim: 'Estudai e aprendei, e familiarizai-vos com todos os bons livros'. De qualquer forma, sempre quis aprender tudo o que pude e procurei fazer com que meus filhos também gostassem de estudar."

O clã dos Bateman está fazendo um passeio de fim de semana para escalar o monte Dellenbaugh — um vulcão extinto na região sul do estado do Arizona. O objetivo da escalada é procurar uma assinatura de 132 anos de idade que se acredita estar gravada na orla da cratera que existe na crista pedregosa da montanha; essa assinatura pode ajudar a explicar uma misteriosa série de acontecimentos ocorridos após o massacre de Mountain Meadows, dos quais possivelmente terão participado alguns dos ancestrais de DeLoy ou seus companheiros. Além de Randy Bateman e de seu pai, também estão no grupo de excursionistas uma das duas esposas de DeLoy e mais nove de seus dezessete filhos; outras quatro crianças, além de um neto e de um genro, permaneceram no acampamento de apoio na base da montanha.

---

* Diversos Santos que tomaram parte ativa na carnificina de 1857 são antepassados de norte-americanos hoje conhecidos. O atual governador do Utah, Mike Leavitt, por exemplo, é descendente direto de Dudley Leavitt, que participou do massacre, assim como Juanita Leavitt Brooks, autora de *The Mountain Meadows Massacre*. Entre os descendentes de John D. Lee encontram-se membros da dinastia política Udall: Stewart Udall foi deputado pelo Arizona durante três mandatos e serviu como secretário do Interior do governo norte-americano na época do presidente Kennedy; seu irmão mais moço, o falecido Morris Udall, foi o sucessor de Stewart por quinze mandatos na Câmara de Representantes, e o filho de Morris, Mark Udall, é o atual representante do Segundo Distrito do estado do Colorado na mesma Câmara.

Da expedição de hoje fazem parte dois filhos de seis anos, Randy e Kevin, e duas filhas de oito anos, Maria e Sarah, e por isso o ritmo da subida não é muito rápido. As crianças estão acostumadas com as escaladas e se sentem à vontade no ambiente pouco hospitaleiro, mas param constantemente para olhar debaixo das pedras em busca de cobras ou outras criaturas interessantes ou para admirar plantas do deserto e identificar espécimes geológicos. "Eu os estimulo" diz DeLoy, encolhendo os ombros com naturalidade. "A idéia é que cada excursão se transforme em uma aula de biologia." O único problema é que, quando o grupo chega ao topo, faltam poucos minutos para que o sol desapareça por trás da majestosa curva ocidental do horizonte, deixando muito pouca luz do dia para localizar a inscrição que DeLoy espera encontrar.

O cimo do monte Dellenbaugh é formado por uma coroa pedregosa de basalto onde sopra um vento quente e seco. Centenas de gigantescos megálitos se erguem da cratera, e qualquer um deles pode ter recebido a inscrição procurada. A possibilidade de encontrar a pedra certa antes que a montanha seja engolida pela escuridão parece remota, mas, mesmo que a expedição não alcance seu objetivo, a vista daquela altura já terá sido consolo suficiente. Para o sul, a terra está coberta de um oceano de pinheiros e juníperos que chegam até a boca do Grand Canyon, que aparece como uma imensa e sombria ferida margeada de falésias de calcário.

Logo antes que a luz do dia desapareça completamente, alguém grita: "Aqui!". E eis que se vê o nome procurado por DeLoy, gravado numa pedra chata de basalto do tamanho de uma máquina de lavar roupa, um tanto desmaiado porém inconfundivelmente inscrito em letras grosseiras de aproximadamente quatro centímetros: "W Dunn". Imediatamente abaixo vê-se a data, 1869, e uma seta que aponta para o norte em direção ao limite do estado de Utah. "Ora vejam só", exclama DeLoy. Seus dedos percorrem a inscrição e depois ele levanta os olhos, pensando no que poderia ter visto do alto da montanha, há mais de um século, o homem que gravou seu nome naquela rocha.

A inscrição fora feita por um certo William Dunn, montanhês de cabelos crespos, que não tinha ainda trinta anos e cuja roupa feita de couro de veado mostrava como traço característico "um brilho escuro e oleaginoso". Essa última descrição provém do empregador de Dunn naquela época, o major John Wesley Powell, eminente explorador do Oeste norte-americano, célebre por ter sido o primeiro a descer ao Grand Canyon. Dunn, membro daquela prodigiosa expedição, desaparecera junto com dois companheiros, os irmãos Oramel Gass Howland e Seneca Howland, próximo ao fim da jornada. Sua assinatura no topo do monte Dellenbaugh é o último rastro conhecido dos exploradores desaparecidos.

Depois de tirar algumas fotografias da inscrição de Dunn, DeLoy e a família admiram a vista do alto da montanha enquanto o crepúsculo ainda dura, e em seguida descem para o acampamento sob o céu cheio de estrelas. Na manhã seguinte, no caminho da volta a Colorado City, o grupo Bateman passa inesperadamente por um pequeno monumento em memória dos membros desaparecidos da expedição de Powell, e DeLoy pára na margem da estrada a fim de examiná-lo. A placa de madeira, em letras bem desenhadas, diz o seguinte:

> WILLIAM DUNN, O. G. HOWLAND E SENECA HOWLAND,
> DEPOIS DE SE SEPARAREM
> DO GRUPO DO MAJOR POWELL, CHEGARAM
> AO SEPARATION CANYON E O ATRAVESSARAM,
> ATINGINDO O MONTE DELLENBAUGH.
> FORAM MORTOS POR ÍNDIOS A LESTE DESTE MARCO,
> NO ÚLTIMO DIA DE AGOSTO DE 1869

A placa reflete a opinião corrente sobre o que aconteceu a Dunn e aos irmãos Howland. DeLoy, porém, recentemente chegou a uma conclusão diferente. Acredita que os três exploradores não foram assassinados por indígenas norte-americanos, e sim por mórmons do sul do Utah. E acha que as mortes decorreram de um infeliz mal-entendido a respeito do massacre de Mountain Meadows.

Em 1858, um ano após o massacre, Brigham Young concordou com relutância em receber tropas federais no Utah e renunciar ao cargo de governador do território, terminando com a ameaça de guerra total entre os Santos e os Estados Unidos. Mas a frágil paz continuou ameaçada devido aos constantes boatos de que os mórmons haviam cometido atrocidades indizíveis contra o comboio de Fancher.

O secretário da Guerra do presidente Buchanan ordenou ao major James H. Carleton que investigasse o assunto. Chegando a Mountain Meadows na primavera de 1859, Carleton ficou revoltado ao descobrir que, dois anos após os acontecimentos, o chão do vale ainda estava juncado de caveiras, ossadas, tufos de cabelos femininos e farrapos de roupas infantis que se estiolavam ao sol. Um médico do exército relatou que muitas das caveiras "apresentavam marcas de violência, furadas de balas ou esmagadas com fortes golpes, ou ainda abertas com algum instrumento afiado". A natureza das marcas de balas, concluiu ele, "mostra que armas de fogo foram disparadas próximo à cabeça".

"Foi cometido um enorme e terrível crime", declarou Carleton. Seus soldados recolheram os ossos que encontraram, enterraram-nos numa tumba comum e em seguida trouxeram pedras das colinas adjacentes para construir um grande monumento, ainda que tosco, por cima da sepultura. No topo dessa pilha de pedras, de três metros de altura e quinze de circunferência, colocaram uma cruz de madeira com a epígrafe: "Minha é a vingança; hei de cobrá-la, diz o Senhor".

Em maio de 1861, Brigham Young chegou a esse memorial ao passar pela planície em uma excursão pelas colônias do sul. Segundo Wilford Woodruff, o apóstolo que acompanhava o profeta, Brigham, ao ler a inscrição na cruz, meditou durante alguns segundos e propôs uma emenda: "Minha é a vingança", afirmou ele, com afetação, "e vinguei-me um pouco". Um instante depois, um dos Santos de seu grupo lançou uma corda sobre a cruz e puxou-a para baixo, enquanto outros começaram a retirar as pedras e espalhá-las. Quando o grupo de Brigham deixou Mountain Meadows, o monumento aos emigrantes assassinados havia desaparecido.

Nos últimos tempos as coisas estavam indo bem para o Reino de Deus, o que alegrava o profeta, deixando-o de bom humor. O governador do território — designado pelo presidente Buchanan em substituição a Brigham —, um burocrata de Atlanta chamado Alfred Cummings, havia se revelado ingênuo e facilmente manipulável, fazendo o que os Santos desejavam. Além disso, o odiado Buchanan havia cedido seu lugar na Casa Branca a Abraham Lincoln; após a posse, "Honest Abe" disse a um emissário mórmon: "Volte e diga a Brigham Young que, se ele não me atrapalhar, eu não o atrapalharei". Assim, Brigham tinha boas razões para estar satisfeito.

A capital dos Santos havia até mesmo se transformado no destino preferido de luminares vindos do exterior, inclusive o botânico francês Jules Remy, o famoso jornalista Horace Greeley e o explorador inglês sir Richard Francis Burton. Greeley, o jornalista mais influente da época, havia entrevistado Brigham em 1859 e publicado um artigo amplamente favorável no *New York Tribune*, observando que o profeta falara "aparentemente sem pretender esconder coisa alguma" e "não parecia hipócrita nem fanático". Depois de conhecer Brigham, Porter Rockwell e outros mórmons eminentes em 1860, sir Richard Burton escreveu:

> O Profeta não é um homem comum [...] e não possui nenhuma das fraquezas e vaidades que caracterizam em geral os homens extraordinários [...] Em seus modos há uma ausência total de pretensão e ele está há tanto tempo acostumado ao poder que não se preocupa em demonstrá-lo. Os instrumentos com os quais governa a massa heterogênea de elementos conflitantes são uma vontade indomável, um sigilo profundo e uma astúcia incomum.

Esses elogios, vindos de gentios eminentes, sem dúvida agradavam a Brigham, porém grande parte de seu entusiasmo decorria da eclosão da Guerra Civil. Esse grande conflito estourara em Fort Sumter, na Carolina do Sul, apenas um mês antes de sua excursão de 1861 pelo sul do Utah, inspirando no profeta uma atitude de renovada insolência para com os Estados Unidos. Ficou especialmente contente quando as forças federais foram retiradas do Utah a fim de reforçar o exército da União que lutava contra a Confederação.

Além disso, as notícias que vinham do leste pareciam confirmar que a nação dos gentios resvalava perigosamente a auto-extinção, exatamente como profetizara Joseph Smith em 1832.* Embora sua hostilidade ao governo de Washington, D.C., levasse os mórmons a aplaudir as vitórias da Confederação

---

* Em 25 de dezembro de 1832, Joseph recebeu uma revelação, mais tarde inscrita no artigo 87 de *Doutrina e mandamentos*, na qual Deus explicava que a Guerra Civil "acontecerá em breve, começando com a revolta da Carolina do Sul, que acarretará a morte de muitas almas [...] pois os estados do Sul se separarão dos do Norte [...] e sucederá que depois de muitos dias os escravos se levantarão contra os senhores, que serão mobilizados e treinados para a guerra [...] E assim, com a espada e derramando sangue, os habitantes da terra chorarão seu luto; e com a fome, a peste e o terremoto, os trovões do céu e também os ferozes e vívidos relâmpagos, os habitantes da terra sentirão a ira, a indignação e a mão severa de um Deus Todo-Poderoso, até que essa consumação signifique o fim de todas as nações".

no campo de batalha, Brigham estava certo de que as forças unionistas e confederadas acabariam por aniquilar-se mutuamente, deixando triunfantes e intactos os Santos dos Últimos Dias quando acabasse a guerra, esperando ansiosamente o Grande e Terrível Dia do Senhor.

Não tendo motivos para duvidar desse resultado, Brigham tinha a firme convicção de que os Estados Unidos não se meteriam mais nos assuntos de Deseret. Sua confiança, no entanto, mostrou-se desventuradamente pouco duradoura. Dezesseis meses depois de haver retirado as tropas a fim de lutar contra a Confederação, o presidente Abraham Lincoln os substituiu por um regimento de infantaria da Califórnia, com o objetivo de assegurar o controle federal do Utah. Segundo o historiador D. Michael Quinn, durante o tempo restante da guerra alguns desses soldados "tinham suas armas praticamente apontadas para a casa de Brigham Young, de maneira que, se houvesse um levante civil, ele seria o primeiro a receber os tiros de canhão".

Para aumentar os problemas do profeta, Lincoln assinou em 1862 a lei Morrill contra a bigamia, que havia sido redigida com a finalidade específica de "punir e impedir a prática da poligamia nos territórios dos Estados Unidos e desaprovar e anular certos atos da legislatura territorial do Utah". Poucos meses após sua posse, Lincoln demonstrava que pretendia ser tão severo com os mórmons quanto os presidentes Fillmore, Pierce e Buchanan haviam sido antes dele, o que fez com que Brigham Young protestasse contra "esses canalhas amaldiçoados como Abe Lincoln e seus capangas". (Ironicamente, o segundo profeta mórmon possuía muitos dos atributos que distinguiam o décimo sexto presidente norte-americano; se o curso da vida de Brigham tivesse tomado um rumo diferente, isto é, se ele tivesse se preocupado menos com o fim do mundo e mais com as coisas seculares, seria fácil imaginá-lo na Casa Branca. Ele sem dúvida tinha as qualidades necessárias para tornar-se presidente e teria sido um mandatário memorável, um líder nacional da estirpe de Lyndon Johnson, por exemplo, ou de Franklin Roosevelt, ou mesmo do próprio Lincoln.)

Em abril de 1865, com a rendição do general Robert E. Lee em Appomattox, chegou ao fim o sonho cor-de-rosa de Brigham sobre a destruição mútua do Norte e do Sul. A Guerra Civil terminou não apenas com a União intacta como também mais forte do que nunca em diversos aspectos. Brigham foi obrigado a se conformar com o crescente envolvimento dos Estados Unidos nos assuntos e no governo de Deseret dali em diante.

Essa eventualidade ficou patente em 1869 com a cerimônia que marcou o término da construção da ferrovia transcontinental, em Promontory Sunnit, próximo à extremidade norte do Grande Lago Salgado. O Utah ficava assim separado do ímpio contato com a nação dos gentios apenas por uma viagem de trem relativamente curta e confortável. O ano de 1869 viu também outro acontecimento importante que significou o fim do isolamento do Utah: a primeira navegação descendo os rios Green e Colorado, feita pelo major John Wesley Powell, herói da Guerra Civil que tinha perdido o braço direito na batalha de Shiloh.

A expedição de Powell zarpou de Green River Station, no estado do Wyoming, em 24 de maio de 1869, em barcos toscos de madeira, planejando flutuar o rio Green abaixo até a confluência com o rio Colorado* e depois continuar pela correnteza atravessando os abismos traiçoeiros e completamente desconhecidos do Grand Canyon e percorrendo assim a última das vastas regiões inexploradas e selvagens da extensão contínua dos Estados Unidos — o último espaço em branco do mapa. Foi uma viagem árdua, marcada por perigos, sacrifícios e hostilidades entre Powell e alguns de seus homens.

No dia 27 de agosto, perto da extremidade inferior do Grand Canyon, os barqueiros encostaram as embarcações na praia imediatamente acima do que seria o último conjunto de corredeiras perigosas de toda a viagem. Seneca Howland, seu irmão Oramel Howland e William Dunn informaram que estavam abandonando a expedição. Sem dar ouvidos aos apelos de Powell para que ficassem com o grupo principal, os três aventureiros insatisfeitos responderam que tencionavam escalar os mil e duzentos metros de falésia vertical, desde o rio até o alto da beira norte do cânion, e em seguida caminhar mais de cento e cinqüenta quilômetros pelo deserto ermo até chegarem às colônias dos mórmons no sul do Utah.

A essa altura a expedição já havia percorrido cerca de mil e quinhentos arriscados quilômetros pelos rios. Os nove homens estavam exaustos e famintos e tinham provisões somente para cinco dias, a maior parte maçãs secas e café. O maior problema, no entanto, era a divergência que surgira entre o major Powell e seu irmão mentalmente desequilibrado, o capitão Walter Powell, de um lado, e cinco voluntariosos caçadores, de outro: Dunn, os irmãos How-

---

* Naquela época era chamado rio Grand, e não Colorado.

land, Jack Sumner e Billie Hawkins.* Conforme notou Wallace Stegner em sua clássica biografia de Powell, *Beyond the Hudredth Meridian*, o major e seu irmão "representavam a disciplina militar e a classe dos oficiais", enquanto os cinco caçadores "encarnavam a independência do povo da fronteira e uma violenta rejeição a qualquer tipo de disciplina".

Em 28 de agosto, depois que Dunn e os irmãos Howland haviam visto o barco dos companheiros se despedaçar nas corredeiras Separation e os tripulantes desaparecerem numa curva do rio, os três desertores começaram a íngreme subida para fora do Grand Canyon, levando dois rifles e uma espingarda, uma duplicata dos documentos da expedição e um relógio de prata que Jack Sumner havia pedido que fosse entregue a sua irmã caso ele se afogasse. Dunn e os Howland subiram por uma estreita garganta (mais tarde denominada Separation Canyon) para chegar à beira norte e em seguida caminharam pelo platô Shivwits. À distância de 45 árduos quilômetros da margem do rio, subiram as suaves faldas de um vulcão extinto, hoje chamado monte Dellenbaugh, a fim de se orientar e determinar a rota que deveriam seguir pelo rude terreno que se estendia diante deles. No alto do cume do Dellenbaugh, a 2330 metros de altitude, Dunn gravou seu nome na face de um rochedo e em seguida o trio presumivelmente se encaminhou para o norte, em busca das colônias dos mórmons. Ninguém sabe ao certo, no entanto, pois Dunn e os Howland jamais reapareceram.**

Depois que Powell e o resto de sua equipe atravessaram as corredeiras Se-

---

* Entre os nove homens da expedição havia também um melancólico veterano da Guerra Civil chamado George Bradley, e Andy Hall, de vinte anos; ambos estavam ligados às duas facções em disputa. A expedição havia embarcado no rio Green com um décimo membro, o inglês Frank Goodman, mas, depois que seu barco virou e ele quase se afogou em Disaster Falls, ele disse a Powell, em 5 de julho, que "já tinha visto perigo suficiente" e abandonou a expedição, muito antes que o grupo entrasse no Grand Canyon.

** Em 1995 foram descobertas provas que confirmam a autenticidade da inscrição de Dunn no topo do monte Dellenbaugh: um jovem de Cedar City chamado Wynn Isom procurava sagitárias na encosta leste do monte Dellenbaugh, fora da trilha normal, quando viu "uma coisa brilhando" no chão, talvez a dez metros de distância. Era um pedaço fino de latão, muito manchado, de cinco centímetros de comprimento e pouco mais de dois e meio de largura, como o nome "William Dunn" gravado em caracteres cursivos. Pelas marcas nos cantos da placa, parece haver sido rebitado ao cabo de uma arma, ou talvez a algum artigo de couro que pertencesse a Dunn.

paration sem virar os barcos, encostaram na margem e "esperamos cerca de duas horas, demos tiros para o alto e fizemos gestos para [...] que os Howland e Dunn voltassem", recordou Jack Sumner, "como poderiam ter feito passando pela falésia. Da última vez em que os vimos eles estavam de pé numa pedra, gesticulando para que seguíssemos adiante, o que por fim fizemos".

Dois dias mais tarde, o grupo de Powell chegou em segurança à confluência do rio Virgin, onde encontraram um grupo de mórmons pescando com rede. Generosamente, os Santos deram de comer aos debilitados exploradores e em seguida escoltaram Powell através da montanha Beaver Dam para chegar a St. George, principal cidade do sul do Utah. Em 8 de setembro, quando Powell viajava por terra, numa diligência, de St. George a Salt Lake City, apareceu um artigo no *Deseret News*, o jornal dos mórmons, com o título "Três homens da expedição Powell mortos por índios":

> Recebemos um despacho de St. George, pela linha telegráfica de Deseret, sobre o assassinato de três homens que pertenciam à Expedição Exploradora Powell. Segundo o relato de um índio amistoso, aparentemente há cinco dias os homens foram encontrados famintos por índios pacíficos da tribo Shebett (Shivwit). Os Shebett os alimentaram e os levaram até o caminho para Washington, no sul do Utah. Durante a viagem, viram uma índia apanhando sementes e a mataram com um tiro; em seguida foram descobertos pelos Shebett e mortos. Um índio amigável foi encarregado de recolher os documentos deles. O telégrafo não revelou os nomes dos homens.

Quando Powell soube da notícia, não acreditou que Dunne e os Howland tivessem sido mortos pelos Shivwits — um grupo relativamente pequeno e reservado de índios que pertenciam à nação paiute do sul. Seu ceticismo se baseava em grande parte nas afirmações de que a mulher, que se alegava ter sido estuprada antes de ser assassinada, estava sozinha e desarmada. "Conheço O. G. Howland pessoalmente há muitos anos", explicou Powell, "e não hesito em dizer que essa parte da história é uma calúnia. Não era da natureza fiel e da boa índole desse homem fazer uma coisa dessas."

O primeiro relato sobre a morte de Dunn e dos irmãos Howland nas mãos de índios foi o misterioso telegrama mencionado no artigo do *Deseret News*. O referido despacho havia sido mandado por expedidor anônimo ao apóstolo mórmon Erastus Snow em St. George, na tarde de 7 de setembro de 1869, pouco depois de Powell haver passado por lá e pedido aos Santos que ficassem atentos para tentar encontrar os membros faltantes de sua expedição. O telegrama dizia:

> Três homens de Powell mortos por She-bits, há cinco dias, a um dia de viagem de índio de Washington. Os índios informaram que se encontravam em estado de exaustão, foram alimentados pelos She-bits e postos no caminho para Washington; depois disso viram uma mulher índia colhendo sementes e a mataram; em seguida, os She-bits os procuraram e mataram os três. Dois dos She-bits que mataram os homens estão no acampamento indígena em Washington, com duas das armas. O índio George foi buscar documentos e pertences que possam existir.

Jack Sumner — um dos membros da expedição que saíram ilesos do Grand Canyon com o major Powell, e amigo íntimo de William Dunn e dos irmãos Howland — não concordava com Powell em muitas coisas, mas partilhava do ceticismo do major quanto à história de que seus companheiros teriam sido mortos por índios. Na noite seguinte à separação, os homens que tinham permanecido no rio com Powell haviam especulado sobre "o destino dos três que ficaram rio acima". Segundo Sumner, "todos os demais no grupo de Powell pareciam achar que os índios os pegariam. Mas eu não acreditava nisso, porque durante dois anos eu havia ensinado a Dunn como evitar surpresas e não achava que os diabos vermelhos fossem atacar abertamente três homens armados. Mas desconfiava que eles não escapariam dos traiçoeiros diabos brancos que infestavam aquela parte do país. Pelo que ouvi dizer, tenho certeza de que foi isso o que aconteceu a eles".

Naturalmente, Sumner falava dos mórmons do sul do Utah. Ele sabia do massacre de Mountain Meadows e da insistente afirmação dos mórmons de que os índios sozinhos tinham sido responsáveis pelo assassinato dos emigrantes, apesar das muitas provas em contrário. Sumner ouviu os mórmons dizerem que os índios haviam matado seus amigos, e duvidou. Mais tarde ele relatou: "Alguns anos depois vi o relógio de prata que eu tinha entregado a Howland" durante uma briga de bêbados com homens brancos, um dos quais "tinha um relógio e se vangloriava da forma pela qual o conseguira [...] Essas provas não são conclusivas, mas tudo isso junto me faz ter certeza de que os índios não eram os principais responsáveis pelo assassinato, se é que tinham algo a ver com ele".

Um ano depois de terminar sua exploração do Grand Canyon e partir do Utah para Chicago, onde morava, o major Powell, hoje internacionalmente famoso, regressou à região a fim de fazer novas expedições ao rio Colorado e seus afluentes. Nesse intervalo, foi contactado pela família dos irmãos Howland, que lhe implorou para descobrir o que realmente acontecera a Oramel e Seneca. Para isso, Powell buscou o auxílio de Brigham Young, que designou Jacob Hamblin, seu principal agente no sul do Utah, como missionário extraordinário junto aos índios, para que servisse de guia a Powell.

Em 5 de setembro, Powell se reuniu em Parowan com Brigham, Hamblin e aproximadamente quarenta Santos locais, inclusive dois dos principais autores da carnificina em Mountain Meadows: William Dame e John D. Lee. O grupo inteiro acompanhou Powell até o posto avançado mórmon em Pipe Spring, onde Powell e Hamblin se despediram de Brigham e dos demais Santos e partiram para o sul, atravessando a Faixa do Arizona com uma escolta de índios Kaibab. Na tarde de 19 de setembro, a nordeste do monte Dellenbaugh, Hamblin organizou uma conferência entre Powell e os membros da tribo Shivwit que supostamente haviam matado os três homens.

Segundo o relato de Powell sobre essa reunião, o chefe dos Shivwit, servindo-se de Hamblin como tradutor, confessou livremente que haviam matado "três homens brancos". Outro membro da tribo explicou então (sem que Powell o ouvisse) que Dunn e os irmãos Howland haviam entrado cambaleantes na aldeia dos Shivwit,

> quase mortos de fome e exaustos. Receberam alimentos e foram postos a caminho das colônias. Pouco depois de partirem, um índio da região leste do Colorado chegou à aldeia e disse que alguns mineradores bêbados haviam matado uma mulher índia, e sem dúvida eram aqueles homens [...] Dessa forma ele os deixou bastante enraivecidos. Foram atrás deles, emboscaram-nos e os cobriram de flechadas.

Em outras palavras, os assassinatos haviam sido conseqüência de um terrível mal-entendido. Powell perdoou os Shivwits e não tentou se vingar.

Ao longo dos anos, algumas vozes persistiram em desautorizar essa versão da tragédia, especialmente as de Jack Sumner, amigo de Dunn, e de Otis "Dock" Marston, experiente guia do rio Colorado que dizia ter ouvido de um informante mórmon que "quem matou aqueles homens foram os mórmons". Mas as opiniões de Sumner, Marston e dos demais céticos foram desprezadas pela maioria dos historiadores e estudiosos, tanto mórmons quanto gentios, inclusive autoridades como Wallace Stegner. Mas em 1980 um antigo decano da faculdade de ciências da Universidade do Sul do Utah, um Santo dos Últimos Dias de nome Wesley P. Larsen, descobriu uma carta que havia sido guardada durante 97 anos em uma velha arca na aldeia de Toquerville. Datada de 17 de fevereiro de 1883, a carta dava a entender que Dunn e os Howland tinham sido assassinados em Toquerville — nada menos do que dentro da paróquia da LDS — por um dos Santos locais.

A carta era dirigida a John Steele — juiz e líder eclesiástico altamente respeitado, além de médico e sapateiro ilustre em Toquerville —, remetida por William Leany, que era amigo dele havia 37 anos. Leany sempre fora um Santo exemplar (anteriormente chegara a ser guarda-costas fiel de Brigham Young) até o explosivo e amargo verão de 1857, imediatamente antes do massacre de Mountain Meadows, quando cometera o imperdoável crime de fornecer alimento a um gentio, membro da caravana Fancher, quando esta passara por Parowan. O gentio era William Aden, artista do Tennesse de dezenove anos que uma semana depois seria morto a tiros ao tentar buscar ajuda para os emigrantes sitiados.

Aden era filho de um médico que anos antes havia salvado Leany das garras de uma multidão antimórmon que ameaçava matá-lo na cidade de Paris, no estado do Tennessee, onde Leany servia como missionário. Depois de escapar, Leany foi levado à residência dos Aden, onde conheceu o jovem William. Reconhecendo o garoto Aden quando o grupo de Fancher parou em Parowan para passar a noite, Leany convidou-o a ir a sua casa, deu-lhe comida e depois o mandou de volta, despachando-o com algumas cebolas de sua horta. Ao saber desse ato de traição, William Dame enviou à casa de Leany um capanga, o qual arrancou um poste da cerca da casa e bateu-lhe na cabeça com ele, fraturando-lhe o crânio e quase o matando.

Ao escrever em 1883 a longa e desconexa carta descoberta pelo professor Larsen, Leany tinha 68 anos. A correspondência ao juiz Steele foi aparentemente resultado de uma sugestão do juiz, que aconselhava que, antes de ir para o Além, Leany poderia querer se arrepender de alguns pecados de que os irmãos de Toquerville o acusavam. Leany retorquiu zangado, dizendo que "Deus é minha testemunha de que sou inocente de tudo o que me acusam e eles são culpados do que acuso contra eles e muito mais".

A carta revelou que Leany acusava os Santos seus irmãos de "roubo, prostituição, assassinato, suicídio e perversidades semelhantes". Além disso, recordava a Steele que "o senhor não ignora esse atos sangrentos desde o dia em que o poste de minha cerca foi partido em minha cabeça até o dia do assassinato daqueles três em nossa paróquia, e o assassino foi morto para evitar maior derramamento de sangue". Cinco parágrafos adiante, Leany faz outra menção à "morte dos três em uma sala de nossa paróquia".

Perplexo e intrigado com essas provocadoras referências a assassinatos, Wesley Larsen deduziu, a partir de registros históricos, que as mortes mencionadas por Leany teriam ocorrido em 1869. Depois disso, verificou que somente três homens haviam sido assassinados naquele ano no estado de Utah: William Dunn e os irmãos Howland. Mas por que os exemplares Santos de Toquerville iriam querer tirar as vidas de três exploradores perdidos?

Toquerville fora fundada em 1858, um ano depois do massacre de Mountain Meadows, e a maior parte das primeiras famílias que lá se estabeleceram era chefiada por homens que haviam participado da carnificina. Muitos desses mesmos homens estavam morando em Toquerville em 1869, quando Powell navegava descendo o Grand Canyon. No ano anterior ao da expedição de Powell, Ulysses S. Grant havia sido eleito presidente do país, e seu governo considerou prioritária a captura dos autores do massacre para levá-los à justiça. Além disso, ainda antes dessa nova busca, havia sido oferecida uma recompensa pela prisão de Isaac Haight, John Higbee e John D. Lee. Na época em que Dunn e os Howland resolveram abandonar a expedição de Powell e caminhar até as colônias dos mórmons, muitos dos principais cidadãos de Toquerville viviam em constante receio de serem presos.

O clima de paranóia que dominava a região alcançou seu auge no verão de 1869, graças a Brigham Young, que havia feito um giro pelo sul do Utah naquela ocasião, incitando o ódio contra os gentios. Advertindo que as tropas federais estavam prestes a novamente invadir Deseret, Brigham ordenou que sentinelas vigiassem pontos estratégicos ao longo do limite sul do território. Era essa atmosfera belicosa que aguardava Dunn e os Howland enquanto caminhavam para o norte em direção às colônias.

Larsen especula que, em algum lugar do planalto dos shivwits, eles teriam encontrado um ou mais dos fugitivos de Mountain Meadows, os quais presumiram que os homens de Powell fossem agentes federais ou caçadores de recompensas; a absurda afirmação de que eram inofensivos exploradores que haviam acabado de completar a primeira descida do Grand Canyon pelo rio — que todos em Utah sabiam ser instransponível — viria somente a confirmar suas intenções traiçoeiras aos olhos dos Santos. Assim (de acordo com essa versão) os mórmons levaram Dunn e os Howlands para Toquerville, onde foram julgados por um tribunal improvisado e sumariamente executados.

Poucos dias depois desse suposto linchamento, aconteceu que o major Powell apareceu em St. George, pedindo aos bons cidadãos das colônias do sul que procurassem seus homens desaparecidos, e então os Santos de Toquerville compreenderam que haviam cometido um grave equívoco. O erro se tornava ainda mais grave pelo fato de que Powell era amigo e admirador confesso dos mórmons, em marcado contraste com quase todos os demais agentes do governo dos gentios em Washington. Em pânico devido ao que tinham feito, os residentes de Toquerville mandaram um falso telegrama ao apóstolo Erastus Snow, culpando pelo crime os costumeiros bodes expiatórios: os índios. Cinco meses depois, esses mesmos Santos mataram o infeliz que havia se oferecido para realizar as execuções, resolvendo sacrificar o carrasco a fim de "evitar maior derramamento de sangue", como dizia a carta de Leany. Em seguida juraram nada revelar a ninguém sobre o abominável ato — assim como tinham feito logo depois da chacina de Mountain Meadows.

A teoria de Larsen é que essa última vítima, o presumido carrasco, tenha sido um mórmon chamado Eli N. Pace. "Pelo que sei, Pace tinha três esposas", diz o dr. Larsen; "uma delas era filha de John D. Lee. É possível que Pace tenha matado os homens de Powell por achar que eram caçadores de recompensas procurando seu sogro, cuja cabeça naquela época estava a prêmio por cinco mil dólares." Reforçando a conjetura de Larsen, existe o fato de que Eli

Pace morreu em 29 de janeiro de 1870, "em circunstâncias bastante misteriosas": um inquérito realizado por mórmons locais concluiu que ele havia cometido suicídio, mas a família discordou veementemente e exigiu outra investigação, mais rigorosa. O segundo inquérito, presidido pelo próprio Erastus Snow e revisto por um júri de três homens, entre eles Isaac Haight, confirmou a conclusão inicial — o que não surpreendeu a ninguém exceto os parentes próximos de Pace. O assunto foi considerado encerrado pela Igreja LDS e pelo poder judiciário local, que eram a mesma coisa.

A hipótese de Larsen de que Dunn e os irmãos Howland tenham sido mortos pelos mórmons, e não pelos Shivwits, tem sido refutada pela maioria dos historiadores, assim como as suposições anteriores de que os responsáveis não tenham sido os índios. A opinião da maioria se baseia quase completamente em relatos de Jacob Hamblin e do major John Wesley Powell que descrevem, com detalhes convincentes, a livre confissão dos shivwits de que assassinaram os homens de Powell. Mas é claro que essa confissão deve ser vista com muita restrição.

Hamblin tinha reputação de impecável integridade entre os Santos do sul do Utah, que o apelidaram de "Jake, o honesto". Os registros históricos, entretanto, mostram claramente que Hamblin não hesitava em "mentir pelo Senhor" quando julgava que isso promoveria os objetivos do Reino de Deus. Mas os registros indicam ainda que Hamblin estava disposto a mentir simplesmente para enriquecer. Vale a pena notar que John D. Lee também tinha posto apelidos em Hamblin: "Jake dos Dedos Sujos" e "o fanático do Inferno".

Em setembro de 1857, imediatamente após o massacre de Mountain Meadows, Hamblin organizou o ataque e saque da caravana de William Dukes, um dos primeiros grupos de emigrantes que passaram pelo sul do Utah depois da chacina. Apesar de haver pago a guias mórmons 1815 dólares para ser escoltado em segurança através da região, o grupo de Dukes foi atacado por um bando de paiutes, que deixaram os emigrantes escaparem para a Califórnia mas roubaram tudo o que tivesse algum valor, inclusive mais de trezentas cabeças de gado. Os emigrantes notaram, além disso, que muitos dos assaltantes índios tinham olhos azuis, cabelos encaracolados e porções de pele branca por trás das orelhas e nos cantos dos olhos. Na verdade, os ladrões haviam sido liderados por mórmons com os rostos pintados para parecer paiutes, segundo instruções de Jacob Hamblin (estratagema, aliás, idêntico ao empregado pelos Santos durante o massacre de Mountain Meadows e em numerosas outras ocasiões).

Algumas das reses roubadas foram dadas aos paiutes como pagamento pela ajuda no assalto, mas Hamblin guardou para si a maior parte do butim, afirmando estar tomando conta da grande e valiosa manada para os integrantes da caravana, até que pudessem regressar ao Utah e reaver seu gado. Mas, quando William Dukes resolveu pagar para ver o blefe de Hamblin e contratou uma pessoa de confiança para recuperar o gado roubado, Hamblin escondeu a maioria dos animais nas montanhas durante três semanas, até que o frustrado representante dos emigrantes finalmente desistiu e partiu de mãos vazias.

Embora Hamblin estivesse ausente de Mountain Meadows quando a caravana de Fancher foi atacada, e portanto não tivesse participado diretamente da chacina, mentiu descaradamente depois do fato, escondendo o que realmente sabia, a fim de proteger a Igreja LDS. Assim, quando Hamblin relatou que os Shivwits haviam confessado o assassinato dos homens do major Powell em 1869, não há motivos para confiar em sua palavra. Mas John Wesley Powell também estava presente quando os índios fizeram a confissão e confirmou a versão dos acontecimentos dada por Hamblin. Mas será que Powell entendia o que os Shivwits diziam? Ou estaria simplesmente repetindo como papagaio a tradução de Hamblin?

Em *A River Running West*, sua excelente biografia de Powell, Donald Worster — ilustre professor da Universidade de Kansas — especula que Powell conhecia suficientemente os dialetos númicos falados pelas tribos paiutes do sul para saber se Hamblin traduzia de maneira adequada. Se Hamblin forjou a confissão, argumenta Worster, teria feito isso "sem que Powell suspeitasse, e essa falsidade teria de ser parte de uma conspiração bem organizada e orientada por seus superiores. Nenhuma dessas hipóteses parece ser plausível".

Wesley Larsen diverge de Worster e da maioria que tem a mesma opinião, e isso não é de admirar. Mórmon devoto, Larsen não hesita em acreditar que uma intriga poderia ter sido parte de "uma conspiração bem organizada e orientada por seus superiores": há muitas dessas conspirações no território dos Santos em Utah. Além disso, Larsen assinala que "Powell sem dúvida não era fluente na língua dos paiutes. O dialeto shivwit era bastante diferente dos de outras tribos da região, que chegavam a ter dificuldade em entendê-los [...]

Powell somente teria compreendido o que Hamblin lhe traduzia, e naturalmente era por isso que precisava dele como intérprete".

E o expressivo relato de sua importante conferência com os Shivwits deve também ser encarado com boa dose de ceticismo. *Exploration of the Colorado River and Its Canyons* — livro de Powell que teve grande êxito e do qual esse relato foi retirado — é visto universalmente como um texto repleto de numerosos adornos e exageros, assim como omissões de acontecimentos relevantes. No livro, Powell chega a misturar acontecimentos ocorridos em três viagens diferentes ao território de Utah: a expedição original de 1869, a excursão de 1870 na qual se reuniu com os shivwits e uma extensa exploração do platô do Colorado feita entre 1871 e 1873. Para construir uma narrativa mais dramática, apresenta sem hesitar acontecimentos de 1872 como se tivessem ocorrido em 1870.*

Talvez a razão mais importante para se duvidar da versão aceita sobre o que aconteceu aos homens de Powell seja que ela simplesmente não faz sentido. Tanto os mormonis quanto os mericats costumavam vingar rapidamente as depredações dos índios, mas nunca ninguém procurou punir os Shivwits que supostamente assassinaram Dunn e os Howland e nem sequer foi feito qualquer esforço significativo para recuperar suas valiosas armas, seus instrumentos científicos ou documentos. Além disso, um telegrama enviado por um Santo anônimo em 7 de setembro de 1869 — o primeiro relato dos crimes — também afirmava que "dois dos she-bits que mataram os homens estão no acampamento indígena de Washington com duas das armas". O acampamento de Washington ficava a menos de dezesseis quilômetros de St. George, mas nenhum dos Santos jamais fez essa pequena viagem subindo a colina a fim de prender os culpados e nem mesmo perguntaram onde haviam sido deixados os corpos dos homens de Powell.

---

* Em seu fascinante livro *Colorado River Controversies*, o agrimensor, engenheiro e historiador amador Robert Brewster Stanton (1844-1922) escreveu: "Quando pela primeira vez tomei conhecimento do relatório do major Powell que narra essa primeira exploração, achei que era a história mais fascinante que já havia lido. Mesmo depois de haver feito o reconhecimento do terreno para a ferrovia e ter verificado que muitas de suas descrições das condições do cânion e do rio eram equivocadas, para dizer o mínimo, continuei a achar a história de suas aventuras belas e fascinantes como sempre [...] Com tudo isso em mente, entretanto, tive uma das grandes decepções de minha vida quando verifiquei, anos depois, [...] que uma grande parte do relato do grupo de exploração de 1869 foi retirada da experiência e das notas da expedição de 1871 e 1872". Em 1889, Stanton entrevistou Jack Sumner, que disse, "sem um laivo de amargura na voz [...], 'Há muita coisa naquele livro além da verdade', e se afastou".

Curiosamente, o telegrama não menciona quem o redigiu e nem de onde foi mandado; Larsen assinala que poderia muito bem ter tido origem em Toquerville, onde havia uma agência de telégrafo na mesma paróquia na qual se alega que ocorreram os assassinatos. "Parece estranho", acrescenta ele, "que, depois que o apóstolo Snow recebeu o telegrama, nenhum dos locais tentou trazer os índios à justiça. Nunca ouvi dizer que um índio tenha sido deixado em paz depois de haver cometido um ato desses, durante esse período da história do Utah."*

Também é difícil acreditar que três Shivwits pudessem ter sido capazes de surpreender e matar três experientes e bem armados montanhistas. A tribo shivwit não tinha armas de fogo de nenhuma espécie; seus membros eram conhecidos como um bando dócil e muito pobre de "coletores de sementes e comedores de insetos". Dunn e os irmãos Howland, por outro lado, tinham dois rifles e uma espingarda e estavam sempre em alerta contra uma emboscada após vários anos de contato com os índios. Antes de se juntar à expedição de Powell, William Dunn havia sido ferido quatro vezes por índios comanches e em conseqüência disso era bem prevenido contra novos ataques.

Embora não haja provas conclusivas de que os três homens que desapareceram da expedição de Powell tenham sido assassinados pelos habitantes de Toquerville, existem ainda menos indícios fidedignos de que os homens de Powell tenham sido crivados pelas setas dos Shivwits, como relatou Hamblin. É difícil portanto concordar com os — numerosos — especialistas que, sem mais delongas, afirmam que William Dunn, Oramel Howland e Seneca Howland foram mortos por índios — dada, sobretudo, a infeliz (e amplamente documentada) tendência dos mórmons de culpar os indígenas por crimes realmente cometidos por Santos dos Últimos Dias.

Quanto aos Shivwits, duas décadas após a reunião com Powell e Hamblin, os Santos os obrigaram a deixar sua vasta pátria ancestral na Faixa do Arizona porque o território era necessário para a pastagem do gado dos mórmons. Estes realocaram os Shivwits em uma minúscula reserva nos arredores de St. George, que mal e mal somava dez quilômetros de diâmetro.

---

* Três anos antes, por exemplo, dois colonos foram mortos por paiutes perto de Pipe Spring; oito dias após o ataque, um grupo de mórmons cavalgou desde St. George até a Faixa do Arizona e em retaliação executou sete paiutes, embora se soubesse que nenhum dos sete tinha participado do assassinato dos colonos.

* * *

Nos anos seguintes ao massacre de Mountain Meadows, a maior parte dos Santos culpados fugiu para colônias distantes no deserto a fim de escapar de perseguidores gentios — mas não John D. Lee, que havia se tornado o homem mais rico do sul de Utah e não estava disposto a abandonar o conforto de suas diversas casas e dezoito esposas. Em 1869, entretanto, depois que o presidente Ulysses S. Grant redobrou os esforços federais para capturar os culpados, Brigham Young se preocupou com a possibilidade de que Lee fosse preso e aconselhou ao filho adotivo que vendesse a propriedade e se escondesse.

Mas Lee desprezou o conselho e continuou em seu antigo território, preferindo simplesmente escapar para as colinas dos arredores quando agentes federais ou caçadores de recompensas se aproximavam. Durante a viagem com John Wesley Powell em setembro de 1870, Brigham finalmente ordenou que Lee se afastasse dos condados de Washington e Iron e se estabelecesse nas profundezas selvagens. Brigham temia que, se Lee fosse apanhado, revelasse segredos que poderiam comprometer a igreja inteira. Segundo a biografia de Lee feita por Juanita Brooks, o profeta lhe dissera durante a excursão Faixa do Arizona: "Junte suas mulheres e seus filhos, escolha algum vale fértil e mude-se para lá".

Demonstrando visível falta de entusiasmo por essa sugestão, Lee respondeu, meio desanimado: "Bem, se é seu desejo e conselho...".

"*É* realmente meu desejo e conselho", determinou Brigham, impaciente. Um mês mais tarde, por via das dúvidas, excluiu Lee da igreja e finalmente o exilou para a extremidade superior do Grand Canyon para que administrasse um serviço de travessia do rio Colorado. Lee batizou esse estabelecimento perdido com o nome de Vale da Solidão; hoje em dia é conhecido como Lee's Ferry. Em conseqüência dessa reviravolta em sua sorte, onze de suas esposas se divorciaram e somente duas das remanescentes permaneceram com ele nesse posto avançado esquecido que hoje tem seu nome.*

O fato de Lee e outros dos principais suspeitos da chacina terem se es-

---

* Hoje em dia, Lee's Ferry é o ponto de partida para a maioria das viagens de flutuação que descem o Grand Canyon. Em conseqüência, milhares de barqueiros passam pelo Vale da Solidão de John D. Lee a cada ano, mas poucos sabem algo a respeito do homem cujo nome está ligado ao histórico estabelecimento.

condido em lugares longínquos não impediu que as autoridades de Washington continuassem a promover a justiça; ao contrário, os agentes federais aumentaram a pressão, deixando claro que não descansariam enquanto os culpados não fossem punidos.

Em novembro de 1874, um agente dos Estados Unidos chamado William Stokes encurralou Lee na colônia de Panguitch, onde ele estava em visita a uma de suas esposas remanescentes. Stokes descobriu o fugitivo escondido num galinheiro debaixo de um monte de palha e o prendeu. Lee foi julgado em Beaver, Utah, oito meses mais tarde, mas o júri chegou a um impasse e não o considerou culpado. Para o povo norte-americano em geral, esse resultado foi o equivalente do século XIX ao veredicto dado a O. J. Simpson em 1995. Jornais de costa a costa expressaram raivosamente sua indignação, provocando um furacão antimórmon que não escapou a Brigham e seus conselheiros em Salt Lake City.

Conformado com o inevitável, Brigham adotou uma estratégia que foi tão brilhante quanto rude. Parou de afirmar que os índios eram responsáveis pelo massacre e resolveu pôr toda a culpa em Lee, oferecendo seu filho adotivo como bode expiatório.

Lee foi julgado pela segunda vez em 1876. Nessa ocasião, a Primeira Presidência da LDS escolheu os jurados, todos mórmons, a fim de assegurar que Lee, e somente Lee, fosse condenado. A principal testemunha da acusação foi Jacob Hamblin, que estava longe de Mountain Meadows por ocasião da chacina; seu depoimento convincente — ainda que perjuro — da selvageria de Lee selou o destino deste último. "As perguntas foram feitas tão cuidadosamente", escreveu Juanita Brooks, "e os advogados foram tão pacientes e delicados com a testemunha, que os pecados dos cinqüenta homens que estiveram presentes foram postos nos ombros de John D. Lee." Em 20 de setembro, após deliberar sobre os testemunhos e as provas que Brigham havia seletivamente proporcionado à promotoria, o júri de Brigham considerou Lee culpado de homicídio doloso, com agravantes.

O tribunal condenou Lee à morte, satisfazendo assim as exigências de justiça de parte dos gentios norte-americanos, ou pelo menos sua aparência. "Alguém tinha de ser sacrificado", confessou mais tarde um dos jurados, aludindo ao trecho do *Livro de Mórmon* no qual Nephi mata Labão (a mesma passagem que inspirou Dan Lafferty a matar): "É melhor que morra um homem do que toda uma nação descambe para a descrença".

Na prisão, aguardando ser executado, Lee utilizou o tempo que lhe restava para escrever a história de sua vida, publicada postumamente sob o título de *Mormonism Unveiled* e que se tornou um best-seller nacional. Na conclusão do livro, Lee escreveu:

> Em tudo o que fiz e que foi considerado crime, fui guiado pelas ordens dos líderes da Igreja de Jesus Cristo dos Santos dos Últimos Dias. Nunca desobedeci voluntariamente às ordens da Igreja desde que me filiei a ela em Far West, no Missouri, e até ser abandonado por Brigham Young e seus servos.

Na manhã de 23 de março de 1877, sob os olhos vigilantes dos guardas, Lee saltou de uma diligência, pisando o solo de argila arenosa de Mountain Meadows, na primeira vez em vinte anos em que regressava ao lugar do massacre. O condenado terminou de redigir seu testamento, sentou-se no caixão que em pouco tempo abrigaria seu cadáver e ouviu um funcionário recitar formalmente o texto da sentença de morte. Depois se levantou e dirigiu-se calmamente ao grupo de cerca de oitenta pessoas que haviam ido à planície para vê-lo morrer. "É preciso que haja uma vítima, e eu sou essa vítima", declarou Lee, com um misto de resignação e acusação. "Fui sacrificado de maneira covarde e vil."

Quando Lee terminou de falar, um oficial vendou-lhe os olhos. Lee sentou-se novamente na beira do caixão aberto, implorando ao pelotão de fuzilamento: "Atirem no meu coração! Não desfigurem meu corpo". No instante seguinte um estrondo ensurdecedor sacudiu a paz da manhã e cinco balas lhe penetraram no peito. John D. Lee caiu para trás dentro da caixa de madeira, com os pés ainda postos no solo da planície, enquanto o eco dos tiros de rifle reverberava nas colinas vizinhas.

20. Pela bandeira do Paraíso

> *Os defensores das liberdades civis sempre fizeram questão de enfatizar o sagrado dever dos Estados Unidos de assegurar no país uma tolerância religiosa sem precedentes. No entanto, quando confrontados com as realidades do pluralismo religioso — a multiplicação de seitas e o excessivo fervor em relação a dogmas e religiosos bizarros —, a reação deles tem sido de pouco entusiasmo.*
>
> R. Laurence Moore, *Religious Outsiders and the Making of Americans*

Em vida, John D. Lee foi famoso não apenas pelo papel que desempenhou no massacre de Mountain Meadows mas também por seus dons de curandeiro e oráculo. Curou muitos mórmons enfermos mediante a imposição das mãos. Numerosos Santos se maravilharam com a exatidão de suas profecias, principalmente com a de sua derradeira predição. Segundo registros da família, pouco antes de ser executado, Lee fez a seguinte profecia: "se eu for culpado do crime pelo qual fui condenado, morrerei e nunca mais se ouvirá falar de mim. Se não, Brigham Young morrerá dentro de um ano. Sim! dentro de seis meses".

Em 23 de agosto de 1877, exatamente cinco meses após a morte de Lee,

Brigham Young foi prostrado por uma febre, com espasmos gastrintestinais, diarréia e vômitos. Seis dias depois, o "Velho Chefe", como o chamava Lee, estava morto, muito provavelmente de apêndice supurado.

Brigham havia imaginado que, oferecendo Lee como sacrifício, aplacaria os poderosos gentios em Washington e obteria pelo menos algum alívio para os Santos, perseguidos pelos esbirros federais. Enganava-se redondamente. Desde 1877, quando Rutherford B. Hayes passou a ocupar o Salão Oval, e até o fim do mandato de Grover Cleveland, em 1897, os sucessivos presidentes norte-americanos aumentaram a pressão sobre a Igreja Mórmon para que abandonasse a poligamia e se submetesse às leis do país.

John Taylor, que sucedeu Brigham como presidente, profeta, vidente e revelador dos Santos, recusou-se a recuar um centímetro sequer em suas relações com o governo de Washington; na verdade, foi até mesmo menos complacente do que o Velho Chefe. Taylor tinha uma crença passional em Joseph Smith e sua doutrina desde a primeira vez em que o vira, quando Joseph lhe apertara a mão e Taylor sentira "uma corrente elétrica" subir-lhe pelo braço. Naquela tarde sombria em que Joseph foi atingido pelas balas na cadeia de Carthage, Taylor estivera ao lado do profeta e fora gravemente ferido. Crente dos mais fiéis, Taylor não pretendia comprometer os mais sagrados princípios do Reino de Deus a fim de aplacar os gentios opressores.

"Deus dominará esta nação", proclamou Taylor em 1879. "Haverá mais derramamento de sangue, mais prejuízos, mais devastação do que jamais foi visto [...] Não queremos ser obrigados a aceitar essa instituição da monogamia, que é um mal social."

Um ano mais tarde, Taylor se mostrava ainda mais recalcitrante e enraivecido. "Se as leis que eles aprovam são tirânicas, proibindo-nos o livre exercício de nossa religião, não podemos nos submeter", declarou ele em 4 de janeiro de 1880, durante uma assembléia dominical em Salt Lake City.

> Deus é maior do que os Estados Unidos, e, se o governo entrar em conflito com os céus, nós nos mobilizaremos pela bandeira do Paraíso e contra o governo. Os Estados Unidos dizem que não podemos nos casar com mais de uma mulher. Deus diz coisa diferente [...] A poligamia é uma instituição divina. Foi-nos dada diretamente por Deus. Os Estados Unidos não podem aboli-la. Nenhuma nação da Terra pode evitá-la, e nem todas as nações do mundo juntas; estes são meus

sentimentos, e todos os que estão de acordo comigo levantem as mãos. Desafio os Estados Unidos; eu obedecerei a Deus.

Todas as mãos no vasto salão da Assembléia imediatamente se ergueram para o céu. Taylor era um homem íntegro que dedicara totalmente sua vida à igreja. Entre os Santos, sua palavra tinha enorme força.

Em Washington, a retórica de Taylor não impressionou o presidente Hayes. Depois de visitar pessoalmente Salt Lake City, em 1880, Hayes instou o Congresso a aprovar leis que assegurassem que o "direito de voto, a elegibilidade para cargo público e a participação em júri no território de Utah sejam exclusivos daqueles que nem praticam e nem defendem a poligamia". Durante os quinze anos seguintes, o Congresso fez o que ele aconselhara, adotando uma legislação que tinha exatamente esse objetivo e que ia ainda além. Quando a lei Edmunds foi aprovada, em 1882, tornou-se possível processar os mórmons não apenas por poligamia — coisa difícil de provar —, mas também por "coabitação ilegal", de verificação muito mais fácil.

Dali em diante, os polígamos de Utah passaram a ser chamados pejorativamente de "cohabs", e enxames de agentes federais invadiram o Utah para executar a "caça aos cohabs" em praticamente todas as cidades do território. No final da década de 1880, cerca de mil Santos haviam sido presos, mas os mórmons não cediam. Ser preso por poligamia passou a ser motivo de orgulho.

Embora não revelassem aos irmãos suas preocupações, os líderes mórmons começavam a sentir a pressão. John Taylor despachou cada vez mais Santos não apenas para colônias distantes no deserto em todo o oeste norte-americano (tais como Lee's Ferry), como também para o México e Canadá, a fim de estabelecer santuários seguros sem temor de perseguições ou prisões. Colônias de cohabs floresceram em lugares como Cardston, no Canadá (na província de Alberta, ao norte da fronteira do estado de Montana), e no sopé da Sierra Madre ocidental, no México. Em seguida, em 1885, foi expedido um mandado de prisão contra Taylor, forçando o próprio profeta a se esconder. Um ano depois, ele zombou dos agentes federais casando-se com Josephine Rouche, sua décima sexta esposa. Na época, o noivo contava 78 anos de idade.

No entanto, quanto mais os Santos resistiam ao controle federal, mais Washington se mostrava decidido a subjugá-los. Em março de 1887, o Congresso aprovou a legislação mais severa contra os mórmons, a lei Edmunds-

Tucker. Quatro meses depois John Taylor morria, ainda na clandestinidade, e no dia seguinte os advogados federais iniciaram uma série de ações judiciais destinadas a levar a Igreja Mórmon à falência. Em 19 de maio de 1890 conseguiram seus objetivos: ao julgar alguns processos contra os Santos, o Supremo Tribunal federal permitiu ao governo confiscar propriedades da igreja.

A instituição mórmon cambaleava à beira do abismo. Com a morte de Taylor, em 1887, um apóstolo de 82 anos, chamado Wilford Woodruff, foi entronizado como quarto profeta mórmon. Ele reconheceu, com grande dor, que o Reino de Deus não tinha alternativa a não ser se render às exigências de Washington. Ao recolher-se na noite de 23 de setembro de 1890, relatou Woodruff, "conversei a noite toda com o Senhor sobre o que deveria ser feito nas circunstâncias atuais da igreja".

De manhã ele convocou cinco líderes mórmons de confiança e "com o espírito alquebrado" informou-os de que Deus lhe havia revelado a necessidade de abandonar "a prática do princípio em nome do qual os irmãos têm se disposto a sacrificar suas vidas". Para comoção e horror dos demais homens presentes, o presidente Woodruff explicou que "a vontade do Senhor" era que a igreja deixasse de sancionar a doutrina do casamento plural.

Em 6 de outubro de 1890, a grave revelação do presidente Woodruff foi formalizada em um breve documento que passou a ser conhecido como "Manifesto Woodruff", ou simplesmente "o Manifesto". Entre outras coisas, afirmava:

> Considerando as leis adotadas pelo Congresso, que proíbem os casamentos plurais, leis que foram consideradas constitucionais pelo tribunal de última instância, declaro por este meio minha intenção de submeter-me a essas leis e utilizar minha influência sobre os membros da Igreja que presido para que façam o mesmo [...]
>
> E aqui declaro publicamente que meu conselho aos Santos dos Últimos Dias é que se abstenham de contrair casamentos proibidos pelas leis do país.
>
> WILFORD WOODRUFF, Presidente da Igreja de Jesus Cristo dos Santos dos Últimos Dias

O impacto do Manifesto abalou as raízes do mormonismo, mas não acabou com a poligamia — simplesmente tornou-a clandestina. Durante as duas décadas seguintes, os membros da Primeira Presidência mórmon passaram a aconselhar os Santos, não em público, que a poligamia deveria continuar, embora de maneira discreta, e os altos dirigentes da igreja celebraram numerosos casamentos plurais. Quando essa manobra se tornou conhecida, seguiu-se uma onda nacional de indignação. Em outubro de 1910, o *Salt Lake Tribune* — que fora fundado como radical alternativa antimórmon ao *Deseret News*, de propriedade da igreja — publicou os nomes de cerca de duzentos Santos que haviam tomado esposas plurais após o Manifesto, inclusive seis membros do Quorum dos Doze Apóstolos.

A divulgação da fraude perpetrada pela liderança da igreja a respeito da poligamia fez com que não somente os gentios se sentissem ultrajados — diversos mórmons eminentes também se sentiram insultados, gerando um movimento no seio da igreja no sentido de fazer valer o Manifesto e erradicar completamente a poligamia. Por volta de 1920, a maioria dos Santos, inclusive seus líderes, havia se voltado contra a poligamia e estimulava os processos contra os cohabs.

No entanto, muitos Santos devotos estavam convencidos de que Wilford Woodruff cometera um terrível engano ao lançar o Manifesto e que aceitá-lo contrariava os mais sagrados princípios da religião. Esses polígamos empedernidos argumentavam que o Manifesto não revogara o artigo 132 do *Doutrina e mandamentos* — a revelação de 1843 a Joseph Smith sobre o casamento plural —, mas que simplesmente suspendera sua prática devido às circunstâncias adversas (e presumivelmente temporárias). Assinalavam que o artigo 132 era ainda parte aceita das escrituras mórmons (como, na verdade, permanece até hoje).

Esses fundamentalistas mórmons, como orgulhosamente se intitulam, inspiraram-se especialmente em uma revelação feita pelo Senhor em 26 de setembro de 1886 a seu falecido herói, John Taylor, enquanto este se escondia dos caçadores federais de cohabs.* Talvez a mais contenciosa revelação da história da Igreja Mórmon, ela surgiu em resposta a uma pergunta feita pelo presidente Taylor a Deus, indagando se sua revelação anterior feita a Joseph sobre

---

* Dan Lafferty se encontra entre os fundamentalistas modernos que ainda se inspiram no terceiro profeta mórmon. "A integridade de John Taylor me impressionou muito", diz Dan, "e provavelmente em certas ocasiões sua lembrança me fortaleceu em tempos de provação."

a doutrina sagrada do casamento plural deveria ser abandonada. A resposta divina foi clara e sem ambigüidade:

> Assim diz o Senhor: Todos os meus mandamentos devem ser seguidos por aqueles que se chamam pelo meu nome, a menos que sejam revogados por mim ou por minha autoridade [...] Não revoguei essa lei e nem a revogarei, porque é eterna, e os que quiserem ingressar em minha glória devem obedecer a suas condições. Amém.

No momento em que recebeu essa revelação, Taylor estava escondido na casa de um Santo chamado John W. Woolley. Durante a noite, o filho de Woolley, Lorin, notou uma luz estranha "que aparecia sob a porta que dava para o quarto do presidente Taylor, e espantei-me ouvindo vozes de pessoas vindas do quarto. Havia três vozes distintas". Às oito da manhã seguinte, quando Taylor emergiu do quarto, recorda Lorin, "mal podíamos olhá-lo devido ao resplendor que emanava de sua pessoa".

O jovem Woolley perguntou a Taylor com quem estivera ele falando no meio da noite. "Tive uma conversa muito agradável durante a noite com o irmão Joseph", respondeu alegremente o profeta, acrescentando que a terceira voz era a do próprio Jesus Cristo.

Taylor convocou imediatamente uma reunião de irmãos de confiança a fim de debater sua revelação. Além de Taylor, de John W. Woolley e de Lorin C. Woolley, outros dez estavam presentes, inclusive Samuel Bateman e seu filho Daniel R. Bateman.* Depois de informar o que Deus lhe havia revelado, Taylor fez com que todos os presentes "se comprometessem a defender o princípio do Casamento Celestial, ou Plural, e que consagrariam suas vidas, liberdade e propriedades a esse objetivo, e que pessoalmente sustentariam e apoiariam o princípio".

O profeta mórmon advertiu aos doze pasmados Santos que tinha diante de si: "Alguns de vós sereis desprezados e proscritos e sereis banidos da igreja por vossos irmãos devido à fidelidade e integridade para com esse princípio, e alguns de vós tereis de entregar vossas vidas devido a ele, mas ai daqueles que vos provocarem esses malefícios". Em seguida Taylor chamou cinco den-

---

* Samuel e Daniel Bateman eram, respectivamente, trisavô e bisavô de DeLoy Bateman.

tre os Santos reunidos, inclusive Samuel Bateman, John W. Woolley e Lorin C. Woolley, e deu-lhes autoridade não apenas para celebrar casamentos celestiais mas também para facultar outros a fazer o mesmo, zelando para que "não se passe um ano sem que nasçam crianças dentro do princípio do Casamento Plural".

Essa reunião histórica (cuja autenticidade tem sido ferozmente controvertida desde então pelas Autoridades Gerais da LDS) durou oito horas. Próximo ao término, Taylor profetizou que, "na época do sétimo presidente desta Igreja, ela será escravizada tanto no sentido secular quanto no espiritual, e nesse dia surgirá o Homem Forte e Poderoso de que fala o artigo 85 de *Doutrina e mandamentos*".

Assim foram espalhadas as sementes do fundamentalismo mórmon. Quatro anos depois, quando a Igreja LDS votou pelo apoio ao Manifesto e pelo fim da poligamia, a sociedade mórmon começou a dar os primeiros passos para se unir ao sentimento geral norte-americano — no início de maneira lenta e incerta; mais tarde, com surpreendente determinação. Os fundamentalistas, porém, recusaram-se a participar. Continuaram fiéis às doutrinas de Joseph Smith, em especial à do casamento plural. Juraram resolutamente respeitar o compromisso de John Taylor, qualquer que fosse o curso de ação tomado pelo resto dos mórmons ou pelo resto do mundo. Hoje em dia, os fundamentalistas do século XXI adotam o mesmo voto de seus antigos irmãos, e sua decisão não é menos firme.

O dia 27 de setembro de 1886 é uma data sagrada para os fundamentalistas mórmons — gente como Dan Lafferty, os habitantes de Colorado City e Brian David Mitchell (o raptor de Elizabeth Smart). Desde aquele dia, os polígamos convictos aguardam ansiosamente a chegada do "Homem Forte e Poderoso", o qual, tal como profetizou Joseph, "colocará em ordem a casa de Deus".

QUARTA PARTE

Revelação e ilusão são tentativas de resolver problemas. Os artistas e os cientistas compreendem que nenhuma solução jamais será cabal, mas que cada novo passo criativo indica o caminho em direção ao problema artístico ou científico seguinte. Em contraste, os que aceitam revelações religiosas e sistemas de ilusão tendem a considerá-los inabaláveis e permanentes [...]

A fé religiosa é uma resposta ao problema da vida [...]. A maior parte da humanidade deseja, ou necessita, algum sistema abrangente de crenças que garanta resposta aos mistérios da vida e não se sente necessariamente decepcionada ao perceber que seu sistema de crença, que seus membros proclamam como sendo "o verdadeiro", é incompatível com as crenças de outras pessoas. O que para alguns é fé, para outros é ilusão [...]

Em parte, uma crença será considerada ilusão ou não conforme a intensidade com que for defendida e em parte conforme o número de pessoas que a aceitem.

Anthony Storr, *Feet of Clay*

21. Evangeline

> *Minha mãe nasceu no mundo mórmon do início do século XXI em Utah — lugar que, em muitos aspectos, era profundamente diferente do resto dos Estados Unidos que o rodeava. Os mórmons havia muito possuíam uma forte e impressionante percepção de suas diferenças e de sua unidade: consideravam-se não apenas o povo moderno eleito por Deus, mas também um povo cuja fé e identidade tinham sido forjadas por uma história longa e sangrenta e pelo completo ostracismo. Eram um povo diferente — um povo com seus próprios mitos e objetivos e uma história de extraordinária violência.*
>
> Mikal Gilmore, *Tiro no coração*

Por mais de quinze anos — desde que Rulon Jeffs se tornou líder da Igreja Fundamentalista de Jesus Cristo dos Santos dos Últimos Dias —, os habitantes de Colorado City tiveram certeza de que ele era o "Homem Forte e Poderoso", o emissário ungido por Deus na Terra, um profeta a quem Deus concedera vida eterna. Mas tio Rulon ficou doente durante muito tempo, e no dia 8 de setembro de 2002 seu coração parou de bater e um médico atestou sua morte. Isso aconteceu há poucos dias; e agora, à medida que se dão conta de que seu líder morreu, os habitantes da cidade tentam desesperadamente reconciliar sua fé na imortalidade dele com o fato inescapável de seu falecimento. Hoje, numa tarde morna e sem nuvens de quinta-feira, mais de cinco mil pessoas — a maioria fundamentalistas devotos mas também alguns gentios e mórmons tradicionais — reuniram-se em Colorado City, vindo de lugares tão distantes quanto o Canadá e o México, a fim de prestar suas homenagens e enterrar tio Rulon.

Os homens e meninos saindo gravemente do culto fúnebre que acaba de se encerrar na sala de reuniões LeRoy Johnson envergam suas roupas domingueiras. As mulheres e meninas trajam vestidos longos em tons pastel de rosa, lavanda e azul ao estilo do século xix; os cabelos penteados para trás em tranças longas e castas erguem-se de suas frontes em imensas ondas, cuidadosamente arrumadas, que lembram grandes vagas marinhas. Acima da multidão enlutada, as escarpas da Montanha Canaã brilham ao sol oblíquo, recortadas contra o céu azul de outono.

Morto três meses antes de seu 93º aniversário, tio Rulon deixou, ao que se calcula, setenta e cinco inconsoláveis esposas e pelo menos outros tantos filhos. Não se sabe de que maneira os parentes próximos e o resto de seus seguidores conseguirão lidar com sua falta. Uma atmosfera de vaga ansiedade paira sobre a comunidade.

O mesmo tipo de apreensão tomou conta de Colorado City, quando o profeta que antecedeu tio Rulon — LeRoy Johnson, o amado tio Roy — pereceu com a idade de 98 anos. Também se imaginava que tio Roy viveria para sempre. Depois de sua morte, tio Rulon assumiu a liderança da seita, mas seu direito de envergar o manto de tio Roy foi furiosamente contestado por aqueles que preferiam um bispo preeminente chamado Marion Hammon. Os seguidores de Hammon — no total cerca de um terço da comunidade — desertaram em massa do rebanho, mudando-se para uma faixa do deserto pouco além da estrada, e fundaram sua própria igreja fundamentalista, que se tornou conhecida como Segunda Paróquia (a igreja original se chamava Primeira Paróquia). Cada uma das duas congregações acusava a outra de apostasia ímpia e lançava advertências calorosas sobre a perdição eterna que certamente seria o destino da outra. Hoje em dia as coisas permanecem mais ou menos no mesmo pé.

Agora, com a morte de tio Rulon, a Primeira Paróquia está ameaçada por novas dissensões, embora Warren Jeffs, de 46 anos, segundo filho da quarta esposa de Rulon, tenha rapidamente tratado de tomar as rédeas da igreja. Como a grave doença do pai vinha se arrastando fazia muitos anos, Warren já estava dirigindo a igreja e, para todos os efeitos, exercendo o posto de profeta. Warren é um homem alto e ossudo, com o pomo-de-adão saliente e voz tonitruante, cuja convicção da própria perfeição aos olhos de Deus chega a ser assustadora. No entanto, o povo de Colorado City nunca lhe devotou o mesmo tipo de afeição que tinha por tio Rulon, ou que tem o povo de Bountiful, em British Columbia, por tio Roy. Quase ninguém em ambas as cidades se refere a Warren Jeffs como "tio Warren".

"Meu pai, e especialmente o tio Roy, eram profetas entusiasmados e carinhosos que pregavam a poligamia pelos motivos corretos", diz um dos irmãos mais velhos do novo profeta. "Warren não tem amor pelo povo. Para exercer seu controle, inspira temor e apreensão. Meu irmão ensina que é preciso ser perfeito na obediência. É preciso ter esse espírito durante 24 horas por dia, sete dias por semana, senão seremos expulsos e iremos diretamente para o inferno. Warren é um fanático. Para ele, tudo é ou branco ou preto."

Muitos dos membros da Primeira Paróquia tinham a esperança de que um patriarca de 95 anos, muito admirado, de nome Fred Jessop — conhecido como tio Fred —, seria o sucessor de tio Rulon. Quando, em vez disso, Warren foi consagrado como profeta, houve muita especulação de que os seguidores de tio Fred se sentiriam decepcionados o suficiente para desertar da Primeira Paróquia e formar uma nova seita própria. Mas o irmão de Warren citado acima acredita que essa facção ainda espere algum tempo antes de decidir pela secessão, por achar que Warren não ocupará por muito tempo o assento do profeta: "Estão esperando. Acreditam que é apenas uma questão de tempo até que Deus retire de seu meio esse homem perverso, deixando intacta a Primeira Paróquia, chefiada por um deles. Estou de acordo com eles. Acho que Warren terá a derrota que merece. Não sei de que forma nem quando isso acontecerá, mas creio que ele terá uma morte prematura. Sinto isso dentro de mim".

Enquanto isso, Warren continua perfeitamente bem em companhia dos viventes e tomou medidas para consolidar seu poder. Em Bountiful, demitiu Winston Blackmore (a quem há muito ele detesta e de quem desconfia) de sua posição de liderança e ameaçou expulsá-lo da religião. Nomeou como novo bispo do ramo canadense da igreja um homem dócil chamado Jimmy Oler (meio-irmão de Debbie Palmer, que ateou fogo à casa para escapar de Bountiful), porém pelo menos a metade da comunidade de Bontiful permanece fiel a Blackmore. Se este resolver fundar uma seita própria independente, é provável que muitos dos fundamentalistas canadenses rompam seus laços com a igreja de Warren em Colorado City e sigam Blackmore.

Mas esse tipo de cisma não é fenômeno raro. Uma rápida olhada na história pregressa do fundamentalismo mórmon mostra que seus adeptos vêm se dividindo em seitas rivais desde que o primeiro grupo de polígamos obstinados se separou do ramo principal da Igreja Mórmon, um século atrás.

As raízes poligâmicas de Colorado City, antiga Short Creek, nos levam a John D. Lee e ao solitário posto avançado para onde Brigham Young o exilou após o massacre de Mountain Meadows. Lee's Ferry está situada em uma ampla curva do rio Colorado, logo abaixo da parte inferior das corredeiras do Cânion Glen e acima de onde o turbulento rio se lança às profundezas do Grand Canyon. No século XIX, essa parte do deserto era de grande importância estratégica para o Reino de Deseret, por ser o único lugar, ao longo de vários quilômetros, onde era possível atravessar a torrente. Os Santos que viajavam entre o Utah e as colônias mórmons do Arizona e do México, assim como ocasionais mineradores gentios, utilizavam os serviços de Lee para cruzar o rio em sua pequena chata de madeira. Antes de ser preso e executado, Lee vivia com a pequena renda proporcionada por esse serviço de transporte.

Quando ele foi capturado e levado à prisão em 1874, a Igreja LDS recrutou um Santo chamado Warren M. Johnson para que se transferisse com as duas esposas e os filhos à margem norte do rio Colorado, a fim de auxiliar Emma, mulher de Lee, a manter a importante ligação. Em 12 de junho de 1888, uma das mulheres de Johnson deu à luz um menino em Lee's Ferry. O bebê recebeu o nome de LeRoy Sunderland Johnson, mas, em anos posteriores, ao se tornar o profeta da igreja fundamentalista, todos passaram a chamá-lo de tio Roy.

Depois do Manifesto, a remota localização de Lee's Ferry se tornara especialmente atraente aos polígamos, e o lugar passou a ser refúgio de cohabs, assim como aconteceu a outra colônia isolada na Faixa do Arizona, chamada Short Creek, fundada em 1911. Nas primeiras décadas do século XX, os habitantes polígamos de Short Creek e Lee's Ferry haviam estabelecido estreitos laços, e entre eles estavam Warren Johnson e seus descendentes. Em 1928, quando a melhoria das vias de acesso trouxe crescentes ondas de forasteiros a Lee's Ferry, alguns dos membros do clã Johnson, inclusive LeRoy, levantaram acampamento e mudaram-se para Short Creek, que ficava mais distante dos caminhos costumeiros e portanto era menos suscetível de atrair a atenção dos caçadores de cohabs.

Por volta da metade da década de 1930, o movimento fundamentalista estava sendo liderado por um ferrenho polígamo chamado John Y. Barlow. Embora morasse na região norte do Utah, ao saber que Short Creek tinha se tornado um ímã para as famílias dedicadas à Obra, Barlow passou a cultivar um relacionamento estreito com a comunidade em geral e com LeRoy Johnson em particular. Em 1940, Barlow transportou algumas de suas próprias famílias a Short Creek e mais tarde uma de suas filhas se casou com Johnson. DeLoy Bateman era neto de John Y. Barlow. Outro dos descendentes de Barlow, Dan Barlow, é hoje prefeito de Colorado City.

Nas paredes das casas dos residentes atuais de Colorado City e Bountiful é comum verem-se retratos de oito líderes eclesiásticos. Esses retratos, geralmente arrumados em uma montagem grande e emoldurados com capricho, mostram os astros mais proeminentes na constelação do fundamentalismo mórmon: Joseph Smith, Brigham Young, John Taylor, John W. Woolley, Lorin C. Woolley, John Y. Barlow, LeRoy Johnson e Rulon Jeffs. Os fundamentalistas acreditam que as chamadas "chaves da autoridade sacerdotal" — o poder outorgado pela divindade para liderar os virtuosos — foram entregues sucessivamente a cada um desses profetas, a começar por Joseph e prosseguindo até tio Rulon (e agora, com a morte de Rulon, até Warren Jeffs). Pelo menos é assim que o povo de Colorado City e de Bountiful vê as coisas. Outras comunidades fundamentalistas, entretanto, veneram um panteão de profetas ligeiramente diferente.

Depois da morte de John Y. Barlow, em 1949, a liderança fundamentalista passou para um respeitado acólito chamado Joseph Musser, que logo em seguida sofreu uma série de derrames incapacitantes, gerando o primeiro grande cisma do movimento. Ao ficar doente, Musser foi tratado por um curandeiro naturista simplório e gregário, polígamo também, de nome Rulon Allred, de quem se tornou completamente dependente. Em 1951, já gravemente enfermo, Musser designou Allred como seu "segundo ancião" — seu presumível herdeiro —, sobrepujando as vigorosas objeções daqueles que acreditavam que seu sucessor como profeta deveria ser LeRoy Johnson, tal como havia estabelecido John Y. Barlow antes de morrer.

O ódio entre os adeptos de tio Roy e o grupo de Allred era tão arraigado que o movimento fundamentalista se dividiu em duas seitas rivais. Após a morte de Musser, em 1954, tio Roy assumiu a liderança do ramo mais numeroso, que permaneceu em Short Creek e passou a se chamar Igreja Fundamentalista de Jesus Cristo dos Santos dos Últimos Dias, ou simplesmente Plano do Esforço Unido (UEP). Allred se tornou profeta do outro ramo, chamado Irmãos Apostólicos Unidos, instalado a 450 quilômetros ao norte do vale do Lago Salgado.*

Após o cisma, os habitantes de Short Creek tiveram muito pouca ligação com seus correspondentes do grupo de Allred. Tomando cuidado para não serem notados pela cultura dos gentios, tio Roy e seus seguidores raramente despertaram a atenção do mundo além de Short Creek. Os Irmãos Apostólicos Unidos tiveram menos sorte. Na tarde de 10 de maio de 1977, Rulon Allred estava tratando de clientes em seu consultório em Murray, subúrbio de Salt Lake City, quando duas mulheres jovens entraram, mataram-no com um tiro e saíram calmamente.

As assassinas de Allred, ao que se descobriu, faziam parte de outra seita fundamentalista, conhecida como clã LeBaron. Fundada por um homem chamado Dayer LeBaron, oriundo de uma das colônias mórmons do México, a seita mantivera anteriormente relações distantes com o grupo de Allred. Depois que Rulon Allred foi condenado por poligamia no Utah em 1947 e desrespeitara o livramento condicional, os LeBaron o albergaram no México durante certo tempo.

Dayer LeBaron tinha sete filhos. Três dos irmãos vieram a afirmar, em diversas ocasiões, ser o "Homem Forte e Poderoso"; cada qual se considerava um profeta ungido por Deus, comparável a Moisés, que traria de volta a Igreja Mórmon a seu rumo correto, abandonado depois do Manifesto de 1890.

---

* O pai de Rulon Allred, o também polígamo Byron C. Allred, mórmon eminente e ex-presidente da Assembléia Legislativa do estado de Idaho, fugira dos caçadores de cohabs e se mudara para o México, onde em 1906 nasceu Rulon. Alex Joseph e John Bryant — líderes de comunidades poligâmicas independentes visitadas por Dan e Ron Lafferty no verão de 1984, pouco antes de assassinarem Brenda e Erica Lafferty — foram apresentados ao fundamentalismo mórmon por Rulon Allred. Com efeito, tanto Joseph como John Bryant eram dedicados adeptos de Allred antes de romper com ele e seguir seu próprio caminho.

O mais velho dos irmãos, Benjamin, gostava de urrar a plenos pulmões, em público, a fim de provar que era ele o "Leão de Israel". Em um incidente lendário ocorrido no início da década de 1950, ele se deitou de barriga para baixo no meio de um movimentado cruzamento de ruas em Salt Lake City, interrompendo o tráfego, e fez duzentas flexões. Quando finalmente a polícia o convenceu a se levantar, ele fez questão de dizer, orgulhosamente: "Ninguém consegue fazer o mesmo. Isso prova que sou o 'Homem Forte e Poderoso'". Não muito depois, Ben foi internado no Hospital de Doenças Mentais de Utah.

Na década de 1960, quando Ben estava internado no hospital psiquiátrico, dois outros irmãos LeBaron surgiram como guias do grupo: Joel, tranqüilo e simpático, e o nervoso Ervil, que pesava mais de 120 quilos, tinha um metro e noventa de altura e sabia ser rancoroso. Figura ousada, virava a cabeça de muitas mulheres sensatas. Uma irmã deles, Alma, diz que Ervil "costumava sonhar em ter 25 ou trinta mulheres para que multiplicasse sua descendência e povoasse a Terra [...] Queria ser um grande homem, como Brigham Young".

Ervil também sonhava ser escritor de sucesso e autor de roteiros para o cinema. Segundo Rena Chynoweth — que se tornaria sua décima terceira esposa em 1975 e que dois anos depois puxaria o gatilho da arma que matou Rulon Allred* —, Ervil escrevia textos religiosos de maneira obsessiva, em verdadeiras maratonas que duravam às vezes uma semana ou mais. "Ele trabalhava durante dias, sem fazer a barba nem tomar banho, durante vinte horas por dia", recordou ela, sustentando-se "com sucessivas xícaras de café. Quando ele suava, era possível sentir o odor de café saindo de seus poros."

Tanto Ervil quanto Joel eram dotados de excepcional carisma, e ambos afirmavam ser o "Homem Forte e Poderoso". Talvez fosse inevitável, portanto, que acabassem entrando em conflito.

A ruptura final começou em novembro de 1969, quando Joel, mais velho e profeta-presidente nominal, expulsou Ervil da seita por insubordinação. Pouco depois Ervil teve uma revelação na qual Deus explicou que Joel — a

---

* Chynoweth fez de tudo para ocultar sua participação no assassinato de Allred. Embora acusada do crime em 1978, mentiu sob juramento no tribunal e se safou. Doze anos mais tarde escreveu um relato vívido e revelador sobre os LeBaron, intitulado *The Blood Covenant* (de onde foram retiradas essas citações), no qual admitiu sua culpa. Quando o livro foi publicado, em 1990, os sobreviventes da família de Allred processaram civilmente Chinoweth e conseguiram uma indenização no valor de 52 milhões de dólares.

quem todos consideravam extraordinariamente benévolo e cujos seguidores costumavam descrever como "santo" — havia se tornado um obstáculo a Sua obra e precisava ser removido. Em 20 de agosto de 1972, na colônia poligâmica de Los Molinos, que Joel fundara oito anos antes da península da Baixa Califórnia, um membro do grupo leal a Ervil o matou com um tiro na garganta e outro na cabeça.*

Depois de ordenar a morte de Joel, Ervil iniciou uma série de assassinatos por inspiração divina, que resultaram na morte de pelo menos mais cinco pessoas até o ano de 1975 e em ferimentos infligidos a mais de quinze outras. Em março de 1976 foi preso por esses crimes e detido em uma cadeia mexicana, mas seus seguidores continuaram a cumprir suas instruções. Operando a partir de uma caixa postal no sul da Califórnia, distribuíam panfletos denunciando a cobrança de impostos, o sistema de seguridade social, o controle de armas de fogo e grupos poligâmicos rivais. Quando Jimmy Carter concorreu à Presidência dos Estados Unidos em 1976, os subordinados de Ervil chegaram a emitir um decreto que ameaçava de morte o candidato, devido a suas opiniões liberais.

Menos de um ano depois de encarcerado, Ervil saiu da cadeia. A explicação oficial foi "falta de provas", embora todos acreditem mais em suborno. Poucos meses depois de ter sido solto, mandou matar uma filha desobediente e logo em seguida organizou o assassinato de Rulon Allred, cujos seguidores ele ambicionava converter para seu grupo, a Igreja do Cordeiro de Deus.

Ervil conseguiu manter-se fora das grades até 1979, quando finalmente foi preso no México. Foi extraditado para os Estados Unidos e condenado à prisão perpétua na Penitenciária Estadual do Utah em Point of the Mountain, na mesma ala de segurança máxima que hoje abriga Dan Lafferty. Por volta de 1981, quando compreendeu que suas possibilidades de sair da prisão eram nulas, Ervil se tornou cada vez mais agitado e irracional. Segundo Rena Chynoweth, "começou a ter revelações de um milagre que o libertaria. Tinha visões da ira de Deus derrubando os muros da prisão como as muralhas da antiga Jericó, pois as autoridades seculares pagãs haviam ousado encarcerar o Profeta e Revelador eleito por Deus".

---

* Foi também em Los Molinos que, em 1968, Linda Kunz, de treze anos, se casou com Tom Green, de 37, o polígamo condenado em 2001 depois de haver se vangloriado de seu estilo de vida no programa *Dateline*, da rede de televisão NBC.

Em agosto de 1981, Ervil LeBaron, aos 56 anos, foi encontrado morto em sua cela, aparentemente vitimado por um ataque cardíaco. Antes de morrer, entretanto, havia preparado um confuso manuscrito de quatrocentas páginas, que destilava veneno em todas as linhas, intitulado *Livro dos novos mandamentos*. O texto consistia primordialmente em uma lista de todos os indivíduos que na opinião dele lhe haviam sido desleais e que por isso mereciam morrer. Esse catálogo de ódio era acompanhado por severas e pouco coerentes descrições da exata natureza de cada traição. Essencialmente, tratava-se de uma lista de vítimas potenciais, levada ao extremo. Foram publicados cerca de vinte exemplares; a maioria acabou nas mãos dos mais devotos seguidores de Ervil.

Esse fervorosos Cordeiros de Deus, como se intitulavam, eram em grande parte recrutados entre os cinqüenta e quatro filhos de Ervil — prole que permaneceu fanaticamente devotada ao pai até muito depois de sua morte. Liderados por um filho de nome Aaron LeBaron, que tinha apenas treze anos quando Ervil morreu, essa quadrilha de rapazes, moças e jovens adultos — cuja maioria havia sido objeto de abusos físicos e/ou sexuais por membros mais velhos da seita e depois abandonados — resolveu vingar a morte de Ervil derramando sistematicamente o sangue das pessoas da lista do *Livro dos novos mandamentos*. Um promotor que trabalhou no caso se referia a esse grupo de jovens órfãos como a geração "O Senhor das Moscas" do clã LeBaron.

Dois homens cujos nomes constavam da lista de eliminações foram assassinados em 1987. Depois, em 27 de junho de 1988, 144º aniversário do martírio de Joseph Smith, três outros, junto com a filha de oito anos de um deles, foram emboscados e mortos a tiros. Esses últimos quatro homicídios, que ocorreram com cinco minutos de intervalo em pontos diferentes do estado do Texas, a centenas de milhas de distância um do outro, foram planejados para ser executados quase exatamente na mesma hora em que Joseph recebeu os tiros fatais na cadeia de Carthage. Dali em diante, os Cordeiros de Deus passaram a se vangloriar de haverem sido responsáveis por um total de dezessete mortes e explicavam que os crimes eram justificados aos olhos do Senhor porque as vítimas haviam sido mortas em atos de expiação pelo sangue.

Em 1993, dois filhos e uma das filhas de Ervil foram condenados à prisão perpétua pelo envolvimento em alguns desses crimes. Dois anos mais tarde, Aaron LeBaron, o cérebro da gangue, foi preso no México, extraditado para o Utah e condenado em 1997 a quarenta e cinco anos de prisão. Continua desconhecido o paradeiro de diversos outros filhos de Ervil LeBaron, que desempenharam papéis menos relevantes nos assassinatos.

A presença dos mórmons no México, que ainda hoje em dia é bem considerável, remonta a 1886, quando um grupo de Santos polígamos comprou vinte mil hectares de terras ao longo do rio Piedras Verdes, a sudoeste de El Paso, no Texas, para escapar dos caçadores de cohabs que palmilhavam o Utah. Quando os primeiros LeBaron se mudaram para o México, em 1902, já havia três mil e quinhentos mórmons residindo nas vizinhanças desse povoado no sopé da Sierra Madre ocidental, denominado Colonia Juárez.

Em 1944, Dayer LeBaron, pai de Joel e de Ervil, recebeu uma revelação na qual Deus o mandava comprar uma área de deserto coberta de algarobas a cerca de cinqüenta quilômetros de Colonia Juárez. Ele desbravou a terra, plantou feijão e batizou a propriedade de Colonia LeBaron. Ela logo se tornou a base das operações para a expansão de sua seita fundamentalista.

Em 1958, uma bela adolescente chamada Lavina Stubbs mudou-se para Colonia LeBaron, após passar os primeiros quinze anos de sua vida em Short Creek. A família Stubbs era (e ainda é) uma das mais prestigiosas de Short Creek/Colorado City, mas o pai de Lavina tivera um desentendimento com tio Roy, convertera-se ao grupo de LeBaron e levara seus rebentos para o México. Um ano mais tarde, com a tenra idade de dezesseis anos, havendo sido notada pelo profeta Joel LeBaron, Lavina tornou-se uma de suas esposas plurais.

"Fiquei casada com Joel durante catorze anos de muita alegria", diz Lavina. "Ele era um homem absolutamente virtuoso, um dos maiores que já viveram." Antes de partir de Short Creek, a mãe de Lavina queria que ela se casasse com o pai de DeLoy Bateman, mas o profeta determinou que fosse ser esposa plural de outra pessoa, a quem ela desprezava. "Quase fui obrigada a me casar com um homem que eu não suportava", recorda ela. "Escapei por um triz. Foi um milagre meu pai ter nos levado dali naquela hora, e Deus permitiu que em vez disso eu me casasse com Joel."

Mas em 1972 Joel foi morto a tiros por ordem de Ervil, e a vida de Lavina enveredou por caminhos difíceis, dos quais ainda não saiu. Ela atribui sua maior decepção sentimental a um certo Kenyon Blackmore, primo-irmão de Winston Blackmore, antigo líder da comunidade poligâmica de Bountiful, British Columbia. Em 1983, Kenyon Blackmore se casou com Gwendolyn, de 22 anos, filha de Joel e Lavina LeBaron. O casamento não apenas despertou o que havia de pior nos dois membros do casal como também trouxe sofrimento para quase todas as pessoas ligadas a eles.

Entre essas almas infelizes está uma mulher canadense de nome Annie Vandeveer Blackmore. Quando Kenyon Blackmore se casou com a jovem Gwendolyn LeBaron, já estava casado com Annie. Naquele ponto, na verdade, Annie e ele já estavam juntos fazia 24 anos de casados, mas ele não se deu ao trabalho de informá-la de que havia tomado uma segunda esposa.

"Está vendo aquela foto na parede?", pergunta Annie com um sorriso amargo, apontando para a capa emoldurada de um exemplar da edição de 29 de setembro de 1956 da revista canadense *Weekend Magazine*, que mostra um par de belas jovens vestidas de *cowgirls* e montadas em magníficos cavalos. "Foi assim que conheci Ken. As duas jovens são Annie e sua irmã gêmea, fotografadas na fazenda da família nos arredores de Winnipeg, província de Manitoba. Ao ver a capa da revista, Kenyon Blackmore — de uma família de conhecidos polígamos no oeste do Canadá —, que tinha então vinte anos e era entusiasta de cavalos, resolveu ali mesmo que se casaria com pelo menos uma das duas lindas gêmeas.

"Ao ler o artigo", conta Annie, "ele começou a nos escrever cartas e nos tornamos correspondentes. Ele ia partir para uma missão na África do Sul e, ao voltar, dois anos depois, veio a Winnipeg para nos conhecer. Após seis meses, em dezembro de 1959, eu e Ken nos casamos." Exatamente nove meses depois, Annie deu à luz uma menina, Lena, a primeira dos sete filhos que daria a Kenyon, e a família se mudou para Provo a fim de que ele fosse estudar na Universidade Brigham Young.

Em 1966, Kenyon assumiu um emprego de professor em Bountiful. Ali, ao que diz Annie, "ele começou a querer esposas plurais. Antes de nos casarmos, ele havia falado de seus parentes polígamos, mas isso para mim nada significava na época. Eu só me converti ao mormonismo depois que conheci Ken. Não sabia quase nada a respeito da poligamia. Eu era apenas uma filha de fazendeiro, uma moça do interior de Manitoba".

Annie tentou encarar o assunto com naturalidade. "Fui educada para ser uma pacificadora", diz ela. "Durante toda a vida procurei agradar a ele, fazer tudo o que ele queria. Mas não conseguia aceitar o casamento plural." Mas a recusa de Annie em dar seu consentimento não deteve Kenyon. Aberta e diretamente, ele começou a cortejar uma jovem especialmente atraente, desejada por muitos homens em Bountiful: Alaire, filha adotiva do tio de Kenyon, Ray Blackmore, que era o bispo-presidente da comunidade. Os avanços amorosos de Kenyon — que não haviam sido sancionados nem pelo bispo de Bountiful e nem pelo profeta de Colorado City — enraiveceram Ray, que mandou seus filhos expulsarem Kenyon da cidade; depois disso, Alaire se casou com Ray, seu próprio pai.*

Durante uma década e meia depois, Kenyon morou em vários lugares da América do Norte com sua crescente família, trabalhando como peão de fazenda e carpinteiro ou fabricando artefatos de couro, jamais se detendo em lugar nenhum por mais de um ou dois anos. Annie diz que aos poucos compreendeu que "as crianças e eu não tínhamos grande importância para ele. Ken fazia o que queria, com quem queria, quando queria. Às vezes ficava fora de casa durante semanas e nem telefonava e nem me dizia onde andava".

A filha mais velha de Annie e Kenyon, Lena, que hoje tem 42 anos, confirma que ele não era bom pai. "Papai é um egoísta filho-da-puta", diz ela asperamente, "mas só aos trinta anos foi que eu vi quem ele realmente era. É um homem muito mesquinho, que só pensa em si mesmo." Kenyon abusava fisicamente de todos os filhos, mas era especialmente cruel com Lena. Quando ela tinha onze anos, ele a espancou brutalmente com uma correia de trator, "sem que eu soubesse o motivo", recorda Lena. "Estávamos morando em Las Cruces [Novo México]. Ainda tenho as cicatrizes nas minhas pernas."

No início dos anos 80, a sorte de Kenyon pareceu melhorar. Mudou-se com a família para a devota comunidade de Salem, no condado de Utah, onde estabeleceu uma sociedade comercial com um mórmon simpático chamado Bernard Brady. Kenyon converteu Brady ao fundamentalismo e os dois começaram a especular com ações, e como atividade paralela investiram na lendária Mina do Sonho, que domina a encosta da montanha acima de Salem. Em pouco tempo, milhões de dólares fluíam para a conta da firma de Blackmore e Brady. Cada um deles comprou uma casa luxuosa abaixo da Mina do Sonho. A vida ficou bem melhor.

* Quatro anos depois que Ray Blackmore se casou com a filha adotiva Alaire, tomou Debbie Palmer (a mulher que incendiou a própria casa em Bountiful) como mais uma esposa plural.

Nesse período, Kenyon fazia freqüentes viagens de negócios, cruzando o Noroeste dos Estados Unidos em busca de investidores. Numa dessas viagens, em 1983, ele foi ao México e, em segredo, casou-se com Gwendolyn Stubbs LeBaron, a graciosa filha de Lavina Stubbs e do falecido Joel LeBaron.

Por volta dessa época, Kenyon apresentou Brady a um velho amigo seu vindo do Canadá, o profeta Onias, que Kenyon conhecera quando era professor de escola primária em Bountiful, dezessete anos antes. Onias, que acabava de se mudar para o condado de Utah a fim de construir sua Cidade de Refúgio abaixo da Mina do Sonho, estava preparando o lançamento da Escola de Profetas e convidou Brady a se inscrever. Lisonjeado e grato, Brady pagou o favor recrutando para a escola cinco irmãos de uma família "extraordinária" do condado de Utah: Tim, Watson, Mark, Dan e Ron Lafferty. Não muito depois, a breve aventura de Kenyon com a sorte nos negócios teve um fim súbito.

Brenda e Erica Lafferty foram assassinadas em American Fork em 24 de julho de 1984, e a polícia imediatamente considerou Kenyon Blackmore e Bernard Brady os principais suspeitos, assim como quaisquer pessoas ligadas, ainda que remotamente, à Escola dos Profetas. Mas os homens da lei na verdade já conheciam Brady e Blackmore desde muito antes dos crimes: em 1983, um júri federal indiciara Blackmore, Brady e dezenove outros sócios por diversos crimes de fraude, acusando-os de desviar mais de 32 milhões de dólares de três mil e oitocentos investidores — fraude descrita como "um clássico esquema Ponzi"* pelo promotor federal que se ocupou do caso.**

---

* Alusão à clássica trapaça de Charles Ponzi, que em 1920 lesou milhares de pessoas num golpe de quinze milhões de dólares.
** Utah foi chamado de "a capital mundial das fraudes" pelo *Wall Street Journal*, e em nenhum lugar do estado há mais crimes de colarinho branco do que no condado de Utah. Segundo o agente do FBI Jim Malpede, essa instituição investiga esquemas fraudulentos que totalizam entre cinqüenta e cem milhões de dólares, perpetrados por artistas da desonestidade, como Kenyon Blackmore, residentes no condado. A incidência inusitadamente elevada de fraudes é conseqüência direta da alta percentagem de mórmons que habitam o condado. Quando os Santos são convidados por outros Santos a investir em esquemas duvidosos, tendem a ser exageradamente confiantes. Michael Hines, diretor de investigações da Divisão de Títulos do Utah, disse ao *Deseret News* que no condado de Utah é comum os vigaristas enganarem suas vítimas sugerindo que avaliem mediante preces o investimento proposto. "As pessoas deviam saber", adverte Hines, "que Deus não é um bom conselheiro financeiro."

Entre os prejudicados estava a nova sogra de Blackmore, Lavina Stubbs LeBaron, mãe de Gwendolyn. "Perdi muito dinheiro naquele programa financeiro idiota de Kenyon", recorda Lavina. "Vendi minha casa e tudo o mais, e dei o dinheiro a ele. Desapareceu até o último centavo." Surpreendentemente, ela não culpa Kenyon Blackmore por deixá-la sem um tostão. Segundo Lavina, "a intenção dele era boa. Ele estava querendo ajudar a todos nós, mas os investimentos não deram certo, ou alguma coisa assim. Não fiquei com raiva de Ken, não por causa disso. Só depois que ele levou minha filha e todos os meus netos para a América Central e fez aquelas coisas horríveis com eles."

O sócio de Kenyon nos crimes, Bernard Brady, foi preso e julgado e acabou passando seis anos numa penitenciária federal. Mas, ao saber das acusações, Blackmore preferiu fugir e se esconder em vez de se entregar à polícia. Foi diretamente para o México, onde Gwendolyn e Lavina o esperavam para abrigá-lo em Colonia LeBaron.

A essa altura, Annie Blackmore, a primeira esposa de Kenyon, nada sabia da existência de Gwendolyn, a segunda mulher. "Deus havia ordenado a Ken que não me falasse dela", diz Annie, com amargura. "Só fiquei sabendo que ele tinha se casado com ela porque fui ao México para tentar convencê-lo a voltar ao Utah." A experiência foi extremamente humilhante para Annie. Ela não apenas descobriu que seu marido tinha uma nova mulher da idade da filha mais velha de ambos, mas também que ela acabara de dar à luz uma filha com Kenyon. Nascida em Colonia LeBaron exatamente três dias antes que Dan Lafferty degolasse Brenda e Erica Lafferty, a menina recebera o nome de Evangeline.

Sem conseguir convencer Kenyon a regressar ao Utah com ela, Annie voltou sozinha, completamente abalada. Mas não conseguiu renunciar a ele. "Eu estava comprometida com meu casamento", diz ela. "Não sou pessoa de desistir." Assim, em janeiro de 1985 ela foi novamente ao México e outra vez pediu a Kenyon que voltasse para casa. Dessa vez, ele concordou.

Entretanto, logo que cruzou a fronteira, chegando a El Paso, no Texas, Kenyon foi cercado por agentes do FBI e algemado. Um cunhado — um dos investidores lesados por Kenyon — o denunciara. Sem ter alternativa, após a prisão Kenyon fez um acordo para reduzir a pena e foi encarcerado numa prisão federal em Tallahassee, na Flórida.

Ao sair da cadeia, no fim de 1991, Kenyon Blackmore voltou à cidade onde nascera: Cardston, na província de Alberta. Nessa época, Annie já desistira e pedira o divórcio, mas Kenyon fez um esforço para se reconciliar com a filha mais velha, Lena, em Cardston, centro do mormonismo canadense. Embora Lena estivesse disposta a dar ao pai o benefício da dúvida, ela não se dava bem com Gwendolyn, a esposa que substituíra sua mãe, e nem com os dois filhos de Gwendolyn com Kenyon. "Era preocupante ver como meu pai e ela educavam aquelas crianças", diz Lena. "Elas eram alimentadas com uma estranha dieta natural. Ken não as deixava usar sabonete nem escovar os dentes. As crianças eram desnutridas e cheiravam mal. Meu pai e a mulher dele também. Era revoltante."

Lena talvez tivesse conseguido suportar isso, mas então o pai roubou o carro dela. "Eu tinha uma bela caminhonete", disse ela, "e estava tendo dificuldades financeiras. Meu pai disse que iria pagar as prestações para mim e pagaria também o seguro, se eu o deixasse usar o carro por algum tempo." Entretanto, depois que se afastou dali na caminhonete de Lena, Kenyon não mais se preocupou em fazer os pagamentos prometidos — coisa que ela só descobriu quando o banco ameaçou confiscar o carro. Furiosa, ela chamou a Real Polícia Montada canadense, que por sua vez alertou o oficial responsável pela condicional de Kenyon. Foi expedido um mandado de prisão contra ele. "Ken percebeu que dessa vez tinha cometido um erro grave", diz Lena. Sabendo que estava sendo novamente procurado pela polícia, Ken tornou a fugir para o sul com Gwendolyn e os dois filhos, dirigindo-se a seu antigo esconderijo, Colonia LeBaron.

De volta ao México, Ken se casou com uma terceira esposa, que era meia-irmã de Gwendolyn. Pouco depois deixou Colonia LeBaron com as duas mulheres e todos os filhos delas, indo para a América Central. Durante os anos seguintes teve mais quatro filhos com cada uma das mulheres. Sustentou, de certa forma, todos esses dependentes, arranjando biscates, vendendo alimentos naturais, trabalhando como massagista e fazendo algumas pequenas trapaças. "Ele conseguia dinheiro de muitas maneiras diferentes", diz Evangeline Blackmore, a mais velha dos filhos de Ken com Gwendolyn. Hoje em dia ela é uma loura alta e de aparência exótica, que fala inglês com um laivo de sotaque mexicano, e explica que Kenyon "de vez em quando comprava e vendia ouro. Quando estávamos no México ele fazia selas e outros artefatos de couro para os vaqueiros mexicanos. Mas na maior parte do tempo ele se dedicava a fraudes. Meu pai é um belo vigarista".

As opiniões religiosas de Kenyon Blackmore sempre tinham sido estranhas, mas tornaram-se muito mais extremadas depois que ele saiu da prisão, ao desaparecer nas sombras da América Central com suas duas mulheres da família LeBaron. "As LeBaron sempre pareciam estimular as crenças extravagantes de meu pai", diz Lena. "Estavam convencidas de que ele possuía qualidades divinas. Elas alimentavam as fantasias dele, e ele as delas."

Enquanto carregava suas jovens esposas e o bando de crianças rudes através da América Central, Kenyon recebeu uma série de revelações nas quais Deus lhe dizia que ele era "o último profeta antes do retorno de Jesus Cristo". Com efeito, Deus lhe disse que Jesus voltaria à Terra na forma de uma criança nascida de sua pura linhagem e do ventre virgem de sua filha. Obedecendo à ordem do Senhor, ele se casou com Evangeline em junho de 1996, no dia em que ela completava doze anos — isto é, começou a estuprá-la sistematicamente. Segundo Evangeline, o pai acreditava que deveria começar a ter relações sexuais com ela aos doze anos porque "foi nessa época que Maria, a primeira mãe de Jesus, foi fecundada". Kenyon estava convencido, ao que ela diz, de que "ninguém mais tinha o sangue suficientemente puro" para gerar o Filho do Homem.

Quando Kenyon violentava Evangeline, ela recorda que ele lhe dizia que "eu iria para o inferno porque não estava sendo submissa". Como ela continuasse a resistir, "ele me jogava no chão, me dava socos e tapava minha boca quando eu tentava gritar". Por fim, para não ser espancada, ela começou a ceder passivamente às investidas sexuais do pai, que já tinha sessenta anos.

"Eu estava com pouco mais de doze anos", afirma Evangeline, com extraordinária tranqüilidade. "Eu não sabia o que estava me acontecendo, mas não gostava. Eu me sentia brutalizada. Meu pai não me deixava ter amigas, nem falar com ninguém."

Durante o tormento de Evangeline nas mãos do pai, Blackmore freqüentemente jejuava e obrigava a família a jejuar também. "Ele estava sempre seguindo dietas líquidas, de suco de laranja ou soda limonada", diz Evangeline. Passou a acreditar que, "se tornasse seu corpo suficientemente puro, poderia mover montanhas e atravessar paredes". Acreditava também que praticamente todas as pessoas no mundo, com exceção de si próprio, estavam corrompidas e eram perversas. Evangeline recorda que Blackmore falava em "encontrar alguma tribo inocente de índios ingênuos e convertê-los à sua fé", para em seguida melhorar sistematicamente o sangue deles engravidando as mulheres "com sua seiva pura".

Depois de ser estuprada pelo pai durante quase um ano, Evangeline ficou grávida, mas perdeu o bebê dois meses depois. Em abril de 1997, depois de novo insucesso, Kenyon a desterrou e abandonou-a na Guatemala — faltavam dois meses para que ela completasse treze anos. "Vivi sozinha durante cerca de quatro meses", recorda ela. "Quando acabou a comida, fui ficar com amigos na Cidade da Guatemala." Depois de aproximadamente seis meses, esses guatemaltecos conseguiram entrar em contato com a avó dela, Lavina, em Colonia LeBaron, e esta foi à Guatemala de automóvel para buscá-la.

Evangeline hoje vive no Meio-Oeste dos Estados Unidos; é casada e tem um filhinho ainda bebê. Está bem, levando em conta o que passou, mas se preocupa muito com os irmãos mais jovens — seis são meninas —, todos ainda viajando com Kenyon Blackmore, provavelmente na América Central ou do Sul. O pai, informa ela, tenciona "se casar" com cada uma das filhas à medida que completem doze anos. "Fico muita preocupada com minhas irmãs", diz Evangeline. "Não queria que fossem estupradas. Eu mesma ainda não me recuperei. É uma coisa que [...] sempre me assusta, uma coisa que fica."

A mais velha das irmãs de Evangeline completou doze anos em maio de 2001; a seguinte, em fevereiro de 2003, e o décimo segundo aniversário da terceira é em julho de 2004.

22. Reno

> *Joseph Smith legou a seus seguidores uma difícil herança, a convicção de que era "o Reino ou nada", e a crença de que qualquer ato para promover ou proteger a causa de Deus seria justificado. Alguns tentaram diminuir a importância de Mountain Meadows como se tivesse sido um acontecimento isolado, uma aberração na história de Utah e do mormonismo — que em outros aspectos é interessante —, mas na verdade o fato representou o cumprimento das doutrinas radicais de Smith. O inabalável compromisso de Brigham Young com o Reino de Deus forjou uma cultura de violência a partir da teologia de Joseph Smith, que deixou a seus sucessores um legado de frustrações. A acentuada obsessão do início do mormonismo com o sangue e a vingança criaram a sociedade que tornou o massacre possível, se não inevitável. Essas obsessões tiveram conseqüências devastadoras para a própria família de Young. Em 1902, em Nova York, William Hoper Young, neto do profeta, rasgou o abdome de uma suposta prostituta e escreveu as palavras "expiação pelo sangue" no apartamento do próprio pai.*
>
> Will Bagley, *Blood of the Prophets*

Eram cerca de duas horas da tarde de 24 de julho de 1984 quando Dan Lafferty cortou a garganta de Brenda Lafferty e deixou que a vida dela se esvaísse pelo chão da cozinha numa viscosa torrente escarlate. Como já tinha matado a filhinha de Brenda, a primeira parte da remoção estava feita. Ron Lafferty levou então Dan, Chip Carnes e Ricky Knapp em seu carro até a casa de Chloe Low, que ficava em uma rua afastada e sem pavimentação em Highland, Utah. O plano imediato era "remover" Low, conforme Deus havia ordenado na segunda parte da revelação de Ron, e depois ir à residência de Richard Stowe, presidente da arquidiocese da LDS em Highland, para cortar também a garganta dele. Uma vez cumprido integralmente o mandamento, o caminho estaria livre para o início dos trabalhos da Cidade de Refúgio, que deveria ser construída próximo à Mina do Sonho em preparação para os Últimos Dias.

Ao chegarem à residência de Low, Ron estacionou a caminhonete Impala fora das vistas, em uma rua lateral, e esgueirou-se com Dan até a casa para verificar quem poderia estar lá dentro. Mas não havia ninguém: a família Low tinha ido para a casa de verão no lago Bear, próximo à fronteira entre Utah e Idaho, para passar o feriado do Dia do Pioneiro. Ron voltou ao carro e disse a Carnes e Knapp: "Bem, não há ninguém lá, então vamos entrar e ver se podemos achar alguma arma ou dinheiro, ou o que pudermos encontrar". Levando o carro para a entrada da garagem dos Low, Ron agarrou sua espingarda calibre .20 e pediu a Carnes que vigiasse enquanto ele e Knapp voltavam à casa, onde Dan os esperava.

Ron conhecia bem a casa, pois havia estado ali muitas vezes como convidado nos últimos doze anos. Retirando uma janela, ele, Dan e Knapp desligaram o alarme, entraram na casa e a revistaram. Enquanto estavam lá dentro, dois rapazes das vizinhanças se aproximaram num carro barulhento, desses para terrenos difíceis. Carnes, que empunhava um rifle Winchester .30-30 bem visível e usava uma máscara de esquiador no calor sufocante de julho, abaixou-se, saindo do carro, e se escondeu em umas moitas próximas enquanto os rapazes se encaminhavam para a porta da frente; eles bateram durante muito tempo, várias vezes. Do lado de dentro, Dan e Ron os ouviram bater, mas simplesmente não deram atenção, continuando calmamente a buscar alguma coisa de valor. Minutos depois, os rapazes pararam de bater e se afastaram, com o motor roncando, numa nuvem de fumaça azul.

Dan, Ron e Knapp roubaram uma nota de cem dólares, um relógio, as chaves de um carro e algumas jóias, e em seguida, num ato de desprezo, Ron destruiu a coleção de miniaturas de porcelana de Dresden, que pertencia a Chloe e que ele sabia ser de grande valor sentimental para ela. Os ladrões saíram por uma janela dos fundos, pegaram Carnes, que ainda estava escondido nas moitas, e se afastaram no carro.

O item seguinte da agenda era o assassinato de Richard Stowe. Knapp estava dirigindo. Ron indicou o caminho para a casa de Stowe, mas a rota era complicada e Knapp deixou de fazer uma curva. Segundo Dan, "Ron gritou alguma coisa a Ricky, dizendo: 'Ei, era ali que a gente devia ter virado!', mas àquela altura já não havia grande entusiasmo para continuar a cumprir a revelação".

Os quatro homens debateram rapidamente se deveriam fazer a volta e seguir para a casa de Stowe. Carnes, cada vez mais ansioso, suplicou a Ron que esquecesse o restante da revelação. "Se o Senhor queria que você matasse alguém hoje", implorou ele, "você já fez." Para sua surpresa e imenso alívio, Ron concordou com o argumento e disse a Knapp que prosseguisse na direção em que estava, que os levaria à estrada interestadual 15.

Se tivessem voltado e seguido para a casa do presidente Stowe naquela tarde, eles o teriam encontrado em casa, ao contrário de Chloe Low. Ele estava aproveitando o feriado para trabalhar na casa com o filho, usando um trator para retirar alguns degraus de concreto. É impossível saber o que teria acontecido se os irmãos Lafferty tivessem chegado à casa de Stowe, mas não é difícil imaginar a chacina que ocorreria se Knapp não tivesse errado o caminho.

Mas ele errou, e assim, em vez de voltar para matar Stowe, os quatro homens se dirigiram a Salt Lake City, onde Knapp saiu da interestadual 15 e virou para o oeste, na de número 80. Enquanto seguiam, Dan conservou no colo a espingarda calibre .12 de cano serrado, para que estivesse preparada caso a polícia os detivesse. O destino deles era Reno, no estado de Nevada.

Enquanto o Impala corria pela auto-estrada, Knapp finalmente reuniu coragem suficiente para perguntar a Ron e Dan o que exatamente havia ocorrido dentro do apartamento de Allen e Brenda Lafferty, em American Fork. Dan diz que contou com detalhes a forma como matara Brenda e o bebê, relatando os assassinatos precisamente como mais tarde os descreveria no capítulo 16 deste livro — o que em todos os pormenores relevantes também concorda com o que Dan depôs sob juramento durante um julgamento em 1996. Dan diz que deixou claro a Knapp e Carnes que foi ele, e não Ron, quem na verdade usara a faca que tirou as vidas de Brenda e Erica.

Mas Chip Carnes recorda o episódio de outro modo. Em seu próprio depoimento no mesmo julgamento de 1996, Carnes fez questão de frisar, de maneira bastante digna de crédito, que foi Ron, e não Dan, quem contou os assassinatos a ele e Knapp durante a longa e quente viagem de Salt Lake a Nevada. E a história relatada por Ron divergia da de Dan em um aspecto crucial. Segundo Carnes, Ron disse que,

> logo que entrou na casa, deu um soco em Brenda, com toda a força, e ela caiu outra vez no chão. E disse que a estava chamando de cadela, enfim, dizendo o que pensava dela.
> E disse que ela pedia, chorava, sabe como é, para que parasse. E ele disse que continuou batendo nela várias vezes, disse que ela não ficava quieta no chão.
> Assim, enquanto Dan a segurava deitada no chão, Ron disse que se levantou e cortou o fio de um aspirador de pó e começou a amarrá-lo no pescoço dela e o manteve ali até que Dan disse... disse a ele que ela tinha desmaiado.
> E ele disse que naquele momento retirou o fio e ele e Dan a levantaram, deitaram-na no chão e cortaram a garganta dela. Disse que cortou de orelha a orelha e mostrou como fez [...]
> Pouco depois disso, Ron puxou uma faca que tinha... tirou a faca da bota. Começou a bater com ela no joelho, dizendo: "Eu matei ela. Eu matei ela. Matei a cadela. Não posso acreditar que matei". Continuou se gabando e dizendo que os nós dos dedos estavam inchados, sabe como é, talvez quebrados, sabe, por ter batido nela.

Carnes declarou ainda no tribunal que, quando Ron se vangloriou de haver cortado a garganta de Brenda de orelha a orelha, ele também descreveu, com detalhes repugnantes, que depois de passar a faca pela garganta dela puxou a cabeça da moça para trás e

> abriu-lhe o pescoço para que o sangue corresse livremente e tudo o mais. Disse que depois deu a faca a Dan. Virou-se e olhou para mim, depois olhou de novo para Dan e disse: "Obrigado, meu irmão, por cuidar do bebê, porque acho que não fui eu". E Dan respondeu dizendo: "Não foi nada".

Dan não discorda dos fatos essenciais das últimas duas frases do testemunho de Carnes, mas diz que o restante é ficção. Dan afirma com veemência que quem matou Brenda foi ele, e não Ron, assinalando que não tem motivos para mentir a respeito disso, ao contrário de Carnes. Depois que a polícia prendeu Carnes, o promotor estadual lhe disse que a acusação seria de homicídio e que proporia a sentença de morte, a menos que ele fornecesse provas que levassem à condenação tanto de Dan quanto de Ron por homicídio doloso, com agravantes. Se o depoimento de Carnes ajudasse a promotoria, disseram-lhe as autoridades, "conseguimos um tremendo de um acordo para você".

Dan Lafferty diz que ficou "um tanto surpreso" que Chip Carnes tenha entendido mal o papel de Ron nos assassinatos, "a menos que ele tenha sido de alguma forma estimulado pela promotoria. Ou talvez tenha simplesmente se confundido. Mas não o culpo, de qualquer maneira. Foi uma coisa muito intensa, e, quando expliquei tudo no carro a ele e ao Ricky, é possível que uma boa parte não fizesse muito sentido".

Talvez a questão de quem realmente usou a faca seja algo relativamente sem importância; quando forçaram a entrada no apartamento de Brenda em American Fork, as mãos dos dois irmãos ficaram manchadas de sangue, tanto literal quanto metaforicamente. Os crimes foram praticados em equipe. Ron e Dan eram igualmente culpados. Uma mulher jovem e bondosa e sua filhinha estavam mortas, e nada iria mudar isso enquanto Ron, Dan, Carnes e Knapp corriam para o oeste em direção ao clarão ofuscante de Bonneville Salt Flats.

Os fugitivos chegaram à divisa do estado de Nevada por volta das seis da tarde. Logo que deixaram o Utah, saíram da auto-estrada e alugaram um bangalô em um motel barato na cidade de Wendover, na fronteira. Tinha sido um dia cansativo. Todos estavam fatigados e extenuados. Dan lavou as roupas ensangüentadas na banheira e depois os quatro homens foram a uma sala de jogos de segunda classe, onde havia também uma loja de conveniência, na qual compraram cerveja e cachorro-quente para levar de volta ao motel.

Por volta das onze da noite estavam no motel bebendo cerveja quando "de repente Ron disse que devíamos ir embora", disse Carnes. Rapidamente puseram as coisas no Impala e partiram, com Knapp dirigindo. Imediatamente viram luzes intermitentes no retrovisor. Era a Polícia Rodoviária de Nevada.

Knapp encostou o carro e saiu para falar com o guarda enquanto os outros mantinham as armas preparadas, prontos para atirar se o policial desse mostras de saber quem eram e que estavam sendo procurados. Mas o patrulheiro não percebeu que se tratava de fugitivos. Em vez de tentar prendê-los, simplesmente disse a Knapp que os faroletes traseiros estavam apagados e que estava vazando gasolina. Knapp, sem se trair, assegurou cortesmente ao policial que iria tomar providências imediatas. O guarda disse que ele voltasse com o carro para o Utah, fora de sua jurisdição, porque não o queria explodindo em Nevada, e desapareceu na noite.

Os quatro fugitivos deram um suspiro de alívio e substituíram o fusível das luzes traseiras. Mas o fusível estourou novamente quando reacenderam os faróis, e por isso voltaram ao motel a fim de esperar o dia. Deixando os pertences no carro, Ron e Dan se deitaram para dormir um pouco. Knapp e Carnes, no entanto, ainda estavam apavorados devido ao encontro com o policial e nem pensaram em dormir, e por isso saíram para comprar cigarros.

"Saímos para andar um pouco", diz Carnes. Aos 23 anos, o rapaz se sentia mal pelo que tinha acontecido. "Eu disse a Ricky como me sentia, você sabe, com o que eu achava que estava acontecendo. E ele me disse que se sentia mais ou menos da mesma forma." Carnes então confessou a Knapp que ia escapar. "Vou dar o fora. Assim que eles dormirem, eu vou embora."

Carnes e Knapp voltaram ao quarto do motel, mantendo-se tranqüilos, para que Ron e Dan não suspeitassem de nada. "Logo que tive certeza de que eles estavam dormindo", diz Carnes, "peguei as chaves e disse a Ricky: 'Até mais'. Ricky disse: 'Espere, vou com você'."

Carnes e Knapp empurraram o Impala até uma certa distância para que os dois irmãos não os ouvissem ligar o motor e depois partiram. Knapp dirigia, mantendo o pé levemente apoiado no pedal do freio para que as luzes ficassem acesas e eles não fossem parados novamente.

Seguiram pela interestadual 80 e depois viraram para o norte na 93 em direção a Twin Falls, no estado de Idaho, e finalmente resolveram seguir para Cheyenne, por vias indiretas, usando principalmente estradas secundárias. Em Cheyenne, no estado de Wyoming, morava um irmão de Carnes chamado Gary. Enquanto dirigiam, foram encontrando no carro as provas do crime: a faca usada para matar Erica e Brenda, um saco de lixo com as roupas que Dan havia lavado na banheira do motel, uma mala verde com duas navalhas dentro. Cada vez que encontravam algo, atiravam pela janela.

Carnes e Knapp chegaram à casa de Gary em Cheyenne na manhã da quinta-feira. Quatro dias depois a polícia encontrou o Impala estacionado do lado de fora, invadiu a casa e prendeu-os. Por terem se envolvido com os Lafferty e a cruzada assassina dos dois irmãos, era grande a possibilidade de Carnes e Knapp serem condenados à morte. Quando os policiais explicaram isso, eles rapidamente concordaram em revelar tudo o que sabiam em troca de uma promessa de abrandamento da pena. Assim, os policiais recuperaram a arma do crime e a maior parte das outras provas que tinham sido jogadas fora durante a fuga desesperada através de Nevada, Idaho e Wyoming. Knapp e Carnes também deram aos detetives uma pista importante sobre o paradeiro dos irmãos Lafferty, revelando que eles haviam falado em seguir para Reno.

Bernard Brady — o investidor na Mina do Sonho, sócio de Kenyon Blackmore e que havia apresentado os irmãos Lafferty ao profeta Onias — chegou em casa de volta do trabalho na tarde de quarta-feira do dia 25 de julho e recorda que encontrou "muitos carros de polícia diante de minha casa. Em toda a rua... havia carros por toda parte. Entrei para ver o que havia e minha casa estava cheia de tiras. Minha família estava no sofá, e eles tinham dito que, se se movessem, seriam mortos. Estavam aterrorizados".

O bando de policiais estava literalmente desmanchando a casa, em busca de provas. Logo que Brady entrou, um detetive carrancudo o mandou "sentar e calar a boca".

Irritado por ser tratado como suspeito, Brady pediu para ver o mandado de busca. "Quando eles me mostraram", diz ele, "notei que o endereço estava errado. O mandado os autorizava a revistar um endereço do outro lado da rua, um pouco mais abaixo, e não a minha casa. Chamei um dos guardas e disse que estavam fazendo uma busca ilegal. Ele mostrou o mandado ao xerife, que voltou e afirmou que o mandado era válido assim mesmo, e eles continuaram a revista".

A busca foi frutífera. Os guardas encontraram numa gaveta a declaração que Brady havia registrado em cartório no dia 9 de abril, afirmando que tinha tomado conhecimento da revelação sobre a remoção mas que não queria saber do assunto. Confiscaram também, como prova, alguns arquivos relativos à Escola dos Profetas, assim como o computador no qual Ron havia digitado a maior parte das revelações que recebera — embora não contivesse a revelação sobre a remoção. Pouco depois, entretanto, a polícia obteve novo mandado de busca, dessa vez para uma casa vazia na qual Ron havia dormido antes que ele e Dan partissem para a viagem por terra. Num dos armários embutidos havia uma camisa de flanela, em cujo bolso estava uma nota escrita numa folha amarela de bloco, com a caligrafia certinha de Ron. Era o original da revelação sobre a remoção.

Quando os irmãos Lafferty se deitaram no quarto de motel em Wendover já tarde da noite no dia 24 de julho, ambos adormeceram profundamente. Ao acordarem na manhã seguinte descobriram que Knapp e Carnes haviam desaparecido com o Impala e tudo o que havia dentro do carro, deixando-os completamente sem dinheiro e com pouco mais do que as roupas que vestiam. Em vez de se zangar, diz Dan, "achei que talvez fosse bom, de certa forma. Pensando bem, achei que eles tinham razão, e pensei que talvez fosse porque Ron e eu tínhamos dormido tão profundamente". Depois de discutirem sobre o que fazer, Ron sugeriu que se separassem, atravessassem o estado de Nevada pedindo carona e se encontrassem em Reno, num cassino no bairro de Sparks chamado John Ascuaga's Nugget, onde ambos haviam estado durante a viagem anterior.

Dan começou a pedir carona na rampa de acesso oeste da estrada interestadual 80 e foi imediatamente recolhido por um caminhoneiro numa carreta de dezoito rodas que o levou até Reno. Dormiu naquela noite abrigado numa histórica locomotiva a vapor em exposição num parque público e no dia seguinte passou o tempo próximo ao Nugget até que Ron aparecesse.

Depois que se encontraram, Dan conta que ficaram parados do lado de fora do cassino "e de repente um sujeito grande chamado Bud saiu meio cambaleando e vomitou na sarjeta, e, quando se abaixou, a carteira caiu no chão [...] Era a carteira mais recheada que eu já tinha visto". Em vez de ficar com ela, Dan a devolveu a Bud, que em agradecimento deixou que os irmãos passassem aquela noite em seu apartamento e os convidou para um passeio de esqui aquático pela manhã. Passaram o dia seguinte descansando às margens do cristalino lago Tahoe, tomando cerveja e comendo sanduíches comprados por Bud. Mais tarde Bud pagou o jantar dos três em Truckee e os levou de carro de volta ao centro da cidade de Reno.

Durante as duas semanas seguintes, Ron e Dan ficaram entre Sparks e Reno, passeando para lá e para cá no ônibus turístico gratuito de dois andares e vivendo da generosidade promocional da indústria dos jogos de azar. Fizeram amizade com o motorista do ônibus, que permitia que eles dormissem no veículo todas as noites — "o que foi ótimo", diz Dan. Após a última viagem da noite, o motorista deixava que Dan e Ron se escondessem debaixo dos assentos e ia para um estacionamento seguro e cercado no centro da cidade de Reno, onde o ônibus ficava estacionado durante a noite. Segundo Dan, "o assento comprido e estofado da parte de trás do ônibus era ótimo para dormir, considerando que era a opção que tínhamos".

Dan e Ron passaram quase todos os dias matando o tempo nos salões cavernosos e com ar-condicionado do cassino Peppermill. Dan recorda que "o Peppermill tinha um telão no qual mostrava as Olimpíadas [de Los Angeles] enquanto estávamos lá e também tinha cupons que eram distribuídos a cada dia, bastando mostrar um documento de identidade, e com eles obtínhamos fichas para jogar e um vale para um prato gratuito de *nachos*. Eu não tinha documentos, mas Ron tinha, e nosso plano era jogar com as fichas grátis e ganhar o suficiente para comer — o que às vezes acontecia, mas em geral não".

Depois de dois dias em Reno, os irmãos Lafferty foram abordados por "um homem esquisito", ao que conta Dan, "que tinha barba e uns óculos cor-de-rosa, que não deixavam ver seus olhos". O homem lhes ofereceu um baseado "de erva muito boa", fez "umas perguntas estranhas" e emprestou a Dan um documento de identidade para que ele obtivesse fichas e *nachos* de graça. Dali em diante, diz Dan, "comíamos pelo menos dois pratos de *nachos* por dia", embora muitas vezes isso fosse tudo o que conseguiam para comer.

"Ficávamos com fome a maior parte do tempo", confessa Dan, "mas sempre tinha quem nos oferecesse alguma coisa. Um casal nos convidou para um churrasco num sábado na casa deles e um rapaz que estava pescando no córrego que passa por Reno nos deu sopa e salada numa promoção de um cassino, quando realmente estávamos famintos." De vez em quando, o homem esquisito de óculos cor-de-rosa "vinha nos procurar, nos oferecia uma 'viagem' e perguntava como estávamos indo". Até hoje Dan acredita que essa pessoa era um anjo mandado por Deus para cuidar deles.

Durante a estada anterior em Reno, Ron e Dan haviam conhecido uma mulher chamada Debbie que trabalhava na mesa de *blackjack* no cassino Circus Circus. Naquela época ela tinha feito amizade com os dois irmãos e deixado que dormissem em seu apartamento; eles pagavam pelo favor cuidando do filhinho dela quando ela ia trabalhar. Segundo Dan, os irmãos tiveram "uma estranha experiência milagrosa enquanto estivemos com ela": Dan havia comprado um cachorrinho para o menino, e o animal pegou parvovirose — enfermidade semelhante à cinomose dos gatos, geralmente fatal. Dan colocou as mãos sobre a cabeça do cão e o abençoou, diz ele, "e o bicho ficou instantaneamente curado. Lembro que Debbie ficou muito impressionada; eu também, mas procurei agir como se fosse coisa sem importância".*

Ao voltar a Reno depois dos crimes, então como fugitivos, Ron sugeriu que fossem ao Circus Circus e procurassem Debbie. Dan advertiu que em seu diário — o qual imaginava sem dúvida estaria em poder da polícia — ele havia feito anotações sobre ela, e provavelmente a moça estaria sob vigilância. "Se formos", disse ele a Ron, "você sabe que seremos presos."

"Pelo que me lembro", diz Dan, "Ron não me respondeu, mas continuou a caminhar" em direção ao cassino, onde eles acreditavam que Debbie estaria em seu turno de trabalho, e Dan imaginou que a polícia estaria à espera. "Assim", recorda Dan, "eu disse: 'bem, se for esta a hora, tudo bem'."

---

* Embora isso possa parecer mais uma manifestação das crenças fundamentalistas extremadas de Dan, essas bênçãos constituem ritual muito costumeiro para os Santos dos Últimos Dias tradicionais. Os homens mórmons têm o hábito de impor as mãos sobre a cabeça de um membro da família ou de outro Santo e abençoá-lo a fim de curá-lo ou confortá-lo em momentos de aflição. Inúmeros mórmons têm afirmado que ficaram curados de doenças graves mediante a imposição de mãos. Assim escreveu Kenneth Anderson em 1999, num artigo para o *Los Angeles Times*: "Essa mistura peculiar de doutrinas místicas (e também sem base histórica), por um lado, e racionalidade pragmática, por outro, é uma característica dominante dos mórmons contemporâneos. A cultura mórmon erudita há muito tempo tem sido marcada por extraordinários cientistas, físicos e engenheiros, que são tão estritamente racionais quanto possível em seu trabalho mundano, mas ao mesmo tempo devotos em sua fidelidade a muitas crenças históricas que não suportariam o teste da ciência racional e que além disso acreditam em idéias profundamente místicas, ainda que não as considerem como tais. Meu próprio pai passou a vida profissional como professor de química e decano universitário, ensinando ciência de forma diligente e racional. Mas, na Igreja mórmon, suas funções [...] durante muitos anos foram de abençoar pessoas, impor as mãos sobre a cabeça de membros da igreja e dizendo-lhes coisas inspiradas por Deus, que são registradas, transcritas e conservadas pelos fiéis como guia de meditação sobre as intenções divinas na vida deles. Sem dúvida, para alguém de fora, isso é muito próximo a um misticismo desvairado, porém meu pai está muito longe de ser um místico desvairado. Tampouco isolou sua vida racional de sua experiência mística, separando existencialmente uma da outra. Pelo contrário, sua experiência de abençoar esses mórmons revela que o processo de 'seguir o espírito' é considerado em si mesmo 'racional', de uma forma altamente característica da tendência dos mórmons a ver o misticismo como uma prática racional".

Os irmãos Lafferty foram ao Circus Circus no início da tarde do dia 7 de agosto, mas não viram Debbie em seu posto na mesa de *blackjack*. Segundo Dan, ele indagou a Ron: "'Devo perguntar por ela?' Eu sabia que seria o nosso fim". Ron respondeu que sim. Quando Dan se aproximou de um supervisor e pediu para falar com Debbie, "ele arregalou os olhos e desapareceu rapidamente".

Naquele ponto, Dan e Ron foram a um dos restaurantes do cassino e entraram na fila para o bufê. Enquanto esperavam, conta Dan, viu homens que pareciam agentes do FBI "olhando de trás dos cantos". Pouco depois, um enxame de policiais "veio pela retaguarda e os tiras encostaram armas em nossas cabeças, dizendo: 'Não se movam ou estouramos seus miolos'. Eu simplesmente sorri. Chegava a ser divertido". Os irmãos Lafferty se renderam sem resistência e foram levados à cadeia de Reno sob um forte esquema de segurança.

23. Julgamento em Provo

> *O exame crítico das vidas e das crenças dos gurus demonstra que nossos rótulos psiquiátricos e nossas concepções sobre o que sejam as doenças mentais são lamentavelmente deficientes. Como é possível, por exemplo, distinguir uma fé inortodoxa ou bizarra de um delírio? [...]*
>
> *Os gurus são pessoas isoladas, que dependem de seus discípulos, sem possibilidade de serem disciplinados por uma igreja ou criticados pelos contemporâneos. Estão acima da lei. O guru usurpa o lugar de Deus. É interessante, mas no final das contas desimportante, saber se o guru sofreu de psicose maníaco-depressiva, esquizofrenia ou alguma outra forma reconhecida e diagnosticável de enfermidade mental. O que distingue os gurus dos mestres mais ortodoxos não são suas fases ou oscilações maníaco-depressivas, nem seu raciocínio desordenado, nem suas crenças delirantes, nem suas visões alucinatórias, nem seus estados místicos de êxtase: o que os distingue é seu narcisismo.*
>
> Anthony Storr, *Feet of Clay*

Estamos em 5 de agosto de 2002, numa manhã de segunda-feira, e, do lado de fora do Tribunal Judicial do Quarto Distrito de Utah, comerciantes e homens de negócios caminham apressados para seus locais de trabalho em Provo. Embora ainda seja cedo, o calor já emana do pavimento em ondas visíveis. Dentro do tribunal, o relógio de parede indica nove horas e vinte e um minutos quando um funcionário repentinamente exclama: "Levantem-se, todos! Presidindo, o juiz Steven Hansen!". O murmúrio nas galerias se reduz e um instante depois uma porta lateral se abre, pela qual Ron Lafferty, de 61 anos de idade, vestido de macacão alaranjado com as palavras PRESO DA UDC inscritas nas costas, é levado para dentro da sala por quatro subxerifes armados.

Os cabelos castanho-avermelhados de Ron — agora com tufos prateados e meio ralos no alto da cabeça — estão bem cortados. O rosto está barbeado, exceto o bigode farto. Durante os quatro meses anteriores, segundo boatos da prisão, ele vinha fazendo exercícios físicos e levantando pesos de maneira obsessiva, e os músculos dos braços e ombros parecem confirmar isso. Ron se senta à mesa dos advogados de defesa; ele está com as mãos algemadas atrás das costas, fitando o juiz com ar de desafio.

Superalertas, aparentando nervosismo, os subxerifes que o vigiam parecem levar muito a sério seu dever. O preso sob sua responsabilidade foi condenado à morte por haver assassinado cruelmente uma jovem e sua filhinha ainda bebê. Sabem que a essa altura ele já não tem muito a perder.

"Bom dia, senhor Lafferty", diz o juiz Hansen, em tom formal porém amistoso.

"Que é que há, Stevezinho idiota?", replica Ron com um sorriso insolente. O juiz começa a explicar ao prisioneiro por que motivo foi trazido do "corredor da morte" da prisão para vir ao tribunal naquela manhã, quando Ron o interrompe: "Eu já sei o que é, seu retardado de merda!".

Sem se perturbar, o juiz informa a Ron que o governo do estado emitiu um mandado para sua execução iminente e que ele tem trinta dias para dizer ao tribunal se pretende ou não fazer um apelo de última instância contra a decisão judicial que o considerou culpado e contra a sentença; se esse não for o caso, a data da execução será marcada. O juiz Hansen diz também a Ron que o estado designará um novo advogado para acompanhá-lo no restante do processo de apelação. Ron indica que sua primeira escolha de novo representante legal é Ron Yengich, o organizador do controvertido acordo de redução de pena que poupou a vida do falsário e assassino Mark Hofmann, bom amigo e companheiro de cela de Dan Lafferty. Ron Lafferty declara então que pretende "utilizar todas as apelações a que tiver direito". Deixa claro que lutará até o amargo fim contra os esforços do estado para matá-lo.

* * *

Mais de dezessete anos se passaram desde que Ron ouvira pela primeira vez nesse mesmo tribunal a sentença de morte por fuzilamento por haver matado Brenda e Erica Lafferty, mas ainda está beligerantemente vivo. Suas constantes manobras judiciais asseguram a perpetuação do sofrimento da família de Brenda. "Esses julgamentos infindáveis têm sido difíceis para nós", confessa LaRae Wright, mãe de Brenda. "Alguns de nossos filhos lutaram muito. E meu marido, especialmente. Mas isso é assim mesmo. Agora estamos bem. E sabemos que Brenda está em um lugar melhor, fora deste mundo cruel."

"Brenda teria hoje 42 anos", diz Betty Wright McEntire, irmã mais velha de Brenda. "Ainda sentimos muito a falta dela. Quando houve o primeiro julgamento, os promotores pediram que não fôssemos. Estavam preocupados com meu pai. Pensavam que ele não agüentaria."

Imediatamente depois dos crimes, os detetives retiraram, do apartamento onde Brenda morava com Allen, a maior parte dos pertences dela para servirem de elementos de prova. "Depois que examinaram tudo, os policiais guardaram num depósito as coisas de que não iriam precisar para a investigação", diz Betty. "Mas Allen nunca pagou a taxa de aluguel, e por isso a companhia nos chamou e eu fui com minha mãe até American Fork para retirar as coisas. Um dia meu pai começou a examiná-las — os diários, recortes de jornal e coisas pessoais. Foi aí que ele desmoronou. Chorava sem parar."

"Relendo o que ela escrevia nos diários, meu pai começou a pensar: 'Por que não fiz nada para salvá-la? Por que não a tirei de lá?'. Como pai, ele achava que teria conseguido protegê-la de alguma maneira, mas não foi capaz. E agora sua filhinha já não existia, nem sua primeira neta. Acho que ele lutou com essa idéia durante muito tempo." Os casos de assassinato com pedido de pena de morte têm de ser levados inevitavelmente com muita cautela e vagar, a fim de evitar qualquer possibilidade de uma execução injusta. Mas as longas e lentas maquinações da jurisprudência norte-americana fizeram muito pouco para aliviar o constante sofrimento do pai, da mãe e dos irmãos de Brenda.

Durante o primeiro julgamento, em 1985, o advogado de Ron, designado pela Justiça, havia procurado montar uma defesa baseada em insanidade, esperando uma decisão de homicídio com atenuantes em vez de homicídio doloso, mas Ron foi contra esse estratagema, ainda que houvesse uma boa probabilidade de isso salvá-lo do pelotão de fuzilamento. Recusara-se a permitir qualquer testemunho psiquiátrico em seu favor. O juiz naquela época, J. Robert Bullock, receava que Ron não compreendesse integralmente o provável resultado de sua decisão de não aceitar a defesa por insanidade, e perguntou: "O senhor compreende, senhor Lafferty, que provavelmente deixa os jurados com apenas duas escolhas: ou o consideram culpado de assassinato em primeiro grau ou o declaram inocente?".

"Compreendo, senhor juiz", respondeu Ron.

"E o senhor compreende que se o veredicto for de culpado haverá uma audiência para fixar a sentença", prosseguiu o juiz Bullock, "e que nessa audiência o juiz poderá impor a pena de morte?"

"Compreendo", respondeu Ron, "mas não posso, em sã consciência, fazer um acordo para reduzir a pena. Creio que isso seria uma confissão de culpa." Ron continuou afirmando resolutamente que não era louco e que não deixaria seu advogado argumentar em contrário a fim de negociar a redução da acusação para homicídio com atenuantes.

Limitado pela obstinação de Ron, o advogado da defesa teve de cancelar seus planos de apresentar testemunhas cujos depoimentos poderiam reforçar a argumentação de que o réu era um doido religioso. A única testemunha que a defesa pôde chamar foi a mãe de Ron, Claudine Lafferty, que se emocionou e chorou ao depor e depois violou flagrantemente o juramento ao declarar que não sabia que Ron e Dan haviam falado abertamente em sua presença sobre a intenção de assassinar a nora e a neta dela. Provavelmente ninguém se admirou quando o júri regressou à sala após deliberar durante apenas duas horas e 45 minutos e anunciou que o considerava culpado de todas as acusações, inclusive duas de homicídio doloso com agravantes.

Depois da decisão, uma nova equipe de advogados foi designada para Ron, e houve uma apelação ao Tribunal Distrital Federal e ao Supremo Tribunal do estado de Utah. A decisão de ambos foi negativa, mas os advogados persistiram. Em 1991 o processo chegou ao Décimo Tribunal de Apelação em Denver, Colorado. Essa corte, numa decisão que abalou a maioria dos habitantes de Utah, cancelou as decisões de 1985 que o tinham considerado culpado. Ao fazer isso, o Décimo Tribunal declarou que a corte de instância inferior havia cometido equívocos desde o início, aplicando uma premissa legalmente inconsistente ao considerar Ron mentalmente competente para ser julgado.

Embora os juízes do Décimo Tribunal concordassem que Ron compreendera as acusações que pesavam contra ele e suas possíveis conseqüências, concluíram que "ele era incapaz de interpretá-las de maneira realista devido a seu sistema paranóico de ilusões". O tribunal se impressionou com o fato de Ron acreditar que, ao ser responsável perante as leis de Deus, não tinha por que ser responsável perante as leis humanas. Acharam que essa era uma indicação bastante clara de que ele não estava em seu juízo perfeito. Se o estado de Utah quisesse mantê-lo preso, anunciaram os juízes, seria necessário julgá-lo novamente, a partir da estaca zero, porém verificando antes se ele era ou não louco segundo os critérios legais aceitos.

A decisão do Décimo Tribunal, evidentemente, teve efeito profundo sobre Ron Lafferty e as famílias de suas vítimas, porém teve repercussões ainda maiores sobre a forma como os tribunais norte-americanos passariam dali em diante a tratar de crimes violentos inspirados por crenças religiosas. Conforme explicou a procuradora-geral do Utah, Jan Graham, "Estamos preocupados com o que essa decisão representa não apenas para o caso Lafferty, mas sim para outros casos". Advertiu ela que isso poderia assentar um precedente capaz de "imunizar" os fanáticos religiosos quanto a processos criminais.

Os teólogos refletiram também sobre outras conseqüências potenciais da decisão do Décimo Tribunal. Peggy Fletcher Stack, articulista altamente respeitada em matéria de religião do *Salt Lake Tribune*, assinalou: "Dizer que qualquer pessoa que fala com Deus é louca tem extraordinárias implicações para o mundo da religião. Impõe uma visão secular da sanidade e significa que todas as religiões são insanas". Esse tema era de especial interesse para os Santos dos Últimos Dias, dada a inusitada importância atribuída pelos mórmons à comunicação direta com o Todo-Poderoso. Toda a crença deles se baseia em falar com Deus.

O governo do estado de Utah não ficou satisfeito em ter de anular a decisão sobre a culpa de Ron Lafferty e julgá-lo novamente, mas cumpriu a determinação do Décimo Tribunal, cuja primeira fase consistia em reavaliar rigorosamente a competência mental de Ron. O fato mais importante foi uma audiência no final do ano de 1992 na qual um trio de médicos, após examiná-lo, convenceu o Quarto Tribunal Distrital em Provo de que Ron não estava mentalmente em condições de se apresentar para julgamento.

Uma vez declarado incompetente, Ron foi transferido do corredor da morte em Point of the Mountain para o Hospital Estadual de Utah, mas o estado não pretendia abandonar seus esforços para condená-lo e executá-lo por assassinato. Após dezesseis meses de psicoterapia, que compreendeu medicação antidepressiva e antipsicótica, houve outra audiência para determinar a competência mental em fevereiro de 1994. Dessa vez, os psiquiatras reunidos pela promotoria se mostraram mais persuasivos do que os da defesa, e o juiz Hansen decidiu que Ron estava então suficientemente habilitado para ser de novo julgado, a partir do zero, pela morte de Brenda e Erica Lafferty.

Depois da prisão inicial, Ron e Dan haviam feito questão de negar absolutamente qualquer cooperação com a promotoria. Quando eram interrogados sobre os crimes, os dois irmãos jamais deixavam de se mostrar evasivos e reservados. Desde a prisão até a condenação em 1985, nenhum dos dois confessou coisa alguma. Na metade da década de 1990, entretanto, a atitude e a opinião de Dan mudaram. Ele aceitou o fato de que passaria o restante de sua vida atrás das grades e na verdade estava certo de que sua condenação e seu encarceramento eram parte crucial dos planos de Deus para com a humanidade. Como conseqüência, Dan passou a se mostrar bastante disposto, e até mesmo ansioso, para falar com honestidade e franqueza sobre o que acontecera em 24 de julho de 1984.

Segundo a versão dos acontecimentos dada por Dan — narrativa considerada em grande parte digna de crédito por todos os que a ouviram —, foi ele quem cortou não apenas a garganta de Erica Lafferty, mas também a de Brenda. Dan faz questão de dizer que Ron na verdade não matou ninguém. Porém, ainda que Ron não tenha efetivamente empunhado a arma do crime, pelo relato de Dan seu irmão sem dúvida estava dentro do apartamento quando ocorreram as mortes. Além disso, Dan agora contava, com detalhes repugnantes, que Ron havia espancado Brenda de maneira cruel, desprezando suas súplicas, até que o rosto dela se transformou em uma massa de sangue e carnes desfigurada. O vívido testemunho de Dan não deixava dúvidas de que ambos os irmãos eram igualmente culpados pelos assassinatos ocorridos em American Fork. Quando o júri ouvisse o depoimento de Dan durante o novo julgamento, Ron já não poderia afirmar, como fizera no de 1985, que nada sabia dos crimes.

O novo julgamento foi marcado para começar em março de 1996. Somente restava aos advogados de Ron uma opção jurídica em sua tentativa de salvá-lo do pelotão de fuzilamento: basear a defesa na alegação de insanidade — exatamente o que seus advogados haviam pretendido fazer durante o julgamento de 1985 mas que Ron lhes proibira. À medida que se aproximava a data do julgamento, Ron continuava a dizer a todos que nada tinha de louco, porém dessa vez não tomou medidas para impedir seus advogados de usar o argumento de sua insanidade.

A vida ou a morte de Ron dependeria inteiramente de o júri ser convencido de que suas crenças religiosas — inclusive sua certeza de que Deus lhe ordenara remover Brenda e Erica — não apenas eram sinceras, mas também tão extremadas que somente poderiam constituir criação ilusória de uma mente enferma.

Uma defesa como essa inevitavelmente suscitaria as mesmas complexas questões epistemológicas que haviam surgido após a decisão do Décimo Tribunal em 1991: se Ron Lafferty fosse considerado mentalmente doente por obedecer à voz de seu Deus, não seria também mentalmente enferma qualquer pessoa que crê em Deus e lhe pede orientação em suas preces? Numa república democrática que busca proteger a liberdade religiosa, quem pode ter o direito de declarar que as crenças irracionais de uma pessoa são legítimas e elogiáveis, e as de outra são loucura? Como pode uma sociedade promover ativamente a fé religiosa por um lado e por outro condenar um homem por respeitar zelosamente suas crenças?

Afinal, o país é governado por um cristão convicto, o presidente George W. Bush, que acredita ser instrumento de Deus e caracteriza as relações internacionais como um choque bíblico entre as forças do bem e do mal. O mais alto funcionário de justiça da nação, o procurador-geral John Ashcroft, é adepto absoluto de uma seita cristã fundamentalista — a Assembléia Pentecostal de Deus — e diariamente inicia sua jornada de trabalho no Departamento de Justiça com uma reunião de orações com sua equipe; Ashcroft é periodicamente ungido com santos óleos e acredita numa visão do mundo claramente apocalíptica, que tem muito a ver com as principais crenças no juízo final sustentadas pelos irmãos Lafferty e pelos habitantes de Colorado City. O presidente, o procurador-geral e outros líderes nacionais pedem com freqüência que o povo americano tenha fé no poder das orações e confie na vontade de Deus. É o que Dan e Ron Lafferty sustentam que estavam fazendo quando tanto sangue foi derramado em American Fork, em 24 de julho de 1984.

* * *

Durante as audiências anteriores ao julgamento, o comportamento de Ron na sala de sessões ajudou a apoiar a afirmação de seus advogados de que ele estava fora de seu juízo perfeito. Apareceu com um pedaço de pano preso aos fundilhos de seu uniforme de presidiário que dizia SOMENTE SAÍDA; seus advogados explicaram que ele usava aquela tabuleta para afastar o anjo Moroni, que Ron acreditava ser um espírito malévolo e homossexual que tentava invadir seu corpo através do ânus. Acreditava que esse mesmo espírito sodomita havia já se apoderado do corpo do juiz Hansen, e por isso fazia questão de gritar insultos com palavrões dirigidos a ele e chamá-lo com epítetos como "Punky Brewster" e "fucking punk".

A equipe da defesa iria tentar poupar a vida de Ron trazendo como testemunhas especializadas três psiquiatras e um psicólogo que afirmariam em seus depoimentos que, após haver examinado o réu, estavam absolutamente convencidos de que se tratava de um desequilibrado. A promotoria, por outro lado, tentaria conseguir a execução de Ron apresentando um psiquiatra e três psicólogos que argumentariam, com idêntica convicção, que ele era perfeitamente são e que sabia exatamente o que estava fazendo quando participara dos assassinatos de Brenda e Erica Lafferty.

A primeira testemunha a depor foi C. Jesse Groesbeck, médico psiquiatra chamado pela defesa, o qual afirmou que Ron perdera o juízo quando a esposa, Dianna, o deixara levando os filhos. "É claro", disse o dr. Groesbeck, "que ele não conseguiu tolerar a perda", desencadeando algo que o médico chamou alternativamente de "transtorno esquizo-afetivo" e "transtorno delirante".

Ele baseou seu diagnóstico no fato de que as estranhas crenças de Ron não podiam ser "modificadas por meio da razão" e que eram "tão fantásticas e tão afastadas de todo e qualquer tipo de aceitação racional por pessoas cultas, que poderiam ser caracterizadas como delirantes". Quando Dianna Laferty o deixou, especulou o dr. Groesbeck, Ron sofreu "uma perda completa da auto-estima e da auto-imagem", o que o levou a compensar "criando uma visão nova, porém irreal, de si mesmo e do mundo".

Mike Esplin, o principal advogado de Ron, perguntou ao dr. Groesbeck: "O senhor acha, com base em sua avaliação, que esses distúrbios mentais afetam a capacidade dele de compreender e apreciar as acusações ou alegações contra ele?".

"Sim", respondeu o psiquiatra. "Primeiro, ele é incapaz até mesmo de avaliar a realidade, por exemplo, do processo movido pelo Estado contra ele. Segundo, creio que, mesmo quando ele ouve alguns desses fatos, seu sistema delirante é tão forte [...] por exemplo, ele acredita profundamente que todas as provas que foram exibidas contra ele foram forjadas. Creio que isso é produto de seu pensamento delirante. E por causa disso [...] em minha opinião ele não preenche os critérios que o tornariam capaz de avaliar as acusações."

A testemunha seguinte, chamada pela defesa, era um psicólogo clínico e legista, chamado Robert Howell, que concordou com a opinião do dr. Groesbeck de que Ron sofria de um transtorno delirante, "uma doença esquizofrênica", que o tornava mentalmente inimputável.

Esplin perguntou ao dr. Howell se ele havia "visto indícios de delírio no sr. Lafferty".

Howell respondeu: "Sim, claro, desde 1985, e continuam até hoje". Frisou que muitos dos delírios de Ron tinham a ver "com o Estado e a família". Ron não compreendia por que estava sendo julgado pelo Estado e não por sua própria família. Segundo o dr. Howell, Ron considerava a questão de sua culpa ou inocência "um assunto de família", que poderia ser resolvido "numa conversa com Allen, o marido da mulher morta".

O dr. Howell prosseguiu descrevendo outros comportamentos delirantes de Ron: acreditava que Moroni estava tentando invadir seu corpo pelo reto; às vezes ouvia Cristo falando com ele; ouvia um som de campainha quando havia espíritos presentes e via fagulhas saindo de seus dedos.

No entanto, quando chegou a vez da argumentação do promotor, a equipe de peritos que testemunhou em favor da acusação tratou rapidamente de jogar um balde de água fria na idéia de que o comportamento de Ron demonstrava sua loucura ou inimputabilidade.

O primeiro desses peritos foi Noel Gardner, médico e psiquiatra ligado à Escola de Medicina da Universidade de Utah. O dr. Gardner concordou que a crença de Ron em "viajantes", espíritos perversos, escudos refletores e coisas assim era devida a "idéias estranhas, muito esquisitas. Da primeira vez em que li o *memorandum* da defesa que as descrevia, [...] pensei que esse homem deveria ser de alguma forma psicótico, porque tais coisas pareciam muito estranhas. Mas o que é interessante é que uma exploração mais profunda da origem dessas idéias, e da maneira como ele as utiliza e pensa nelas, deixou claro para mim que nada têm de psicóticas [...] [Elas são] muito coerentes com coisas que ele aprendeu desde criança".

Gardner explicou que Ron descrevia os "viajantes" como entidades espirituais capazes de "habitar diferentes corpos em momentos diversos". O médico assinalou que essa crença na verdade não era muito diferente da noção de reencarnação e que Ron simplesmente "usava rótulos muito incomuns" para "um conjunto de idéias bastante convencional. Existem literalmente milhões, provavelmente bilhões de pessoas que acreditam num mundo de espíritos".

Ron "fala do que ele chama escudos refletores", disse o dr. Gardner em seu depoimento, "que afastam as forças do mal, ou defendem contra elas. E, quando toca nesse assunto, as palavras sugerem um conjunto de idéias psicóticas ou paranóicas". Porém, continuou Gardner, Ron na verdade "descreve essas forças mais ou menos com o mesmo tipo de linguagem que as pessoas religiosas comuns utilizariam. Por exemplo, perguntei a ele de que maneira esses espíritos eram semelhantes, ou diferentes, da idéia de anjo da guarda, e disse a ele que eu próprio havia crescido em uma família que acreditava em anjos da guarda".

Ron respondeu que seus "escudos refletores" eram muito semelhantes aos anjos da guarda, o que o dr. Gardner considerou "bastante não-psicótico". Pareceu-lhe ser algo quase idêntico ao conceito cristão comum de erguer defesas "contra as tentações ou influências de Satã. Sob muitos aspectos, não era muito diferente de um texto normal do Novo Testamento [...] E é bastante evidente que muitas de suas idéias provêm dos ensinamentos mórmons que recebeu na infância".

Estimulando o dr. Gardner a continuar nessa linha, o assistente do promotor público do estado de Utah, Creighton Horton, perguntou: "As pessoas que crêem numa orientação divina, ou que acreditam que Deus manda anjos da guarda para nos proteger, são mentalmente doentes?".

"Espero que não", respondeu Gardner. "Sem dúvida, a maioria das pessoas em nosso país acredita em Deus. A maioria diz que reza a Deus. É uma experiência comum. E, embora os rótulos usados pelo sr. Lafferty certamente sejam pouco usuais, as formas de pensamento em si mesmas são na verdade muito comuns [...] para todos nós."

Horton: "A julgar pelo que lhe disse o réu, ele acha que os viajantes são capazes de entrar nos corpos humanos?".

Gardner: "Sim, ele acredita que os viajantes são capazes de entrar nos humanos".

Horton: "Existe um paralelo para isso na tradição judaico-cristã?".

Gardner: "A idéia de que os cristãos devem orar para que o Espírito Santo preencha suas vidas, penetre e controle suas vidas, que as possua [...] é uma noção muito comum [...] A idéia de que as pessoas possam ser influenciadas pelo mal, de que Satã é um ser pessoal capaz de influir sobre nós e de que Satã pode tomar o controle de nossas mentes e influenciar nosso comportamento, essa é uma noção usual para as pessoas religiosas, tanto cristãos quanto não-cristãos". Gardner recordou ao tribunal que diversas religiões ainda se dedicam a exorcismos, a fim de retirar espíritos maus que hajam tomado posse de indivíduos.

"As pessoas que praticam exorcismo", perguntou Horton, "são necessariamente doentes mentais, por acreditarem em maus espíritos?"

"É claro que não", respondeu Gardner.

Mais tarde, Gardner continuou buscando aprofundar a distinção entre acreditar em dogmas religiosos absurdos e o delírio no sentido clínico. "Uma crença falsa", frisou ele, "não constitui necessariamente a base de uma doença mental." Enfatizou que a maior parte da humanidade defende "idéias que não são especialmente racionais [...] Por exemplo, muitos de nós acreditam em algo que se costuma chamar transubstanciação. Isso ocorre quando o padre celebra a missa, quando o pão e o vinho se transformam realmente no corpo e no sangue de Cristo. Do ponto de vista científico, essa idéia é estranha, irracional, absurda. Porém a aceitamos com base na fé, pelo menos aqueles dentre nós que acreditam nisso. E, como ela se tornou tão conhecida e comum para nós, nem sequer notamos, em certo sentido, que ela possui um caráter irracional. O mesmo ocorre com relação à idéia do parto virgem, o que, para a medicina, é altamente irracional, mas é um dogma de fé do ponto de vista religioso".

Gardner explicou que o que torna as crenças religiosas de Ron Lafferty "tão extraordinárias não é que sejam um tanto estranhas ou mesmo irracionais, porque todas as pessoas religiosas têm [...] idéias irracionais; o que as torna diferentes é que são originais, são dele próprio". E, embora Ron houvesse construído sua própria teologia idiossincrática, Gardner afirmou com veemência que ele assim fez "de uma forma nada psicótica [...] Ele a criou a partir do que o agradava. Ele diz: 'Isso me dá uma sensação de paz, e sei que é verdade', e aquilo se torna parte de seu próprio e original dogma de fé. Não se trata do produto de uma mente esquizofrênica, deteriorada".

Quando o advogado de defesa Mike Esplin teve oportunidade de interrogar o dr. Gardner, procurou levar o médico a admitir que, já que a teologia de Ron era tão absurda e "desvinculada da realidade", ele deveria ser psicótico. Mas o psiquiatra manteve suas opiniões.

"Existem muitas idéias irracionais compartilhadas pela comunidade que não são psicóticas", replicou Gardner. "Todos nós temos idéias que não são baseadas na realidade." Em seguida, numa digressão fascinante, ele utilizou como exemplo sua própria educação numa família protestante conservadora que se filiava aos ensinamentos do arcebispo James Usher, teólogo irlandês famoso no século XVII. As crenças de sua família, explicou Gardner ao tribunal, eram "um tanto fundamentalistas, mas não mórmons". Embora seu pai fosse um médico inteligente e culto, "muito respeitado na comunidade como pessoa e como cientista", educou seus filhos na crença de que "o mundo foi criado literalmente em seis dias, há seis mil anos". Gardner recordou haver sido levado, quando criança, ao Museu Americano de História Natural, em Nova York, onde seu pai zombou das peças exibidas, fazendo questão de afirmar que o mundo não era tão antigo quanto o museu dizia, que as provas arqueológicas e geológicas que indicavam que a Terra tinha muitos milhões de anos de idade eram simplesmente "um engodo de Satã" destinado a iludir os ingênuos.

A obstinada crença de seu pai de que o mundo tinha sido criado seis mil anos antes, em apenas seis dias, era "uma idéia muito irracional", segundo depôs Gardner, "mas ele havia aprendido essa idéia da mesma forma que nós aprendemos todas as demais idéias": com a família e com a cultura na qual havia sido educado. E exatamente por esses meios, disse Gardner, seu pai havia instilado nele a mesma idéia quando ele era criança: "Aprendi que a Terra tinha seis mil anos de idade, assim como dois e dois são quatro."

Sem dúvida, argumentou Gardner, a teologia de Ron Lafferty é estranha, mas não é resultado de esquizofrenia ou de alguma outra doença mental. As crenças de Ron têm raízes em coisas que lhe foram ensinadas quando ele era muito pequeno, pela família e por sua comunidade, assim como as crenças do próprio Gardner. E, embora a teologia de Ron seja no fundo "um conjunto estranho de idéias", como disse Gardner, mesmo assim essas idéias possuem "uma espécie de coerência interna que não é diferente da coerência de outros sistemas de crenças não-verificáveis, outros tipos de religião".

O perito seguinte a depor para a promotoria foi um psicólogo do condado de Utah de nome Richard Wootton, mórmon praticante educado na Universidade Brigham Young. Na esperança de convencer o júri de que as crenças de Ron eram tão desequilibradas que poderiam ser caracterizadas como loucura, o advogado de defesa Mike Esplin perguntou a Wootton o que ele achava da afirmação de Ron de que não apenas o anjo Moroni era um "viajante" espiritual que invadia as pessoas pelo ânus, mas também a de que o motivo da existência de uma estátua de Moroni adornando a maioria dos templos modernos da LDS é que o anjo havia feito um acordo com Brigham Young em 1844, depois da morte de Joseph Smith. Segundo Ron, Moroni concordou em fazer de Brigham o novo líder da Igreja LDS se este último prometesse colocar a estátua do anjo no ponto mais alto do templo mórmon.

O dr. Wootton concordou que essa crença de Ron era estranha, mas insistiu que não era mais estranha do que muitas noções consideradas verdadeiras por pessoas religiosas, inclusive membros de sua própria religião, o mormonismo. Há muitas coisas aceitas por uma determinada cultura que pareceriam extremadas ou loucas para as pessoas de fora dessa cultura, argumentou Wootton. Quando lhe pediram um exemplo, ele mencionou as inúmeras visões e outras experiências sobrenaturais de Joseph Smith durante sua vida. "As pessoas de fora", observou Wootton, "poderiam considerar que essas experiências eram delírios."

Se alguém for comparar as revelações de Ron e sua crença em espíritos com o "material proveniente da doutrina da LDS", continuou o dr. Wootton, "veria que as afirmações dele não são tão extremadas como poderiam pensar alguns". Wootton explicou ao tribunal que os espíritos eram um tema freqüente nas conversas entre os mórmons comuns: "Dizemos que os espíritos estão 'do outro lado'. Não é incomum falar do que fica 'atrás do véu' e do que está 'do outro lado' no mundo dos espíritos".

Wootton reconheceu que Ron "tem tendência a levar ao extremo as coisas de natureza religiosa. No entanto, eu acrescentaria que conheço muitas dezenas de pessoas que fazem o mesmo e jamais cometem crimes. Portanto, não é difícil encontrar gente que leva a extremos certas idéias, religiosas ou não".

O último perito a depor a chamado da promotoria foi Stephen Golding, psicólogo forense que em 1980 fora co-autor de um livro muito elogiado sobre os parâmetros jurídicos da capacidade mental e colaborara no desenvolvimento da principal metodologia usada para verificar a competência de uma pessoa para ser submetida a julgamento. Interrogando o dr. Golding, Mike Esplin assinalou que a quarta edição do *Manual de diagnóstico e estatística de distúrbios mentais* (geralmente mencionado como DSM-IV)* afirma que as "crenças falsas", por definição, são delírios. Como todos pareciam concordar que as crenças de Ron Lafferty não se baseavam em fatos, sendo portanto falsas, Esplin quis saber por que Golding se recusava a caracterizar Ron Lafferty como alguém que sofria de delírios.

"Não se pode retirar uma palavra de um manual de diagnóstico e usá-la fora de seu contexto", respondeu Golding. "Quase todos os sistemas de crenças religiosas que conheço contêm noventa por cento de coisas que são artigos de fé e não podem ser convertidos em fatos. Assim, se usarmos sua definição, todos eles seriam falsos — seriam todos delirantes." A veracidade ou falsidade das crenças de Ron, explicou ele, não era relevante para determinar sua competência mental. Era necessário levar em conta outros critérios.

"A maneira como o sr. Lafferty vê o mundo", disse o dr. Golding, não é diferente da de outros fanáticos políticos ou religiosos neste país, no Irã, em Montana e em diversos outros lugares."

Esplin continuou a pressionar Golding, argumentando que o tipo de fanatismo religioso de Ron era tão excessivo que deveria ser considerado um sintoma de instabilidade psicológica, ao que Golding declarou: "Não creio que os fanáticos sejam em si doentes mentais". Explicou que existiam no mundo "fanáticos de todo tipo", políticos, religiosos etc. "Um fanático é simplesmente alguém que possui uma crença extremada e passionalmente arraigada", está disposto a "fazer grandes esforços para impor essa crença e age de acordo com ela [...] por exemplo, a organização terrorista palestina Hamas. A palavra hamas significa 'zelo'," reiterou Golding. "Creio que o que estou procurando dizer, e vou repetir, é que a existência de um sistema de crenças extremado, religioso, pessoal ou político não constitui, em si mesma, uma indicação de doença mental."

Como parte dos esforços da promotoria para caracterizar Ron como fa-

---

* O DSM-IV (*Diagnostic and Statistical Manual of Mental Disorders*), publicado pela Associação Americana de Psiquiatria, serve de bíblia para a medicina da saúde mental.

nático, porém mentalmente são, em certo ponto o assistente do procurador-geral, Michael Wims, pediu ao dr. Noel Gardner que comparasse Ron a esquizofrênicos que tivesse examinado. Gardner foi veemente em afirmar que Ron tinha pouca semelhança com pessoas gravemente doentes. "É possível entrevistar o sr. Lafferty sem perceber a vibração e a intensidade de seu afeto", testemunhou ele. "Esse homem gosta de uma boa piada." Gardner recordou que Ron ria muito, e "o riso é sempre uma experiência compartilhada [...] Uma coisa que posso afirmar, por haver trabalhado com centenas de esquizofrênicos durante minha vida, é que eles não compartilham o bom humor com as pessoas a seu redor. Na maior parte do tempo, são tristes. De vez em quando experimentam um humor idiossincrático, rindo sozinhos de coisas que nada têm a ver com seu ambiente. Porém um indício bastante sensível de psicose consiste em verificar se o indivíduo possui uma noção suficiente da realidade compartilhada para que seja capaz não apenas de compreender os fatos da realidade particular, mas também o significado e a importância social e sutil da ironia".

O dr. Gardner deixou bem claro que Ron Lafferty "é uma pessoa que tem prazer na interação com outros e que busca essa interação. Por natureza, os esquizofrênicos não procuram se relacionar: são isolados, solitários, encerrados em si mesmos".

Gardner afirmou: "O sr. Lafferty tinha pilhas de livros em sua cela. Ainda não vi um só esquizofrênico no Hospital do Estado que tenha livros e que os leia. Sabem por quê? Porque não conseguem se concentrar. Seus pensamentos sempre divagam. Não se encontram esquizofrênicos capazes de ler livros e depois debater os detalhes de seu conteúdo. O sr. Lafferty faz isso perfeitamente. Consegue demonstrar as idéias que aceita ou que rejeita [...] como todos nós fazemos".

"Ora, quando lemos nos jornais que ele recebeu revelações de Deus que o mandavam fazer determinadas coisas, temos a impressão de que ele é louco", reconheceu o dr. Gardner. Logo acrescentou, porém, que Ron absolutamente não lhe dava essa impressão, considerando-se que suas revelações ocorreram no contexto da Escola de Profetas: um grupo de indivíduos devotos e de idéias afins que se reunia regularmente a fim de avaliar tais revelações. "Isso é uma coisa muito diferente", disse Gardner, "da psicose de alguém que seja esquizofrênico e que acredite que Deus fala com ele. E a diferença é que aquelas seis pessoas compartilhavam a mesma realidade, faziam as mesmas coisas: rezavam juntas, liam juntas, conversavam entre si, avaliavam se as revelações efetivamente vinham de Deus ou não, se eram genuínas ou não."

"Essa é exatamente a tradição da igreja cristã", afirmou o dr. Gardner, na qual as pessoas procuram verificar se os espíritos que encontram "vêm de Deus ou não. É uma experiência comunitária, o mundo real de seis ou sete pessoas que se reúnem, compartilhando as mesmas idéias e conversando sobre elas no mundo real. Não se encontram esquizofrênicos que se reúnam em grupo e falem sobre as experiências comuns."

Se Ron não era louco, ou pelo menos não mais louco do que qualquer outra pessoa que acredita em Deus, nesse caso o que ele era? Por que as crenças religiosas dos irmãos Lafferty os haviam transformado em assassinos cruéis? O dr. Gardner disse ao tribunal que, embora Ron não fosse psicótico, demonstrava os sintomas de uma afecção psicológica denominada transtorno narcísico da personalidade, ou NPD. Segundo o DSM-IV, a NPD se caracteriza por

> um modelo constante de grandiosidade (em fantasia ou no comportamento), pela necessidade de ser admirado, falta de empatia [...] indicada por cinco (ou mais) das seguintes características:
>
> 1. sentido exagerado da auto-importância [...];
> 2. preocupação com fantasias de êxito ilimitado, poder, brilho, beleza, ou amor ideal;
> 3. acredita ser "especial" e que somente pode ser compreendido por pessoas igualmente especiais, as únicas com as quais pode se relacionar;
> 4. exige admiração excessiva;
> 5. sente-se titular de certos direitos exclusivos;
> 6. procura levar vantagem sobre outros de maneira egoísta a fim de atingir seus próprios objetivos;
> 7. é destituído(a) de empatia;
> 8. freqüentemente inveja outras pessoas ou acredita que outros tenham inveja de si;
> 9. demonstra comportamentos ou atitudes arrogantes, altaneiros, condescendentes ou desdenhosos.

Embora até 1980 o transtorno narcísico da personalidade nem mesmo estivesse relacionado como diagnóstico formal no DSM-IV, estima-se que um por cento da população norte-americana sofra dessa afecção; o NPD é um mal perturbadoramente comum. Aliás, convém lembrar que os narcisistas impulsionam a maquinaria cultural, espiritual e econômica da sociedade ocidental, como rapidamente reconheceu o dr. Gardner em seu depoimento. "Muitas pessoas bem-sucedidas são narcisistas", disse ele, acentuando que o narcisismo é especialmente disseminado entre homens de negócios, advogados, médicos e acadêmicos de sucesso. Essas pessoas possuem um forte sentimento de auto-importância, explicou Gardner, e acreditam "que são mais inteligentes e melhores do que qualquer outra pessoa. São capazes de imensos esforços para confirmar ou sustentar suas idéias de grandiosidade".

Como exemplos, Gardner citou alguns de seus próprios colegas na Escola de Medicina da Universidade de Utah: "É possível vê-los chefiando muitos departamentos [...] trabalham três ou quatro vezes mais do que os outros [...] e por isso se adaptam, transformando-se em pessoas de elavado desempenho. Por outro lado, isso prejudica sua capacidade de intimidade e aproximação, porque lhes falta empatia, não conseguem compreender a importância da experiência de vida de outras pessoas e por esse motivo trabalham sem dar atenção à esposa e a seus filhos, já que estão em busca da grandiosa visão que têm de si mesmos, o que poderá torná-los bem-sucedidos [...] mas prejudica efetivamente suas interações sociais e interpessoais".

Grandiosidade e falta de empatia, acentuou o dr. Gardner, eram as principais características da NPD, e Ron Lafferty ostentava visível sentimento de grandiosidade e era emocionalmente frio. Ron havia dito sem rodeios que a morte de Brenda Lafferty não lhe havia causado nenhuma emoção. E afirmava a todos que ele era uma pessoa especialmente importante aos olhos de Deus, que Deus o havia ungido, a ele, Ron Lafferty, como o "Homem Forte e Poderoso".

O desejo exagerado de impor a justiça não está relacionado no DSM-IV entre as características definidoras do transtorno narcísico da personalidade, mas deveria estar. Os narcisistas explodem de indignação autovirtuosa sempre que acreditam que outros estão desrespeitando normas, agindo de maneira desleal ou obtendo mais do que lhes cabe. No entanto, não hesitam em romper eles próprios as normas, porque sabem que são pessoas especiais e que as normas não se aplicam a eles. No caso de Ron, ele não tinha dúvidas em censurar qualquer pessoa que em sua opinião estivesse agindo de maneira egoísta ou viciosa, e no caso de Brenda e Erica Lafferty não hesitou em assumir o papel de juiz, júri e carrasco. Mas ninguém mais do que ele reagiu com tanto vigor ao ser acusado de lapsos morais, éticos ou legais.

Os narcisistas tendem a reagir mal quando enfrentados por pessoas que disputam a legitimidade de suas afirmações extravagantes. Podem cair em depressão ou ficar furiosos. Conforme explicou Gardner ao tribunal, os narcisistas "sentem-se horrivelmente mal" quando são depreciados ou denegridos. "Eles têm essa percepção de que são ou grandiosos, perfeitos e belos, ou absolutamente desprezíveis. Por isso, quando sua grandiosidade é desafiada, 'eles reagem com humilhação ou com raiva', como diz o manual de diagnóstico. Sua resposta às críticas é intensa. E creio que essa seja uma característica demonstrada com muita clareza pelo sr. Lafferty."

Gardner descreveu Ron como "um homem cuja personalidade exacerbada pela idéia de grandiosidade foi severamente desafiada pelo divórcio e pela rejeição de sua comunidade. Ele foi excomungado. E, nos momentos de meditação silenciosa, desenvolveu um conjunto de idéias que lhe proporcionou uma sensação de libertação e de alívio. Isso é lógico. Pode não se basear em fatos, mas tem um caráter lógico, porque serve a seus objetivos de maneira lógica".

Mike Esplin perguntou, com ceticismo: "Isso é lógico para ele?".

"Para ele, é", confirmou o dr. Gardner. "Qualquer psiquiatra que examine esse fenômeno diria se tratar de um conjunto de defesas que ele está utilizando a fim de não sentir tanto a dor de sua perda. Por isso criou algumas idéias que lhe trazem alívio. Muitas pessoas consideram a religião um conjunto de idéias criadas pelas pessoas como forma de consolo, porque vivemos em um mundo muito incerto e freqüentemente trágico."

Muitos argumentariam também que praticamente todas as pessoas que introduziram no mundo um novo arcabouço de crenças religiosas, de Jesus a Maomé, a Joseph Smith e a Ron Lafferty, se enquadram no diagnóstico do transtorno narcísico da personalidade. Na opinião de psiquiatras e psicólogos, qualquer indivíduo que se intitule profeta ou guru — que afirme se comunicar com Deus — é mental ou emocionalmente desequilibrado em certo grau, quase como um padrão.* Conforme escreveu William James em *The Varieties of Religious Experience*,

> Não há dúvida de que, efetivamente, as pessoas que levam uma vida exclusivamente religiosa tendem a se tornar excepcionais e excêntricas. Não estou falando do crente religioso comum, que segue os padrões normais de seu país, seja ele budista, cristão ou maometano. Sua religião pode ter sido criada para ele por outros, comunicada a ele pela tradição, levada pela imitação a assumir formas fixas, e adquirida pelo hábito. De pouco nos serviria estudar essa vida religiosa de segunda mão. O que precisamos é pesquisar as experiências originais que criaram o modelo para toda essa massa de sentimentos sugeridos e de conduta imitativa. Essas experiências somente podem ser encontradas em indivíduos para os quais a religião exista não como um hábito monótono, mas sim como uma febre aguda. Porém tais indivíduos são "gênios" no que respeita à religião; e, assim como muitos outros gênios que produziram frutos suficientemente eficazes para serem celebrados nas páginas das biografias, esses gênios religiosos freqüentemente exibem sintomas de instabilidade emocional. Talvez até mais do que outros tipos de gênios, os líderes religiosos têm sido alvo de visitações psíquicas anormais. São, invariavelmente, criaturas de sensibilidade emocional exaltada. Muitas vezes viveram vidas íntimas desarmoniosas e sofreram de melancolia durante grande parte de suas carreiras. Não conheceram medida, foram suscetíveis a obsessões e a idéias fixas, e muitas vezes caíram em transes, ouviram vozes, tiveram visões e apresentaram todo tipo de peculiaridades que normalmente são classificadas como patológicas. Além disso, freqüentemente essas características patológicas de suas carreiras colaboraram para conferir-lhes a autoridade e a influência religiosas.

Mas, se os profetas autoproclamados são narcisistas, poucos narcisistas acreditam serem profetas de Deus. E um número ainda menor dentre eles é assassino. Essas nuances estavam entre as que a promotoria solicitou aos jurados que considerassem com cuidado ao procurar convencê-los de que Ron Lafferty era meramente narcisista e religioso devoto, e não louco, e portanto

---

* Naturalmente, muitos argumentaram que a própria psiquiatria é simplesmente uma variante da crença secular — uma religião para os que não são religiosos.

deveria ser executado por sua participação no assassinato de Brenda e Erica Lafferty.

Em 10 de abril de 1996, após ouvir depoimentos durante quatro semanas e em seguida deliberar durante cinco horas, o júri concordou com a promotoria. Ron foi considerado culpado de homicídio doloso em primeiro grau e das acusações correlatas, numa repetição do resultado do primeiro julgamento, de onze anos antes.

O juiz Steven Hansen abriu a sessão do tribunal em 3 de maio a fim de proferir a sentença. Antes de fazê-lo, perguntou a Ron se havia algo que ele desejasse dizer. Ron replicou ao juiz: "Vá em frente e faça o que tem de fazer, seu cretino político, porque você não é mais do que um filho-da-puta, seu Stevie Wonder". Ron continuou a falar nesse tom durante alguns minutos, chamando o juiz, entre outras coisas, de "filho-da-puta idiota", que "vem trabalhar vestido de mulher".

Calmamente, o juiz perguntou se Ron havia terminado sua declaração final. Ron replicou: "Bem, minha declaração final é: lamba meu rabo, meu chapa... E é só. Não vale a pena ir adiante. Que diabo, provavelmente estou falando sozinho".

Após confirmar que Ron havia terminado de se dirigir ao tribunal, o juiz declarou: "Julgo e ordeno que o réu seja condenado à morte". Perguntou então a Ron se ele preferia ser executado "por um pelotão de fuzilamento ou por uma injeção endovenosa letal".

"Não prefiro nem uma nem outra", respondeu Ron. "Prefiro viver. Isso é o que prefiro."

"Se o senhor não disser qual a sua preferência", explicou o juiz, "eu decidirei que o método da execução seja a injeção letal."

"Eu já recebi a injeção letal do mormonismo", esbravejou Ron, "e acho que desta vez quero experimentar coisa diferente... fico com o pelotão de fuzilamento. Que tal? Está bem claro?"

"Está claro", disse o juiz, e em seguida condenou Ron a ser fuzilado por seus crimes — o que confirma o fato de que os fundamentalistas mórmons não são os únicos norte-americanos modernos que acreditam na expiação pelo sangue.

O advogado Mike Esplin protocolou uma série de apelações em favor de Ron, terminando por levar o caso até o Supremo Tribunal Federal. Em novembro de 2001, os juízes da mais alta Corte de Justiça do país não acolheram a apelação de Ron, o que praticamente assegura que ele será executado pelo governo do estado de Utah. Ron Yengich, advogado astuto e agressivo, substituiu Esplin como defensor em setembro de 2002. A execução será adiada até que Yengich esgote todas as possibilidades de apelação, mas a sentença deverá ser cumprida já em 2004. Quase ninguém, inclusive Dan Lafferty, acredita que Ron escape da morte pelo pelotão de fuzilamento.

"Não creio que haja qualquer possibilidade realista de meu irmão conseguir reverter a sentença de morte", confirmou Dan, em novembro de 2002. Ele considera que a execução de Ron é parte essencial dos planos de Deus para a humanidade. Com efeito, Dan acha que pode muito bem ser um indício de que o Armagedon está próximo — ou, em suas palavras, "um sinal de que a Grande Festa está chegando".

24. O longo e terrível dia

CREIGHTON HORTON, ASSISTENTE DO PROCURADOR-GERAL DO UTAH: *Então, essencialmente, o senhor diz que Ron teve uma revelação que indicava existirem pessoas que Deus desejava que fossem mortas, e o senhor o ajudou a matar essas pessoas?*

DAN LAFFERTY: *Não creio que haja nada errado nessa afirmação, digo que sim.*

CREIGHTON HORTON: *O senhor também disse a nossos investigadores que não se envergonhava de ser caracterizado como fanático religioso?*

DAN LAFFERTY: *Não, não tenho problemas com isso.**

Em agosto de 1995, durante a infindável série de petições e audiências que precederam o segundo julgamento de Ron Lafferty, houve um momento em que Dan e Ron foram levados simultaneamente ao tribunal de Provo, presidido pelo juiz Steven Hansen. Os dois se olharam, e Ron o saudou amistosamente: "Ei, meu irmão, como vão as coisas?".

---

* Esse diálogo ocorreu no Tribunal de Provo em 2 de abril de 1996, com Dan Lafferty no banco das testemunhas, durante o segundo julgamento de Ron Lafferty.

"Bom te ver", respondeu Dan, com um sorriso. Era a primeira vez em que os dois irmãos se falavam em onze anos, desde que haviam estado presos juntos na cadeia do condado de Utah. Apesar da troca cordial de saudações no tribunal do juiz Hansen, por volta de 1995 Dan passara a acreditar que Ron era uma "criatura do demônio", um agente de Satã que estava decidido a matá-lo a fim de impedir que ele cumprisse o restante da missão vital da qual Deus o encarregara.

Na verdade, Dan tinha bons motivos para acreditar que Ron quisesse acabar com sua vida, porque, da última vez em que haviam estado juntos, Ron tentara fazer exatamente isso, e quase conseguiu. Aconteceu em dezembro de 1984, cinco meses depois dos assassinatos, quando dividiam uma cela na cadeia do condado de Utah, à espera do julgamento. Dan estava deitado em seu catre tentando dormir, ao que recorda, quando "tive uma sensação estranha e abri os olhos, e vi Ron avançando devagar para mim". Apanhado em flagrante, Ron voltou a seu próprio leito. "Mas depois", diz Dan, "curiosamente, Ron me perguntou se eu achava que ele seria capaz de matar uma pessoa do meu tamanho, e eu respondi: 'Sim, acho que sim.'" A partir daquele instante, Dan resolveu ficar em guarda.

O restante da noite passou sem incidentes. No dia seguinte, entretanto, quando Dan estava na cela, Ron "repentinamente, pelas costas, me deu um soco na têmpora esquerda que me deixou tonto mas não me fez perder os sentidos". Dan voltou-se para encarar o atacante, e Ron desferiu uma saraivada de golpes, esmagando o nariz do irmão, deslocando diversos de seus dentes e quebrando-lhe uma costela. Dan, que manteve os braços caídos ao longo do corpo, sem oferecer resistência, disse que Ron não parou de bater "até que sentisse muita dor nas mãos e não conseguisse mais me socar. O sangue cobria o chão e as paredes". Na época, Dan atribuiu o ataque a problemas que Ron vinha tendo com "espíritos malignos".

Depois disso, os carcereiros separaram os dois irmãos, colocando-os em celas adjacentes. Não muito depois, Ron entregou ao irmão uma folha de papel por entre as grades. Nela estava escrita uma revelação que Ron dizia ter acabado de receber, na qual Deus mandava que Dan deixasse Ron matá-lo. Dan diz que rezou, pedindo orientação, e em seguida "senti que devia obedecer ao que a revelação mandava, e debatemos como isso deveria ser feito. Pensamos que a melhor maneira seria eu me encostar nas grades e deixar que ele pusesse uma toalha em volta de meu pescoço e me estrangulasse".

Logo que concordou em permitir que Ron o matasse, recorda Dan, "senti a necessidade de evacuar", o que ele interpretou como novo sinal de que a revelação era válida e deveria ser seguida. Diz haver entendido que ir à privada era parte do plano meticuloso de Deus, "para que eu não sujasse tudo quando morresse e meus músculos se relaxassem — na verdade, os intestinos têm espasmos, mas a bexiga relaxa quando a pessoa é estrangulada". Depois de usar a privada, continua Dan, "despedi-me de Ron e fiquei esperando ver Deus quando me coloquei de costas para as grades e Ron passou a toalha em volta do meu pescoço".

Do seu lado das grades, Ron ficou em um pé só e apoiou o outro nas barras, puxando a toalha contra a garganta de Dan e mantendo-a firme naquela posição, cortando o suprimento de oxigênio ao cérebro do irmão e fazendo com que milhares de pequenos vasos estourassem em volta de seus olhos. Pouco antes de perder os sentidos, recorda Dan, experimentara "um instante de desespero extremamente intenso [...] O que me lembro depois disso foi recuperar a consciência, deitado no chão da cela, reconhecendo aos poucos o que me rodeava", enquanto Ron "tentava explicar por que não havia executado o ato".

Aconteceu que, depois que Dan perdera os sentidos e ficara inconsciente contra as grades, Ron sentiu Deus lhe dizer que, se Dan respirasse novamente, seria um sinal de que deveria permanecer vivo. No momento seguinte, Ron viu que o peito de Dan se erguia, enchendo-se de ar, e então deixou-o cair ao chão. Os olhos de Dan estavam vermelhos devido à ruptura dos vasos, e uma barra horizontal havia lanhado sua nuca, mas ele continuava a respirar e recuperou a consciência.

No dia seguinte, diz Dan, "Ron começou a dar mostras de aflição, ainda mais do que antes. Caminhava de um lado para o outro da cela, murmurando que teria mais uma oportunidade e que dessa vez tinha de fazer as coisas direito. Um ou dois dias depois, entregou-me outra revelação, que dizia que eu deveria de novo deixá-lo me matar, mas quando rezei não me senti disposto a me submeter e permitir que ele fizesse tudo outra vez". Dan informou ao irmão que não iria obedecer à revelação daquela vez, e Ron "pareceu piorar ainda mais, com seus demônios e sua aflição particulares".

Imediatamente depois, em 29 de dezembro, Ron se enforcou usando um cabide de toalhas numa ocasião em que Dan havia sido retirado da cela para ser interrogado, e sem dúvida Ron teria morrido se Dan tivesse demorado alguns minutos mais para voltar. Quando os enfermeiros o atenderam, Ron não respirava e não tinha pulso. "Aparentemente, sua recuperação no hospital foi miraculosa, e muita gente comentou", diz Dan. "Eu também fiquei pensando sobre isso [...] Agora, tantos anos depois, creio que compreendo pelo menos parte dos motivos para que as coisas tenham acontecido daquele modo."

Durante o segundo julgamento de Ron, em 1996, a promotoria convenceu o júri, composto de doze pessoas, de que Ron não era psicótico — que ele tinha perfeita consciência do que estava fazendo quando participara dos assassinatos de Brenda e Erica Lafferty e que era portanto capaz de ser julgado. "Ron é louco?", pergunta o asistente do procurador-geral do Utah, Michael Wims, seis anos depois daquela decisão. "Sim, é tão louco quanto uma raposa."

Muitos dos habitantes de Utah compartilham a opinião de Wims de que as explosões de Ron no tribunal e seus estranhos pronunciamentos religiosos não eram sinceros. Acham que ele estava simplesmente se fingindo de louco para evitar a sentença de morte. Especulam ainda que as afirmações de Ron sobre ter recebido revelações divinas constituem tentativas cínicas de manipular e enganar. Porém quase ninguém duvida da sinceridade da fé religiosa do irmão de Ron. A maioria das pessoas em Utah considera a teologia de Dan Lafferty absurda e horripilante, mas reconhece que ele parece ser um verdadeiro crente.

Como em geral acontece, as coisas em que Dan hoje acredita não são exatamente as mesmas em que acreditava quando matou Brenda e Erica. "Depois que cheguei ao mosteiro — depois que cheguei a esta prisão —, minhas crenças evoluíram muito", diz ele. Dan já não defende os dogmas do fundamentalismo mórmon. "Mudei de Deus", afirma. "Eu havia abandonado a igreja LDS para me dedicar ao fundamentalismo, e agora abandonei o fundamentalismo." Hoje em dia a teologia de Dan é um estranho *pot-pourri* que mistura o Velho Testamento, o Novo Testamento, *O livro de Mórmon*, escrituras fundamentalistas e as maquinações hipercinéticas da mente do próprio Dan.

"Quando nos dedicamos integralmente, de coração, à busca da verdade", diz Dan, "em pouco tempo começamos a ver as contradições daquilo que aprendemos. Começamos a perceber que alguma coisa não está certa e não parece certa. Alguma coisa começa a cheirar mal [...] Eu costumava me considerar um fanático religioso, mas agora compreendo que fui expulso da Igreja LDS porque era fanático pela verdade. Tenho necessidade de resolver as contradições, e por isso fui excluído."

Todas as religiões modernas são fraudulentas, assevera Dan, e não apenas a Igreja LDS. "A religião organizada é o ódio disfarçado em amor. Isso inevitavelmente nos leva de volta à religião tal como originalmente ela existiu, antes que fosse corrompida. Nos torna fundamentalistas. Podemos perceber em que ponto a Igreja esqueceu as respostas, ao deixar de lado seus princípios fundamentais. Por isso, a crença evolui para o fundamentalismo."

"Mas depois compreendi que nem o fundamentalismo fornece respostas. Aparecem algumas das mesmas contradições. Felizmente para mim, percebi isso quando vim para este mosteiro. Foi aí que tudo começou a se deslindar lentamente e as peças foram se juntando."

No cerne da atual crença de Dan, assim grotescamente transmudada, está a convicção de que ele é Elias, o profeta bíblico conhecido por suas tendências solitárias e inflexível devoção a Deus. E Dan tem certeza de que, como Elias, sua missão será anunciar, nos Últimos Dias, o Segundo Advento de Cristo. De acordo com Dan, "Em meu papel de Elias, sou como João Batista. Elias significa 'precursor', aquele que prepara o caminho. João Batista preparou o caminho para o Primeiro Advento de Cristo. Estou na Terra para preparar o caminho do retorno do Filho do Homem".

Dan acredita — assim como acreditava quando era mórmon fundamentalista — que o fato mais evidente da existência é a imutável divisão da humanidade entre aqueles que são inerentemente virtuosos e os que são inerentemente perversos. "Algumas pessoas foram escolhidas para serem filhos de Deus", explica Dan, "e outras se tornaram filhas do demônio. Cada um de nós ou é irmão, filho de Deus, ou é um fodido, filho do diabo. Não há como escapar disso."

"Existem dois pais, Deus e o demônio. Todos os filhos de Deus têm algo que nenhum dos filhos do demônio possui, que é o dom de amar. O demônio não conseguiu programar o amor em seus filhos porque o amor é algo que ele não possui nem compreende. Está além de seu conhecimento. Os filhos do diabo têm somente ambição, ódio, inveja e ciúme."

Segundo Dan, em certo momento Cristo reuniu em volta de si todos os seus filhos e anunciou: "'Quero fazer uma festa que vai durar mil anos. Estão interessados? Querem fazer uma festa comigo nesta terra durante mil anos?' E nós respondemos: 'Sim, queremos!'. Então, ele disse: 'Muito bem, essa é a parte boa. Mas eis aqui a parte ruim: não é possível ganhar alguma coisa sem pagar por ela [...]. Vou deixar que a Terra se transforme num inferno durante seis mil anos antes de torná-la um Paraíso. E o inferno, por definição, é o lugar em que o demônio e seus filhos fazem suas merdas. Então, apenas deixarei que o demônio povoe a Terra com todos os seus fodidos e depois vou colocar vocês, meus filhos, na Terra, uns poucos de cada vez. E cada hora que passarem nesse inferno-na-Terra com os fodidos estarão ganhando créditos para a Grande Festa. Vai levar seis mil anos, mas aí teremos todos os créditos de que necessitamos para nossa festa. Então eu virei, e faremos a colheita da Terra — basicamente, removeremos todos os fodidos — e limparemos a pista de dança para nossa festa de mil anos'".

"Cristo disse a Seus filhos: 'Sei que a vida é uma merda louca, mas estou aqui para dizer que há um objetivo por trás dela. Estamos trabalhando para o reino de Deus. E a maneira de fazer isso é cumprir nosso tempo aqui. Cada hora que passamos aqui estamos acumulando os créditos para a Grande Festa. Essa é a promessa. Essa é a aliança. Por enquanto isto aqui vai ser uma loucura, mas no final eu virei, por meio de Elias'."

Do modo como Dan vê as coisas, "já que estamos todos aqui no inferno-sobre-a-Terra, onde o demônio e seus filhos governam tudo o que está organizado, era natural que os filhos do demônio nos enganassem fazendo com que adorássemos seu falso Deus. Mas, antes que o Deus do amor entre em cena, será importante de alguma forma ajudar Seus filhos — os filhos do amor — a abrir os olhos, para que saibam quem é esse bendito sacana que virá para ser amigo deles no dia conhecido na Bíblia como o 'Grande e Terrível Dia do Senhor' (grande para seus filhos, terrível para os fodidos), que também aparece na parábola do joio e do trigo como 'a colheita'".*

---

* Essa alegoria bíblica, conhecida como a parábola do joio e do trigo (o joio é uma erva daninha que infesta os trigais), aparece em Mateus 13:24. Diz que certa noite, quando todos dormiam, Satã semeou joio nos campos de trigo do Reino dos Céus. Jesus instruiu seus seguidores a deixar que o joio crescesse junto com o trigo "até a colheita. Nesse momento direi aos ceifeiros: 'Primeiro colhei o joio e amarrai-o em fardos para ser queimado; em seguida colhei o trigo e trazei-o ao meu celeiro'". Vale a pena mencionar que Dan Lafferty não é o único fanático obcecado por essa parábola. Brian David Mitchell, o fundamentalista mórmon que raptou a adolescente Elizabeth Smart em 2002, a cita em seu folheto, *O livro de Emmanuel David Isaiah:* "tem havido corrupção e perversidade no sacerdócio. Pois Satã aparece às escondidas e semeia joio em meio aos trigais".

"A profecia é que o 'Grande e Terrível Dia' virá quando Deus mandar seus anjos, como ceifeiros, para levar para fora de Seu reino todos aqueles que não pertencem a Ele, e matá-los; e isso era em parte o que eu estava prenunciando", explica Dan, "quando tirei as vidas de Brenda e de Erica. Sei que isso pode parecer um tanto macabro, mas para mim é a interpretação correta. Não creio que os anjos dessa profecia sejam criaturas aladas que desçam voando do céu, mas que são, isso sim, mais como aqueles que Joseph e Brigham chamaram de 'anjos vingadores': homens que já vivem aqui na Terra e que simplesmente executarão o serviço do Senhor como eu fazia, tão logo saibam quem é seu Pai e tenham sido adequadamente instruídos."

Dan acredita que Deus o designou, assim como fez com Elias, para informar aos virtuosos no momento adequado "quem é seu Pai", iniciando dessa forma o Reino de Deus, que durará mil anos. "Estou certo de que serei eu quem identificará Cristo quando Ele retornar", diz ele. Segundo Dan, um ou dois anos depois de seu encarceramento, ele teve "essa experiência [...] na época eu não sabia o que significava. Eu estava andando para cá e para lá em minha cela. Era na metade do dia. De repente ouvi uma voz. Era completamente diferente das revelações recebidas por intermédio da Escola de Profetas. Enquanto eu caminhava, ouvi a voz dizer: 'Escreva isto: a lua vai brilhar do meio-dia às nove [...]'. Foi tudo o que ouvi. E durante estes anos pensei: 'Que diabo signfica isso?'. Finalmente tudo se ajustou e fez sentido. Descobri isso recentemente, há mais ou menos um ano: o sinal de Cristo será que a lua vai brilhar no céu do meio-dia às nove da noite. Não sei como isso vai acontecer, mas quando acontecer estou certo de que todos saberão de que se trata."

Extrapolando essa sua lógica singular, Dan compreendeu também o motivo pelo qual Ron tentou estrangulá-lo com a toalha, em 1984: era porque o demônio revelara a Ron que Dan era Elias e tinha sido escolhido para anunciar ao mundo o retorno de Jesus. Dan imagina que o demônio realmente contou a Ron sua missão especial muito antes que Deus o revelasse a ele próprio, Dan.

"Em algum momento", explica Dan, "creio que Ron recebeu a instrução de que era importante me matar. O motivo básico foi que o pai dele — o demônio — estava procurando evitar o inevitável." O demônio havia recebido o mundo durante seis mil anos, mas esses seis mil anos estão prestes a terminar, diz Dan, e portanto "não admira que o demônio não queira devolver o controle quando o tempo acabar". E a maneira pela qual o diabo espera prosseguir seu reinado é fazer com que Ron mate Dan/Elias, impedindo-o assim de anunciar o retorno de Cristo. "Tenho certeza", declara Dan, "de que isso foi o que fez Ron tentar tirar minha vida. Porque a Bíblia afirma que, se Elias não conseguir cumprir sua tarefa, Cristo não poderá retornar."

Dan diz que deveria ter reconhecido que Ron era um dos asseclas de Satã já na primavera e verão de 1984, quando ele e o irmão percorriam o oeste norte-americano no Impala, porque ao contrário do que disseram os peritos que depuseram no segundo julgamento de Ron, em 1996, Ron já estava "mostrando sinais de esquizofrenia [...] enquanto viajávamos juntos e nos conhecíamos melhor, era comum Ron de repente se ausentar mentalmente. Suspeito que nessas ocasiões ele estivesse ouvindo vozes". Essas vozes, especula Dan, eram instruções do diabo.

Além disso, Dan não tem dúvidas de que Ron continua decidido a matá-lo e espera pacientemente a oportunidade de fazê-lo: "Tenho certeza de que ele continua a ouvir as vozes que o mandam me matar". Dan sabe de tudo o que se comenta na fábrica de boatos da prisão. E o que se cochicha no corredor da morte, diz ele, é que "Ron está em muito boa forma e tem se exercitado como um lutador de boxe que se prepara para a luta que vale o título". Dan está certo de que Ron espera ter mais uma oportunidade de estar em sua companhia, e que, quando isso acontecer, "ele quer estar pronto para cumprir sua tarefa".

Por seu turno, Dan acha que Deus não deixará que Ron o mate. Na verdade, o regime de treinamento de Ron o estimula, porque o considera um sinal de que o Fim dos Tempos se aproxima: Dan acredita que o Príncipe das Trevas deve perceber que "é quase o momento de iniciar a colheita", o que o incita a fazer com que Ron esteja em forma para uma última tentativa desesperada contra a vida de Dan, evitando assim a chegada do Grande e Terrível Dia. Satã sabe que, se for permitido a Dan continuar vivo, não haverá como deter o retorno de Cristo, e "o demônio e todos os seus irmãos e irmãs serão mortos com muito 'pranto e ranger de dentes'".

Até esse momento abençoado, no entanto, em que "a lua brilhará do meio-dia às nove" e Dan vai poder gritar aos quatro ventos que Cristo retornou, ele espera dentro dos sombrios corredores da unidade de segurança máxima da prisão, onde até agora já passou metade de sua vida adulta. Mas o que acontecerá se a lua não brilhar do meio-dia às nove? E se os assassinatos de Brenda e Erica Lafferty na verdade não fizerem parte dos planos de Deus, e sim tiverem sido nada mais do que um crime de crueldade tão abismal que não tenha perdão? Em suma, e se Dan tiver entendido tudo errado? Já terá ele pensado que, na verdade, tem muita coisa em comum com outro fundamentalista de convicções fanáticas, Osama bin Laden?

"Já me fiz essas perguntas", reconhece Dan. "Eu poderia estar no lugar dele? É assim que eu sou? E a resposta é não. Osama bin Laden é um fodido, é filho do demônio. Creio que sua verdadeira motivação não é uma cruzada em prol da honestidade e da justiça, que talvez tenham sido suas motivações em sua vida anterior. Hoje ele é impelido pela cobiça, pelo lucro e pelo poder."

E o que dizer dos auxiliares de Osama, os guerreiros sagrados que sacrificaram suas próprias vidas por Alá lançando jumbos no World Trade Center? Certamente a fé e as convicções deles eram tão profundas quanto as de Dan. Será que Dan acredita que a sinceridade das crenças deles justifica seus atos? E, se não é assim, como pode Dan saber se o que ele fez não é tão equivocado quanto o que os seguidores de Bin Laden cometeram em 11 de setembro, apesar da evidente sinceridade de sua própria fé?

Dan faz uma pausa para meditar sobre essa possibilidade, e há um instante em que a sombra de uma dúvida parece se acender em sua fisionomia. Mas isso dura apenas um segundo e desaparece. "Tenho de reconhecer que os terroristas estavam seguindo seu profeta", diz Dan. "Estavam dispostos essencialmente a fazer o que eu fiz. Mas a diferença entre essa gente e mim é que eles seguiam um falso profeta, e eu não."

"Me considero um homem bom", insiste Dan. "Nunca fiz nada intencionalmente mau. Nunca. Às vezes, quando começo a pensar que talvez o que fiz tenha sido um terrível erro, olho para trás e digo a mim mesmo: 'Que eu teria feito de diferente? Terei sentido a mão de Deus me guiando no dia 24 de julho de 1984?' E em seguida me lembro com muita clareza: 'Sim, estava sendo guiado pela mão de Deus'. Por isso sei que fiz o que era correto. Cristo disse: 'Se quiserdes saber se algo é verdadeiro, acreditai. Eu vos ajudarei e conhecer a verdade'. E foi isso o que ele fez comigo."

"Estou certo de que Deus sabe que eu O amo. Sei que tudo vai dar certo e que haverá um final feliz para esta estranha experiência. Já tive muitas oportunidades de olhar brevemente através desse tênue véu da realidade e por isso não há como eu pensar de outra maneira. Mesmo quando tentei não acreditar, isso não me foi possível."

Tranqüilo em sua convicção de que viveu uma vida virtuosa, Dan Lafferty está seguro de que não ficará apodrecendo por muito mais tempo na unidade de segurança máxima. Tem certeza de que "a qualquer momento" ouvirá o fragor das trombetas que anunciam os Últimos Dias, e nessa ocasião será libertado desse inferno de revistas pessoais, comida de prisão e arame farpado, a fim de assumir o lugar que lhe cabe no Reino de Deus.

25. A religião norte-americana

Os relatos sobre os mórmons e a Igreja Mórmon [...] tendem a oscilar entre dois extremos. Por um lado, o que se conta a respeito do mormonismo desde a fundação da igreja por Joseph Smith, na década de 1820, costuma realçar os aspectos sensacionais, macabros, escandalosos, heréticos e excitantes, pela simples razão de que, bem, existe muita coisa na história, cultura e doutrina do mormonismo que é sensacional, macabro, escandaloso, herético e excitante, em comparação com a cultura norte-americana geral, tanto naquela época como hoje em dia [...]

Por outro lado, outros relatos sobre os mórmons — relatos sobre pessoas, e não dogmas de sua estranha crença — freqüentemente deram ênfase à alegre virtude, à bondade reta e mesmo assim muitas vezes descontraída e pragmática de seus adeptos, sua capacidade de manter famílias unidas e educar crianças direitas, proporcionando o consolo de uma comunidade no confuso mundo moderno, com mais sucesso do que muitas outras pessoas. Esse relatos freqüentemente deixam discretamente de lado os dogmas às vezes embaraçosos que, especialmente para os mórmons, poderiam parecer parte importante da origem desse êxito moral. Se os adversários do mormonismo muitas vezes perguntam "Será que podemos impedir que os mórmons sejam mórmons?", os admiradores ostensivos do mormonismo outras tantas vezes perguntam, ao menos indiretamente: "Não seria possível ter os mórmons — mas sem o mormonismo?".

Kenneth Anderson, "A Peculiar People: The Mystical and Pragmatic Appeal of Mormonism", *Los Angeles Times*, 28 de novembro de 1999

> *Uma genuína experiência religiosa direta [...] certamente será uma heterodoxia para quem a testemunhe, e o profeta parecerá um louco solitário. Se sua doutrina se mostra suficientemente contagiante para se espalhar a outras pessoas, torna-se uma heresia definitiva e rotulada. Mas se continuar a se mostrar suficientemente contagiante a ponto de triunfar contra as perseguições, transforma-se em ortodoxia; e, quando uma religião se transforma em ortodoxia, termina seu intimismo: a fonte seca; os fiéis vivem experiências exclusivamente indiretas e, por sua vez, apedrejam os profetas. A nova igreja, qualquer que seja a bondade humana que promova, passa a ser considerada firme aliada de todas as tentativas de abafar o espírito espontâneo e de deter todos os murmúrios posteriores da fonte que, nos dias de mais pureza, era seu único manancial de inspiração.*
>
> William James, *The Varieties of Religious Experience*

A maioria dos fundamentalistas mórmons compartilha da certeza de Dan Lafferty de que o Armagedon é iminente. Warren Jeffs, o novo profeta de Colorado City, está absolutamente convicto disso. Embora não tenha se realizado a profecia de seu pai, tio Rulon, de que o mundo seria varrido por um furacão de fogo até o ano 2000, os acontecimentos de 11 de setembro de 2001 renovaram o otimismo de Warren.

Em declarações públicas, Warren condenou a sangrenta façanha dos terroristas islâmicos, mas diz em seus sermões aos fiéis em Bountiful e em Colorado City que os ataques a Nova York e Washington foram um magnífico presságio e motivo de grande esperança. Sem fôlego, ele diz a seus seguidores que a explosão de terrorismo contra os Estados Unidos é um sinal inequívoco de que o Fim dos Tempos está efetivamente próximo e que muito em breve o povo eleito de Deus será ascendido para conhecer a Glória Eterna. No Canadá, dezenas de fotos dos aviões explodindo no World Trade Center, recortadas de revistas, foram afixadas nas paredes da escola de Bountiful, para que os alunos não duvidem de que os Últimos Dias estão chegando.

Quanto à Igreja LDS tradicional, ela sempre afirmou que "a hora está próxima" e que haveria pestes e desolação antes do Segundo Advento de Cristo. As autoridades da igreja em Salt Lake vêm há muito tempo instando os mórmons a estocar alimentos e artigos de sobrevivência para um ano, a fim de se preparar para esse período de privações. Mas, além de citar as escrituras que prevêem o fim do mundo para sete mil anos após sua criação, os líderes da LDS mantêm certa prudência quanto ao exato momento em que ocorrerá o Apocalipse.

Nesse ínterim, em qualquer momento sessenta mil missionários da igreja estão percorrendo o mundo, convertendo novos membros em um ritmo espantoso. O respeitado sociólogo Rodney Stark causou surpresa em 1984 ao prever que haveria 265 milhões de mórmons no planeta por volta de 2080. Após reavaliar seus cálculos em 1998, a fim de levar em conta as taxas de crescimento mais recentes, Stark reformulou sua previsão para cima: acredita agora que a Igreja LDS terá perto de trezentos milhões de adeptos nas décadas finais deste século.

Se a expansão da fé LDS continuar no ritmo atual, dentro de sessenta anos governar os Estados Unidos será "impossível sem a cooperação dos mórmons" — segundo o eminente estudioso Harold Bloom, professor de humanidades na Universidade Yale e admirador declarado de Joseph Smith e dos mórmons. Em 1992, em seu influente livro *The American Religion*, Bloom escreveu:

> Dois aspectos da visão dos Santos me parecem ser claramente centrais: nenhum outro movimento religioso norte-americano é tão ambicioso e nenhum dos rivais nem sequer se aproxima da audácia espiritual que os impele sem cessar em direção ao cumprimento de um desígnio titânico. Os mórmons têm a intenção de converter o país e o mundo, passando de cerca de dez milhões a seis bilhões de almas.

Mais adiante, no mesmo livro, Bloom fez uma previsão audaciosa sobre o que fará a liderança da LDS quando atingir suficiente força política:

> Quem poderia acreditar que os mórmons algum dia fossem abandonar a prática do casamento celestial, se não fosse a pressão federal? [...] Prevejo, com satisfação, que em algum dia não muito distante, ainda no século XXI, os mórmons terão suficiente poder político e financeiro para adotar novamente a poligamia. Sem isso, de uma maneira ou de outra, a visão integral de Joseph Smith nunca poderá se realizar.

A previsão de Bloom pode ser alarmante, mas também parece exagerada. A Igreja LDS do século XXI é muito diferente da igreja do século XIX. A historiadora da LDS Dale Morgan escreveu, em uma carta a Juanita Brooks em 1945, que "foi o magnetismo pessoal de Joseph que originalmente atraiu as pessoas para ele", mas, depois que sua igreja estava estabelecida, a religião "adquiriu uma existência quase independente. As vidas de seus convertidos lhe conferiram dignidade; tornou-se uma força social que trazia energia às vidas de inúmeras pessoas colhidas em seu curso".

As vantagens obtidas pelos mórmons ao abandonar a poligamia foram tantas que é difícil imaginar que as autoridades da LDS venham a restabelecê-la por vontade própria. O caminho do mormonismo hoje em dia é traçado menos pelos teólogos e pelos profetas deslumbrados do que por homens de negócios e publicistas. Os rendimentos anuais da Igreja LDS são estimados em mais de seis bilhões de dólares, e atualmente ela é a maior empregadora no estado de Utah. Já há mais de um século a igreja vem descambando lenta porém inexoravelmente para a insípida normalidade da parte central dos Estados Unidos.

A Igreja Mórmon tradicional possui, porém, um componente claramente irônico. Quanto mais a religião da LDS se afastar das facetas mais polêmicas da teologia de Joseph Smith e conseguir se tornar cada vez menos original, certamente os fundamentalistas arrancarão das crescentes hostes da Igreja Mórmon um número maior de convertidos. Comunidades como Colorado City e Bountiful continuarão a obter adeptos vindos das fileiras dos Santos mais fervorosos, porque sempre haverá mórmons ansiosos por recuperar o espírito e a ardente paixão da visão do profeta fundador — mórmons como Pamela Coronado.

Vejo-a neste momento, mulher de pouco mais de quarenta anos, vestida com um macacão desbotado, arrancando papel de parede da sala de uma velha casa de fazenda que o profeta Onias acaba de adquirir. Alta e graciosa, com olhos muito azuis que projetam grande serenidade debaixo de uma nuvem de cabelos louros ondulados, Pamela e seu marido, David Coronado, tornaram-se seguidores de Onias no início de 1984, logo depois que a Escola de Profetas foi fundada no condado de Utah. "Conhecemos Bob Crossfield — Onias — quando fomos a uma das reuniões deles", recorda Pamela. "Fomos até lá porque havíamos encontrado *O livro de Onias* em um sebo e lemos as revelações de Bob. Imediatamente pensamos: 'Isso se parece com as revelações de Joseph Smith! Isso é idêntico ao *Doutrina e mandamentos*!'. Ficamos muito impressionados."

David Coronado ficou de fato tão impressionado que escreveu à Philosophical Library, a gráfica que havia impresso o livro para Onias, a fim de descobrir como entrar em contato com o autor-profeta. "Eles disseram a David que Bob havia acabado de transferir sua base de operações para a região de Provo, exatamente onde morávamos", diz Pamela. "Então fomos a uma reunião. Era na casa da família Lafferty, em Provo, e lá conhecemos Bob e os Lafferty. Foi assim que passamos a fazer parte da Obra."

Pamela tinha crescido em Provo, numa família mórmon tradicional. "Meu pai foi uma das primeiras pessoas a comprar ações da Mina do Sonho", informa ela, orgulhosamente, embora seus pais não fossem de maneira alguma fundamentalistas. Em 1978, ao completar 21 anos, Pamela foi chamada a uma missão na França, e sua experiência como missionária, ao que conta, "é que me fez começar a questionar a direção em que se encaminhava a igreja. Todos os dias lá estava eu testemunhando a veracidade do *Livro de Mórmon* e de Joseph Smith; até aí tudo bem, mas, quando chegava a hora de dar testemunho do profeta como 'único profeta vivo e verdadeiro de Deus', tinha realmente muita dificuldade em dizer o que deveria dizer. Simplesmente não acreditava nele, nem em sua liderança da igreja". Na ocasião, o presidente e profeta da LDS era Spencer W. Kimball, que acabava de abalar todo o reino dos mórmons revisando radicalmente a doutrina da igreja para permitir que homens de pele negra pudessem ser admitidos no sacerdócio.

Ao concluir sua missão, Pamela regressou a Provo e assumiu um emprego de professora no Centro de Treinamento de Missionários, onde conheceu David Coronado; casaram-se oito meses depois. Sucede que David havia nascido em Colonia LeBaron, no México, e pertencia ao famigerado clã LeBaron. Durante o auge da trajetória de assassinatos de Ervil LeBaron, um de seus enlouquecidos seguidores havia chegado a atirar contra a mãe de David, com a intenção de matá-la — o que a fez emigrar para os Estados Unidos levando David e seus oito irmãos a fim de escapar da chacina.

Embora perturbado pela violência de seus ancestrais, ao atingir a idade adulta David passou a acreditar que a versão fundamentalista do mormonismo era o verdadeiro caminho em direção a Deus. Depois de se casar com Pamela — cujas dúvidas a respeito da igreja tradicional vinham aumentando desde que voltara da missão —, ela abraçou de coração a visão fundamentalista dele. Ao conhecerem o profeta Onias em 1984, estavam mais do que dispostos a juntar-se à "Obra".

Seis meses mais tarde, entretanto, Dan Lafferty assassinou Brenda e Erica Lafferty, e o mundo dos Coronado virou de cabeça para baixo. "Quando aconteceu aquela coisa dos Lafferty, todos aqui ficaram muito assustados", diz Pamela. "Foi muito chocante. Como éramos ligados à família Lafferty, as pessoas achavam que éramos perversos. Fomos excluídos. Durante algum tempo, minha família teve medo de ser morta."

Mas nem o horror dos assassinatos dos Lafferty nem as perturbações e a perseguição subseqüentes conseguiram abalar a fé do casal Coronado em Onias e na Obra. Tanto David quanto Pamela estão convencidos de que a abertura do sacerdócio da LDS aos negros foi uma terrível apostasia. E ambos acreditam completamente no princípio do casamento plural, ainda que não tenham ainda se dedicado à poligamia. "Pensamos nisso muitas vezes", diz Pamela. "Houve muitas, muitas mulheres que poderiam ter vindo fazer parte de nossa família — amigas íntimas a quem todos nos sentíamos ligados e que se sentiam atraídas pela família. Mas quando chegou a hora de resolver — bem, nunca aconteceu. Na época era simplesmente difícil demais."

Pamela pára de arrancar o papel de parede, pousa as ferramentas e vai à cozinha preparar o almoço para a filha, Emmylou, e para o profeta Onias. "Eu poderia viver o Princípio agora, que já estou mais velha", diz ela, alegremente. "Já amadureci muito. Posso compreender que meus filhos terão a ganhar com os talentos de outra mulher. Não estou dizendo que não possa haver momentos difíceis, mas também imagino que será muito agradável."

O rosto de Pamela se franze. Pensar que entrar para a Obra é principalmente uma questão de casamento plural, ou de evitar que os negros sejam sacerdotes, ou de outros temas de doutrina, diz ela, é um completo equívoco. Tais assuntos — ela faz questão de afirmar — são somente "os motivos superficiais" de sua crença. Diz que a verdadeira base de sua fé "é espiritual. Tudo tem a ver com o espírito que existe em nossos corações".

Ao ouvir isso, o profeta Onias entra em cena. "A Igreja LDS perdeu quase completamente o espírito", diz ele. "Quando a gente ouve os sermões aos domingos, ou as coisas que dizem na Conferência Geral, percebe que a maioria deles nada sente."

Em vívido contraste, o espírito inflama Pamela como uma chama ardente. A energia que dele provém é palpável: pode-se quase sentir o calor que emana de sua pele. "Eu lhe digo", prossegue Pamela, levando as mãos ao peito e sorrindo, "que quando a gente sente o espírito — o verdadeiro espírito — não existe nada igual. Sente-se o fogo vindo de dentro."

E esse fogo está sendo eficazmente transmitido à nova geração de fundamentalistas. Emmylou, filha de Pamela, já no final da adolescência, mostra na mesa da sala de jantar o projeto de uma casa desenhada por ela. "Fiz na internet, segundo o Princípio", diz ela, timidamente, e depois aponta as diversas características especiais da casa.

"O exterior vai ser de terra batida, ou talvez de tijolos crus", explica. "Vai ter 28 metros de comprimento por 25 de largura, com um só pavimento. O centro será aberto, como um pátio. Deste lado estarão os quartos das crianças — um para os meninos e outro para as meninas. Também vai ter um quarto especial para os bebês. O quarto do pai, o principal, é aqui. E estes são os das mães, uma esposa aqui e outra ali. E o melhor é que há espaço para acrescentar mais um quarto aqui para uma terceira esposa."

Ao descrever os muitos elementos originais que projetou, seu entusiasmo cresce. No final do passeio virtual seus olhos brilham. É a casa de seus sonhos, feita sob medida para o que ela imagina ser a vida perfeita — a vida que ela espera viver quando crescer.

26. A Montanha Canaã

> *Na região do Platô, o olho é obrigado, mais do que convidado, a notar as coisas grandes. De qualquer ponto de observação, o mais provável é que a vista se estenda não no raio de vinte a 25 quilômetros, como acontece nas planícies, mas sim num raio que freqüentemente chega a oitenta e até mesmo a 120 quilômetros. É uma imensa distância para o olhar, especialmente se nada houver de humano para ser visto. As pequenas cidades estão escondidas nos cânions e sob os penhascos; nada é visível exceto a beleza do ermo absoluto, fendido e rasgado pela erosão do vento. E a beleza é a morte. É possível ver o planeta sendo demolido e reconstruído, nos lugares onde a grama, as árvores e as moitas foram arrancadas e o mundo ficou nu. É possível ver a morte e prognosticar o nascimento das eras. Se você for um mórmon à espera do trunfo dos Últimos Dias enquanto trabalha na construção do Reino, estará desculpado se achar que ocorrerá a qualquer momento a chegada desses Últimos Dias. O mundo está morto e se desintegra diante de seus olhos.*
>
> Wallace Stegner, *Mormon Country*

A partir de um tranqüilo parque urbano no limite de Colorado City-Hildale, os penhascos abruptos da Montanha Canaã irrompem sem aviso para o céu, como uma escarpa maciça de arenito cor de tijolo entremeada de verniz do deserto, dominando o baluarte do fundamentalismo setecentos metros acima. No topo, o platô chato dá a impressão de um mundo perdido — uma ilha no céu, isolada da civilização, onde brotam *manzanitas* e lírios-mariposa, rosas selvagens e mandioca, pilosela alaranjada e robustos pinheiros ponderosa. "Eu subia até aqui com meu irmão David sempre que podíamos, quando éramos crianças", diz DeLoy Bateman. "Parecia ser o único lugar onde a religião não podia nos controlar."

Do alto dessa montanha, DeLoy contempla a cidade onde nasceu e cresceu. Estamos no fim de julho, e a temperatura é de quarenta graus à sombra. DeLoy, que parece não sentir o debilitante calor — embora vista calças compridas de poliéster, uma camisa de manga longa e a roupa de baixo tipo ceroula, marca registrada da religião —, é apóstata da Igreja Fundamentalista de Jesus Cristo dos Santos dos Últimos Dias e não respeita seu novo profeta, Warren Jeffs, mas ainda reside nessa comunidade xenófoba, bem no centro da cidadezinha, e duvida que algum dia se afaste muito dali.

DeLoy já não pratica o casamento plural. A segunda de suas duas mulheres se mudou e hoje mora em St. George; os filhos ficaram em Colorado City com DeLoy e ela vem visitá-los semanalmente. "Como já não acredito mais nos ensinamentos da religião", explica ele, "não posso justificar a poligamia." Mas DeLoy não abandonou somente a religião fundamentalista — diz que não quer mais saber de religião, e ponto final. Ao contrário de muitos dos que rejeitaram os ensinamentos da Igreja FLDS, ele não se converteu ao mormonismo tradicional, nem a outro ramo do cristianismo ou a alguma crença da Nova Era. DeLoy se tornou ateu. Já não crê em Deus.

A transformação não foi fácil. "Durante toda a minha vida, sempre tive necessidade de acreditar em alguma coisa", diz ele. "Queria as respostas, como todo mundo, saber por que estamos aqui. A religião fornece essas respostas, e nela existem muitas coisas boas. A verdade é que tudo o que aprendi veio dessa religião. Ela me fez ser o que sou. E tenho orgulho do que sou. Essa religião é meu sangue. Quero dizer, cara, olhe para mim."

Com os braços caídos dos lados, as palmas das mãos para a frente, DeLoy olha para suas roupas e as vistoria com um grunhido de autodesprezo: "Ainda que eu não acredite mais, ainda estou com a vestimenta — a sagrada roupa de baixo comprida. Tento não usá-la, mas não consigo, mesmo nos dias quentes de verão como hoje. Por algum motivo, parece que não é correto deixar de vesti-la. Sem ela me sinto nu". Ri novamente e acrescenta: "Isso deveria mostrar alguma coisa a você sobre o poder desta religião".

DeLoy volta outra vez o olhar para o reticulado ordeiro das casas e campos na base da montanha. "É difícil aos forasteiros concordar, mas existe muita coisa positiva nesta cidade. As pessoas que moram naquelas casas lá embaixo são *extremamente* trabalhadoras. E são fortes. É, realmente gosto de Colorado City [...] Acho que é uma comunidade excelente para criar uma família." Ao dizer essas coisas, DeLoy está sendo absolutamente sincero, embora tenha falado com diversas mulheres da cidade que denunciaram haverem sido vítimas de abuso sexual quando meninas e afirme que a pedofilia grassa na comunidade. "Não duvido de que o que elas contam seja verdade", reconhece ele. "Sei que existem membros do sacerdócio que dormiram com as próprias filhas, o que é horrível. Mas isso acontece em toda parte, e na verdade acho que acontece menos aqui do que no mundo exterior."

De qualquer forma, DeLoy não se sentiu finalmente induzido a se tornar apóstata por causa do comportamento sexual nem do estilo de vida adotado pela cultura. Ao contrário, diz ele, "eu simplesmente cheguei a um ponto em que já não podia fingir não saber que a religião é uma mentira. Não que os profetas, que controlam a todos, estejam intencionalmente enganando o povo; tanto quanto posso dizer, Rulon, Warren, Winston e todos os demais acreditam sinceramente nessa mentira. Não posso ter certeza, mas acho que sim. E não é apenas a religião deles que é mentira. Na verdade, cheguei à conclusão de que todas as religiões são mentirosas. Cada uma delas".

"Existe um poder supremo lá em cima, em algum lugar? Existe um grande desígnio por trás da grande explosão cósmica que deu origem ao universo? Não sei, acho que é possível; acho que gostaria pelo menos de manter viva essa possibilidade no fundo de meus pensamentos. Mas o bom senso me diz o oposto."

Embora DeLoy afirme ter sido "extremamente religioso" durante a juventude, possuía também espírito investigativo, incessantemente curioso. "Mesmo quando era rapazinho", diz ele, "recordo que refletia longamente sobre as contradições entre o que a religião ensinava e a verdade científica. Mas tio Roy nos dizia que o jeito de tratar dessas dúvidas era simplesmente evitar certo tipo de pergunta. Assim, fui condicionado a deixar de lado as contradições. Me tornei um especialista em não me permitir pensar nelas."

Como DeLoy era inteligente e a religião precisava de educadores para sua escola, aos dezoito anos o profeta — seu avô adotivo, tio Roy — mandou-o à

Faculdade Estadual do Sul do Utah, a uma hora de distância pela rodovia, em Cedar City, para que se tornasse professor. "Eu fui mandada junto com ele", recorda a primeira mulher de DeLoy, Eunice Bateman, que pouco antes havia recebido ordem do profeta para se casar com DeLoy. "Nenhum de nós dois havia morado fora de Colorado City. Nosso segundo filho nasceu um ano depois que ele começou a faculdade. Eu me sentia diferente de todos ali, me sentia desterrada. Tive saudades de Colorado City durante o tempo que durou o curso de Dee. Mas me ocupava cuidando das crianças, datilografando para ele e ajudando nas matérias da escola." Depois de formado, DeLoy voltou para Colorado City e foi trabalhar educando os jovens da cidade.

Apesar de ter se sentido um peixe fora d'água quando saiu de sua terra natal e foi morar no mundo exterior, DeLoy diz: "Eu gostava muito da faculdade. Olhando para o passado, creio que ali foi o começo do fim para mim. Ainda fiquei na religião durante mais vinte anos, mas o que me abriu os olhos foi a faculdade em Cedar City. Ali fiz meu primeiro curso de geologia. Depois disso, voltei para Colorado City e disse ao tio Roy: 'Lá existe um professor que quer nos convencer de que a Terra tem quatro bilhões e meio de anos, mas a religião diz que são só seis mil. Como pode ser?'. Isso mostra por que a educação é um grande problema para a Obra. Veja uma pessoa como eu, que sempre fui fiel; ele me manda a outro lugar para estudar e na volta eu viro apóstata. Isso acontece a toda hora. E, cada vez que acontece, os líderes se tornam ainda mais refratários a que as pessoas estudem."

Quando finalmente DeLoy perdeu a fé e deixou a UEP, os três filhos mais velhos já estavam casados e não moravam mais com ele. Os três permaneceram na religião, mas ele procurou ensinar aos outros quatorze a pensar por si mesmos e a questionar o que a UEP lhes inculcara. "Às vezes me preocupo com o que será dos pequenos", cisma DeLoy, "se alguma coisa acontecer comigo e com minha mulher, se nós morrermos. Os mais velhos os levariam para suas casas e cuidariam deles, mas eles voltariam para a religião. Creio que essas crianças ficariam felizes assim — nunca iriam saber a diferença. Mas se atrofiariam. Jamais poderiam exercitar a imaginação."

Para ajudar a preparar as crianças para essa eventualidade e instilar neles um saudável ceticismo quanto a dogmas religiosos de todos os matizes, DeLoy e Eunice embarcaram todo o rebanho em dois microônibus, em 31 de dezembro de 1999 (sempre que a família viaja em conjunto são necessários pelo menos dois veículos grandes para transportar todos), e partiram para Las Vegas, a três horas dali, a fim de celebrar a chegada do novo milênio.

"Fomos com todos eles para o centro da rua dos cassinos em Las Vegas, que ao que se diz é um dos lugares mais perversos do mundo, o primeiro que Deus iria destruir quando o relógio batesse meia-noite. Fomos ao cassino New York-New York, e ficamos do lado de fora, na rua, com milhares de outras pessoas, vendo a bola prateada cair e ouvindo contar os segundos para a chegada do ano 2000. Sabe o que aconteceu? Começou o novo milênio, e o mundo não acabou. Creio que isso impressionou muito os meninos." DeLoy dá uma risada, sacudindo a cabeça.

Agora que já não é mais membro da Igreja Fundamentalista de Jesus Cristo dos Santos dos Últimos Dias, DeLoy se espanta com algumas das crenças que a religião instila em seus adeptos. "Fico estarrecido", diz ele, "quando relembro as coisas em que eu acreditava. Por exemplo, desde criança nos ensinaram que os negros eram horríveis, que nem sequer eram humanos. E não havia como aprender o contrário. Nunca havia negros na cidade. Eram completamente desconhecidos para nós. Eu mesmo nunca tinha visto um até chegar praticamente à idade adulta, e o primeiro que vi foi em St. Goerge. Lembro que fiquei olhando durante muito tempo; eu nunca havia encontrado uma criatura como aquela. Para mim era como se fosse uma espécie de animal estranho."

"Sei que é horrível acreditar nisso. Hoje em dia me sinto culpado. Mas foi assim que fui educado desde que nasci, e quando a gente aprende uma coisa dessas desde criança não é fácil mudar de idéia. Outra noite, quando fui dormir, liguei a TV e por acaso estava passando o programa da Oprah.* Me peguei imediatamente mudando de canal, porque ela é negra. Eu tinha consciência de que era uma coisa errada, mas foi isso que a religião me ensinou a pensar, e é extremamente difícil esquecer uma coisa tão profundamente arraigada. E o que é mais triste é que a religião continua a ensinar exatamente essas coisas às crianças ainda hoje." Com efeito, a Igreja FLDS ainda ensina que o casamento inter-racial é um pecado tão terrível que "o castigo, na lei de Deus, é a morte imediata".**

---

* Oprah Winfield, conhecida apresentadora de TV nos Estados Unidos. (N. T.)
** Os mórmons fundamentalistas têm em comum com seus irmãos mórmons tradicionais o

"A ingenuidade das pessoas é extraordinária", prossegue DeLoy. "Mas temos de reconhecer que a religião é um grande consolo. Ela dá as respostas. Simplifica a vida. Nada nos faz sentir melhor do que obedecer ao profeta. Se estivermos tratando de algum tema controvertido, ou se por exemplo estivermos devendo dinheiro a alguém e não soubermos como pagar, podemos ir visitar o profeta, e ele é capaz de dizer: 'Você não precisa pagar. O Senhor diz que não há problema'. E, se fizermos o que profeta manda, toda a responsabilidade por nossas ações fica nas mãos dele. Podemos nos recusar a pagar, e até mesmo matar alguém, ou outra coisa qualquer, e nos sentirmos perfeitamente à vontade. E isso é na verdade o que em grande parte mantém a religião coesa: não precisamos tomar decisões críticas, nem sermos responsáveis por nossos atos."

DeLoy contempla a épica extensão do deserto. Ao longe, do outro lado da Faixa do Arizona, as silhuetas dos montes Dellenbaugh e Trumbull parecem dançar no ar como num sonho, suspensas acima de um trêmulo resplendor de miragem. "Se você quer saber a verdade", diz ele, apertando os olhos para proteger-se do brilho, "creio que as pessoas que estão na religião — a gente que mora em Colorado City — são provavelmente mais felizes, em geral, do que os que estão do lado de fora." Olha para a areia vermelha, franze a testa e desloca uma pedra com a ponta do sapato. "Mas algumas coisas na vida são mais importantes do que ser feliz. Por exemplo, ser livre para pensar por si mesmo."

---

horror à miscigenação; mesmo depois que o presidente da LDS, Spencer W. Kimball, teve em 1978 a revelação que revogou a doutrina da igreja que impedia que os negros exercessem o sacerdócio, a política oficial da LDS continua a aconselhar firmemente aos Santos que não se casem com pessoas da raça negra. Não nos iludamos: a moderna igreja mórmon pode estar agora em harmonia com a cultura norte-americana, mas permanece em geral ligada à extrema direita do espectro.

Observações do autor

> *Não houve tempos anteriores heróicos, e não houve uma geração pura anterior. Não há ninguém aqui exceto nós, o povo simples, e isso sempre foi assim: um povo diligente e poderoso, instruído, ambivalente, importante, temeroso e ciente de si próprio; um povo que planeja, impulsiona, engana e conquista; que ora pelos entes queridos e anseia fugir do sofrimento e escapar da morte. A idéia de que, em tempos remotos, povos primitivos conheceram Deus pessoalmente — ou mesmo o altruísmo, a coragem ou a literatura — e de que, para nós, é tarde demais, é uma idéia desanimadora e sem graça. Na verdade, o absoluto está à disposição de todos, em todas as épocas. Nunca houve uma era mais santa do que a nossa, e nunca houve nenhuma menos santa.*
>
> Annie Dillard, *For the Time Being*

A gênese deste livro foi o desejo de compreender a natureza da crença religiosa. Como passei a maior parte de minha vida no Oeste norte-americano, na companhia jovial dos Santos dos Últimos Dias, resolvi reduzir o alcance de meu tema de maneira a torná-lo mais tratável e examinar a crença mais ou menos exclusivamente através da lente do mormonismo. Passei a infância em companhia de mórmons em Corvallis, no estado de Oregon, que tinha (e ainda tem) uma numerosa comunidade da LDS. Meus companheiros de brincadeiras infantis, meus professores e meus instrutores de educação física eram Santos. Eu invejava o que parecia ser a inabalável certeza da fé professada com tanto entusiasmo por meus íntimos amigos mórmons, porém freqüentemente me sentia perplexo diante dela. Procurei desde então compreender o formidável poder daquela crença.

Fui irresistivelmente levado a escrever sobre os Santos dos Últimos Dias não somente por já conhecer algo da teologia deles e por admirar grande parte de sua cultura, mas também pelas circunstâncias absolutamente originais em que nasceu essa religião: a Igreja Mórmon foi fundada há apenas 173 anos, numa sociedade alfabetizada, na era da imprensa industrial. Como conseqüência, a criação do que se tornou uma religião mundial foi abundantemente documentada em relatos de primeira mão. Graças aos mórmons, tivemos uma oportunidade única de apreciar — com detalhes surpreendentes — como nasce uma importante religião.

Devo confessar que o presente livro não é o que me dispus a escrever. Tal como concebido originalmente, o livro deveria se concentrar no relacionamento difícil e altamente carregado entre a Igreja LDS e seu passado. Eu tinha até imaginado um título: *História e crença*. Minha intenção era explorar as perplexidades íntimas dos pensadores espirituais que "caminham nas sombras da fé", para usar a imagem do padre Teilhard de Chardin. Como uma mente crítica consegue reconciliar a verdade científica e histórica com a doutrina religiosa? Como é possível conservar a crença diante de fatos que parecem refutá-la? Eu era fascinado pelos paradoxos que residem na interseção da dúvida e da fé, e tinha em alto conceito os céticos inatos, como Teilhard, que conseguem emergir da desordem com a fé intacta.

A pesquisa, no entanto, foi me impelindo para um tema um tanto diverso, e, depois de lutar durante muitos meses, resolvi me render a esse curso inesperado e ver aonde ele me levaria. O resultado, para o bem ou para o mal, foi que escrevi *Pela bandeira do Paraíso*, em vez de *História e crença*. Quem sabe, um dia eu chegue a terminar este último.

Levei aproximadamente um ano para escrever este livro e mais de três anos fazendo as pesquisas nas quais se baseia o que relatei. Viajei muitos milhares de quilômetros para visitar os lugares mais sagrados para os Santos e entrevistar pessoalmente dezenas de mórmons, mórmons fundamentalistas e mórmons apóstatas (outros foram entrevistados por telefone). Algumas dessas pessoas me pediram que respeitasse sua privacidade, e fiz isso atribuindo-lhes pseudônimos no texto.

No caso de Dan Lafferty, visitei-o em novembro de 2001 em Point of the Mountain, na unidade de segurança máxima na Penitenciária Estadual de Utah. Após a entrevista inicial, que durou uma tarde quase inteira, ele respondeu a inúmeras perguntas subseqüentes, com perturbadora franqueza, escrevendo-me muitas cartas longas e detalhadas. Além disso, consultei milhares de páginas de transcrições dos três julgamentos e das numerosas audiências que concluíram pela culpa de Dan e seu irmão Ron.

Num ensaio intitulado "The Empire of Clean", Timothy Egan, repórter do *New York Times*, observou:

> No estado de Utah, sob o símbolo da colméia, quase todas as cidades, igrejas, e famílias de todas as classes sociais mantêm um registro, um diário do Sonho Mórmon. Em geral, consiste em um registro da vida em dois níveis: um que trata de luta e triunfo, a história da criação de Sion no Oeste norte-americano, e outra mais espiritual, porém não menos detalhada. É possível saber exatamente quem passava fome em Orderville em 1912 e quem cometeu adultério em 1956, mas também se algum ancestral do século XV recebeu um passaporte válido para a vida eterna. Em algum lugar estão registrados todos os dramas das caravanas de carroças, cada episódio horripilante do trágico e épico equívoco da migração de carrinhos de mão e cada campeonato de basquete contra os meninos índios no condado de Carbon. Nenhum estado possui maior número de guardiães da história, nem melhores arquivos, em escaninhos de temperatura controlada, do que Utah [...] Os mórmons transformaram a conservação do passado em uma atividade prática. Os Santos costumam dizer que há registro de tudo.

Aproveitei essa riquíssima história à custa de minha conta bancária, comprando livros em toda parte. Fiz também diversas visitas aos arquivos da Sociedade Histórica do estado de Utah em Salt Lake City e à Biblioteca Harold B. Lee, na Universidade Brigham Young, em Provo. Durante minhas leituras, fiquei especialmente impressionado com o impacto de três escritores, em particular, sobre a interpretação da história mórmon: Fawn Brodie, autora de *No Man Knows My History*; Juanita Brooks, autora de *The Mountain Meadows Massacre*; e D. Michael Quinn, autor de *Early Mormonism and the Magic World*

View, The Mormon Hierarchy: Origins of Power e *The Mormon Hierarchy: Extensions of Power*.

Todos esses historiadores nasceram dentro da Igreja mórmon, e sua fé (ou, no caso de Brodie, a perda da fé) informou e expandiu sua erudição, caracterizada por uma honestidade corajosa e inflexível. Brodie morreu em 1981, e Brooks em 1989, mas Quinn, que atualmente tem 58 anos de idade, é ainda um estudioso produtivo no auge de suas faculdades intelectuais. O texto de Quinn não possui a eloqüência de Brodie e a despojada força narrativa de Brooks, e por isso seus livros não têm sido lidos pelo público em geral. No entanto, sua prodigiosa obra tem tido imensa influência entre os historiadores mórmons. E nenhum escritor, desde Fawn Brodie, provocou como ele tão intensa condenação de parte das Autoridades Gerais da LDS.

Quinn fez o bacharelado na BYU e o doutorado em Yale, retornando à BYU como inspirado professor de história. Em 1981, suscitou pela primeira vez a ira dos líderes da LDS, ao fazer uma conferência, hoje famosa, na Associação Histórica dos estudantes da BYU. Com o título de "On Being a Mormon Historian" ("Ser historiador mórmon"), foi uma resposta a um então recente ataque contra os acadêmicos que, como Quinn, ousavam publicar trabalhos que criticavam a versão oficial da história mórmon feita pela igreja, amplamente expurgada. "A trágica realidade", declarava ele na conferência, "é que houve ocasiões em que os líderes, professores e escritores da Igreja não disseram a verdade que sabiam sobre as dificuldades do passado mórmon, mas em vez disso ofereceram aos Santos uma mistura de lugares-comuns, meias verdades, omissões e negativas plausíveis."

Quinn argumentou que "uma história da Igreja que pretenda ser 'promotora da fé' e que oculte as controvérsias e dificuldades do passado mórmon na verdade prejudica a fé dos Santos dos Últimos Dias, que acabam por saber dos problemas por outras fontes. Uma das demonstrações mais dolorosas desse fato tem sido o contínuo alastramento da poligamia não-autorizada entre os Santos dos Últimos Dias durante os últimos 75 anos, apesar dos esforços conjuntos dos líderes da Igreja para evitá-la". Quinn assinalou que, após haver renunciado oficialmente à doutrina do casamento plural em 1890, os mais altos líderes na verdade continuaram a aprovar ocultamente a poligamia durante muitos anos. Esse comportamento casuístico, frisou ele, levou muitos mórmons a abraçar o fundamentalismo.

"O argumento central dos inimigos da Igreja LDS", disse Quinn, "é histórico, e, se procurarmos construir o Reino de Deus pondo de lado ou negando as áreas problemáticas de nosso passado, estaremos deixando os Santos desprotegidos. Por haver recebido ameaças de morte de parte de antimórmons que me consideram um historiador inimigo, para mim é desanimador ser visto como subversivo por pessoas a quem respeito como profetas, videntes e reveladores."

O texto da conferência de Quinn, que teve forte repercussão entre os intelectuais mórmons, foi divulgado na primeira página de um jornal clandestino dos alunos, o que enfureceu as Autoridades Gerais da LDS em Salt Lake City e provocou uma furiosa controvérsia que chegou às páginas da revista *Newsweek*. Isso marcou o início da desgraça de Quinn na Igreja que tanto amava. Em 1988 ele foi pressionado a renunciar a sua cadeira de professor na BYU. E em 1993, após uma audiência amplamente divulgada de um "conselho disciplinar"da LDS, tornou-se um de seis eminentes eruditos mórmons excomungados da Igreja LDSA por apostasia. "A Igreja queria mandar uma mensagem pública aos dissidentes", diz Quinn. "O objetivo deles era a intimidação, calar as divergências."

A expulsão da igreja foi um duro golpe. "Ainda que tenhamos muitas objeções às políticas da igreja", explica ele, "para um mórmon crente a excomunhão é uma forma de morte. É como comparecer ao próprio enterro. Sente-se a perda da sensação de comunidade. Sinto uma falta profunda."

A reputação de Quinn na Igreja LDS ficou prejudicada também pelo fato de que em meados da década de 1980 ele revelou ser homossexual — as Autoridades Gerais mórmons continuam a fazer da igreja um lugar muito difícil para os homossexuais. Apesar da arraigada homofobia do mormonismo e da impiedosa e lúcida avaliação dos defeitos do mormonismo feita por Quinn, sua fé na religião de Joseph Smith continua intacta. "Sou um crente radical", diz ele, "mas continuo a ser crente." Ele parece ser um desses raros pensadores espirituais que, como diz Annie Dillard, posuem "uma espécie de capacidade anaeróbica para brotar e vicejar em meio ao paradoxo".

"Quando eu ainda era criança", reconhece Quinn, "desenvolvi algo a que chamei de 'testemunho complexo'. Em vez da visão estrita do mormonismo, tenho uma fé do tipo Velho Testamento. Os que o escreveram apresentavam os profetas como seres muito humanos, com todos os defeitos. Mas ainda assim Deus os escolheu para serem Seus líderes na Terra. É assim que eu vejo o mormonismo: não é uma igreja perfeita. Tem grandes deficiências, tanto na instituição quanto nas pessoas que a dirigem. São apenas humanos. E não tenho problemas em aceitar isso. Faz parte de minha fé."

"Na primeira página do *Livro de Mórmon*, Joseph Smith escreveu que, se o texto contivesse erros ou falhas, seriam 'erros dos homens'. A mesma coisa é dita de diversas maneiras ao longo do texto que vem em seguida: existe a possibilidade de erros nesse livro sagrado, e isso é até mesmo provável. Sempre acreditei que o mormonismo era a única igreja verdadeira, mas não creio que seja sempre infalível. E certamente não acredito que detenha o monopólio da verdade."

Um dos fatos que levaram à excomunhão do dr. Quinn foi a publicação de *Early Mormonism and the Magic World View*, um exame fascinante, fruto de exaustiva pesquisa, do envolvimento de Joseph Smith com o misticismo e o ocultismo. No prefácio de uma edição revista do livro, de 1998, Quinn observa astutamente que "muitos acadêmicos se sentem envergonhados quando um erudito reconhece acreditar, ainda que ligeiramente, no que é metafísico". Não obstante, argumentou que os escritores possuem uma reponsabilidade ética e intelectual de "declarar sua estrutura de referência quando escrevem sobre coisas metafísicas" — coisa que ele fez, descrevendo abreviadamente sua fé mórmon. E, quanto a essa fé, escreveu: "Não tenho por que pedir desculpas aos humanistas seculares nem aos polemistas religiosos".

O argumento de Quinn me parece poderoso. Ele me convenceu de que aqueles que escrevem sobre religião têm obrigação, perante seus leitores, de serem honestos a respeito de sua própria posição teológica. Portanto, eis aqui a minha:

Não sei o que é Deus, ou qual era a intenção de Deus ao começar o universo. Nem sequer sei se Deus existe, embora confesse que por vezes me surpreendo rezando em momentos de grande temor, ou de desespero, ou de surpresa diante de uma beleza inesperada.

Existem atualmente cerca de dez mil seitas religiosas, cada qual com sua própria cosmologia, com sua própria resposta para o sentido da vida e da morte. A maioria afirma que as outras 9999 não apenas estão completamente equivocadas, mas além disso são instrumentos do demônio. Nenhuma delas conseguiu até agora me convencer a mergulhar em sua fé. Na ausência desse convencimento, fiz as pazes com o fato de que a incerteza é um corolário inescapável da vida. A abundância de mistério simplesmente é parte do contrato — o que não me parece ser motivo para lamentação. Aceitar a inescrutabilidade essencial da existência é, de qualquer modo, certamente preferível ao oposto, que seria capitular diante da tirania da crença intransigente.

E, se continuo sem saber qual a razão de estarmos aqui e qual o significado da eternidade, pelo menos cheguei a algumas verdades modestas: a maioria de nós teme a morte. A maioria de nós anseia compreender como e por que chegamos aqui — isto é, a maioria entre nós sofre por ansiar conhecer o amor de nosso criador. E sem dúvida a maioria entre nós continuará a sofrer essa dor enquanto estivermos vivos.

Jon Krakauer
Janeiro de 2003

Agradecimentos

A competente atenção de numerosas pessoas na Doubleday Broadway, na Anchor-Vintage e na Villard foi de grande valia para este livro. Sou especialmente grato a Charlie Conrad, Bill Thomas, Steve Rubin, Allison Presley, Kathy Trager, John Fontana, Caroline Cunningham, Bette Alexander, Suzanne Herz, Michael Palgon, David Drake, Alison Rich, Rachel Pace, Jackie Everly, John Pitts, Claire Roberts, Louise Quayle, Carol Lazare, Laura Welch, Brian McLendon, Marty Asher, LuAnn Walther, Deb Foley e Jennifer Marshall.

Agradeço a John Ware por ser tão bom agente, a Bonnie Thompson por sua meticulosa revisão, a Jeff Ward pelos mapas monocromáticos e a Linda Moore pela criação do belo mapa do Arizona impresso nas guardas deste livro.

Bill Briggs, Pat Joseph, Carol Krakauer, David Roberts e Sharon Roberts leram o manuscrito e fizeram críticas valiosas quando eram mais necessárias.

Sou grato a Ruth Fecych, David Rosenthal, Ann Godoff, Mark Bryant e Scott Moyers por terem lido o primeiro rascunho do manuscrito e feito valiosos comentários.

Meu projeto não teria tido resultados sem o considerável auxílio de DeLoy Bateman, Eunice Bateman, Virginia Bateman, David Bateman, Jim Bateman, Holly Bateman, Ellen Bateman, Fern Bateman, Diana Bateman, Roger Bateman, Sarah Bateman, Maria Bateman, Kevin Bateman, Randy Bateman, Jason Bateman, Craig Chatwin,

D. Michael Quinn, Debbie Palmer, Jolene Palmer, Jay Beswick, Flora Jessop, Lorna Craig, Wesley Larsen, Wynn Isom, Mareena Blackmore, Bernice DeVisser, Gayla Stubbs, Lenora Spencer, Mary Taylor, Robert Crossfield, Barry Crowther, Betty McEntire, LaRae Wright, Debbie Babbitt, Thomas Brunker, Kris C. Leonard, Michael Wims, Creed H. Barker, Nora S. Worthen, Tasha Taylor e Stan Larsen.

O trabalho dos seguintes colegas jornalistas ajudou minha pesquisa: Peggy Fletcher Stack, Carolyn Campbell, Michael Vigh, Greg Burton, Tom Zoellner, Fabian Dawson, Dean E. Murphy, Daniel Woods, Angie Parkinson, Will Bagley, Pauline Arrillaga, Chris Smith, Mike Gorrell, Ann Shields, Kevin Cantera, Holly Mullen, Paul Angerhofer, Geoffrey Fattah, Rebecca Boone, Brandon Griggs, Phil Miller, Brian Maffly, Susan Greene, Suzan Mazur, Julie Cart, Dave Cunningham, Dave Wagner, Dawn House, Hilary Groutage Smith, Robert Matas, Robert Gehrke, Maureen Zent, Tom Gorman, Bob Mims, Tom Wharton, John Llewellyn, John Dougherty, Marianne Funk, Joan Thompson, Lee Davidson, Susan Hightower, Ellen Fagg, Mike Carter, Jenifer Dobner, Pat Reavy, Jerry D. Spangler, Elaine Jarvik, James Thalman, Derek Jensen, Lucinda Dillon, Lee Benson, Ted C. Fishman, Chris Jorgensen, Alf Pratte, Dave Johnsson, Elizabeth Neff, Brooke Adams, Matt Canham, Stephen Hunt, Taylor Syphus, David Kelly, Jeffrey P. Haney, Dennis Wagner, Patty Henetz, Mark Havnes, Bob Bernick, Adam Liptak, Normam Wagner, Tim Fitzpatrick, Maureen Palmer e Helen Slinger.

Por me proporcionarem inspiração, companhia e sábios conselhos, tenho um débito com Becky Hall, Neal Beidleman, Chhongba Sherpa, Tom Hornbeim, Pete Schoening, Klev Schoening, Harry Kent, Owen Kent, Steve Komito, Jim Detterline, Conrad Anker, Dan Stone, Roger Schimmel, Beth Bennett, Greg Child, Renée Globis, Roger Briggs, Colin Grissom, Kitty Calhoun, Jay Smith, Bart Miller, Roman Dial, Peggy Dial, Steve Rottler, David Trione, Robert Gully, Chris Archer, Rob Raker, Larry Gustafson, Steve Swenson, Jenni Lowe, Gordon Wiltsie, Doug Chabot, Steve Levin, Chris Reveley, Andrew McLean, Liesl Clark, John Armstrong, Dave Hahn, Rob Meyer, Ed Ward, Matt Hale, Chris Gulick, Chris Wejchett, Mark Fagan, Sheila Cooley, Kate Fagan, Dylan Fagan, Charlote Fagan, Karin Krakauer, Wendy Krakauer, Sara Krakauer, Andrew Krakauer, Tim Stewart, Bill Costello, Mel Kohn, Robin Krakauer, Rosalie Stewart, Alison Stewart, Shannon Costello, Maureen Costello, Ari Kohn, Miriam Kohn, Kelsi Krakauer, A. J. Krakauer, Mary Moore, Ralph Moore, David Quammen, Laura Brown, Pamela Brown, Helen Apthorp, Bill Resor, Story Clark, Rick Accomazzo, Gerry Accomazzo, Alex Lowe, Steve McLaughlin, Marty Shapiro, Caroline Carminati, Brian Nuttall, Drew Simon, Walter Kingsbery, Eric Love, Josie Heath, Margareth Katz, Lindsey Delaplaine, Rosemary Haire, Nancy McElwain, Andy Pruitt e Jeff Stieb.

Meus agradecimentos especiais a John Winsor, Bridget Winsor, Harry Winsor, Charlie Winsor, Paul Fuller, Mary Gorman, Amy Beidleman, Nina Beidleman, Reed Beidleman, Kevin Cooney, Annie Maest, Emma Cooney, Mike Pilling, Kerry Kirkpatrick, Charley LaVenture, Sally LaVenture e Willow LaVenture pelos importantes conselhos e pelo apoio que me proporcionaram no México.

Fontes

As notas seguintes documentam as fontes mais importantes para cada capítulo, mas de forma alguma constituem a lista completa de todos os fatos e citações. As citações que aparecem sem atribuição foram extraídas de entrevistas realizadas pelo autor.

Prólogo
As citações atribuídas a Allen Lafferty foram retiradas das atas do julgamento de Ron Lafferty ocorrido em 1996. Os fatos sobre os assassinatos de Brenda e Erica Lafferty, assim como a prisão e a condenação de Ron e Dan Lafferty, provêm principalmente de entrevistas e correspondência com Dan Lafferty, atas de julgamentos e, em menor grau, de artigos publicados nos periódicos *Salt Lake Tribune, Deseret News* e *Provo Daily Herald*. Minha principal fonte para a nota de pé de página sobre Shoko Asahara foi um artigo de Kyle B. Olson, "Aum Shinrikyo: Once and Future Threat?", publicado na revista *Emerging Infectious Diseases*, em julho de 1999.

1. A cidade dos Santos
Muitos dos fatos sobre a moderna Igreja LDS vieram de *Mormon America: The Power and the Promise*, de Richard N. Ostling e Joan K. Ostling, e *The Mormon Hierarchy: Extensions of Power*, de D. Michael Quinn.

2. Short Creek

Conheço Colorado City-Hildale devido a diversas visitas à comunidade e entrevistas com membros e ex-membros da Igreja Fundamentalista de Jesus Cristo dos Santos dos Últimos Dias. Utilizei também o livro de Ben Bistline, *The Polygamists: A History of Colorado City*, de publicação própria; *Kidnapped from that Land: The Government Raids on the Short Creek Polygamists*, de Martha Sonntag Bradley; e artigos dos periódicos *Salt Lake Tribune, Deseret News, Kingman Daily Miner, St. George Spectrum* e *Salt Lake City Weekly*. A citação atribuída ao apóstolo Boyd K. Packer sobre ameaças enfrentadas pela Igreja LDS apareceu em *The Mormon Hierarchy: Extension of Power*.

3. Bountiful

O material de fundo para esse capítulo foi retirado principalmente de entrevistas com Debbie Palmer e de uma única visita a Bountiful. A citação de Eldon Tanner, de 1979, na revista *Ensign*, aparece em *The Mormon Hierarchy: Extensions of Power*.

4. Elizabeth e Ruby

As informações sobre o rapto de Elizabeth Smart tiveram como base "The Book of Immanuel David Isaiah", de Brian David Mitchell; artigos publicados em *The New York Times, Salt Lake Tribune* e *Deseret News, Time* e *Newsweek*, e relatos da Associated Press, ABC News e NBC News. Minhas fontes sobre o material a respeito de Ruby Jessop foram Jay Beswick, Flora Jessop e Lorna Craig.

5. O Segundo Grande Despertar

Minhas fontes principais foram: *No Man Knows My History*, de Fawn Brodie; *Early Mormonism and the Magic World View*, de D. Michael Quinn; *By the Hand of Mormon*, de Richard L. Bushman; e *History of the Church*, de Joseph Smith Jr.

6. Cumorah

Minhas fontes principais foram: *The Book of Mormon* e *By the Hand of Mormon*.

7. A voz baixa e tranqüila

Baseei-me em entrevistas com Robert Crossfield, Bernard Brady e Debbie Palmer; *The First Book of Commandments* e *The Second Book of Commandments*. Os fatos sobre a Mina do Sonho e sua história vieram principalmente de *John H. Koyle's Relief Mine*, de Ogden Kraut, e de artigos no *Salt Lake Tribune*.

8. O pacificador

Minhas fontes principais foram Dan Lafferty e *The Peacemaker*, de Udney Hay Jacob. As citações atribuídas a Matilda Lafferty vieram das atas do julgamento de Ron Lafferty em 1996.

9. Haun's Mill

Minhas fontes principais foram: *The 1838 Mormon War in Missouri*, de Stephen C. LeSueur; *Mormonism Unveiled or The Life and Confessions of the Late Mormon Bishop, John D. Lee*, editado por William Bishop; e *No Man Knows My History*. O comentário de 1830 sobre *O livro de Mórmon* no *Daily Advertiser* de Rochester foi citado em *No Man Knows My History*, assim como o discurso de Joseph Smith em 1838, no qual ele se comparava a Maomé. A nota de pé de página correspondente, sobre os paralelos entre o mormonismo e o Islã, baseou-se em informações de um artigo de 1971, de Arnold H. Green e Lawrence P. Goldup, "Joseph Smith, an American Muhammad? An Essay on the Perils of Historical Analogy", publicado em *Dialogue: A Journal of Mormon Thought* (as citações atribuídas a Eduard Meyer e George Arbaugh aparecem nesse artigo).

10. Nauvoo

Minha fontes principais foram: *Kingdom on the Mississippi Revisited: Nauvoo in Mormon History*, editado por Roger D. Launius e John E. Hallwas; *Orrin Porter Rockwell: Man of God, Son of Thunder*, de Harold Schindler; e *No Man Knows My History*.

11. O princípio

Minhas fontes principais foram: *No Man Knows My History*; *In Sacred Loneliness: The Plural Wives of Joseph Smith*, de Todd Compton; *Mormon Polygamy: A History*, de Richard S. Van Wagoner; *Mormonism Unveiled or the Life and Confessions of the Late Mormon Bishop John D. Lee*; e *An Intimate Chronicle: The Journals of William Clayton*, editado por George D. Smith. As citações atribuídas a Marinda Johnson aparecem em *In Sacred Loneliness*. A citação atribuída a Luke Johnson sobre a tentativa de castração de Joseph Smith em Ohio veio do artigo "History of Luke Johnson", publicado no *Deseret News* em 19 de maio de 1858. O excerto das memórias de Lucy Walker foi citado em *No Man Knows My History*.

12. Carthage

Minhas fontes principais foram: *An Intimate Chronicle: The Journals of William*

Clayton; No Man Knows My History; Cultures in Conflict: A documentary History of the Mormon War in Illinois; Doctrine and Covenants e *Among the Mormons: Historic Accounts by Contemporary Observers*, de Willliam Mulder e A. Rusell Mortensen. A carta de William Clayton que descreve o ditado da revelação de Joseph Smith sobre o casamento plural foi citada em *An Intimate Chronicle*.

13. Os irmãos Lafferty
Minha fonte principal foi Dan Lafferty.

14. Brenda
Baseei-me sobretudo em entrevistas com Berry Wright McEntire, LaRae Wright, Penelope Weiss e Dan Lafferty, e em menor grau nas atas do julgamento de Ron Lafferty ocorrido em 1996.

15. O homem forte e poderoso
Minhas fontes principais foram: Robert Crossfield, Bernard Brady, Dan Lafferty, Betty Wright McEntire e Pamela Coronado. Também utilizei *The First Book of Commandments, The Second Book of Commandments, The Book of Mormon* e fotocópias das revelações de Dan Lafferty.

16. Remoção
Minhas fontes principais foram: Dan Lafferty, Betty Wright McEntire e LaRae Wright. Baseei-me também nas atas do julgamento de Ron Lafferty em 1996. Os fatos constantes da nota de pé de página sobre o uso de maconha pelos mórmons no início do século xx foram retirados de *Prophet of Blood: The Untold Story of Ervil LeBaron and the Lambs of God*, de Ben Bradlee, Jr. e Dale Van Arta; um artigo de 1985 de D. Michael Quinn, "LDS Church Authority and New Plural Marriages, 1890-1904", publicado em *Dialogue: A Journal of Mormon Thought*; e artigos do *Salt Lake Tribune*.

17. Êxodo
Os textos que me serviram de base foram: *The Mormon Hierarchy: Origins of Power*, de D. Michael Quinn; *Among the Mormons: Historic Accounts by Contemporary Observers*; *Orrin Porter Rockwell: Man of God, Son of Thunder*; *Cultures in Conflict: A Documentary History of the Mormon War in Illinois*; *Blood of the Prophets: Brigham Young and the Massacre at Mountain Meadows*, de Will Bagley; *The Year of Decision:*

1846, de Bernard DeVoto; e *Mormonism Unveiled or the Life and Confessions of the Late Mormon Bishop, John D. Lee*. A citação condenando a poligamia atribuída a John Alexander McLernand, deputado pelo estado de Illinois, aparece em *Mormon Polygamy: A History*. A citação atribuída ao dr. Roberts Batholow na nota de pé de página respectiva apareceu em um artigo de 1979 de Lester E. Bush Jr., "A peculiar people: The Physiological Aspects of Mormonism 1850-1975", publicado em *Dialogue: A Journal of Mormon Thought*.

18. Pois água não é suficiente

Minhas fontes principais foram: *Blood of the Prophets: Brigham Young and the Massacre at Mountain Meadows*, de Juanita Brooks; *Mormonism Unveiled or the Life and Confessions of the Late Mormon Bishop John D. Lee*; *A Mormon Chronicle: The Diaries of John D. Lee, 1848-1876*, editado por Robert Glass Cleland e Juanita Brooks; *Orrin Porter Rockwell: Man of God, Son of Thunder*; *Forgotten Kingdom: The Mormon Theocracy in the American West, 1847-1896*, de David L. Bigler; e *Desert Between the Mountains: Mormons, Miners, Padres, Mountain Men, and the Opening of the Great Basin, 1772-1869*, de Michael S. Durham. As vívidas descrições do ataque à caravana Fancher atribuídas aos sobreviventes Sarah Frances Baker Mitchell e Nancy Huff foram citadas em *Blood of the Prophets: Brigham Young and the Massacre at Mountain Meadows*.

19. Bodes expiatórios

Minhas fontes principais são as listadas no capítulo 18, além de um artigo de 1993, de Wesley P. Larsen, "The 'Letter', or Were the Powell Men Really Killed by Indians?", publicado em *Canyon Legacy*; *Colorado River Controversies*, de Robert Brewster Stanton; *Beyond the Hundredth Meridian: John Wesley Powell and the Second Opening of the West*, de Wallace Stegner; *The Exploration of the Colorado River and Its Canyons*, de John Wesley Powell; *Indian Depredations*, de Peter Gottfredson; e *The Tribune Reports of the Trials of John D. Lee for the Massacre at Mountain Meadows. November 1874-April 1877*, editado por Robert Kent Fielding. Baseei-me também em entrevistas com Wesley P. Larsen e Wynn Isom. A citação atribuída a D. Michael Quinn que descreve as tropas da União apontando os canhões contra a casa de Brigham Young durante a ocupação de Salt Lake City na Guerra de Secessão foi retirada de uma entrevista com Quinn feita por Ken Verdoia.

20. Pela bandeira do Paraíso

Minhas fontes principais foram: *The Four Hidden Revelations*, uma compilação de mandamentos divinos revelados a John Taylor e Wilford Woodruff, publicada pela Igreja Fundamentalista de Jesus Cristo dos Santos dos Últimos Dias; *Mormon Polygamy: A History*; e "LDS Church Authority and New Plural Marriages, 1890-1904". A profecia de John D. Lee sobre a morte de Brigham Young foi citada em *Blood of the Prophets: Brigham Young and the Massacre at Mountain Meadows*. A citação atribuída a John Taylor (da qual foi retirado o título deste livro) provém de um artigo anônimo, "A Den of Treason: That's What John Taylor Made the Assembly Hall Last Sunday", publicado em *Salt Lake Daily Tribune* em 6 de janeiro de 1880.

21. Evangeline

Minhas fontes principais foram: DeLoy Bateman, Craig Chatwin, Debbie Palmer, Lavina Stubbs, Lenora Spencer, Annie Vandeveer Blackmore, Lena Blackmore e Evangeline Blackmore. Baseei-me também em *The Blood Covenant*, de Rena Chynoweth, e em *Prophet of Blood: The Untold Story of Ervil LeBaron and the Lambs of God*.

22. Reno

As principais fontes das quais me servi foram Dan Lafferty, Bernard Brady e as atas do julgamento de Ron Lafferty em 1996.

23. Julgamento em Provo

Minha fonte principal foram as atas do julgamento de Ron Lafferty em 1996. Também me baseei em entrevistas com Betty Wright McEntire, LaRae Wright, Dan Lafferty, Thomas Brunker, Kris C. Leonard e Michael Wims; e em artigos dos periódicos *Salt Lake Tribune*, *Deseret News* e *Daily Herald*, de Provo.

24. O grande e terrível dia

Minha fonte principal foi Dan Lafferty.

25. A religião norte-americana

Baseei-me em visitas pessoais a Colorado City e Bountiful e em entrevistas com Pamela Coronado, Emmylou Coronado, Robert Crossfield, DeLoy Bateman, Craig Chatwin e Debbie Palmer. As previsões de Rodney Stark sobre o crescimento da Igreja LDS foram citadas em *Mormon America: The Power and the Promise*. O excerto da carta de 1945 de Dale Morgan a Juanita Brooks foi citado em *Juanita Brooks: Mormon Woman Historian*, de Levi S. Peterson.

26. A Montanha Canaã
Minha fonte foi DeLoy Bateman.

Observações do autor
O ensaio "The Empire of Clean", de Timoth Egan, foi publicado em seu livro *Lasso the Wind: Away to the New West*. As citações atribuídas a D. Michael Quinn foram retiradas de minhas entrevistas com ele e de sua conferência de 1981 "Ser historiador mórmon". A citação atribuída a Annie Dillard foi retirada de seu livro *For the Time Being*.

Bibliografia

ALTMAN, Irwin & GINAT, Joseph. *Polygamous Families in Contemporary Society*. Cambridge, Cambridge: University Press, 1996.

AMERICAN PSYCHIATRIC ASSOCIATION. *Diagnostic and Statistical Manual of Mental Disorders*. 4. ed. (DSM-IV). Washington, D.C.; American Psychiatric Association, 1994

ANDERSON, Kenneth. "The Magic of the Great Salt Lake". *Times Litterary Supplement*, 24 de março de 1995.

_____. "A Peculiar People: The Mystical and Pragmatic Appeal of Mormonism". *Los Angeles Times*, 28 de novembro de 1999.

ARBAUGH, George Bartholomew. *Revelation in Mormonism: Its Character and Changing Forms*. Chicago: University of Chicago Press, 1932.

ARMSTRONG, Karen. *Em nome de Deus*. São Paulo: Companhia das Letras, 2001.

_____. *Buddha*. Nova York, Viking Penguin, 2001.

_____. *Uma história de Deus*. São Paulo, Companhia das Letras, 1994.

ARRINGTON, Leonard J. *Adventures of a Church Historian*. Urbana: University of Illinois Press, 1998.

_____. *Brigham Young: American Moses*. Nova York: Alfred A. Knopf, 1984.

ARRINGTON, Leonard J., & BITTON, Davis. *The Mormon Experience: A History of the Latter-day-Saints*. Nova York: Alfred A. Knopf, 1979.

BAGLEY, Will. *Blood of the Prophets: Brigham Young and the Massacre at Mountain Meadows*. Norman: University of Oklahoma Press, 2002.

BANCROFT, Hubert Howe. *History of Utah, 1540-1886*. São Francisco: History Company, 1889.

BAYLE, Pierre. *Historical and Critical Dictionary: Selections*. Tradução, introdução e notas de Richard H. Popkin. Indianápolis: Bobbs-Merrill Company, 1965.

BELSHAW, Michael. "The Dunn-Howland Killings: A Reconstruction". *Journal of Arizona History*, vol. 20 (inverno 1979).

BIGLER, David L. *Forgotten Kingdom: The Mormon Theocracy in the American West, 1847-1896.* Logan: Utah State University Press, 1998.

BISHOP, William (ed.). *Mormonism Unveiled or the Life and Confessions of the Late Mormon Bishop, John D. Lee.* Albuquerque: Fierra Blanca Publications, 2001.

BISTLINE, Benjamin. *The Polygamist: A History of Colorado City.* Colorado City: Benjamin Bistline, 1998.

BLOOM, Harold. *The American Religion: The Emergence of the Post-Christian Nation.* Nova York: Simon & Schuster, 1992.

BRADLEE, Ben Jr.. & VAN ATTA, Dale. *Prophet of Blood: The Untold Story of Ervil LeBaron and the Lambs of God.* Nova York: G. P. Putnam's Sons, 1981.

BRADLEY, Martha Sonntag. *Kidnapped from That Land: The Government Raids on the Short Creek Polygamists.* Salt Lake City: University of Utah Press, 1996.

BRINGHURST, Newell G. *Brigham Young and the Expanding American Frontier.* Boston: Little, Brown and Co., 1986.

_____. *Fawn McKay Brodie: A Biographer's Life.* Norman: University of Oklahoma Press, 1999.

_____. *Saints, Slaves, and Blacks: The Changing Place of Black People Within Mormonism.* Wesport: Greenwood Press, 1981.

_____. (ed.). *Reconsidering* No Man Knows My History: *Fawn M. Brodie and Joseph Smith in Retrospect.* Logan: Utah State University Press, 1996.

BRODIE, Fawn M. *The Devil Drives: A Life of Sir Richard Burton.* Nova York: W. W. Notton, 1967.

_____. *No Man Knows My History: The Life of Joseph Smith, the Mormon Prophet.* 2. ed. Nova York: Alfred A. Knopf, 1995.

BROOKE, John L. *The Refiner's Fire: The Making of Mormon Cosmology, 1644-1844.* Cambridge: Cambridge University Press, 1994.

BROOKS, Juanita. *Emma Lee.* Logan: Utah State University Press, 1984.

_____. *John Doyle Lee: Zealot, Pioneer, Builder, Scapegoat.* Logan: Utah State University Press, 1992.

_____. *The Mountain Meadows Massacre.* Prefácio e posfácio de Jan Shippps. Norman: University of Oklahoma Press, 1991.

BURTON, Richard F. *The City of the Saints and Across the Rocky Mountains to California.* Edição, introdução e notas de Fawn M. Brodie. Nova York: Alfred A. Knopf, 1963.

BUSH JR., Lester E. "A Peculiar People: The Physiological Aspects of Mormonism 1850-1975". *Dialogue: A Journal of Mormon Thought*, vol. 12, n. 3 (outono 1979).

BUSHMAN, Claudia L. (ed.). *Mormon Sisters: Women in Early Utah.* Logan: Utah State University Press, 1997.

BUSHMAN, Richard L. *Joseph Smith and the Beginnings of Mormonism.* Urbana: University of Illinois Press, 1984.

CAMPBELL, Carolyn. "Fugitive Witness: Tom Green's Ex-Wife Defends Her Decision to Let Her Daughter Marry Her Husband". *Salt Lake City Weekly*, 22 fev., 2001.

CARD, Brigham Y.; NORTHCOTT, Herbert C.; FOSTER, John E.; PALMER, Howard & JARVIS, George K. (ed.). *The Mormon Presence in Canada.* Edmonton: University of Alberta Press, 1990.

CHYNOWETH, Rena & SHAPIRO, Dean M.. *The Blood Covenant*. Austin: Diamond Books, 1990.

CLELAND, Robert Glass & BROOKS, Juanita (ed.). *A Mormon Chronicle: The Diaries of John D.Lee, 1848-1876*. 2 vol. San Marino: Califórnia, Huntington Library, 1955.

COMPTON, Todd. *In Sacred Loneliness: The Plural Wifes of Joseph Smith*. Salt Lake City: Signature Books, 1997.

CORBETT, Pearson Harris. *Jacob Hamblin: The Peacemaker*. Salt Lake City: Deseret Book Co., 1952.

CRAPANZANO, Vicent. *Serving the Word: Literalism in America from the Pulpit to the Bench*. Nova York: New Press, 2000.

CROSSFIELD, Robert (Onias). *The First Book of Commandments*. Salem, Utah: United Order Publications, 1998.

_____. *The Second Book of Commandments*. Salem, Utah: United Order Publications. 1999.

DELLENBAUGH, Frederick S. *A Canyon Voyage: The Narrative of the Second Powell Expedition Down the Green-Colorado River from Wyoming, and the Explorations on Land, in the Years 1871 and 1872*. Tucson: University of Arizona Press, 1996.

"A Den of Treason: That's What John Taylor Made the Assembly Hall Last Sunday". *Salt Lake Daily Tribune*, 6 jan. 1880.

DEffOTO, Bernard. *The Year of Decision: 1846*. Boston: Brown and Co., 1943.

DEWEY, Richard Lloyd (ed.). *Jacob Hamblin: His Life in His Own Words*. Nova York: Paramount Books, 1995.

DILLARD, Annie. *For the Time Being*. Nova York: Alfred A. Knopf, 1999.

_____. *Holy the Firm*. Nova York, Harper & Row, 1977.

DOBYNS, Henry F., & EULER, Robert C. "The Dunn-Howland Killings: Additonal Insights". *Journal of Arizona History*, vol. 21 (primavera de 1980).

DOLNICK, Edward. *Down the Great Unknown: John Wesley Powell's 1869 Journey of Discovery and Tragedy Through the Grand Canyon*. Nova York: HarperCollins, 2001.

DOUGHERTY, John. "Polygamy in Arizona: The wages of sin". *Phoenix New Times*, 10 abr. 2003.

DURHAM, Michael S. *Desert Between the Mountains: Mormons, Miners, Padres, Mountain Men, and the Opening of the Great Basin, 1772-1869*. Norman: University of Oklahoma Press, 1999.

EGAN, Timothy. *Lasso the Wind: Away to the West*. Nova York: Vintage, 1999.

EMBRY, Jessy L. *Black Saints in a White Church: Contemporary African American Mormons*. Salt Lake City: Signature Books, 1994.

FERGUSON, Charles W. *The Confusion of Tongues: A Review of Modern Isms*. Garden City, Nova York: Doubleday, Doran & Co., 1928.

FIELDING, Robert Kent. *The Unsolicited Chronicler: An Account of the Gunnison Massacre, Its Cause and Consequences. Utah Territory, 1847-1859 — A Narrative History*. Brookline: Paradigm Publications, 1993.

_____. (ed.). *The Tribune Reports of the Trials of John D. Lee for the Massacre at Mountain Meadows, November 1874-April 1877*. Higganum, Connecticut: Kent's Book, 2000.

FISHMAN, Ted C. "Unholy Voices?". *Playboy*, v. 39, n. 11 (nov. 1992).

GILMORE, Mikal. *Tiro no coração*. São Paulo: Companhia das Letras, 1996.

GIVENS, Terryl L. *By the Hand of Mormon: The American Scripture That Launched a New World Religion*. Nova York: Oxford University Press, 2002.

GOTTFREDSON, Peter. *Indian Depredations.* Salt Lake City, 1919.
GREEN, Arnold H. & GOLDRUP, Lawrence P.. "Joseph Smith, An American Muhammad? An Essay on the Perils of Historical Analogy". *Dialogue: A Journal of Mormon Though,* vol. 6, n. 1 (primavera 1971).
GREEN, Tom. "Why We Talk to The Media". <www.polygamy.com/Mormon/Why-We-Talk-To-The-Media.html>
GREENE, Graham. *Fim de caso.* Rio de Janeiro: Record, 2000.
GUNNISON, Lieutenant J. W. *The Mormon, or Latter-Day Saints, in the Valley of the Great Salt Lake: A History of their Rise and Progress, Peculiar Doctrines, Present Condition, and Prospects, Derived from Personal Observations, During a Residence Among Them.* Filadélfia: Lippincott, 1860. (Reimpressão: Brookline: Paradigm Publications, 1993.)
HALLWAS, John E. & LAUNIUS, Roger D. (ed.) *Cultures in Conflict: A Documentary History of the Mormon War in Illinois.* Logan: Utah State University Press, 1995.
HARDY, B. Carmon. *Solemn Covenant: The Mormon Polygamous Passage.* Urbana: University of Illinois Press, 1992.
HOLZAPFEL, Richard Neitzel & COTTLE, T. Jeffrey. *Old Mormom Palmyra and New England: Historic Photographs and Guide.* Santa Ana, Fieldbrook Productions, 1991.
IGREJA DE JESUS CRISTO DOS SANTOS DOS ÚLTIMOS DIAS. *The book of Mormon, The doctrine and covenants, The pearl of great price.* Edição em um volume. Salt Lake City: Igreja de Jesus Cristo dos Santos dos Últimos Dias, 1981.
IGREJA FUNDAMENTALISTA DE JESUS CRISTO DOS SANTOS DOS ÚLTIMOS DIAS. *The Four Hidden Revelations.* Salt Lake City: Igreja Fundamentalista de Jesus Cristo dos Santos dos Últimos Dias, s.d.
JACOB, Udney Hay. *An Extract, from a Mannuscript Entitled "The Peace Maker", or the Doctines of the Millennium: Being a Treatise on Religion and Jurisprudence. Or a New System of Religion and Politics.* Nauvoo: J. Smith, 1842.
JAMES, William. *The Varieties of Religious Experience: A Study in Human Nature, Being the Gifford Lectures on Natural Religion Delivered at Edinburg in 1901-1902.* Nova York: Modern Library, 1999.
JEFFS, Rulon. *History of Priesthood Succession on the Dispensation of the Fullness of Times, and Dome Challenges to the One Man Rule. Also Includes Personal History of President Rulon Jeffs.* Hildale: Twin City Courier Press, 1997.
_____. *Purity in the New and Everlasting Covenant of Marriage.* Sandy: President Rulon Jeffs, 1997.
_____ (ed.) *Sermons of President LeRoy S. Johnson.* Hildale: Twin City Courier Press, 1997, vols. 1 a 8.
_____. *Sermons of Presidents Rulon Jeffs.* Hildale: Twin City Courier Press, 1996, vols. 1 a 8.
JENKINS, Philip. *Mystics and Messiahs: Cults and New Religions in American History.* Nova York: Oxford University Press, 2000.
JOHNSON, Luke. "History of Luke Johnson". *Deseret News,* 19 maio 1858.
KRAUT, Ogden. *John H. Koyle's Relief Mine.* Salt Lake City: Pioneer Press, 1978.
_____. *Polygamy in the Bible.* Salt Lake City: Pioneer Press, 1983.
LARSEN, Wesley P. "The 'Letter', or Were the Powell Men Really Killed by Indians?". *Canion Legacy,* n. 17 (primavera 1993).

LARSON, Stan. *Quest for the Gold Plates: Thomas Stuart Ferguson's Archeological Search for The Book of Mormon*. Nova York: Oxford University Press, 1991.

LAUNIUS, Roger D. & THATCHER, Linda. (ed.). Differing Visions: *Dissenters in Mormon History*. Urbana: University of Illinois Press, 1994.

LEBARON JR., Garn. "Mormon Fundamentalism and Violence: A Historical Analysis." <www.exmormon.org.violence.html>

LESUEUR, Stephen C. *The 1838 Mormon War in Missouri*. Columbia: University of Missouri Press, 1990.

LIMERICK, Patricia Nelson. *The Legacy of Conquest: The Unbroken Past of the American West*. Nova York: W. W. Norton. 1998.

LINDEN, Eugene. *The Future in Plain Sight: The Rise of the "True Believers" and Other Clues to the Coming Instability*. Nova York: Plume, 2002.

LINDSEY, Robert. A *Gathering of Saints: A True Story of Money, Murder and Deceit*. Nova York: Simon & Schuster, 1988.

MAILER, Norman. *The Executioner's Song*. Nova York: Vintage, 1998.

MARSTON, Otis "Dock". "Separation Marks: Notes on the 'Worst Rapid' in the Grand Canyon". *Journal of Arizona History*, vol. 17 (primavera 1976).

MENAND, Louis. *The Metaphysical Club: A Story of Ideas in America*. Nova York: Farrar, Straus e Giroux, 2001.

MITCHELL, Brian David. "The Book of Immanuel David Isaiah". <www.sltrib. com/2003/Mar/03142003/Manifesto/book.pdf>

MITCHELL, Sallie [Sarah Frances] Baker. "The Mountain Meadows Massacre — An Episode on the Road to Zion". *American Weekly*, 1ª set. 1940.

MOORE, R. Laurence. *Religious Outsiders and the Making of Americans*. Nova York: Oxford University Press, 1987.

MORGAN, Dale (ed.) *Utah Historical Quarterly*. vol. 15 (1947). Edição especial dedicada a vários relatos em primeira mão sobre a expedição de John Wesley Powell ao rio Colorado em 1869.

MULDER, William & MORTENSEN, A. Russell. (ed.) *Among the Mormons: Historic Accounts by Contemporary Observers*. Salt Lake City: Western Epics, 1994.

New Mormon Studies CD-Rom: A Comprehensive Resources Library. Salt Lake City: Smith Research Associates, 1998.

NIBLEY, Preston (ed.). *Pioneer Stories*. Salt Lake City: Brookcraft, 1976.

O'DEA, Thomas F. *The Mormons*. Chicago: University of Chicago Press, 1957.

O LSON, Kyle B. "Aum Shinrikyo: Once and Future Threat?". *Emerging Infectious Diseases*, vol. 5, n. 4 (jul.-ago. 1999).

OSTLING, Richard N. & OSTLING, Joan K.. *Mormon America: The Power and the Promise*. São Francisco: HarperSanFrancisco, 1999.

PAGELS, Elaine. *The Gnostic Gospels*. Nova York: Vintage Books, 1989.

PETERSON, Levi S. "A Christian by Yearning: The Personal Spiritual Journey of a 'Backslider'". *Sunstone*, vol. 12:5, ed. 67 (set. 1988).

_____. *Juanita Brooks: Mormon Woman Historian*. Salt Lake City: University of Utah Press, 1996.

POWELL, John Wesley. *The Exploration of the Colorado River and Its Canyon*. Nova York: Penguin, 1997.

QUINN, D. Michael. *Early Mormonism and the Magic World View*. Edição revista e aumentada. Salt Lake City: Signature Books, 1998.

_____. "Jerald e Sandra Tanner's Distorted View of Mormonism: A Response to 'Mormonism — Shadow or Reality?'". <www.lds-mormon.com/mo2.shtml>

_____. "LDS Church Authority and New Plural Marriages, 1890-1904". *Dialogue: A Journal of Mormon Thought*, vol. 18, n. 1 (primavera de 1985).

_____. *The Mormon Hierarchy: Extension of Power*. Salt Lake City: Signature Books, 1997.

_____. *The Mormon Hierarchy: Origins of Power*. Salt Lake City: Signature Books, 1994.

_____. (ed.). *The New Mormon History: Revisionist Essays on the Past*. Salt Lake City: Signature Books. 1992.

_____. *On Being a Mormon Historian: A Lecture Before the BYU Student History Association*. Outono 1981. Salt Lake City: Utah Lighthouse Ministry, 1982.

REILLY, P. T. *Lee's Ferry: From Mormon Crossing to National Park*. Logan: Utah State University Press, 1999.

REMINI, Robert V. *Joseph Smith*. Nova York: Viking Penguin, 2002.

RUSHO, W. L. *Lee's Ferry: Desert River Crossing*. Salt Lake City: Tower Productions, 1998.

RUSSELL, Bertrand. *Why I Am Not a Christian, and Other Essays on Religion and Related Subjects*. Nova York, Touchstone, 1957.

SCHINDLER, Harold. *Orrin Porter Rockwell: Man of God, Son of Thunder*. Salt Lake City: University of Utah Press, 1993.

SHIPPS, Jan. *Mormonism: The Story of a New Religious Tradition*. Urbana: University of Illinois Press, 1985.

SHIPPS, Jan & WELCH, John W. (ed.). *The Journals of William E. McLellin: 1831-1836*. Provo: BYU Studies, 1994.

SILLITOE, Linda & ROBERTS, Allen. *Salamander: The Story of the Mormon Forgery Murders*. 2. ed. Salt Lake City: Signature Books, 1989.

SMITH, George D. (ed.). *Faithful History: Essays on Writing Mormon History*. Salt Lake City: Signature Books, 1992.

_____. (ed.). *An Intimate Chronicle: The Journals of William Clayton*. Salt Lake City: Signature Books, 1995.

SMITH, Joseph, Jr. *History of the Church*. Salt Lake City: Desert News Press, 1932, 7 vol.

SOBEL, Dava. *Galileo's Daughter: A Historical Memoir of Science, Faith, and Love*. Nova York: Penguin Books, 2000.

STANTON, Robert Brewster. *Colorado River Controversies*. Nova York: Dodd, Mead & Co., 1932.

STEGNER, Wallace. *Beyond the Hundredth Meridian: John Wesley Powell and the Second Opening of the West*. Nova York: Penguin, 1992.

_____. (ed.). *The Letters of Bernard DeVoto*. Garden City, Nova York: Doubleday, 1975.

_____. *Mormon Country*. Lincoln: University of Nebraska Press, 1981.

STORR, Anthony. *Feet of Clay: Saints, Sinners, and Madmen — A Study of Gurus*. Nova York: Free Press, 1996.

TANNER, Jerald & TANNER, Sandra (ed.). *Joseph Smith and Polygamy*. Salt Lake City: Utah Lighthouse Ministry, s.d.

TANNER, Jerald & TANNER, Sandra (ed.). *3,913 Changes in The Book of Mormon: A Photo Reprint of the Original 1830 Edition of The Book of Mormon With the Change Marked.* Salt Lake City: Utah Lighthouse Ministry, 1996.

TATE, Lucile C. *Boyd K. Packer: A Watchman on the Town.* Salt Lake City: Bookcraft, 1995.

TAYLOR, John. *Items on Priesthood, Present to the Latter-Day Saints.* Salt Lake City: Geo. Q. Cannon & Sons, 1899.

TEILHARD DE CHARDIN, Pierre. *Letters from a Traveller.* Nova York: Harper & Row, 1962.

THOMAS, John L. *A Country in the Mind: Wallace Stegner, Bernard DeVoto, History, and the American Land.* Nova York: Routledge, 2000.

TURLEY, Richard E. *Victims: The LDS Church and the Mark Hofmann Case.* Urbana: University of Illinois Press, 1992.

TWAIN, Mark. *Roughing It.* Nova York: Penguin 1985.

UPDIKE, John. *Roger's Version.* Nova York: Alfred A. Knopf, 1987.

URE, James W. *Leaving the Fold: Candid Conversations with Inactive Mormons.* Salt Lake City: Signature Books, 1999.

VAN WAGONER, Richard S. *Mormon Polygamy: A History.* Salt Lake City: Signature Books, 1989.

VERDOIA, Ken. "Interview with D. Michael Quinn". *Promontory.* <www.kued.org/productions/promontory/interviews/quinn.html>

WATERMAN, Bryan, e Brian KAGEL. *The Lord's University: Freedom and Authority at BYU.* Salt Lake City: Signature Books, 1988.

WATERMAN, Bryan (ed.). *The Prophet Puzzle: Interpretive Essays on Joseph Smith.* Salt Lake City: Signature Books, 1999.

WESTERGREN, Bruce N. (ed.). *From Historian to Dissident: The Book of John Whitmer.* Salt Lake City: Signature Books, 1995.

WILLIAMS, Brooke. *Halflives: Reconciling Work and Wildness.* Washington: Island Press, 1999.

WILLIAMS, Terry Tempest. *Leap.* Nova York: Pantheon, 2000.

WOOD, James. *The Broken Estate: Essays on Literature and Belief.* Nova York: Random House, 1999.

WORSTER, Donald. *A Row Running West: The Life of John Wesley Powell.* Nova York: Oxford University Press, 2001.

WRIGHT, Lawrence. "Lives of the Saints". *New Yorker*, 21 jan. 2002.

Créditos

Meu grato reconhecimento às seguintes pessoas e entidades, pela permissão para reprodução de material publicado anteriormente:

KENNETH ANDERSON: Trechos dos artigos "The Magic of the Great Salt Lake" de Kenneth Anderson, publicado no *Times Litterary Supplement*, 24 de março de 1995, e "A Peculiar People: The Mystic and Pragmatic Appeal of Mormonism," de Kenneth Anderson, publicado no *Los Angeles Times*, 28 de novembro de 1999. Reproduzido mediante permissão de Kenneth Anderson.

BRANT & HOCHMAN LITERARY AGENTS, INC.: Trechos de *Mormon Country*, de Wallace Stegner (Nova York, Penguin, 1992). Copyright © 1942, 1970 de Wallace Stegner. Reproduzido mediante permissão de Brant & Hochman Litterary Agents, Inc.

THE FREE PRESS: Trechos de *Feet of Clay: Saints, Sinners and Madmen — A Study of Gurus*, de Anthony Storr. Reproduzido mediante permissão de The Free Press, divisão de Simon & Schuster. Copyright © 1996 de Anthony Storr.

ALFRED A. KNOPF: Trechos de *No Man Knows My History*, de Fawn M. Brodie. Copyright © 1971, 1973 de Fawn M. Brodie. Copyright © renovado em 1999 por Bruce M. Brodie, Richard Brodie e Pamela Brodie. Utilizado mediante permissão de Alfred A. Knopf, divisão da Random House, Inc.

OXFORD UNIVERSITY PRESS: Trecho de *Mystics and Messiahs: Cults and New Religions in American History*, de Philip Jenkins. Copyright © 2000 de Philip Jenkins. Publicado por Oxford University Press, Inc. Utilizado mediante permissão de Oxford University Press, Inc.

Trechos de *Religious Outsiders and the Making of Americans*, de R. Laurence Moore. Copyright © 1987 de Oxford University Press, Inc. Utilizado mediante permissão de Oxford University Press, Inc.

TIM FITZPATRICK AND THE *SALT LAKE TRIBUNE*: Trechos dos artigos "Widespread Search for American Fork Murder Suspect," de Mike Gorrell e Ann Shields, e "Neighbors Recall Changes in Murder Suspect, 42", ambos publicados no *Salt Lake Tribune*, 26 de julho de 1984; e "Two Murders and a Religious Revelation?" de Ann Shields, publicado no *Salt Lake Tribune*, 28 de julho de 1984. Reproduzido mediante permissão de Tim Fitzpatrick e *Salt Lake Tribune*.

UNIVERSITY OF OKLAHOMA PRESS: Trechos de *Blood of the Prophets: Brigham Young and the Massacre at Mountain Meadows*, de Will Bagley. Copyright © 2002 de University of Oklahoma Press. Reproduzido mediante permissão do editor. Todos os direitos reservados.

Índice remissivo

abuso sexual, 61, 72, 277, 337; *ver também* incesto, estupro
Aden, William, 232-33, 249
Adkison, Julie, 70-71
"Ajuda às noivas infantis", 72
álcool, uso de, 160, 181, 190
Alger, Fanny, 135
Allred, Byron C., 274n
Allred, Rullon, 273-76
American Religion, The (Bloom), 2, 75, 128n, 330
Anderson, Kenneth, 111, 295n, 328
Andrus, Hyrum L., 77
apostasia, 37, 39, 50-51, 90, 222, 234, 270, 333, 336-38, 342, 345
Arrillaga, Pauline, 44, 350
Asahara, Shoko, 20, 353
Ashcroft, John, 303
Assembléia Pentecostal de Deus, 303
assistência pública, 36, 37, 44, 151, 211, 276
Aum Shinrikyo, 20n, 353

Bagley, William, 215, 219, 224, 226n, 235, 286, 350

Baker, John T., 222n
Barlow, Dan, 50, 273
Barlow, John Y., 273-74
Bartholow, Roberts, 217
Barzee, Wanda, 65-68, 70
Bateman, Daniel R., 264
Bateman, David, 37, 336
Bateman, DeLoy, 35, 37-40, 51, 237-40, 264n, 273, 278, 336-40
Bateman, Eunice, 338
Bateman, Randy, 237-39
Bateman, Samuel, 264-65
Bateman, William, 234, 238
Beaver, colônia na ilha, 211n
Beck, Ken, 12
Becky (esposa espiritual), 180
bençãos, 138, 295
Benson, Ezra Taft, 105, 106n
Beyond the Hudredth Meridian, 245
Bíblia, 27, 89, 90, 97n, 123, 136; "Grande e Terrível Dia do Senhor", 323-25
Bin Laden, Osama, 20, 326
Blackmore, Alaire, 56, 280
Blackmore, Andrew, 58

Blackmore, Annie Vandeveer, 279-80, 282
Blackmore, Evangeline, 282-85
Blackmore, Gwendolyn LeBaron, 279, 282-83
Blackmore, Kenyon, 101, 103, 278-85, 292
Blackmore, Lena, 279-80, 283-84
Blackmore, Memory, 54, 56, 58
Blackmore, Ray, 54-56, 58-59, 95, 280
Blackmore, Renny, 57
Blackmore, Winston, 56-58, 60-63, 93, 103, 271, 278, 337
Blood Covenant, The (Chynoweth), 275n
Blood of the Prophets (Bagley), 215, 226n, 286
Bloom, Harold, 2, 75, 128n, 330
Boggs, Lillburn, 119, 121, 126-27, 178n
Bountiful, British Columbia, 45, 52-63, 65, 68, 75, 95, 103, 271, 273, 278-81, 329
Bradley, George, 245n
Brady, Bernard, 101-104, 168, 170, 175, 178, 184, 280-82, 292; e a revelação da remoção, 180, 182-84, 292
Brodie, Fawn, 76, 128-30, 132, 143, 226n, 343-44
Brooks, Juanita Leavitt, 129, 226, 235, 238n, 256-57, 330, 344
Brown, Samuel, 117
Bryant, John W., 168, 181, 191, 274n
Buchanan, James, 30, 218-20, 241, 243
Bullock, J. Robert, 15-17, 300
Burton, sir Richard Francis, 118n, 242
Bush, George W., 65, 303

cadeia (do condado de Utah), 14, 319-21
calvinismo, 130-31
Campbell, Carolyn, 45
Carleton, James H., 241
Carnes, Chip, 14, 18, 192-99, 287-93
Carnes, Gary, 291
Carthage: cadeia de, 147, 149, 203, 208, 260, 277; milícia de, 146-48, 208-209
casamento inter-racial, sexo e, 36, 219n, 339
catolicismo, 28, 90, 153, 171n
Centro de Treinamento dos Missionários da LDS, 98, 160, 332
Chase, Sally, 78, 82

Chynoweth, Rena, 275-76
Cidade de Refúgio, 101, 181, 187, 190-91, 281, 287
ciúme, 54, 60, 88, 168
Clayton, William, 142n
Cleveland, Grover, 260
Colonia LeBaron, México, 278, 282-83, 285, 332
Colorado City, Utah-Arizona (Short Creek), 34-37, 39, 42, 46, 48-51, 53-54, 56, 61, 65, 72-73, 75, 97-98, 192, 237-38, 240, 265, 269-73, 278, 280, 300, 303, 329, 331, 335-38, 340; ataque a, 40-41, 45, 47; fraudes ao sistema de segurança social em, 36-37, 210n
Colorado River Controversies (Stanton), 254n
Congresso dos Estados Unidos, 124, 214n, 261-62
Constituição dos Estados Unidos, 13, 44, 48-49, 125, 145, 154-55, 162
Cooke, Beth, 45-46
Coro do Tabernáculo Mórmon, 28, 65, 85
Coronado, David, 183, 331-32
Coronado, Emmylou, 333-34
Coronado, Pamela, 331-34
Craig, Lorna, 73
Crapanzano, Vincent, 154
crianças, abusos contra, 42, 47, 54, 277, 280; *ver também* estupro, de crianças
cristandade, 20, 90, 109, 306-307; e o fundamentalismo, 303, 308; *ver também* seitas específicas
cristãos evangélicos, 153
Crossfield, Robert (profeta Onias), 93, 95-98, 100-104, 168-73, 175, 177-78, 181-83, 191, 281, 292, 331-33
Cummings, Alfred, 241

Dame, William, 233, 235-36, 248-49
Debbie (empregada do cassino), 294-96
Décimo Tribunal de Apelação, 300-301, 303
Dellenbaugh, monte, 238-40, 245, 248
democracia, 145, 219, 303
Deseret News, 41, 48n, 214n, 246, 263, 281n
Deseret, como termo mórmon, 214

devoção religiosa *versus* insanidade, 310
Dia do Pioneiro, 193-94, 212, 224, 228, 287
direitos, emenda sobre a igualdade de, 48
Diagnostic and Statistical Manua of Mental Disorders (DSM-IV), 310, 312-13
distúrbio ilusório (esquizo-afetivo), 304-305, 310
Doniphan, Alexander, 121
Douglas, Stephen A., 210
Doutrina e mandamentos, 30, 91, 93, 131, 207, 238, 331; artigo 132, 30, 31, 95, 107, 131, 141, 263; artigo 85, 27, 31, 92, 96, 104, 265; artigo 87, 242n; artigo 89 ("Palavra da Sabedoria"), 160n, 181, 188
Dragões de Warsaw, 147-48
drogas, 168, 188-90, 294
Dukes, William, 252
Dunn, William, 239-40, 244-52, 254-55

Escola dos Profetas, 103-104, 168-69, 173, 175, 178n, 179-84, 186, 190, 281, 292, 311, 324, 331
escravidão, 30, 114, 116, 219
Esplin, Mike, 16n, 304-305, 308-10, 314, 316
esposas, espancamento de, 106, 110, 159, 186, 228
esquizofrenia, 311-12
Estados Confederados da Nação Exilada de Israel, 191
Estocolmo, síndrome de, 44-45
estupro, 121, 246; de crianças, 43-44, 46-47, 57-58, 67, 72, 73, 121, 284-85
exército (dos Estados Unidos), 30, 124, 220, 223-26
expiação pelo sangue (juramento de vingança), 151, 208-209, 216, 277, 286, 316
Exploration of the Colorado River and Its Canyons (Powell), 254

Fancher, Alexander, 221n, 230
Fancher, caravana *ver* Mountain Meadows, massacre de
FBI, 74, 281n, 282, 296
Feet of Clay (Storr), 177, 267, 297

feministas radicais, 48
Ford, Thomas, 146-47, 203, 210
Foster, Rob, 219n
fraude, 36-37, 210n, 281
Frémont, John C., 30
fundamentalismo, 153, 158, 180
fundamentalistas mórmons (FLDS), 11-12, 28-29, 65-75, 93, 95-104, 153-57, 161-64, 167-84, 269-85, 321, 329-34; cisma dos, 270-78; e a obediência total, 55, 271; e a poligamia, 29, 31, 36, 39-51, 53-61, 65-68, 70-73, 93, 95-97, 103-104, 107, 110, 149, 157, 164, 191-93, 262-63, 265, 271-76, 278-79, 333, 336; independentes, 65-72, 74-75, 274n

Gardner, Noel, 305, 306, 307, 308, 311, 312, 313, 314
gentios, 50-51, 61-62, 99, 212, 214, 217-18, 220-36, 270, 272, 274; em Illinois, 144-48, 209-10; em Missouri, 116-22; interesse e apoio aos mórmons, 242-43, 249, 330; uso do termo, 39n; *ver também* Mountain Meadows, massacre de
Gilmore, Gary Mark, 16
Gilmore, Mikal, 269
Golding, Stephen, 309, 310
Goodman, Frank, 245n
Gorrell, Mike, 11
Graham, Jan, 301
Grande Apostasia, 90
Grant, Jedidiah, 216
Grant, Laurene, 191-92
Grant, Ulysses S., 250, 256
Greeley, Horace, 242
Green, Linda Kunz, 44-46, 276n
Green, Thomas Arthur, 43-47, 65, 75, 276n
Groesbeck, C. Jess, 176, 304-305
guerras: civil americana, 219n, 242-44; mexicano-americana, 213-14

Haight, Isaac, 231-33, 235-36, 250, 252
Hale, Emma, *ver* Smith, Emma Hale
Hale, Isaac, 80

Hall, Andy, 245n
Hamblin, David, 71
Hamblin, Jacob, 248, 252-55, 257
Hammon, Marion, 270
Hancock, John, 144
Hansen, Steven, 298, 302, 304, 316, 318-19
Harris, Martin, 81-83, 90, 211n
Harris, sra. Martin, 82-83
Haun's Mill, massacre de, 119-21, 137, 230
Hawkins, Billie, 245
Hayes, Rutherford B., 260-61
Higbee, John, 233-34, 250
Hinckley, Gordon B., 28
Hines, Michael, 281n
Hoffmann, Mark, 17-18, 82n, 298
Holm, Rodney, 48-50
homossexualidade, 36, 46-47, 168, 304, 345
Horton, Creighton, 306-307, 318
Howell, Robert, 305
Howland, Oramel Gass, 240, 244-52, 254-55
Howland, Seneca, 240, 244-52, 254-55
Huff, Nancy, 235
Huntington, Dimick B., 230

Igreja de Jesus Cristo dos Santos dos Últimos Dias, *ver* mormonismo
Igreja de Jesus Cristo em Assembléia Solene, 191n
Igreja do Cordeiro de Deus, 276-77
Igreja Fundamentalista de Jesus Cristo dos Santos dos Últimos Dias (United Effort Plan; UEP), 336-40: e a propriedade, 38; e os apóstatas, 37-39, 49, 237-38; e a assistência governamental à, 36-37; e proibição de meios de comunicação, 35, 37, 238; *ver também* Bountiful, B.C.; Colorado City, Utah-Arizona
Igreja Mórmon Reformada, 143-44
impostos, 37, 155-56, 167, 192n, 276
incesto, 42, 57, 59, 284-85, 337
índios norte-americanos, 88-90, 223-25, 229-31, 233-36, 284; massacre Dunn-Howland atribuído aos, 240, 246-48, 251-55; *ver também* paiutes; Shivwits

insanidade, defesa por, 16, 299-300, 303-12, 321
Irmãos Apostólicos Unidos, 274
Isaiah, Immanuel David, *ver* Mitchell, Brian David
Islã, 19, 28, 118, 153
Isom, Wynn, 245n

Jacob, Udney Hay, 108, 132-33
James, William, 123, 128n, 201, 315, 329
Jardim do Éden, 91, 114
Jeffs, Rullon T. (Tio Rulon), 34-39, 51, 93, 96n, 238, 273, 329, 337: e Bountiful, 53, 55, 61-63; morte de, 269-71, 273
Jeffs, Warren, 39, 48, 72, 270-73, 329, 336-37
Jennings, Thomas, 119
Jessop, Flora, 71-73
Jessop, Fred (Tio Fred), 72, 271
Jessop, Ruby, 72-73
Jesus Cristo, 88, 90-91, 130, 191-92nn, 224, 264, 284, 305, 322; Segundo Advento de, 91, 100, 173, 225, 284, 322, 329
Johnson, Benjamin, 134
Johnson, LeRoy Sunderland (Tio Roy), 35, 45, 54-55, 59-62, 192, 270-74, 278, 337; e Bountiful, 56, 59-60, 62, 95-97; morte de, 270
Johnson, Luke, 134
Johnson, Marinda Nancy, 133-34
Johnson, Nephi, 179
Johnson, Randy, 13
Johnson, sra. Benjamin, 133-34
Johnson, Warren (Elmer), 45
Johnson, Warren M., 272
Joseph, Alex, 190n, 191-92, 274n
Judd, Michal Todd Jeffory, 178n, 183
judeus, 20-21, 39n, 88, 97n, 153

Kimball, Helen Mar, 137
Kimball, Spencer W., 162, 171, 219n, 332, 340n
King, Michelle, 166
Kingston, clã (Igreja de Cristo dos Últimos Dias), 42
Kingston, David, 42, 43

Kingston, John, 42
Kingston, Paul, 42, 43
Koyle, John Hyrum, 100, 101, 103

Labão, 179, 181, 211n, 257
Lafferty, Allen, 9, 18, 153, 164-70, 175, 196, 199, 299, 305; casamento de, 9, 165; e a revelação da remoção, 183, 184; e o 24º aniversário de Brenda, 194; e o fundamentalismo, 153, 157, 164-67, 169; e os assassinatos de Brenda e Erica, 10-13, 183-84; problemas com Brenda, 164-69, 186-87
Lafferty, Brenda Wright, 164-69; abandono da carreira, 9, 166; assassinato de, 9-21, 28, 176-78, 183, 186-87, 194-200, 274n, 281, 287-90, 292, 299, 302, 313, 321, 324, 326, 333; casamento de, 9, 165; diários de, 166, 186, 299; educação de, 165-66, 169; problemas com os irmãos Lafferty, 164, 169, 174-75, 183-84, 186; 24º aniversário de, 194
Lafferty, Claudine, 110, 157, 167, 173, 178n, 180, 193-94; e os planos de assassinato, 193, 300; espancada, 106, 159; relacionamento com Ron, 159
Lafferty, Colleen, 106
Lafferty, Dan, 71, 75, 82n, 87n, 93, 105-10, 150-57, 161-64, 168-69, 173-75, 179-84, 187-200, 220, 257, 263n, 265, 287-91, 293-96, 317-27; antecedentes de, 99, 105-107; ausência de remorso, 19; casamentos de, 107-108, 191-93; como Elias, 322-24; divergências com o Estado, 154-57; e a poligamia, 108-10, 132-33, 149-51, 162, 187, 191-93, 265; e as revelações de Ron, 179-80, 182-83, 187-88, 193-97, 319-21; e Crossfield/Onias, 98, 104, 168, 170-74, 181-82, 190-91, 281; e os assassinatos de Brenda e Erica, 28, 179, 183, 187, 193-200, 286, 288-90, 302-303, 321, 324, 326, 333; excomunhão de, 322; fuga de, 288-96; interesses jurídicos e políticos, 151-55; julgamento de, 15-16; na prisão, 17-19, 65, 71, 82n, 156-57, 187, 276, 298, 302; prisão de, 14, 18, 190n, 296, 302; tentativa de assassinato por parte de Ron, 319-20, 324-25; teologia de, 321-25; uso de maconha, 189; viagem pelo oeste, 184, 187-89, 274n
Lafferty, Dianna, 157-59, 161-64, 167-68, 186; divórcio de, 167, 174-76, 186, 197, 304
Lafferty, Erica Lane, 9-21, 166, 177, 187, 193-94; assassinato de, 28, 177, 179, 183, 187, 193-200, 274n, 281, 286, 288-90, 292, 299, 302-303, 313, 321, 324, 326, 333
Lafferty, Mark, 152-53, 157, 168-71, 173-74, 180, 183, 194-95, 281; e a revelação da remoção, 180-81, 183
Lafferty, Matilda Loomis, 107-108, 110, 150-51, 192
Lafferty, Ronald Watson, 19, 96n, 107, 153, 158-64, 170-84, 191-200, 287-96, 298-321; apelações de, 298, 300-301, 316; avaliação psiquiátrica de, 16, 176; caráter rebelde de, 160; casamento de, 159-61; cicatrizes emocionais de, 159; e Crossfield/Onias, 168, 170-76, 180-82, 191, 281; e os assassinatos de Brenda e Erica, 11-16, 176-79, 193-200, 288-90, 301-303, 313, 321; divórcio de, 12, 167, 174-76, 186, 197, 304, 314; julgamento de (1985), 16-17, 299-302; ligações fundamentalistas de, 11, 13-14, 161-64, 167-68, 170-84; ligações poligâmicas de, 11, 14, 164, 168, 180, 187, 191; missão de, 159-61; mudanças políticas e religiosas de, 177; na comunidade de Bryant, 168, 181, 191; narcisismo de, 177, 312-15; novo julgamento de (1996), 288-89, 303-16, 321; prisão de, 14, 190n, 296, 302; revelações de, 175-80, 182-84, 187-94, 197, 200, 212, 287-88, 292-93, 311, 319-21; sentença recebida por, 16-17, 316-17; tentativa contra a vida de Dan, 319-20, 325; tentativa de suicídio de, 14-15, 321; uso de maconha, 189; viagem pelo oeste, 184, 187-92, 274n
Lafferty, Tim, 152-53, 156-57, 168-74, 178, 281; e a revelação da remoção, 182-84
Lafferty, Watson (pai), 9, 105-106, 152, 157,

160; comportamento violento de, 106, 159; morte de, 167, 169
Lafferty, Watson Jr., 104, 152-53, 178n, 183; e Crossfield/Onias, 168-73, 180-81, 281
lamanitas, 88-89, 224-25, 229
Larsen, Wesley P., 249-53, 255
Law, Jane, 143
Law, Richard, 142
Law, William, 142-44, 205
Leany, William, 249-51
Leavitt, David O., 44-47
LeBaron, Aaron, 277
LeBaron, Alma, 275
LeBaron, Benjamin, 275
LeBaron, clã, 274, 277, 332
LeBaron, Dayer, 274, 278
LeBaron, Ervil, 275-78, 332
LeBaron, Gwendolyn, *ver* Blackmore, Gwendolyn LeBaron
LeBaron, Joel, 275-76, 278-79
LeBaron, Lavina Stubbs, 278, 282, 285
Lee, Emma, 272
Lee, John D., 129, 133, 206, 248, 252, 256-59; e o massacre de Mountain Meadows, 223, 229-36, 238, 243, 248, 250-51, 256-58, 272; exílio de, 256, 272
Legião de Nauvoo, 124, 144-45, 224, 229, 231, 233
legislatura (do território de Utah), 214-15, 218, 243
Lehi, 87
leis: da Castidade, 57-58, 60; Edmunds (1882), 261; Edmunds-Tucker (1887), 31, 261-62
Lincoln, Abraham, 241, 243
livre-arbítrio, 116
Livro da Lei do Senhor, 211n
Livro de Immanuel David Isaiah, O, 74-75, 323n
Livro de Mórmon, O, 30n, 86, 88, 93, 100, 113, 131, 154, 162, 179, 211n, 214n, 321, 332, 346; comentário sobre, 113; e a estratégia militar de Young, 224-25; e o governo, 152-53; narrativa do, 87-88, 179, 257; popularidade do, 89-91, 129-30; tradução e publicação do, 81, 82n, 83, 211n

Livro de Onias, Segundo, *ver Segundo livro de mandamentos*
Livro dos novos mandamentos, 277, 288
Low, Chloe, 174-75, 178, 183, 187, 200, 287-88
Low, Stewart, 174

Malpede, Jim, 281n
Maomé, 19, 118
Marston, Otis (Dock), 249
McBracking, Abraham, 209
McEntire, Betty Wright, 165-67, 169, 186, 193-94, 299; e a revelação da remoção, 183-84, 193; encontro no McDonald's, 186
McLean, Eleanor, 227
McLean, Hector, 228
McLernand, John Alexander, 216, 217n
Menelau, 97n
Meyer, Eduard, 118
Milícia do Missouri, 119-20
Mina do Sonho, 100-101, 103, 150, 170, 181, 190, 280-81, 287, 292, 332
Mitchell, Brian David, 65-71, 74-75, 96n, 265, 323n
Mitchell, Sarah Frances Baker, 222
Monte Cumorah, 81, 84, 179n; festival do, 85-86, 89
Moore, R. Laurence, 84, 113, 140, 221, 259
Morgan, Dale, 330
Mórmon, 88, 224
Mormon country (Stegner), 112, 203, 335
Mormon Hierarchy (Quinn), 204
Mormonism Unveiled (Lee), 258
mormonismo (Igreja de Jesus Cristo dos Santos dos Últimos Dias — LDS), 65-68, 75, 81-91, 98-103, 105-11, 113-14, 116-53, 162, 164, 321; atração da, 89-91, 127-31; busca aliança com os índios, 225; cerimônia de consagração do templo, 136, 208-209; como missionários, 98, 107, 152, 157, 159-61, 165, 215, 330, 332; como religião norte-americana, 33, 91, 328-34; como religião patriarcal, 28n, 55, 108-10, 172n; comparação com o Islã, 118n; comparado com o

fundamentalismo mórmon, 29, 31, 55, 95, 102-103; continuação das revelações no, 91-92, 95-96, 101; correntes principais do, 31, 171, 262-63, 331; crescimento do, 28, 90, 127, 330; criminalização da maconha e, 189n; crise de sucessão, 204-207, 211n; e a excomunhão, 11, 48n, 65-66, 96, 107, 143, 168, 174, 191n, 256, 322; e a expiação pelo sangue, 151, 208-209, 216, 286; e a migração para o Utah, 30, 207, 210n, 213, 237; e a poligamia, 29-31, 46-47, 66, 95, 104, 107-11, 131-44, 151, 153-54, 162, 171, 213-17, 243, 260-65, 278, 330-31; e a política, 48n, 99, 114, 116-17, 124-25, 143, 145, 204-207, 214-15, 217-20, 238n, 240, 243; e as falsificações de Hoffmann, 17, 82n; e o ataque ao grupo Dukes, 252; e o Monte Cumorah, 80-81, 84-87, 179n; e o povo eleito por Deus, 91, 114, 130, 144, 170, 269; estrutura da liderança do, 28n, 159n; importância da sobrevivência do, 111, 207-208, 213, 256-57; liderança do, 14, 28-31, 41, 48n, 106n, 171, 204-208, 257, 330-31; *Livro de Onias* mandado à LDS, 171-73, 175; massacre Dunn-Howland atribuído à LDS, 240, 247-55; perseguição ao, 113-14, 116-21, 125, 225-28, 231, 249, 256-62, 269; registro institucional de, 83, 113; seitas oriundas do, 211n; textos sagrados de, 81-83, 87-91

Moroni (anjo), 79-82, 85, 87n, 88-91, 100-101, 152, 224; e a homossexualidade, 304-305, 309

Morril, lei contra a bigamia, 243

Mountain Meadows Massacre, The (Brooks), 226, 238

Mountain Meadows, massacre de, 129, 220-38, 247-51, 253, 272, 286; acontecimentos que levaram ao, 223-26; descrição, 233-36; investigação do, 241n; justiça posterior, 250, 255, 257-60; perseguição como fator do, 225-28; riqueza como fator do, 227n

mulheres espancadas, 197, 289, 302; *ver também* esposas, espancamento de

Mullen, Holly, 46
Musser, Joseph, 273-74

narcisismo, distúrbio narcisista da personalidade (NPD), 177, 297, 312-15
Nauvoo Expositor, destruição do, 143-46
Nauvoo, Illinois, 123-33, 136-47, 170, 193n, 210-14, 223, 226; falsários em, 210-11nn
nefitas, 88-99, 100, 224
negros: no sacerdócio mórmon, 171-72, 219n, 332-33, 340n; *ver também* racismo; escravidão
Nephi, 87, 179-80, 224, 257
No man knows my history (Brodie), 74, 76, 128-30, 132, 226n

obediência, 34-36, 55, 87, 110-11, 271
Oler, Dalmon, 5, 56, 58-59, 62
Oler, Jimmy, 58, 271
Olsen, David, 183
Onias, 97n
Onias, profeta, *ver* Crossfield, Robert
11 de setembro, ataques de, 19, 326, 329

Pace, Eli J., 251-52
Pacificador, O (atribuído a Jacob), 108-10, 132-33, 150-51, 154, 157, 162-64
Packer, Boyd K., 48n
paiutes, 223, 225n, 229-35, 253, 255n; *ver também* shivwits
Palmer, Debbie Oler Blackmore Ralston, 50, 54-63, 68, 95, 271, 280n
Palmer, Eldon, 54
Palmer, Marlene Blackmore, 60, 62
Palmer, Michelle Blackmore, 60-62
Palmer, Sharon, 61
Palmyra, N.Y., 75-79, 82-83, 114, 125, 131, 133, 165, 212
patriarcado, 28n, 55, 108-10, 172n
Pearl of Great Price, The, 30
pedofilia, 46-47, 337
Penniston, William, 117
Peterson, Mark E., 96
Peterson, Pennie, 49

Plano do Esforço Unido (UEP), 34, 274
poligamia (casamento plural), 11, 14, 29-31, 108-10, 132-44, 153-54, 171, 189n, 211n, 260-65; desafios à, 30-31, 39-47, 133-35, 141-44, 204-206, 216-17, 243, 260-63, 336; e a comunidade de Bryant, 168; e as crises de sucessão, 204-207; e o Manifesto Woodruff, 262-63, 265, 272, 275; e *O Pacificador*, 108-10, 132-33, 150-51, 157, 162; e os fundamentalistas mórmons, *ver* fundamentalistas mórmons: e a poligamia; e os mórmons, 29-31, 46-47, 66, 95, 104, 107-11, 131-44; 151, 153-54, 162, 171, 213-17, 243, 260-65, 278, 330; evitar acusações de, 36; incidência da, 29
política e governo, 48n, 192n, 204-205, 276; envolvimento de Young com, 214-15, 217-19, 240, 243; interesse de Dan Lafferty por, 151-55; opiniões de Smith sobre, 124-25, 145
"Povo contra Levi Williams, O", 208
Powell, John Wesley, 239-40, 244-56
Powell, Walter, 244
Pratt, Eleanor McLean, 228
Pratt, Parley, 227-28
Pratt, Sarah, 138
Primeira Paróquia, 270-71
Primeira Presidência, 28n, 106n, 159n, 257, 263
Primeiro livro de mandamentos (Crossfield), 96
profetas autoproclamados, 177, 315
propriedade, direitos de, 38, 41, 110, 156
Pyle, Howard, 39-41, 47

Quinn, Michael D., 204, 213, 243
Quorum dos Doze Apóstolos, 28n, 40n, 125, 159n, 204-205, 263

racismo, 36, 104, 111, 219n, 339
Ralston, Sam, 54, 59
Randak, Ann, 150, 192
rapto, 64-72
Reforma Mórmon, 215-16
Religious Outsiders and the Making of Americans (Moore), 84, 113, 140, 221, 259

Remini, Robert, 125
repressão sexual, 57-58
Revelation in Mormonism (Meyer), 118n
Revolução Mexicana, 189n
Reynolds, William, 119-20
Ricci, Richard, 68-69
Richard, irmão, 86
Richards, Willard, 148-49, 205, 208
Rigdon, John, 207
Rigdon, Sidney, 204-207, 211n
River Runnning West, A (Worster), 253
Rockwell, Orrin Porter, 209, 212, 218, 242; como guarda-costas de Smith, 126-27, 146, 178, 203; e a guerra do Utah, 223-24, 228
Rouche, Josephine, 261
Roundy, Sam, 48

Salt Lake Tribune, 11, 46, 49, 53, 66, 263, 301
Salt Lake, Templo de, 27, 65
sanidade, 301-16
Scott, Jerry, 14
Segunda Paróquia, 270
Segundo Grande Despertar, 74, 77, 127, 207
Segundo livro de mandamentos — Livro de Onias (Crossfield/Onias), 93, 171n
Serving the World (Crapanzano), 154
"Sete Diamantes Mais Um", 74
Shaw, George Bernard, 207
Shields, Anne, 11, 13
Shivwits, 246, 249, 251-55
Short Creek, *ver* Colorado City, Utah-Arizona
Smart, Ed, 65-67, 69-71
Smart, Elizabeth, 64-74, 96n, 265, 323n; sob controle psicológico de Mitchell, 67-68, 70-71
Smart, Lois, 66
Smart, Mary Katherine, 67, 69
Smith III, Joseph, 204-205, 211n
Smith, Emma Hale, 80-82, 133-35, 140-43, 146, 205, 211n
Smith, George A., 229-30
Smith, Hyrum, 120, 141-42, 144, 146-48, 208, 219n, 227
Smith, Joseph (pai), 75-78

Smith, Joseph Jr., 27, 29-30, 34, 36, 68, 74-92, 116-49, 170, 173, 219n, 229, 273, 324, 330-31; acha e traduz as placas de ouro, 78-83, 85, 87-91, 100, 211; acusações do estado de Missouri, 120-21, 126; antecedentes, 74-79; assassinato de, 30, 131, 147-49, 203-205, 208-209, 211, 225, 227, 231, 260, 277, 309; campanha presidencial de, 124-25, 204-205; carisma de, 127-30, 134, 138, 207; casamento de, 80; comparação com Young, 207, 210, 211n; e a destruição do *Nauvoo Expositor*, 144-46; e a expiação pelo sangue, 151, 216, 277; e a poligamia, 29-30, 32, 39, 41, 93, 95, 103, 108-109, 132-44, 171, 204-205, 215, 263, 265; e a profecia do "forte e poderoso", 31, 34, 96, 265; e a revelação constante, 51, 91-93, 97-98, 207, 242; e as perseguições aos mórmons, 114, 116-21, 125; e o Mundo da Sabedoria, 160n; e Rockwell como guarda-costas, 126-27, 146, 178, 203; escavações para achar dinheiro, 78, 80; fugas de, 121-23, 126, 146; julgamento de, 79, 81; legado de, 286; reputação de, 79-80, 113-14; tentativa de castração, 134-35
Smith, Lucy Mack, 76
Smith, Samuel H., 204-206, 211n
Smith, Sardius, 119
Smoot, Abraham, 223-24
Snow, Erastus, 247, 251-52, 255
Stack, Peggy Fletcher, 301
Stanton, Robert Brewster, 254n
Stark, Robert, 330
Steele, John, 249-50
Stegner, Wallace, 112, 203, 245, 249, 335
Stigal, George, 147
Stokes, Wiliam, 257
Storr, Anthony, 177, 267, 297
Stout, Hosea, 206
Stowe, Richard, 174, 178, 183, 187, 200, 287-88
Stowell, Josiah, 78-80
Strang, James Jesse, 211n
Stubbs, Lavina, *ver* LeBaron, Lavina Stubbs

Stubbs, Ruth, 48-49, 51
Stubbs, Suzie, 49
Sumner, Jack, 245-47, 249, 254n
Supremo Tribunal, Estados Unidos, 262, 300, 316

Tanner, N. Eldon, 55
Taylor, John, 2, 144, 146-49, 208, 273; e a poligamia, 149, 205, 260-65
terrorismo, 20n, 326, 329
Toquerville, Utah, 249-51, 255
Tribunal do Quarto Distrito, 193, 297-99, 301, 308-309, 312, 314, 316, 318-19
Twain, Mark, 89
Tyler, Robert, 219

União Americana pelas Liberdades Civis, 47
United Effort Plan (Plano do Esforço Unido/UEP) *ver* Igreja Fundamentalista de Jesus Cristo dos Santos dos Últimos Dias
Universidade Brigham Young, 98, 108, 132, 165, 215n, 219n, 279, 309, 343
Usher, James, 308
Utah, território de, 210-65; anexação pelos Estados Unidos, 213-14; e a Guerra Civil, 219n, 242-44; fim do isolamento do, 47n; guerra do, 30, 219n, 240; *ver também* Mountain Meadows, massacre de; guerra do, 219-38; migração para o, 30, 207, 210-13, 237; nome do, 214n, 224

Varieties of Religious Experience, The (James), 123, 128n, 201, 315, 329

Walker, Lucy, 137-38
Weiss, Penelope, 159, 162-64
Williams, Levi, 209
Wims, Michael, 311, 321
Woodruff, Manifesto, 262-63, 265, 272, 275
Woodruff, Wilford, 153, 216, 241, 262
Woolley, John, 264-65, 273
Woolley, Lorin, 264-65, 273
Wootton, Noall T., 16n
Wootton, Richard, 159-60, 309
Worrell, Frank, 209

Worster, Donald, 253
Wright, Jim, 164, 166-67, 186, 299
Wright, LaRae, 164-66, 168, 186, 299
Wright, Lyman, 211n
Wright, Sharon, 169

Yengich, Ron, 298, 317
Young, Ann Eliza Webb, 135
Young, Brigham, 36, 149, 178n, 203-207, 210-11, 213-18, 219n, 229, 240-41, 243, 248-49, 251, 273, 286, 309, 324; comparação com Smith, 207, 210-11nn; e a crise da sucessão, 204-208; e a expiação pelo sangue, 151, 208; e a guerra do Utah, 223-25, 229-33, 240; e a migração para o Utah, 30, 207, 210-13, 237; e a poligamia, 30, 205-207, 214-15; e o massacre de Mountain Meadows, 223-25, 226n, 229, 240-41, 256-57, 272; morte de, 259-60
Young, William Hooper, 286

ESTA OBRA FOI COMPOSTA PELO GRUPO DE CRIAÇÃO EM MINION, PROCESSADA EM CTP E IMPRESSA PELA PROL EDITORA GRÁFICA SOBRE PAPEL PÓLEN SOFT DA COMPANHIA SUZANO PARA A EDITORA SCHWARCZ EM OUTUBRO DE 2003